GASTON FÉBUS

Le Prince et le diable

Claudine PAILHÈS

GASTON FÉBUS

Le prince et le diable

PERRIN
www.editions-perrin.fr

ISBN : 978-2-262-02355-3

Préface

Et je vous dis qu'en mon temps, j'ai vu beaucoup de chevaliers, rois, princes et autres ; mais que je n'en vis jamais qui eut de si beaux membres, une si belle allure, une si belle taille, le visage beau, sanguin et riant et les yeux vairs, amoureux là où il lui plaisait de jeter son regard. De toutes choses, il était si parfait qu'on ne le pourrait trop louer (Froissart).

Il avait été vaillant prince en son temps et subjugua tous ses voisins. Et il était bien aimé, honoré et prisé, craint et redouté (Juvénal des Ursins).

Homme d'une grande intelligence, d'une belle stature et d'un beau visage, prompt à la colère mais sachant plaisanter, il dépasse ses ancêtres par ses hauts faits [...] Par ce courage de l'âme et cette force invaincue, il n'y avait aucun prince qui ne le craignait et ne le souhaitait pour ami [...] Le très noble Gaston Phoebus, le plus vif et le plus sage de tous les comtes qui furent avant lui et qui par son mérite eut le nom de Phoebus. Comme le soleil illumine le monde de son flambeau et de ses rayons brillants, il donna gloire et célébrité à la maison de Foix par ses actions immenses et illustres (Bertrand Hélie).

Quoi qu'en ait dit Froissart, Fébus n'était pas « parfait », mais un homme parfait serait-il séduisant ? Beau, vaillant au combat et sage dans son gouvernement, diplomate sans pareil, poète, musicien et savant, grand chasseur et grand seigneur, Fébus avait de brillantes qualités qu'en séducteur il sut très bien utiliser mais il portait aussi en lui suffisamment d'ombre et de violence pour n'être pas lisse, pour n'être pas fade. Il fascina ses contemporains avec ce que ce mot comporte d'admiration et de peur.

Il fut l'homme du soleil et de la nuit, du charme et de la cruauté, de l'esprit chevaleresque et de la manipulation retorse, du péché et de la prière. L'image qu'il a laissée, qu'il a souvent forgée, est vraie autant qu'elle est fausse. Qui était Gaston Fébus ? On répond réceptions fastueuses et largesses princières ; c'est vrai et c'était pourtant un avare gardant la clef de son trésor sur son cœur. On répond aussi conquêtes amoureuses : il reconnaissait lui-même sa soumission au « désir de chair » et pourtant aucun nom, aucun visage de femme aimée, ne fût-ce qu'un moment, n'émerge de son ombre, n'apparaît dans sa vie. On répond encore puissance, domination, défis risqués et toujours réussis ; c'est vrai au plus haut point et c'est pourtant le même homme qui, avec une sombre violence, fit son malheur par un crime rarement égalé.

Il a programmé sa gloire et sa gloire a traversé les siècles. Son ombre plane sur les Pyrénées, son nom se mêle au vent de ses châteaux, sa chasse hante les forêts, les miniatures de son « Livre » illuminent l'iconographie pyrénéenne, son nom fait toujours claquer les oriflammes des fêtes, sa « chanson » habite l'âme occitane... Mais comment cerner la vérité de ce personnage qui a dû manipuler les générations à venir autant que ses contemporains ?

Nous connaissons Fébus par des sources d'archives, bien sûr. Mais nous le connaissons aussi par des textes beaucoup plus personnels. Il a écrit lui-même deux ouvrages dans lesquels il livre ce qu'il veut livrer de sa personnalité. Dans *Le Livre des oraisons*, il ouvre à Dieu son âme de pécheur, angoissée par la faute mais pleine d'une absolue confiance en la miséricorde divine ; c'est un fait rarissime de voir un grand seigneur montrer à ce point son moi le plus intime. *Le Livre de chasse* est un ouvrage technique auquel se mêlent beaucoup de considérations personnelles, sur l'éthique de la chasse, mais aussi sur le plaisir physique qu'elle procure, sur le bonheur ressenti dans un petit matin lumineux plein de chants d'oiseaux, dans la sérénité d'un soir d'été ou lors d'un repas « sur l'herbe verte », sur l'amour passionnel des chiens, sur le regret mélancolique des valeurs des temps passés... Nous connaissons enfin Fébus par ce qu'en ont dit les chroniqueurs contemporains ou leurs successeurs proches et ils nous en offrent un portrait très vivant. Peu de gens de son temps, hors les princes et les rois, ont été ainsi décrits, mais les princes et les rois, plus abondamment célébrés sans doute que le comte de Foix, n'ont pas écrit eux-mêmes. Seul Fébus nous offre cette double face de l'aveu personnel et du regard des autres.

Des sources exceptionnelles donc pour un personnage dont sept cents ans nous séparent. Mais dans les indices nombreux que Gaston Fébus a laissés ou fait laisser par d'autres sur ce qu'il était, sur ce qu'il pensait, sur ce qu'il croyait, il est souvent bien difficile de dénouer les fils imbriqués de la confession sincère et de l'image voulue.

PREMIÈRE PARTIE

SE FORGER UN DESTIN

FRANCE ET PÉNINSULE IBÉRIQUE VERS 1360

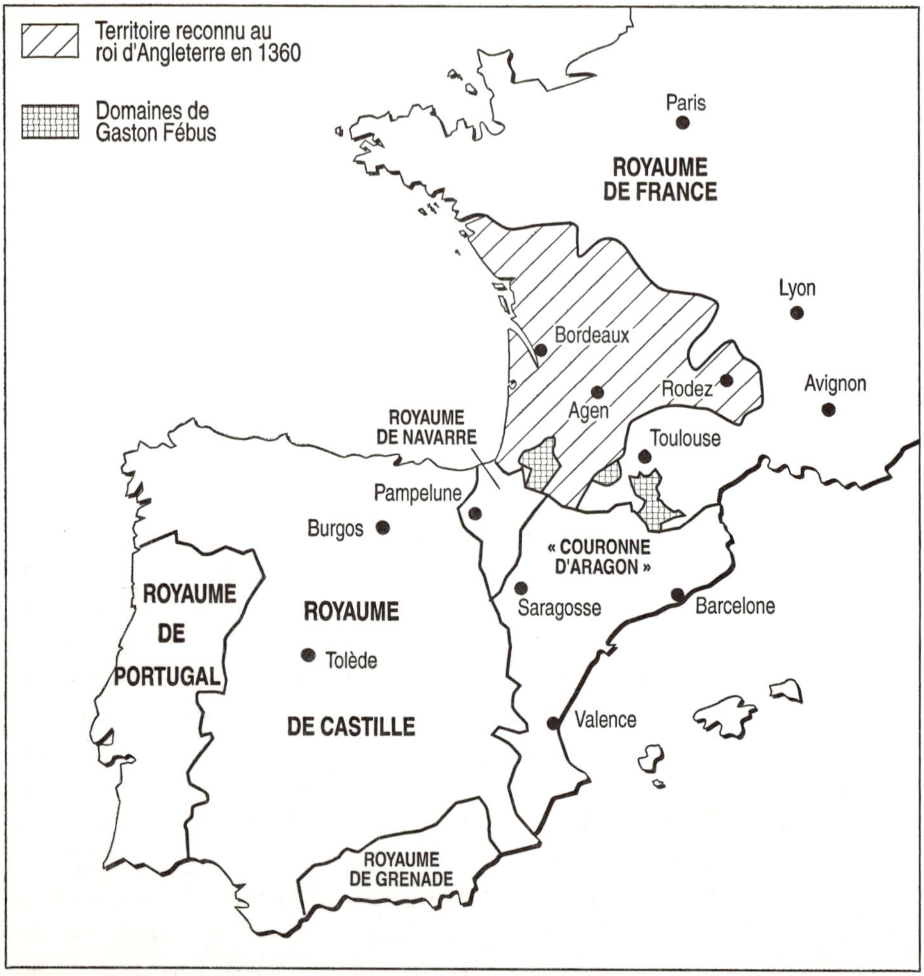

CARTE POLITIQUE DES PYRÉNÉES AU XIVe SIÈCLE

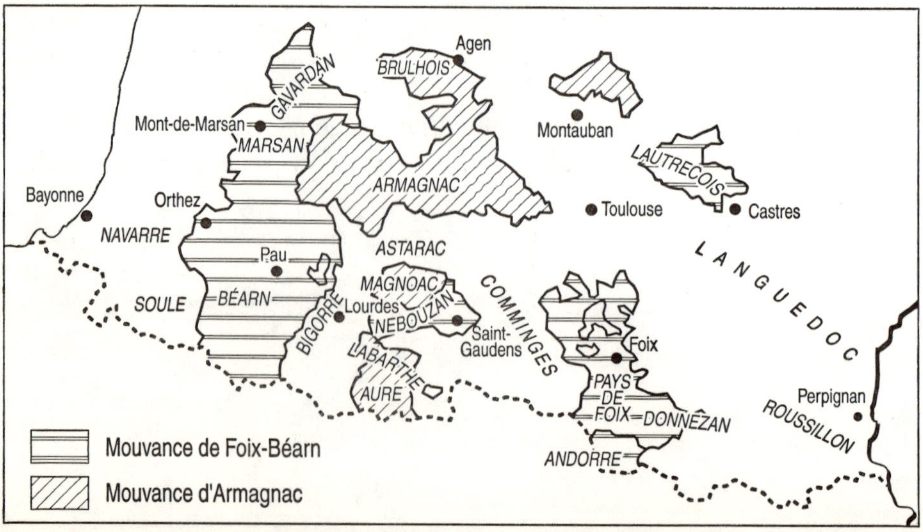

1

L'héritage

1331, un jour de printemps au pied des Pyrénées[1]. Philippe VI de Valois est roi en France, Edouard III est roi en Angleterre mais aussi duc en Aquitaine. Ici, on ne sait pas trop duquel on relève. Les voisins bigourdans sont français, les voisins de Mauléon et de Soule, « anglais », viennent de se donner au roi de France, mais les voisins landais restent « anglais », pas vraiment anglais, bien sûr, ce sont des Français vassaux des ducs d'Aquitaine, rois d'Angleterre. Au fond, sur l'horizon, les hauts sommets des Pyrénées. Par-delà, en face, c'est le royaume de Navarre et, un peu plus à l'est, le royaume d'Aragon. Nous sommes en un pays frontière, au carrefour de quatre royaumes.

Dans le château, la comtesse Aliénor vient de donner le jour à un fils, le fils et héritier de noble Gaston, comte de Foix, vicomte de Béarn, de Marsan, de Gabardan, de Nébouzan, de Lautrec, seigneur des Terres-basses d'Albigeois, de Donnezan, coseigneur d'Andorre. Cet enfant est attendu depuis longtemps, depuis six ans que ses parents sont mariés. D'autres étaient nés, mais ils n'avaient pas vécu[2]. Celui-là va porter haut et loin le nom de Foix et de Béarn et sa gloire va rayonner sur les quatre royaumes qu'on voit là-haut, depuis la tour du château.

La tradition veut que les comtes qui naissent en Béarn s'appellent Gaston[3]. L'enfant s'appellera donc Gaston et ce sera le troisième du nom.

Il est l'héritier d'un vaste domaine qui court, d'est en ouest, à cheval sur les Pyrénées. Il est aussi l'héritier de deux lignées prestigieuses dont il portera orgueilleusement les armes et que, par lui, les poètes célébreront.

L'HÉRITAGE DE FOIX

Le pays de Foix correspond au haut et moyen bassin de l'Ariège. Il s'étend de la plaine toulousaine aux plus hauts sommets des Pyrénées et il constitue le passage obligé de Toulouse vers la Catalogne par la voie majeure du Puymorens.

Le comté de Foix naquit en 1002 d'un partage successoral dans la maison de Carcassonne. Les premiers comtes affermirent leur autorité en se dégageant des prétentions que pouvaient avoir sur leur pays les voisins de Carcassonne, de Razès ou de Cerdagne et en faisant même avancer leur frontière à l'est, annexant ainsi Mirepoix et le pays d'Olmes. Il y eut toujours une différence entre haut et bas pays, la limite se situant traditionnellement au pas de la Barre. Le haut pays, le Sabarthès, était une région naturelle bien délimitée et, très tôt, les comtes y exercèrent une autorité sans partage : les villes et les bourgs furent tous sous leur seigneurie entière ; les familles seigneuriales (les Lordat, Rabat, Château-Verdun...) furent toujours proches et toujours fidèles. Dans le bas pays aux limites incertaines, l'autorité comtale fut moins fermement établie, les familles seigneuriales y furent beaucoup plus nombreuses avec donc forcément des domaines plus petits et une autorité éclatée dans les bourgs (Mirepoix en 1208 avait 35 coseigneurs !).

Dès le XIIe siècle, le comté de Foix prit une place importante sur l'échiquier politique méridional, au temps de la rivalité qui opposa les maisons de Toulouse et de Barcelone pour la domination du Languedoc et de la Provence. Les comtes de Foix, théoriquement vassaux de Toulouse, même si ce lien n'avait guère de réalité, témoignèrent d'abord d'une bienveillante neutralité envers les comtes de Barcelone (Roger III épousa en 1117 Chimène de Barcelone), puis ils entrèrent officiellement dans leur parti. A la fin du siècle, tous firent front commun face au très grave danger de croisade qui menaçait les terres méridionales.

L'hérésie cathare s'était développée dans le Midi, particulièrement dans le haut Languedoc et dans le pays de Foix où elle bénéficiait de la tolérance du pouvoir comtal. Devant le peu d'effet des injonctions de l'Eglise, après la prédication impuissante de saint Dominique, après surtout le meurtre de son légat, le pape Innocent III décréta la croisade contre le Languedoc hérétique. Face à l'invasion des barons du nord, les comtes de Foix furent de tous les combats et de toutes les reconquêtes ; ils y perdirent les terres de Mirepoix et du pays d'Olmes, intégrées au Languedoc royal en 1229, mais ce sont eux qui incarnèrent l'âme de la résistance méridionale. Ils continuèrent d'abriter parfaits et « faidits », ils furent eux-mêmes largement compromis dans l'hérésie et ils durent affronter l'Inquisition[4]. Dans le contexte d'un conflit aux causes mal connues avec le comte de Toulouse, ils durent faire face à des défections de seigneurs du bas pays, puis, après l'annexion du comté de Toulouse par les Capétiens, à la proximité envahissante des hommes du roi menaçant leurs frontières. Ils répondirent en confortant leurs positions par des paréages, des fondations de bastides, par l'octroi de coutumes aux communautés d'habitants. Le XIIIe siècle fuxéen fut le temps d'un véritable bouillonnement politique et institutionnel. La personnalité exceptionnelle des quatre comtes de ce temps[5] fit que, non seulement le comté de Foix sortit à peu près indemne de cette accumulation de périls venus de tous côtés, de cette tourmente où sombrèrent la vicomté de Carcassonne et Béziers et le grand comté de Toulouse, mais encore que la famille comtale commença alors une fulgurante ascension.

Les comtes de Foix intervinrent d'abord au sud, dans les affaires d'Andorre, enjeu de rivalité entre l'évêque d'Urgel et les vicomtes de Castelbon. En 1203, Roger Bernard de Foix épousa Ermessinde, héritière du Castelbon, et devint un seigneur catalan à part entière. En 1208, pour le prix de sa neutralité dans la crise de succession du comté d'Urgel, Pierre II d'Aragon donna à Raimond Roger le Donnezan et plusieurs châtellenies cerdanes. Tout au long du siècle, les comtes menèrent en Catalogne une politique faite d'exactions aux dépens de l'évêché d'Urgel, surtout en Andorre, jusqu'à la paix, provisoire, amenée par le paréage de 1278, et de conquêtes de positions par acquisitions de droits sur des châteaux, édification de bastides et alliances matrimoniales.

Avec Roger IV commença l'expansion au nord. En 1252, il obtint pour son fils Roger Bernard la main de Marguerite, fille de Gaston VII de Béarn. Marguerite n'était sans doute pas encore l'héritière qu'elle allait devenir[6], mais le mariage, célébré en 1257, introduisit la maison de Foix au cœur des rivalités entre grands seigneurs pyrénéens et la donation du Nébouzan à Roger Bernard par son beau-père entraîna une guerre Foix-Comminges.

Roger Bernard III mena une existence batailleuse. Il se heurta d'abord aux officiers du roi de France et, en 1272, il attaqua un seigneur d'Armagnac qui s'était mis sous la sauvegarde royale. Philippe III, exaspéré, leva son armée et, le comte restant sourd à ses injonctions, il vint lui-même assiéger le château de Foix. Roger Bernard dut se soumettre ;

il passa plus d'un an dans les prisons de Carcassonne et attendit cinq ans pour retrouver l'intégralité de ses droits. Après quoi, en 1276 puis en 1280, il prit la tête des barons catalans en rébellion contre Pierre III d'Aragon ; la seconde fois, ce roi à son tour le jeta en prison. Quand il en sortit, trois ans plus tard, il devint en quelque sorte le conseiller du roi de France dans ses affaires d'Aragon... et il recommençait ses intrigues avec une intervention armée dans la succession de Pallars quand il mourut, en 1302. Roger Bernard avait mené toute sa vie une politique téméraire de défis aux puissants qui lui valut de passer cinq années en prison sans pour autant perdre ni ses biens ni sa puissance ; au contraire, il obtint toujours, non seulement sa grâce, mais aussi beaucoup d'avantages (titres, terres, privilèges pour son comté, alliance prestigieuse pour son fils) de la part du roi de France et du roi d'Aragon tant chacun craignait de le voir s'allier à l'autre. Si on ajoute qu'il fut un troubadour, on ne peut s'empêcher de voir en lui l'ancêtre par excellence de Gaston Fébus.

En 1167 le comte de Foix n'avait prêté hommage au comte de Toulouse que pour Saverdun, en 1229 et 1241, il ne le fit que pour le bas pays ; il en fut de même pour l'hommage prêté au roi de France en 1263. C'est en 1272 que, pour la première fois, l'hommage fut prêté pour le comté de Foix tout entier.

L'HÉRITAGE DE BÉARN

Comme le pays de Foix, le Béarn est un petit pays appuyé à la chaîne des Pyrénées, ouvert sur les coteaux gascons au nord et maîtrisant au sud les grands cols du Somport et du Pourtalet.

Le Béarn se forma à l'époque carolingienne dans le cadre du duché de Gascogne, mais il n'acquit ses limites définitives qu'au début du XIIe siècle, à l'issue de nombreux conflits avec les seigneuries voisines. Quand le duché, au XIe siècle, passa aux mains de la famille de Poitiers, son centre de gravité se déplaça vers le nord et le Béarn gagna une autonomie de fait, même si le vicomte continuait de siéger à l'occasion à la cour de Gascogne ; le vicomte Centulle V en profita même pour s'attribuer le droit régalien de battre monnaie.

C'est sous la bannière du duc de Gascogne que les Béarnais participèrent en 1063 à la « croisade de Barbastro », première d'une longue série d'expéditions de la *reconquista* qui allaient mener leurs descendants au sud des Pyrénées. Gaston IV le Croisé (1090-1131), le plus illustre des vicomtes de Béarn, participa à la première croisade où il gagna son surnom, et consacra le reste de sa vie aux campagnes ibériques contre les musulmans dans lesquelles il tint un rôle de premier plan en tant qu'allié privilégié du roi d'Aragon, Alphonse Ier. Il fut tué dans un de ces combats et fut enseveli dans la cathédrale de Saragosse où ses éperons et son olifant furent conservés comme de véritables reliques ; on a pu dire qu'il avait servi de modèle au Roland de la *Chanson*. Sa veuve Talèse, princesse d'Aragon, tutrice de son fils et de son petit-fils, gouverna le Béarn jusqu'à sa mort, en 1147, et resserra encore les liens avec l'Aragon. Entre-temps, les vicomtes de Béarn avaient hérité du Gabardan et du Brulhois, possessions de Pierre de Gabarret, gendre de Gaston IV.

En 1137, la couronne d'Aragon était passée par mariage aux comtes de Barcelone, donnant naissance à un puissant ensemble, bien plus puissant que le Béarn qui, d'allié, devint progressivement vassal. Gaston IV avait encore siégé à la cour de Gascogne puis petit à petit la suzeraineté gasconne s'était oubliée. Les rois d'Aragon profitèrent d'une suite de minorités pour obtenir une reconnaissance de vassalité claire et nette : ce fut fait avec l'hommage prêté en 1170 à Canfranc par la jeune vicomtesse Marie, mariée aussitôt à un grand noble catalan, Guillem, seigneur de Moncade, près de Barcelone, de Castelvieil de Rosanès et de plusieurs fiefs de Catalogne intérieure. Jusqu'en 1229, le Béarn fut dirigé de loin par les Moncade, seigneurs catalans vivant en Catalogne et manifestement peu intéressés par leurs lointains domaines. Les Béarnais gagnèrent à cette mouvance aragonaise : ils développèrent d'intenses relations de commerce sur les deux versants des Pyrénées, certains allèrent s'installer dans la plaine de l'Ebre, ils obtinrent la reconnaissance d'importants privilèges avec les Fors de Béarn, code de législation hérité des *Fueros* ibériques.

Le déplacement de la *reconquista* vers le sud et la nouvelle orientation de la politique aragonaise vers la Méditerranée détournèrent petit à petit le Béarn de Barcelone. Dans le même temps, les anciens seigneurs regardaient à nouveau vers lui, mais, depuis 1152, les ducs de Gascogne étaient les rois d'Angleterre. Les premiers Plantagenêt avaient eu fort à faire pour consolider leurs domaines face aux Capétiens ; après la perte de la Normandie, de l'Anjou et du Maine, ils concentrèrent leur activité sur la Gascogne, profitant du recul de la puissance aragonaise. En 1228, le sénéchal d'Aquitaine fit promettre au vicomte de Béarn Guillaume II

Moncade de prêter hommage au roi Henri III lors de la prochaine visite du souverain ; le vicomte, qui ne pensait qu'à se libérer de tout souci en Béarn pour se consacrer à l'expédition de reconquête des Baléares, eut l'imprudence d'accepter et laissa même préciser « comme ses prédécesseurs avaient coutume de le faire ».

Le dernier Moncade, Gaston VII (1229-1290), se détourna de son pays d'origine et s'installa en Béarn. En 1242, il rejoignit l'armée anglo-gasconne dans son offensive contre le royaume de France et il prêta l'hommage promis par son père à Henri III. C'est en grande partie avec l'argent du roi d'Angleterre qu'il fit construire le château d'Orthez, rappelant ses origines par le nom de Moncade qu'il lui donna. Sa femme, Mathe de Tastas, avait apporté en dot la vicomté de Marsan, avec le Tursan et Captieux. La ville d'Orthez était proche de la limite des deux vicomtés et sur la grande route reliant Bordeaux à Roncevaux ; il en fit sa capitale. Puis il se lança dans des intrigues, fomenta une révolte de 1245 à 1254 et dut s'incliner. Assagi, il se montra fidèle à Henri III qui en retour lui concéda de larges avantages financiers et arrangea le mariage, en 1270, de Constance de Béarn avec son neveu, Henri d'Allemagne, roi des Romains, fils du duc de Cornouailles ; le contrat prévoyait qu'en l'absence d'héritier mâle, le Béarn, le Marsan et le Gavardan iraient à Henri. L'assassinat de celui-ci un an plus tard puis la mort d'Henri III furent prétexte de rupture pour Gaston VII à qui cette vassalité anglaise devait par trop peser. Il se révolta contre le nouveau roi Edouard Ier, il fut fait prisonnier, libéré sur des promesses qu'il ne tint pas, il se révolta à nouveau et provoqua de telles menées qu'en 1276 le roi saisit sa vicomté. Définitivement assagi, il se tint tranquille jusqu'à sa mort.

Durant des siècles, les vicomtes de Béarn avaient mis à profit leur éloignement des centres du pouvoir pour administrer leurs domaines de façon à peu près autonome. La reconnaissance de la suzeraineté des ducs de Gascogne, des rois d'Aragon, des rois d'Angleterre – ducs d'Aquitaine ne signifiait pas administration « étrangère » ; le Béarn ne fut administré de l'extérieur qu'au temps des premiers Moncade (1170-1229) et toujours il garda ses institutions particulières tandis que les Béarnais préservaient leur statut fixé par les Fors.

DES CONFLITS EN GERME

Gaston VII n'avait que des filles et, en 1283, il organisa sa succession. L'aînée, Constance, sans enfants après deux mariages, aurait le Marsan à titre viager ; Marguerite, comtesse de Foix, hériterait du Béarn ; Mathe, comtesse d'Armagnac, aurait le Gabardan et le Brulhois ; Guillelme recevrait les possessions catalanes. La Cour Majour de Béarn, assistée d'Arnaud Novelli, un des plus grands juristes de son temps, entérina en 1286 ; un article était ajouté confirmant les liens avec le roi anglais : Roger Bernard de Foix et Marguerite devraient prêter hommage au roi d'Angleterre pour le Béarn quand ils succéderaient et pour le Marsan quand il leur reviendrait.

Gaston VII mourut en 1290. Roger Bernard de Foix et Marguerite de Béarn se trouvaient à la tête d'un vaste ensemble à cheval sur les Pyrénées et mouvant de trois rois. Gaston VII par son testament avait imposé que l'union Foix-Béarn serait indissoluble. Cela donnait force au nouvel Etat mais rendait la situation pour le moins complexe. D'un côté le comté de Foix, le Volvestre[7] et le Nébouzan[8] dans la mouvance du roi de France, et des territoires dépendant du roi d'Aragon : Donnezan et châtellenies cerdanes au nord des Pyrénées, coseigneurie d'Andorre au cœur de la chaîne axiale, et, au sud, vicomté de Castelbon et nombreuses seigneuries dans les Pyrénées catalanes, autour de Meranges, Urtx, Bellver de Cerdanya, Montellà, Miralles, en pays d'Urgel, dans la vallée du Sègre autour de Organyà, Sallent, Cabo, Aguilar, aux limites du Pallars autour d'Ars, Aos et Tor et en Vall Ferrera. De l'autre côté la vicomté de Béarn et le Marsan (avec le Tursan et Captieux) qui leur fut donné par Constance de Béarn, les deux mouvant du roi anglais.

La succession de Béarn elle-même, l'implication des maisons de Béarn ou de Foix dans les successions pyrénéennes et la double mouvance du nouvel Etat, tout était conflits en germe.

La succession de Moncade

Les biens catalans de la famille de Moncade étaient revenus à la quatrième sœur de Béarn, Guillelme, qui épousa Pierre, infant d'Aragon. Pierre mourut en 1296 ; les biens de la jeune veuve firent l'objet de violentes discussions, avec même préparation d'une guerre en Pallars, entre les beaux-frères comtes de Foix et d'Armagnac et le roi d'Aragon.

L'arbitrage du roi de France Philippe IV en 1304 à Toulouse attribua les domaines de Moncade à Mathe d'Armagnac. Mais après la mort de Guillelme et après des attaques armées du comte de Foix en Catalogne, Jacques II d'Aragon imposa son règlement en 1310-1311 : la succession de Moncade revenait définitivement au comte de Foix, qui gagnait donc les seigneuries de Moncade et Castelvieil de Rosanès, près de Barcelone, et de nombreux autres domaines dispersés dans les diocèses de Vich, Gérone, Barcelone et Tarragone et mouvant, bien sûr, du roi d'Aragon.

Les successions de Bigorre et de Comminges

Pétronille de Comminges, comtesse de Bigorre par sa mère, eut cinq maris. C'est Alix de Montfort, fille du troisième, puis son petit-fils Esquivat de Chabanais, que Pétronille désigna comme héritiers. En 1228, elle épousa le cinquième, Boson de Matha ; leur fille Mathe, épousa Gaston VII auquel elle apporta le Marsan. Gaston VII revendiqua la Bigorre puis renonça moyennant, « en dédommagement », la cession des droits de Pétronille sur « la terre de son père » (elle contestait la succession du Comminges qui était allée à son frère Bernard V, issu d'un mariage annulé par l'Eglise). En 1250, les droits de Pétronille sur le Comminges passèrent ainsi à son gendre Gaston VII de Béarn et à ses héritiers.

Après la mort de Boson et de Pétronille, Gaston VII contesta la dévolution de la Bigorre à Esquivat, prétextant l'illégitimité d'Alix née alors que le second mari de sa mère était encore vivant. Il envahit le comté de Bigorre et occupa le pays de Rivière-Basse. Sur arbitrage de Roger IV de Foix en 1256, Esquivat abandonna ses droits sur le Marsan et céda Rivière-Basse ; Mathe et Gaston renoncèrent au comté de Bigorre ; la question du Comminges restait réservée. La châtellenie commingeoise de Saint-Plancard (le Nébouzan) avait été occupée par Boson de Matha en 1232, au nom de sa femme ; elle passa donc à Gaston VII en 1250. On ne sait comment, le vicomte de Béarn était aussi en possession de Saint-Gaudens. En 1258, il le donna avec le Nébouzan à Roger IV de Foix comme gage d'un important emprunt. En 1263, au nom de ses droits sur le Comminges, il attaqua le comte Bernard VI. Alphonse de Poitiers imposa son arbitrage en 1267 : le Nébouzan et Saint-Gaudens ainsi que le château de Miramont étaient définitivement reconnus au vicomte de Béarn. En 1270, sans doute parce que la dette de 1258 envers le comte de Foix n'était pas éteinte,

Mathe de Béarn légua ces terres à sa fille Marguerite, comtesse de Foix. La tension revint au temps de Gaston Ier et de Bernard VIII de Comminges, allié de l'Armagnac. Gaston Ier profita d'une affaire complexe impliquant les seigneurs de Larboust, une petite seigneurie du haut Comminges, entre vallées d'Aure et d'Aran ; il invoqua des liens anciens entre Larboust et vallée d'Aure et entre vallée d'Aure et Béarn pour se faire reconnaître la seigneurie. Puis les deux comtes se rapprochèrent et, en 1323, Bernard VIII offrit sa sœur Aliénor en mariage à l'héritier de Foix-Béarn, avec la bénédiction du pape et du roi de France, heureux de voir un conflit s'éteindre alors que se rallumait la guerre anglaise.

En Bigorre, la mort sans héritier d'Esquivat de Chabanais en 1283 laissait une situation juridique d'une inextricable complexité. La veuve de Simon de Montfort, comte de Leicester et grand-oncle d'Esquivat, donna les droits qu'elle avait par son mari à Thibaut II de Champagne, roi de Navarre ; le vicomte de Béarn se précipita pour faire valoir les siens, les Bigourdans prêtèrent hommage à Constance de Béarn, petite-fille de la comtesse Pétronille, et Edouard Ier envoya son sénéchal Jean de Grailly en 1285 déloger les Béarnais. Philippe le Bel, roi de France, calma tout le monde en séquestrant provisoirement la Bigorre en 1292 puis en prit possession au nom de sa femme, Jeanne de Navarre, fille de Thibaut. Un interminable procès aboutit à l'annexion à la couronne de France par Charles IV en 1322. Mais on n'en avait pas fini avec la Bigorre...

Le conflit avec l'Armagnac

Le testament de Gaston VII est à l'origine de la rivalité Foix-Armagnac qui allait remplir l'histoire du bas Moyen Age gascon. Les comtes d'Armagnac étaient à la tête d'un vaste ensemble territorial, aussi fractionné que celui des Foix-Béarn. A l'Armagnac et au Fezensac, unis au XIIIe siècle, venaient de s'ajouter le Gabardan et le Brulhois en 1290, les vicomtés de Creissels et Meyrueis en Rouergue en 1298, et surtout le comté de Rodez, en 1304 ; la Lomagne suivra quelques années plus tard. Mathe avait déjà contesté la cession viagère du Marsan à Constance. Dès l'accession de Roger Bernard de Foix à la vicomté de Béarn, son fils Bernard VI d'Armagnac réagit violemment : le nouvel ensemble allait dépasser sa maison en puissance.

Gaston Ier attaqua l'Armagnac en 1304 ; le roi de France puis le pape s'entremirent. En 1327, Gaston II et Jean Ier d'Armagnac s'affrontèrent en Gabardan et Rivière-Basse. Le pape et le roi de Navarre intervinrent : en 1329 Gaston rétrocéda Brulhois et pays de Rivière Basse mais se vit confirmer Marsan et Gabardan. A part quelques escarmouches, comme en 1340 autour d'Aire, la paix régna quelque temps, une paix superficielle imposée par le roi, qui avait besoin des uns et des autres dans le conflit qui s'ouvrait avec l'Angleterre.

Le conflit franco-anglais

Depuis le mariage d'Aliénor d'Aquitaine et d'Henri Plantagenêt, en 1152, le roi d'Angleterre était duc d'Aquitaine. Le traité de Paris de 1258 mit fin à plusieurs décennies d'incertitudes : le roi d'Angleterre était seigneur en Aquitaine (ou Guyenne), Béarn compris, en Limousin et Périgord et il devait prêter hommage lige au roi de France ; il réservait ses droits sur le Quercy, l'Agenais et la Bigorre, le Fezensac et l'Astarac. L'Agenais et la Saintonge furent rendus au roi anglais en 1279. Longtemps sous-administrée, l'Aquitaine fut reprise en main par Edouard Ier, prince (1254-1272) puis roi (1272-1307) d'Angleterre. Les liens administratifs et économiques de plus en plus étroits entre Guyenne et Angleterre posaient le problème du rapport de cette province avec le royaume de France. A l'échelle des rois, les rapports féodaux traditionnels se transformaient en heurts de souverainetés et la situation devint tendue sur les limites. A la suite d'une affaire de querelle entre marins, à propos de laquelle Edouard Ier n'avait pas daigné répondre à sa convocation, Philippe le Bel saisit le duché de Guyenne. Il en résulta trois campagnes en Gascogne en 1294-1296 et une autre en Flandre en 1297. Le traité de Paris de 1303 mit une fin provisoire aux hostilités. Après une période d'escarmouches sur les frontières, la guerre reprit en 1324 ; le roi de France occupa une grande partie de la Guyenne, il la rendit en 1327 mais garda l'Agenais. En 1331, Edouard III lui prêta encore hommage mais un nouvel incident suivi d'une commise de l'Aquitaine par Philippe VI fit éclater en 1337 ce qu'on appellerait la guerre de Cent Ans. Ce n'était plus un conflit féodal et, contestant la couronne des Valois, Edouard III, descendant par sa mère de Philippe le Bel, se proclama roi de France.

Les Foix-Béarn étaient en première ligne et ils étaient vassaux de France pour Foix et vassaux d'Angleterre pour le Béarn. Roger Bernard, en 1290, avait besoin de l'appui d'Edouard Ier et de sa belle-sœur Constance, fidèle soutien de la cause anglaise, pour assurer la succession de Béarn. Il promit donc de prêter l'hommage anglais. Mais, en pays de Foix, il était en conflit permanent avec les hommes du roi, qui finit par saisir une partie de ses domaines ; il dut solliciter sa grâce et se tint désormais dans la mouvance française. L'hommage anglais ne fut jamais prêté et, lorsque la guerre éclata en Gascogne en 1294, il combattit dans les troupes françaises alors qu'Edouard Ier l'avait convoqué dans les siennes. Ce qui lui valut privilèges et donations et, en 1301, le mariage prestigieux de son fils avec Jeanne d'Artois, proche parente du roi de France. Après sa mort en 1302, la comtesse Marguerite gouverna le Béarn jusqu'en 1319 comme tutrice de son fils puis de son petit-fils. Elle avait été élevée dans une ambiance favorable à l'Angleterre et, même si elle ne prêta pas d'hommage, elle permit au Béarn de rester dans la mouvance anglaise. Pendant ce temps, son fils Gaston combattait les révoltés de Flandre dans les rangs français ; c'est au retour d'une de ces expéditions, en 1314, qu'il mourut à l'abbaye de Maubuisson, près de Paris. A la mort de Marguerite, c'est sa belle-fille Jeanne d'Artois, qui exerça la tutelle de Gaston II ; elle était princesse française et, avec elle, le Béarn glissa dans la mouvance du roi de France malgré les protestations du roi d'Angleterre. Gaston II fit ses premières armes en 1324 en Agenais et, une fois majeur, il restera sans aucune hésitation du côté de la France.

C'est tout cela qui menace au printemps 1331. Sur l'enfant qui vient de naître, des fées ont dû se pencher : il sera beau, savant, intelligent et charmeur... Mais les démons de la discorde et de la guerre sont là aussi : la vie de Gaston III ne sera pas un fleuve tranquille.

2

L'enfance et la jeunesse

1331-1349

Gaston II et Aliénor de Comminges, les parents de Gaston Fébus, formaient un couple quelque peu étonnant. Lors de leur mariage, vers 1323, le jeune comte, juste sorti de minorité, avait 14 ans, Aliénor devait en avoir le double. Si l'on en croit le chroniqueur Esquerrier, on s'en étonna : « La dame était de grand âge et on disait que le comte de Foix était trop jeune pour elle. » Mais, pour leur fils, ce fut elle qui compta. Les absences prolongées puis la mort de son père, la présence aimante et exigeante de sa mère qui l'accompagna jusqu'à l'âge adulte sont des composantes certainement essentielles de la personnalité de Gaston III.

L'enfance médiévale n'était pas longue ; pour Fébus, elle le fut moins que pour tout autre : comte à 12 ans, majeur à 14, il n'avait que 16 ans quand, défiant le roi de France avec une audace inouïe, il prit place sur le devant de la scène internationale.

La famille

La famille de Foix-Béarn était alliée à toutes les familles méridionales[1]. Les sœurs de Roger Bernard III avaient été reine de Majorque et vicomtesses de Narbonne et de Couserans. Les sœurs de Marguerite de Béarn avaient épousé le comte d'Armagnac et un infant d'Aragon. La grand-mère paternelle du jeune comte, Jeanne d'Artois, descendait de Robert d'Artois, le frère de saint Louis. Elle était sœur d'un autre Robert, le fameux Robert d'Artois, de la comtesse de Namur et de la comtesse d'Evreux, elle-même belle-sœur du roi Philippe le Bel et mère de Philippe, roi de Navarre. Cette princesse française, symbole des liens privilégiés noués par les comtes de Foix-Béarn avec le royaume de France, avait apporté le prestige de la maison royale mais bien des soucis aussi à la maison de Foix. Elle fut accusée de mauvaise conduite et de vie licencieuse ; son mari Gaston Ier puis son fils Gaston II l'écartèrent de la Cour. L'année même de la naissance de Gaston III, un ordre du roi venait de la condamner à être enfermée pour le restant de ses jours, à condition qu'elle eût un train de vie « honorable et honnête[2] ». Son fils l'enferma au château de Foix puis, en 1333, obtint l'autorisation de la transférer en Béarn. Le jeune héritier rencontra-t-il cette grand-mère peu banale ?

Gaston Ier avait eu quatre sœurs, qui furent dames de Mirepoix et de l'Isle-Jourdain, comtesses d'Astarac et de Périgord, et sans doute un frère bâtard, Arnaud de Villemur, évêque de Pamiers au début du règne de son petit-neveu (1348-1350). Il eut à son tour trois fils et trois filles. Tandis que Robert entrait dans les ordres (il sera évêque de Lavaur), le comte partagea ses domaines entre Gaston II et Roger Bernard. C'était la première fois que cela arrivait dans les lignées de Foix et de Béarn qui avaient su jusqu'alors préserver l'unité de leur héritage. Le cadet eut les possessions catalanes héritées de Foix et des Moncade, sauf l'Andorre et le Donnezan, avec le titre de vicomte de Castelbon ; il épousa Constance de Luna, nièce de l'archevêque de Saragosse. Deux filles survécurent : Jeanne épousa Pierre, comte d'Empuries, fils de Jacques II d'Aragon, et Blanche épousa Jean de Grailly et fut la mère du fameux « Captal de Buch », compagnon de chevauchée de Fébus. On attribue encore à Gaston Ier une fille et deux ou trois fils bâtards, dont Bernard de Béarn, dit « l'Aspois », qui fut un proche conseiller du jeune Gaston III[3].

Par sa mère, Gaston III était neveu de Bernard VIII, comte de Comminges, de la comtesse d'Astarac et de trois ecclésiastiques qui firent de brillantes carrières sous la protection du pape cadurcien Jean XXII : Jean Raimond de Comminges fut le premier archevêque de Toulouse et deviendra cardinal, Simon fut évêque de Maguelonne et Arnaud Roger évêque de Lombez puis de Clermont.

Gaston Fébus était donc très étroitement lié aux plus grandes familles de la noblesse méridionale et aux familles royales d'Aragon, de Majorque, de Navarre et même de France. Ces liens de parenté ne seront pas sans incidence en de nombreux moments de sa vie.

Gaston II eut des bâtards, deux filles, Béarnèse qui épousera A. R. de Castelnau, vicomte d'Orthe, et Marguerite qui sera la femme de J. de Château-Verdun, seigneur de Calmont[4], et deux fils, Arnaud Guilhem, qui épousa l'héritière de la seigneurie de Morlanne, et Pierre, mari de Florence de Biscaye. Le fait qu'Arnaud Guilhem et Béarnèse au moins soient nés d'une même femme, Marie Sans, de Roncevaux, citée dans le testament de Gaston II, indique que le comte vécut un certain temps avec elle. Etait-elle concubine imposée au château ou son existence fut-elle discrète ? Les enfants, eux, grandirent certainement ensemble, comme cela avait été le cas depuis des générations. Arnaud Guilhem et Pierre seront toute leur vie les compagnons fidèles de leur frère. Si on peut les imaginer associés à la formation physique et militaire du jeune comte – ils feront la preuve de leurs capacités dans ce domaine –, ils ne durent pas bénéficier de son éducation intellectuelle – rien ne les montre participant à la vie artistique ou littéraire d'Orthez ; cela devait être réservé à l'héritier.

Le mariage de Gaston II de Foix-Béarn et d'Aliénor de Comminges, de toute évidence, ne fut pas une réussite sentimentale, mais en était-il différemment avec des époux du même âge dans ces unions politiques ? Gaston II avait en tout cas beaucoup d'estime et de respect pour sa femme. Elle assura la gestion des affaires pendant ses très nombreuses absences et c'est à elle qu'il confia, par testament, la tutelle de leur fils.

Gaston II passa l'essentiel de sa vie à guerroyer pour le roi de France, en Gascogne et en Flandre. Pour ces services rendus, il reçut en 1338 la moitié de la vicomté de Lautrec, près d'Albi, qui joignait les Basses Terres d'Albigeois, qu'Aliénor lui avait apportées en dot[5], et en 1339 la ville de Sorde, sur la frontière du Béarn, puis Cintegabelle. En 1340, ce fut la trêve entre France et Angleterre et le roi l'autorisa à répondre à l'appel d'Alphonse XI de Castille qui voulait reprendre Algésiras aux Maures. Comme souvent dans ces campagnes, une épidémie décima l'armée chrétienne ; malade, Gaston II se replia sur Séville et y mourut le 26 septembre 1343. Selon sa volonté, il fut ramené en comté de Foix et, vêtu d'un habit de moine, fut enseveli en l'abbaye de Boulbonne auprès de ses ancêtres.

L'ENFANCE ET L'ÉDUCATION

Ce qu'on sait de l'enfance de Gaston III se résume en quelques lignes de la chronique de Michel du Bernis et du *Livre des oraisons*. Pour le chroniqueur, après le départ de son père en Espagne, « il se comportait avec lascivité et juvénilement dans l'ardeur de la jeunesse ; madame Aliénor sa mère le blâmait et était courroucée de son comportement » et, plus loin, « en sa jeunesse, il était lascif et inconstant ; petit à petit, grâce aux admonestations de sa mère et de son entourage, il s'amenda et gagna en vertu et en noblesse ». Fébus reprendra cela lui même dans sa deuxième oraison : « Tout d'abord, dès que je fus né, j'étais tellement mauvais et frivole que mon père et ma mère avaient honte et tout le monde disait : "Ce garçon ne vaudra rien et malheur à la terre dont il sera le seigneur !" [...] Au lieu du mal que l'on disait de moi, je t'ai demandé un jour de m'accorder force et habileté [...] tu as tout de suite entendu mes prières et m'as donné plus qu'à toute autre personne de mon époque [...] Je t'ai supplié de me donner intelligence et discernement pour que je puisse gouverner ma terre et mes gens selon ton plaisir [...] et ton Saint-Esprit a ouvert mon intelligence pour tout comprendre. Ensuite, Seigneur, je devins fort et savant et ce fut pis encore car les gens disaient "c'est un grand malheur qu'un homme si fort et si sage ne vaille rien aux armes". Alors je te fis ma prière [...] et tu m'as comblé si bien que [...] en deçà et au-delà des mers mon nom est connu. En tous lieux où je fus, j'ai remporté des victoires et tu as livré en mes mains tous mes ennemis. »

Cette enfance difficile et « redressée » par l'éducation d'une mère exigeante – ou par une bienveillante volonté divine – est crédible. Mais il faut remarquer que le début de la chronique de du Bernis, largement empruntée à une chronique plus ancienne d'Honoré Bovet, et sans doute reprise par Fébus dans son oraison, est plus proche de la fiction littéraire que de la réalité ; le jeune noble orphelin de père, s'adonnant à une vie de plaisir et réprimandé par sa mère est un thème des récits épiques ; quant à relever des défauts chez un héros pour mieux faire ressortir ses qualités futures, c'est un procédé littéraire utilisé ailleurs chez Honoré Bovet[6]. On pourrait être ici en face du premier volet de la légende fébusienne[7].

Le reste ne peut qu'être imaginé à partir de ce qu'on connaît du prince devenu homme. Etant donné l'absence presque continuelle de son père, l'enfance de Gaston III se déroula à coup sûr dans l'affection mais aussi sous l'autorité de sa mère. Aliénor dut offrir la meilleure éducation possible à ce fils unique, partagée, comme d'usage dans la haute noblesse, entre la culture de l'esprit et l'entraînement du corps.

Le maniement des armes, les exercices physiques et la chasse, bien sûr, furent au programme, sans doute sous la houlette d'un chevalier expérimenté trop âgé pour suivre le comte dans ses campagnes ou laissé volontairement par lui à la cour de Béarn avec cette mission éducative.

Arnaud Esquerrier dit que le « gouverneur » du jeune comte fut Corbeyran de Foix, seigneur de Rabat. Corbeyran était descendant de Loup de Foix, bâtard du comte Raimond Roger, et fils de Roger qui avait épousé l'héritière des seigneurs de Rabat, en Sabarthès. Corbeyran de Foix accompagna Gaston III dans son voyage en Prusse, il fut souvent présent à ses côtés et, vers 1380-1390, il était son sénéchal de Foix. Il ne devait pas être de plus de dix ans son aîné et il lui survivra[8]. Dix ans de différence, cela peut suffire pour faire un éducateur et un modèle, peut-être plus facilement imitable qu'un homme âgé. A moins que dans la tradition il y ait eu confusion entre les générations et que si Corbeyran a bien été le compagnon du voyage en Prusse, c'est son père qui a été le « gouverneur » du prince. En tout cas, si un Foix-Rabat fut chargé de l'éducation de l'héritier de Foix-Béarn, cela montre la prééminence de la noblesse fuxéenne dans la cour comtale.

Gaston III eut aussi, et cela était peut-être moins courant, une excellente éducation intellectuelle. Qui en fut chargé ? Un prélat comme il le fera lui-même pour son fils en la personne de l'évêque de Lescar ? C'est fort possible. Le comte Fébus mania aussi bien le français que l'occitan et usa sans problème du latin ; il connaissait la Bible, la mythologie et les auteurs antiques[9]. Mais il ne faut pas oublier que la culture et le débat intellectuel étaient choses anciennes dans la maison de Foix. Roger Bernard Ier (1149-1188) avait connu le troubadour Bertrand de Born qui l'a cité dans un de ses *sirventes*. Le mystérieux auteur de la *Canso*[10] célébrait vers 1228 le comte Roger Bernard II de qui lui venaient « or et gloire » ; Pierre Roger de Mirepoix, Arnaud de Comminges, seigneur de Daumazan, Pierre de Durban, tous proches vassaux des comtes, et Pierre de Gavarret, baile comtal de Tarascon, sont au nombre des troubadours. Roger Bernard III protégea Guiraut Riquier et fut lui-même poète ; il était, face au roi Pierre III d'Aragon, l'un des cinq troubadours qui, dans l'été 1285, s'opposèrent en vers dans un débat politique franco-aragonais alors que s'affrontaient armées de France et d'Aragon. A cette implication personnelle dans la création littéraire, il faut ajouter la familiarité avec le débat religieux. Les comtes de Foix du XIIIe siècle vécurent entre hérésie et orthodoxie ; leurs femmes et leurs filles furent hérétiques, Roger Bernard II fut peut-être consolé, en secret, bien sûr, Roger Bernard III le fut sûrement. Des personnages aussi puissants ne pouvaient incliner vers l'hérésie par ignorance ou par « contamination » de parent ou de voisin comme des paysans illettrés. La discussion théologique leur était forcément familière.

Entre mari et femme, entre frère et sœur, entre père et fille la parole était passée. La comtesse Marguerite, Béarnaise et a priori étrangère au foyer hérétique, n'avait pas vécu presque un demi-siècle auprès d'un mari peu orthodoxe sans avoir pris et gardé de l'esprit fuxéen. En 1319 encore, elle se montrait solidaire de ses sujets persécutés : un curé avait dit à l'évêque Jacques Fournier « qu'il avait tort car il perdait les gens du pays de Foix en les citant pour hérésie et en les arrêtant et que ce qu'il faisait déplaisait à madame la comtesse de Foix... Monseigneur l'évêque avait répondu que la comtesse de Foix ne l'aimait pas[11]... » 1319, ce n'était que douze ans avant la naissance de Gaston III.

Le jeune comte dut grandir dans un milieu où la réflexion et le débat étaient une habitude. Il avait à ses côtés les Foix-Rabat, descendants de la famille comtale rebelle à l'Eglise et au roi, et de la famille hérétique de Rabat, les Château-Verdun, qui avaient donné plusieurs parfaits, les Péreille, descendants des châtelains du Montségur cathare. L'hérésie était morte mais la contestation de la « pensée unique » de l'Eglise était-elle oubliée ? Le goût pour les choses de l'esprit devait survivre à travers quelques manuscrits. Deux siècles plus tard, un recueil de poésies de troubadours existait encore dans la bibliothèque comtale[12] ; on peut imaginer qu'il venait de Foix. Il y en avait peut-être eu d'autres.

Dans cette bibliothèque, il y avait aussi des romans de chevalerie, une chronique des croisades, des œuvres de Justinien, de Tite-Live et de saint Anselme. Le jeune Gaston les eut-il en main pour son éducation ? On peut le penser. Il peut y avoir appris le français et le latin, ainsi que l'occitan littéraire dont il saura user. Avaient-ils appartenu à son père ou la comtesse Aliénor en avait-elle fait l'acquisition pour son fils ?

Cette présence maternelle attentive et exigeante, cette formation sûrement rigoureuse appuyée par un solide héritage intellectuel et une familiarité quotidienne avec les chevaliers de Foix et de Béarn, portèrent leurs fruits : le comte Fébus fut vigoureux et vaillant, perspicace, sage et savant, même si sa nature propre vint ébranler parfois ce trop parfait édifice.

« Le comte de Foix qui était beau prince... »

Gaston Fébus était beau. On l'a tellement dit que ce doit bien être vrai... Eût-il d'ailleurs osé prendre le nom du dieu de la beauté et de la lumière si cela n'avait pas été ?

La phrase si célèbre de Froissart a été reprise de chronique en chronique et de siècle en siècle : « Et je vous dis qu'en mon temps, j'ai vu beaucoup de chevaliers, rois, princes et autres ; mais que je n'en vis jamais qui eut de si beaux membres, une si belle allure, une si belle taille, le visage beau, sanguin et riant et les yeux vairs[13], amoureux là où il lui plaisait de jeter son regard. » Il parlera plus loin de « ses doigts qu'il avait beaux, longs et droits[14] ». La rencontre de Gaston Fébus et du roi Charles VI donna au chroniqueur l'occasion de renouveler ce portrait en une scène magnifique : le comte de Foix va arriver, l'attente de tous est palpable, celle même du roi, on sent le silence se faire à l'entrée de celui qu'on veut tant voir et qui est enfin là, grand et beau, les cheveux flottant librement – une originalité pour l'époque, qui doit ajouter à la prestance – et même s'il s'agenouille devant le roi et les princes du sang, c'est bien lui qui attire et qui fascine : « Le comte et ses gens montèrent les premiers degrés de la salle. Le roi était sorti de ses chambres et était venu en la salle et là il attendait le comte que moult désirait à voir pour les grands vaillances de lui et pour sa bonne renommée. Le comte de Foix, qui était beau prince, de belle forme et de belle taille, à nu chef, les cheveux tous épars car oncques ne portait de chaperon, entra en la salle. Lorsqu'il vit le roi, son frère et son oncle, pour honorer le roi et non autrui, il s'agenouilla tout bas d'un genou, se releva et s'avança, puis s'agenouilla encore et une troisième fois tout près du roi. Le roi le prit par la main et l'embrassa et le releva et lui dit : "Comte de Foix, beau cousin, vous nous êtes le bien venu. Votre vue et venue nous réjouit grandement." »

On imagine mal que ces deux portraits sont ceux d'un homme de près de soixante ans, blessé par la vie et rongé sans doute par l'obsédante question de son héritage. Que devait être le blond prince de vingt ans qui rêvait son destin ou celui de la maturité triomphante...

La tradition qui le dit blond est confirmée par les expressions métaphoriques dont on le qualifia : « prince à la tête couronnée de flammes » ou « grue à la tête vermeille »[15]. L'adoption du nom de Fébus, le dieu soleil, va aussi dans ce sens.

Gaston Fébus était un homme vigoureux. Froissart le dit de belle taille et de belle allure ; le Religieux de Saint-Denis évoque la force de son corps. Toute sa vie et jusqu'à son dernier jour, il pratiqua, des heures durant, l'exercice violent de la chasse à courre. Il aimait les jeux physiques[16] et il appréciait la vigueur chez ses compagnons, Arnauton d'Espagne apparaît comme son préféré dans ce domaine : « En toute

Gascogne, on ne trouverait point son pareil de force de membres ; et pour ce le tient le comte de Foix à compagnon[17]. » A l'inverse, il devait n'avoir que mépris pour ceux qui ne cultivaient pas leur corps : la chasse aux pièges qu'il dénigrait tant était pour lui « chasse d'homme gros et vieilli ».

La régence d'Aliénor

Le nouveau comte de Foix n'avait que 12 ans. Dans le testament rédigé avant son départ en croisade, Gaston II avait désigné sa femme comme tutrice de leur fils, régente jusqu'à sa majorité légale de 14 ans et curatrice de ses biens jusqu'à ses 21 ans.

Une minorité princière était toujours période fragile. Les deux régences précédentes n'avaient pas laissé de bons souvenirs ; les comtesses Marguerite et Jeanne s'étaient opposées ; chacune à son tour, pour des raisons différentes, était entrée en conflit avec son fils ; après la mort de l'aïeule, Jeanne avait orienté le Béarn vers la France contre la volonté de la population. Pour assurer leur action, elles avaient beaucoup concédé, accordant largement les Fors, donnant plus de pouvoirs aux cours, affaiblissant d'autant le pouvoir vicomtal. Une troisième régence en quelques années pouvait être fatale alors que la politique française des deux derniers comtes menaçait les Etats de Foix-Béarn d'éclatement. Les Béarnais avaient l'habitude de servir dans l'armée et dans l'administration anglaises ; certains étaient dans les troupes gasconnes qui combattaient les troupes françaises où se trouvaient des contingents du pays de Foix, d'autres étaient baillis ou prévôts « anglais », des commerçants béarnais prêtaient au roi d'Angleterre, les éleveurs avaient besoin des terrains de pacage de Guyenne et les marchands des débouchés aquitains, les nobles possessionnés sur les limites craignaient de voir leurs biens saisis en cas de conflit. Le pays de Foix, lui, intégré aux circuits commerciaux toulousains et catalans par lesquels il écoulait ses produits industriels, ne pouvait rompre avec le roi de France.

La nouvelle régence ne se présentait pas bien. Gaston II s'était endetté pour l'expédition d'Algésiras et il n'y avait plus d'argent dans les caisses. Robert de Béarn, l'oncle, évêque de Lavaur, contestait la tutelle d'Aliénor et intriguait pour faire libérer Jeanne d'Artois et obtenir une partie de son héritage ; à la demande du roi, le pape Clément VI lui ordonna de ne plus quitter son diocèse.

Mais Aliénor fut diplomate et se révéla une remarquable administratrice. Son premier geste fut de maintenir en place tous les conseillers du défunt comte ; il n'y eut donc aucune rupture. Le second fut essentiel : elle entreprit avec son fils une tournée d'hommages sur les terres de Foix-Béarn[18]. C'était la première fois ; jusque-là, lors d'un avènement de vicomte, on réunissait la Cour Majour et la Cour des communautés devant lesquelles s'échangeaient les serments réciproques. Dans les circonstances présentes, les cours auraient pu imposer des concessions. Aliénor l'évita. Accompagnés d'un petit groupe de chevaliers, de juristes et d'un notaire, la comtesse et son fils partirent en plein hiver et dans des conditions difficiles. De décembre 1343 à avril 1344, ils parcoururent le Béarn, y compris les hautes vallées, et le Marsan, s'arrêtant dans toutes les communautés, convoquant tous les nobles par petits groupes, parfois dans le cadre symbolique d'une forêt de chênes. 126 fois en Béarn, 76 fois en Marsan, Aliénor et Gaston jurèrent, la main sur les évangiles, qu'ils seraient bons et loyaux seigneurs, puis le vassal ou le jurat, à genoux, la main sur les évangiles tenus par les deux seigneurs, jurait qu'il serait bon et loyal sujet. Même si une délégation suffisait, tous les notables étaient souvent présents et, dans les villages, toute la population. Le vicomte et sa tutrice étaient vus, ils rassuraient, ils prouvaient que le pays était bien tenu et qu'il n'y avait pas défaillance, leur autorité était reconnue et, surtout, chacun avait l'occasion de voir et de toucher le jeune comte, établissant ainsi le lien personnel traditionnel du monde féodal.

Aliénor et Gaston étaient à Foix en juin 1344[19], peut-être de là se rendirent-ils dans les terres d'Albigeois et Lautrécois. C'est le 3 janvier 1345, dans le cloître de Saint-Volusien où avaient été réunis nobles et consuls du pays, qu'ils échangèrent serments et hommages[20]. Quelques jours plus tard, ils étaient à Orthez : un an s'était passé à la rencontre des populations. Ce fut pour Gaston III une expérience inoubliable et une connaissance précieuse ; il avait parcouru tous les pays qu'il était appelé à gouverner, il avait rencontré tous ses vassaux, tout son peuple, des pasteurs de la montagne aux paysans de la plaine, des gros bourgs marchands aux humbles villages des forêts. Le 30 avril 1345, le vicomte arriva à majorité. Il repartit sur les chemins pour se faire reconnaître seul désormais comme comte de Foix et vicomte de Béarn. Le 7 juin 1345, il était à nouveau en l'abbaye Saint-Volusien de Foix, où, devant le grand autel, il jura de respecter les privilèges de la ville avant de recevoir le serment des consuls, des conseillers et de beaucoup d'autres habitants

« dont il serait trop long d'énumérer les noms[21] ». Et cela se renouvela de ville en ville à travers tous ses Etats.

Aliénor avait administré les domaines et exercé la justice vicomtale ; elle avait utilisé les revenus disponibles à l'extinction des dettes de son mari. Elle avait obtenu de Philippe VI un ordre aux officiers royaux de cesser toute action sur le pays de Foix, d'en respecter les frontières et de ne pas gêner ses propres agents dans leurs activités. Elle cessa immédiatement ses fonctions de régente le jour de la majorité de son fils mais, comme prévu, elle continua à administrer ses biens. C'est elle qui, en octobre 1345, s'occupa de l'achat de la seigneurie de Lannemezan, qui venait agrandir le Nébouzan. Gaston avait gardé les conseillers de sa mère et la « double » gestion se fit dans la plus parfaite entente. C'est ensemble qu'ils acceptèrent, en 1347, l'arbitrage du roi sur le sort de Jeanne d'Artois qui renonça à tout droit sur l'héritage de Foix-Béarn, y compris son douaire du bas pays de Foix, en échange de sa libération et d'une résidence surveillée à Carbonne avec des revenus viagers. Cet acte réconciliait le comte avec ses deux oncles de Castelbon et de Lavaur qui avaient pris le parti de leur mère. Le 11 mars 1351, Aliénor rendit des comptes qui n'appelèrent aucune contestation.

« De Dieu et de nul homme au monde »

La guerre franco-anglaise reprit en juin 1345, après cinq années de trêve qui avaient permis à la régence d'Aliénor de se dérouler dans le calme. Au moment où les troupes anglaises débarquaient à Bayonne, le jeune comte déclarait que « sa volonté était de servir le roi de France en ses guerres en la manière dont monseigneur le comte, son père l'avait fait ou mieux encore[22] ». En fait, tandis que ses oncles, le vicomte de Castelbon et l'évêque de Lavaur se battaient en Limousin auprès de Jean, duc de Normandie, fils aîné du roi, le vicomte de Béarn se contenta de protéger le Marsan et le Gabardan avec le concours des soldats et de l'argent du roi. Au printemps 1346, les troupes du duc de Normandie et du duc de Bourbon se joignirent pour mettre le siège devant Aiguillon. Gaston III envoya quelques troupes du pays de Foix. Quand le duc de Normandie confia la lieutenance générale en Gascogne à Jean Ier d'Armagnac, le comte de Foix exigea – et obtint – que ses domaines ne soient pas soumis à son contrôle. Le 26 août 1346, le roi d'Angleterre et son fils écrasèrent les troupes françaises à Crécy et mirent le siège devant Calais. Philippe VI essaya de secourir les assiégés ; il convoqua ses vassaux à Amiens pour le jour de la Pentecôte 1347. Pour la première fois, le comte de Foix ne répondit pas à l'appel.

Vaincu, Philippe VI chercha des alliés. Il se tourna vers la Castille et, voyant l'occasion de récupérer le comte de Foix, il proposa à Gaston III de participer aux négociations. Le 26 septembre 1347, l'envoyé du roi se présenta au château Moncade. Il reçut pour réponse que « comme monseigneur le comte se trouve en sa terre de Béarn, terre qu'il tient de Dieu et de nul homme au monde, d'où ne découle aucune obligation si ce n'est de faire ce que bon lui semble », il ne pouvait examiner la requête, à laquelle il était toutefois favorable. Il donnerait sa réponse « dans son comté de Foix, dans un délai de huit jours après la prochaine fête de la Toussaint, où il aura son conseil plénier avec les personnes de son sang et que là il aura conseil et délibération pour donner son accord à la présente requête ». L'envoyé du roi n'en crut pas ses oreilles. Stupéfait, il demanda que cette réponse fût mise par écrit. Ce qui fut fait et, ultime insolence, l'acte fut daté, non du règne du roi de France, comme d'usage, mais « régnant en Béarn ledit comte et vicomte »[23] !

Cette réponse qui allait changer l'histoire du Béarn était d'une suprême habileté. En même temps qu'il affirmait cette chose inouïe que le Béarn était pays souverain, Gaston III se déclarait fidèle vassal du roi pour son comté de Foix, et tout à fait favorable à ses projets. « Dès son premier geste important, le sire de Béarn mettait en œuvre une méthode dont il ne se départit jamais par la suite : affirmer haut et fort un principe, mais au même moment laisser une porte ouverte pour permettre à son interlocuteur de ne pas perdre la face[24]. » L'audace paya. Affaibli par les défaites écrasantes de Crécy et de Calais, Philippe VI ne pouvait que ménager ce grand vassal qui s'annonçait difficile et qu'un rien jetterait dans les bras anglais. Il prit donc la « porte ouverte », il se contenta d'enregistrer l'appui du comte de Foix et ferma les yeux sur le Béarn.

Bien plus, il offrit à Gaston III et à son parent Bertrand de l'Isle-Jourdain la lieutenance générale « en Gascogne, Agenais, Bordelais et autres parties de la langue d'oc », retirée au comte d'Armagnac. Bertrand combattit à la tête des troupes royales dans la vallée de la Garonne de mai à août 1348. Gaston était-il avec lui ? Le 26 décembre 1348, à Pamiers, Gaston III prêta hommage au roi de France – il ne l'avait pas encore fait depuis son avènement ; il se reconnut son vassal pour toutes ses possessions dans les sénéchaussées d'Agen, Toulouse et Carcassonne. Nul ne parla du Béarn.

La « souveraineté » du Béarn fut la solution trouvée pour sortir du problème apparemment insoluble de la double vassalité des Foix-Béarn. Nul, de fait, n'avait prêté hommage pour ce pays depuis Gaston VII Moncade et l'idée d'une neutralité devait déjà être en germe autour de Gaston II. Elle se développa dans l'entourage de Gaston III. Les principaux conseillers du moment, ceux qui étaient présents en septembre 1347, étaient Bernard de Béarn, l'« Aspois », oncle bâtard du jeune comte, qui, en 1343 encore, recevait ses gages d'officier à Westminster, et Pierre d'Estiron, docteur en loi, conseiller de Gaston II et membre du conseil de régence, lieutenant général en Marsan puis chanoine de Lescar et futur évêque d'Oloron. Tous deux souhaitaient voir s'interrompre l'adhésion totale au camp français si dangereuse pour le Béarn. Mais quand on connaît la suite de la carrière de Gaston III, on ne peut l'imaginer, même à 16 ans, comme une marionnette entre les mains de ses conseillers. Il est difficile de savoir quel fut le rôle des uns et des autres dans cette décision, mais la part du jeune comte ne fut certainement pas anodine.

La proclamation de la souveraineté du Béarn était le premier coup d'éclat de celui qui allait devenir le comte Fébus. Cette action ne fut pas tout à fait isolée. La prétention à la souveraineté était déjà en germe à propos du Donnezan et de l'Andorre. Sur ces deux territoires, les comtes de Foix étaient vassaux des rois d'Aragon, depuis la donation de 1208 pour le premier, en tant que vicomtes de Castelbon pour la seconde. Quand Gaston Ier fit le partage de ses biens entre ses deux fils, il donna les biens mouvant de l'Aragon à Roger Bernard de Castelbon, sauf le Donnezan et l'Andorre qu'il dissociait ainsi de l'ensemble catalan. Les comtes de Foix prêtèrent encore hommage pour le Donnezan mais on oublia petit à petit l'Andorre. En 1347, juste après l'affaire du Béarn, Gaston III commanda une enquête auprès des Andorrans ; il leur demandait de se prononcer sur plusieurs points dont le fait que l'Andorre avait toujours été gouvernée par les agents du comte de Foix et de l'évêque d'Urgel, par nul autre et au nom d'aucun autre seigneur, et que l'Andorre était distincte de toute autre terre voisine, Cerdagne, Castelbon ou autre[25]. Discrètement, l'Andorre était distraite de la mouvance d'Aragon et sa souveraineté inscrite dans les faits. Il en ira de même pour le Donnezan qui glissera petit à petit vers un statut de « pays souverain » conservé jusqu'en 1789. Avec moins d'éclat que pour le Béarn et à plus petite échelle, la maison de Foix dégageait ses terres frontières des royaumes suzerains.

Le mariage

En février 1340, Gaston II avait signé avec Jacques II, roi de Majorque, une promesse de mariage entre Gaston, qui n'avait que 9 ans, et l'infante Isabelle. En décembre 1342, le roi donna procuration pour ratifier le contrat : le mariage semblait imminent. Il aurait resserré les liens déjà étroits qui existaient entre les deux familles (la grand-tante de Gaston II avait été reine de Majorque). Mais la situation se tendit entre Jacques II et Pierre IV d'Aragon, son cousin, qui voulait mettre fin à la partition de la couronne d'Aragon que représentait le royaume de Majorque-Roussillon. La mort de Gaston II de Béarn priva Jacques II de son plus sûr appui ; Pierre IV aussitôt occupa Perpignan et le Roussillon et demanda à Aliénor de ne pas s'occuper de cette affaire. La comtesse de Foix n'avait pas les moyens de s'opposer au roi d'Aragon ; elle offrit toutefois l'asile du château de Foix à Jacques II dans sa fuite et l'aida à gagner sa terre de Montpellier. Le roi déchu fut tué lors de la tentative de reconquête de son royaume, en 1349. Entre-temps, raisonnable, Aliénor avait renoncé au mariage prévu.

Elle se tourna alors vers la famille de Navarre. La Navarre était aux mains depuis 1234 de la dynastie française de Champagne et Philippe le Bel en avait épousé l'héritière, Jeanne. Le royaume était passé à Louis X le Hutin puis à sa fille Jeanne, la petite fille écartée de la succession au trône de France par la « loi salique », qui avait épousé Philippe d'Evreux, neveu de Philippe le Bel. Ils avaient plusieurs enfants dont le futur roi Charles II et Agnès. Agnès, princesse de Navarre, était donc très proche parente du roi de France et l'alliance était prestigieuse. Les négociations s'étaient engagées dès 1345 entre Aliénor et Jeanne de Navarre. Soucieux de conserver l'alliance fuxéenne, le roi Philippe VI apporta son appui et promit même de doter Agnès ; en février 1347, il assigna au futur couple une rente de 2 000 livres à asseoir dans la sénéchaussée de Toulouse. Les événements de l'année 1347 ne le firent pas changer d'avis, preuve que l'éclat d'Orthez n'était considéré ni par les uns ni par les autres comme une rupture entre le Béarn et le royaume de France. Le mariage fut repoussé parce qu'Agnès n'était pas nubile mais quand il fut conclu, en 1349, le roi tint sa promesse[26].

Jeanne de Navarre s'était installée pour un long séjour en Ile-de-France d'où elle réglait les affaires de ses domaines de Normandie. Aliénor et

Gaston furent invités à la cour de France. Le contrat de mariage fut signé le 5 mai 1349 : la reine de Navarre promettait une dot de 20 000 livres, mais ne versait qu'un modeste acompte de 1 000 livres, Agnès recevrait de son mari un douaire de 5 000 livres. Le mariage fut célébré le 4 août par l'évêque de Laon mandaté par le roi, en une grande cérémonie dans l'église du Temple de Paris. Agnès reçut de riches cadeaux de la part de sa mère, de sa belle-mère et de plusieurs parentes de la cour de France : une couronne, un fermail décoré d'un aigle d'or et une ceinture d'or tous garnis de pierreries, des gobelets d'or et de cristal, une aiguière, des drageoirs d'argent doré, une nef d'argent aux armes de France et de Navarre, un hanap d'argent, des douzaines d'écuelles et de tasses, des couvertures de menu vair et de gris, trois jeux complets de tapisseries, dont un offert par Aliénor, une « chapelle brodée entière » avec dessus d'autel et vêtements sacerdotaux, de nombreuses robes « riches et belles », du linge ainsi que des « livres en roman ». A cela s'ajoutait la vaisselle d'argent offerte par les communautés du pays de Foix[27].

Le séjour de Gaston III à la cour de France le mit en contact avec un monde jusque-là inconnu. En l'hôtel parisien de Navarre, il vit les œuvres d'art et les manuscrits enluminés de sa belle-mère, il dut y rencontrer Guillaume de Machaut qui venait de rentrer dans la « maison » de la reine. Il s'adonna avec un plaisir sans doute immense aux chasses royales en forêt de Compiègne dont il se souviendra quarante ans plus tard dans son *Livre de chasse*. Cet intermède parisien eut certainement une grande importance dans sa vie. Au mois de septembre, la reine Jeanne mourut, victime de la grande peste ; Jeanne de Bourgogne, reine de France, succomba bientôt elle aussi, le roi se remaria très vite avec Blanche de Navarre, sœur d'Agnès. Gaston III de Foix-Béarn se retrouvait beau-frère du roi de Navarre et du roi de France[28].

Blanche était destinée au fils du roi, mais on dit que quand le roi la vit, il la trouva si belle qu'il la garda pour lui ; quant à la plus jeune sœur, Jeanne, elle est dite « l'une des plus belles dames de la chrétienté[29] ». Alors, il ne nous est pas interdit de penser qu'Agnès était belle aussi. Jeunes (il avait 18 ans, elle était à peine nubile), beaux, cultivés tous les deux, le mariage était presque parfait...

Gaston et Agnès rentrèrent à Orthez à l'automne 1349, le comte de Foix était au seuil d'une gloire qui s'annonçait, on peut imaginer Agnès pleine d'admiration pour ce beau mari qui lui avait été donné. Mais le destin ne prend pas les chemins attendus : le bonheur n'allait pas être au rendez-vous.

3

Des complots navarrais à la chevauchée de Prusse

1350-1358

Gaston III de Foix-Béarn avait été bien éduqué, bien entouré et bien conseillé. A 16 ans, il avait pris la décision politique majeure de sa vie. A 18 ans, il avait un héritage solide, il avait montré sa capacité à gouverner, par une alliance prestigieuse il venait d'entrer dans le cercle fermé des familles régnantes. Tous les atouts étaient entre ses mains. Il allait en avoir besoin dans la période qui s'annonçait. Mais il n'y a ni prestige ni gloire dans le calme et la prospérité. C'est dans les turbulences de l'histoire que les hommes se haussent et Gaston III n'aurait pas atteint la grandeur qui fut la sienne s'il n'avait vécu en plein cœur de la guerre de Cent Ans.

Les années Navarre

En août 1350, Jean II le Bon accéda au trône de France. C'était un chevalier courageux et même téméraire, aimant les fêtes et les tournois, aimant aussi les livres, mais il fut un très mauvais chef de guerre et un monarque « lent à informer et dur à ôter d'une opinion » (Froissart) et de plus brutal et irascible.

A ses côtés, un favori, Charles d'Espagne, ou de La Cerda, descendant d'une branche de la famille royale de Castille écartée du trône à la fin du XIIIe siècle et réfugiée à la cour de France ; le roi le couvrit d'honneurs et de richesses et le nomma son connétable. Un autre personnage tournait autour de la cour : Charles, le tout jeune roi de Navarre[1]. Ses parents appartenaient à la famille royale française, mais ils avaient su devenir de véritables souverains navarrais en partageant leur vie entre les deux royaumes. Jeanne de Navarre avait été évincée du trône de France et aussi de la Champagne qu'elle aurait dû avoir par son père, et de la Bourgogne qu'elle aurait dû avoir par sa mère. En échange, on lui avait accordé en 1336 le comté d'Angoulême, le comté de Mortain et des châteaux en Poitou. Des domaines réels comme des revendications, Charles de Navarre était l'héritier ; il était aussi, par son père, comte d'Evreux et pair de France. Ce qui lui importait, en ces années, c'était de jouer un rôle à la cour de France et de faire valoir les droits de sa famille. Il prit ses distances avec la Navarre, qu'il confia à son frère Louis, il s'installa dans ses domaines français et il réclama. Il avait des appuis à la cour : sa sœur Blanche, jeune veuve de Philippe VI, et sa tante Jeanne d'Evreux, veuve de Charles IV. Le roi lui donna des fiefs en Normandie, lui en reprit, lui en promit ; pour le garder de son côté, il le nomma en 1351 lieutenant du roi en Languedoc et lui donna sa fille de 8 ans. En février 1352, les noces de Charles de Navarre et de Jeanne de France se déroulèrent dans le faste. Mais la première place auprès du roi était toujours tenue par Charles d'Espagne ; la coupe déborda quand le roi Jean donna à son favori le comté d'Angoulême, qui était possession de Navarre. En janvier 1354, Charles de Navarre fit assassiner Charles d'Espagne et il se vanta d'avoir assaini la France par ce « tyrannicide ». Puis il se protégea en prenant contact avec les Anglais. Le roi ne put que traiter : à Mantes en février 1354, Charles de Navarre reçut des terres en Cotentin, le comté de Beaumont et l'argent encore dû de la dot de sa femme en échange d'une renonciation aux terres qu'il n'avait plus depuis longtemps ; des lettres de rémission pour lui et ses complices et une cérémonie de réconciliation publique suivirent... En conséquence, il se dégagea de l'alliance anglaise.

Gaston III de Foix était rentré à Orthez après son mariage. Il s'était lié avec son beau-frère, il l'appréciait, l'admirait même sans doute. Lorsque Charles vint exercer sa lieutenance en Languedoc, en 1351, il le rejoignit et ensemble ils combattirent en Condomois puis participèrent aux négociations d'Agen avec les Anglais. La trêve conclue puis rompue, les hostilités reprirent. Jean II, cette fois, nomma Jean d'Armagnac comme lieutenant général. Gaston refusa de servir. En février 1353, alors que le comte d'Armagnac se battait en Rouergue, il envahit les terres d'Armagnac, le comte Jean dut disperser ses forces, le duc de Stafford en profita pour assiéger Lafrançaise, près de Montauban, et menacer Toulouse. Le roi essaya une médiation confiée à Gui de Comminges, oncle de Gaston, puis, via son sénéchal de

Toulouse, il ordonna aux deux belligérants de faire une trêve mais c'est le pape Clément VI qui finit par obtenir un répit. La rivalité Foix-Armagnac venait compliquer sérieusement la guerre franco-anglaise.

A Toulouse, on s'affola de l'approche anglaise et les capitouls se tournèrent vers Gaston de Foix : en octobre 1352, ils lui demandèrent de faire reculer Stafford moyennant une forte somme d'argent. C'était la première fois que le comte passait un tel accord, ce ne fut pas la dernière. « Il devenait un entrepreneur de guerre qui, contre argent, acceptait une mission limitée ne l'impliquant formellement dans aucun camp[2]. » Il appela des hommes de Pamiers, convoqués en raison de l'urgence de la situation, bien que leurs privilèges les en eussent exemptés, et, avec Gui de Comminges, il força Stafford à lever le siège de Lafrançaise. Ce danger levé, fort de ce succès et plus encore sans doute de l'appel des capitouls qui reconnaissaient en lui la principale force méridionale, il attaqua à nouveau les terres d'Armagnac au printemps 1353. Le nouveau pape Innocent VI s'entremit, appuyé par Aliénor de Comminges. Gaston accepta une trêve avec Jean Ier mais, en octobre, il attaqua ses vassaux. Après des coups de main continus en 1354 et 1355, c'est Aliénor, apparemment, qui obtint la conclusion d'une trêve, en août 1355[3].

Tandis qu'il combattait Anglais et Armagnacs, le jeune comte de Foix n'oubliait pas son beau-frère de Navarre. Malgré la réconciliation, malgré les avantages reçus, Charles de Navarre estimait que le roi de France ne lui accordait pas auprès de lui la place qui était la sienne et que les clauses du traité de Mantes n'étaient qu'incomplètement observées. La rumeur courut à la cour que le roi voulait faire assassiner les trois frères de Navarre. Dès lors ils se séparèrent, Charles se tint à Evreux, Philippe dans le Cotentin tandis que Louis regagnait la Navarre. En novembre 1354, Charles se rendit à Avignon, hors du royaume, à l'insu du roi, lequel fit immédiatement saisir ses domaines normands ou du moins ce qu'il put car des capitaines navarrais refusèrent de livrer certaines places. A Avignon se tenaient les pourparlers franco-anglais de ratification du traité de Guines. Charles II négocia secrètement avec le duc de Lancastre un projet de débarquement anglais dans le Cotentin, puis il regagna la Navarre.

Au printemps 1355, déjà mécontent de la fuite de Charles de Navarre et de la résistance des capitaines normands, le roi eut vent de l'accord anglais. Les reines Jeanne et Blanche de Navarre s'affolèrent et écrivirent à leur frère et neveu de ne rien faire qui pût mécontenter le roi et de venir auprès de lui pour rentrer en grâce. Le comte de Foix s'entremit, des messagers circulèrent entre Pampelune, Orthez et Paris. Le roi accorda à Charles un sauf-conduit « pour l'honneur de nos dames et pour l'amour de notre dit cousin le comte de Foix et d'autres de notre lignage qui nous en ont prié ». Le roi de Navarre annonça la visite de Gaston à Paris mais il ne vint pas ; en juin, alors que Charles se préparait à embarquer à Bayonne, Gaston lui écrivit en lui demandant d'attendre que les messagers envoyés à Paris reviennent et que, depuis ses terres d'Albigeois où il se trouvait, il ferait alors selon sa volonté. On a l'impression que le comte de Foix temporisait autant avec le roi de France qu'avec le roi de Navarre[4]. On frôla la guerre dans l'été puis Charles de Navarre fit enfin sa paix avec Jean le Bon, les Anglais ne débarquèrent pas et en septembre le traité de Valognes signa la réconciliation entre France et Navarre. Dans l'énumération de ceux à qui le roi pardonnait, le comte de Foix se trouve immédiatement après les frères de Navarre.

Charles de Navarre n'était pas assagi. Il avait pris beaucoup d'ascendant sur le dauphin Charles et semble l'avoir monté contre son père. Alors que le royaume était en péril, en décembre 1355 le Dauphin fit « une fugue » et s'apprêta à rejoindre l'empereur Charles IV, on ne sait dans quel but. Le roi l'apprit, il retint son fils, le raisonna et lui donna le duché de Normandie. En janvier 1356, le roi donna des lettres de rémission : il gracia son fils qui « voulait aller vers l'empereur », le roi de Navarre, le comte de Foix et plusieurs autres qui devaient aller avec lui, leur pardonnant « d'avoir conseillé, conforté ou accompagné notre dit fils ou autres choses entreprendre ». Gaston III, une nouvelle fois, avait participé aux menées navarraises.

L'amitié qui unissait le roi de Navarre et le dauphin de France n'était pas rompue. Le roi s'inquiétait d'une influence qui pouvait se retourner contre lui. Le Dauphin résidait souvent en Normandie, dont il était duc, à proximité des terres du Navarrais et il y recevait des gens de plus en plus suspects à son père. En avril 1356, Jean le Bon entra brusquement dans Rouen, fit arrêter et exécuter les Normands les plus compromis avec Charles de Navarre et fit emprisonner le roi de Navarre lui-même.

Le chroniqueur anglais Geoffroy Le Baker dit que le comte de Foix fut arrêté avec lui. Arnaud Esquerrier parle aussi d'une arrestation, mais après l'affaire de Meaux, donc en 1358 : le comte aurait été emprisonné au Châtelet de Paris avec les nobles de sa suite, parce qu'il n'avait pas voulu prêter hommage pour le Béarn, mais quand le roi apprit que le

Prince Noir était à Bordeaux, il le relâcha. Le fait que deux chroniqueurs étrangers l'un à l'autre mentionnent cet événement laisse entendre qu'il eut bien lieu. Mais quand ? Au lendemain du combat de Meaux où le comte de Foix avait sauvé la Dauphine et ses dames, cela paraît peu vraisemblable. Au printemps 1356, c'est possible : aucun document ne cite le comte entre mars et juillet de cette année. Il est possible aussi qu'au comte de Foix mis en position de faiblesse par la découverte de sa complicité dans le complot de Navarre le roi ait demandé l'hommage du Béarn, puis qu'il l'ait relâché ou laissé s'enfuir par peur de le voir passer dans le camp anglais au moment où le Prince de Galles s'apprêtait à lancer une chevauchée vers le nord du royaume[5].

De toute façon, l'alerte avait été chaude ; à partir de ce moment-là, Gaston III s'éloigna des intrigues navarraises.

La suite fera que Gaston Fébus et Charles de Navarre resteront dans l'histoire comme deux ennemis. On ne peut qu'être frappé pourtant de leur grande ressemblance. Du même âge, arrivés au pouvoir très jeunes, ils étaient tous deux doués pour séduire, ils étaient fins politiques et hommes d'intrigues, ils naviguèrent entre les royaumes, perpétuelle menace pour des rois plus puissants qu'eux mais qui ne pouvaient courir le risque de les voir partir en face, leurs cours brillèrent de mille feux. Malgré les drames qui les dressèrent l'un contre l'autre, ils ne se désunirent jamais vraiment et, à la fin de leur vie, ils essayèrent de revenir l'un vers l'autre. Il devait y avoir fascination entre ces deux hommes-là. La victoire de Gaston Fébus sur Charles de Navarre, c'est la postérité qui la lui donna : il sera le comte « soleil », tandis que Charles deviendra « le Mauvais »[6].

Ni France ni Angleterre

Sauf pendant quelques mois de 1351, Gaston III n'avait guerroyé que pour lui, dans sa guerre privée contre le comte d'Armagnac ou payé par les capitouls de Toulouse.

Officiellement, on ne parlait plus d'hommage pour le Béarn et le comte veillait à ce que sa déclaration de 1347 se traduise bien dans les faits. En 1354, Pélegrin de Fosse, un marchand de Sauveterre-de-Béarn, avait acheté des marchandises à Bordeaux et était allé les vendre à Montpellier. Il fut arrêté et son argent confisqué, parce qu'un marchand venant de Bordeaux était considéré comme un « Anglais ». Gaston III intervint : l'arrestation était contraire au droit parce que le marchand relevait de la vicomté de Béarn et « que nous possédons cette vicomté avec tout ce qui en fait partie comme une terre libre et franche où nous exerçons souverainement le pouvoir judiciaire et de commandement, comme le fait tout prince au monde qui possède sa terre [...] Pour cette vicomté, nous ne reconnaissons aucun supérieur autre que Dieu ». De plus, on avait fait grief à Pélegrin d'avoir été vu à Bordeaux alors « qu'on peut voir n'importe quel Béarnais s'y rendre chaque jour pour commercer ». Le comte achevait sa lettre avec des menaces voilées de représailles sur les marchands montpelliérains si Pélegrin ne recouvrait pas ce qu'on lui avait pris[7]. Dans cette circonstance, à vrai dire mineure, il affirmait que le Béarn était souverain, que son pouvoir était celui d'un « prince » et que les Béarnais jouissaient d'un statut de neutralité et d'une sorte de privilège d'immunité pour circuler dans des pays en guerre !

En 1354 déjà, au lendemain de l'assassinat de Charles d'Espagne, Gaston III semble avoir fait obstacle aux troupes royales d'Armagnac et de Comminges qui voulaient envahir la Navarre[8]. En 1355, la rupture avec le roi de France fut consommée.

Le débarquement prévu en Cotentin par Edouard III et Charles de Navarre n'avait pas eu lieu en raison de la paix de Valognes. Il devait s'accompagner d'un débarquement et d'une campagne du Prince Noir à partir de l'Aquitaine. Le prince, lui, ne renonça pas et il débarqua à Bordeaux en septembre 1355. Edouard, prince de Galles, dit le Prince Noir, lieutenant général de son père en Gascogne, était alors un grand personnage, administrateur mais surtout terrible guerrier et amateur de fêtes et de tournois dispendieux. En octobre, il lança ce qui allait rester avec terreur dans les mémoires sous le nom de « Chevauchée du Prince Noir ». Parti de Bazas, il ravagea les terres d'Armagnac, les faubourgs de Toulouse, puis Limoux, Carcassonne, Narbonne jusqu'à la « mer grecque » puis retourna, gorgé de butin, par le Lauragais et le pays de Foix. Là, Gaston III l'attendait, il lui fournit le ravitaillement nécessaire, l'escorta une journée entière et le reçut en l'abbaye de Boulbonne[9]. Le résultat fut que, au passage de Cintegabelle, ville royale mais tenue par les comtes de Foix depuis 1339, le prince empêcha tout pillage alors que les habitants voisins de Montgiscard furent massacrés, et surtout que le comté de Foix resta indemne. Les populations durent commencer à comprendre ce que c'était que d'appartenir au comte de Foix...

Le Prince Noir rentra à Bordeaux moins de deux mois après son départ et y célébra son action par des fêtes grandioses. L'année suivante, il lança une pareille chevauchée jusqu'au Berry, Jean le Bon et l'armée de France se portèrent à sa rencontre : le 19 septembre 1356, la bataille de Poitiers fut un désastre français : le roi et la plupart de ses chevaliers furent capturés, lourdement rançonnés et envoyés à Bordeaux puis à Londres.

PAR-DELÀ LES PYRÉNÉES

La famille de Foix-Béarn était vassale d'Aragon pour de nombreux domaines en Catalogne. Ces domaines catalans avaient été donnés à Roger Bernard, vicomte de Castelbon, fils de Gaston Ier, mais restaient bien sûr sous suzeraineté du comte de Foix. Roger Bernard mourut en 1350 ; en juin 1352, Roger Bernard II prêta hommage à son cousin en la cathédrale de Lescar. Le jeune vicomte était resté quelque temps sous la tutelle de sa mère, Constance de Luna, mais il était entré en conflit avec elle et lui avait extorqué la donation de ses biens propres. Après la mort de Constance, en 1353, Roger Bernard comparut devant le roi Pierre IV d'Aragon pour répondre des mauvais traitements infligés et de cette extorsion. Gaston III intervint en sa faveur et le roi accorda son pardon au vicomte et à ses « adhérents », « en considération du comte de Foix, son oncle »[10].

Le roi Pierre IV réclamait depuis longtemps l'hommage dû par le comte de Foix pour ses possessions de Cerdagne et Conflent. Gaston III se rendit à Perpignan au mois de juillet 1356 et, dans le palais des ex-rois de Majorque, il prêta cet hommage. Il promit aussi au roi d'Aragon de l'aider dans le conflit qui s'annonçait avec la Castille, les deux couronnes revendiquant l'hégémonie sur la péninsule ibérique. Il ne pouvait s'aliéner le souverain au moment où sa situation était périlleuse en France ; mais il exigea une bonne somme pour chaque homme et chaque cheval. Requis à plusieurs reprises de tenir ses engagements, il éluda, il fit augmenter le prix de sa participation, il dit qu'il ne pourrait partir tant qu'il ne serait pas sûr que le prince de Galles n'entreprendrait rien contre le Béarn en son absence. Puis il indiqua au roi d'Aragon que le roi de Castille lui avait proposé une grosse somme d'argent pour rester neutre, il fit monter les enchères et obtint le paiement des soldes avant même le départ...

La trêve fut officiellement signée à Bordeaux, entre le Prince Noir et le roi de France prisonnier, en mars 1357, les rançons négociées, rien ne menaçait le Béarn. Gaston III se mit donc en route avec une armée de 1 000 chevaliers équipés, les montures de rechange, les bêtes de somme et 600 hommes de pied, plus valets et serviteurs. Il franchit le Somport, traversa Jaca et Huesca avec une « sage lenteur ». Quand il arriva à Saragosse, la paix était signée entre Castille et Aragon. Comme ce sera souvent le cas dans sa vie, le comte de Foix avait montré sa force sans s'en servir[11].

Le voyage en Prusse

Dans l'été 1357, Gaston III de Foix-Béarn partit en Prusse, « pour lutter contre les infidèles et les destructeurs de la civilisation chrétienne, pour le progrès de la sainte foi orthodoxe, pour la plus grande gloire et pour l'honneur de Dieu tout-puissant ». Le grand maître des chevaliers Teutoniques faisait régulièrement appel aux chevaliers d'Occident pour combattre les païens aux frontières de l'Europe, dans des expéditions qui avaient statut de croisades. Les « païens » étaient des Lituaniens, en partie chrétiens orthodoxes, mais présentés souvent comme des « Sarrasins ». Entre 1335 et 1414, plus de 200 gentilshommes français ont répondu à cet appel, sans compter les troupes qu'ils amenaient avec eux. C'était une expérience conseillée dans les manuels d'éducation des jeunes nobles[12]. Cette année 1357, le grand maître Winrich von Kniprode profita de la trêve signée entre la France et l'Angleterre qui libérait nombre de chevaliers. Le voyage alliait l'envie de croisade, toujours latente en Occident, le goût de l'aventure en pays lointain et des exploits chevaleresques, et l'attrait de chasses fabuleuses dans de profondes forêts. Il était normal qu'il tente un jeune chevalier. Il peut paraître étonnant pourtant de voir le comte de Foix s'absenter plusieurs mois de ses Etats en un temps où il était déjà très engagé dans de multiples conflits.

En fait, une trêve était signée entre la France et l'Angleterre, le danger ne viendrait pas de là trop vite. La paix conclue entre l'Aragon et la Castille, par contre, était déjà rompue et le roi d'Aragon sollicitait son allié avec insistance. A Paris, la crise politique était ouverte : le Dauphin devait affronter seul l'opposition des Etats généraux convoqués pour faire face au problème posé par la défaite militaire et la captivité du roi, la révolte parisienne d'Etienne Marcel et l'agitation des agents navarrais, toujours active malgré l'emprisonnement de leur roi.

Quitter la France à ce moment-là permettait au comte de Foix, sans danger pour ses Etats, d'éviter d'avoir à répondre aux sollicitations du roi d'Aragon et sans doute aussi des agitateurs navarrais, tout en assouvissant ce qui était certainement un désir personnel. Le roi d'Aragon insista à plusieurs reprises pour faire annuler ou au moins retarder le départ, mais rien n'y fit. Contrairement à l'habitude dans ce genre de circonstances, le comte ne fit pas de testament et n'institua pas un conseil de régence[13], il nomma seulement Bertrand des Pujols, un chevalier de Foix, lieutenant général en Béarn. Il prit avec lui Corbeyran de Foix et Jean III de Grailly, Captal de Buch, le fils de sa tante Blanche de Béarn, un des meilleurs chevaliers de la Gascogne anglaise : c'était une garantie de plus que le Prince de Galles n'attaquerait pas le Béarn. Esquerrier dit qu'il partit du château de Foix, avec sa troupe. Le 31 août, à Mondonville près de Toulouse, il régla le problème posé par l'attaque du château de l'Herm par les habitants de Foix en leur octroyant le privilège de pouvoir mener une troupe armée pour leur défense sans la présence d'un officier comtal ; c'était peut-être un conflit désamorcé. En octobre 1357, il était à Bruges où il emprunta à des banquiers la somme considérable de 24 000 écus d'or, sans doute pour payer les bateaux. Gaston et ses hommes naviguèrent sur la mer du Nord puis sur la mer Baltique et ils firent des escales en Norvège et en Suède pour de mémorables parties de chasse au renne. Trente ans plus tard, le comte de Foix s'en souviendra dans son *Livre de la chasse* : « Le renne est une bien étrange bête, et pour cela je vous le décrirai [...] Quand on le chasse, il fuit peu, à cause de la grande charge qu'il a sur la tête, mais tantôt il s'accule à un arbre pour que rien ne le puisse aborder que de devant et il courbe la tête vers le sol [...] J'en ai vu en Norvège et en Suède et il y en a outre-mer, mais en pays roman, je n'en ai point vu. »

La troupe dut arriver à Königsberg, siège du grand maître, en novembre. C'est de cette ville que le comte écrivit aux officiers de Foix et de Béarn pour leur faire part de ses embarras pécuniaires et leur demander d'obtenir des avances de ses sujets pour rembourser l'emprunt de Bruges[14]. C'est tout ce que nous savons de ce séjour, sauf que, d'après Esquerrier, le comte gagna une bataille « pour le maître de Prusse », mais pouvait-il en être autrement ? Par d'autres récits, on sait que les « séjours » en Prusse étaient bien rodés. On accueillait les nouveaux arrivants par de grandes fêtes, puis ils partaient au combat ; à leur retour, d'autres réjouissances. Les écuyers qui s'étaient distingués étaient armés chevaliers, les meilleurs devenaient « Chevaliers de la

Table ronde ». Il est fort possible que le comte de Foix ait été armé chevalier à Königsberg[15] ; il dut en tout cas profiter de cette atmosphère de chevalerie et de croisade auquel il fut sensible toute sa vie et sans doute aussi des parties de chasse. Ce fut pour lui quelques mois d'un intermède rêvé.

Gaston et ses compagnons rentrèrent à cheval par l'Allemagne. Au mois de juin 1358, ils étaient à Châlons-sur-Marne. Et l'aventure continua...

« Febus avan ! »

Pendant son absence, la situation avait évolué en France. Le dauphin Charles avait réuni les Etats généraux du royaume pour discuter des mesures à prendre et surtout de la levée des énormes sommes nécessaires à la poursuite de la guerre. Menés par Etienne Marcel, prévôt des marchands de Paris, les Etats voulurent opérer une véritable réforme constitutionnelle en profitant de la faiblesse du Dauphin due à son manque de légitimité. Mais l'importance des impôts décidés leur suscita une forte opposition. Etienne Marcel durcit ses positions, fit appel à Charles de Navarre dont il organisa l'évasion en novembre 1357 et chercha à s'imposer au Dauphin qui s'enfuit au mois de mars et fit le blocus de Paris. L'appel au roi de Navarre se retourna contre le prévôt : le parti navarrais était désormais ouvertement pro-anglais, les bandes formées par les frères du roi après son arrestation, à partir de routiers libérés par la trêve de Bordeaux, dévastaient la Normandie et l'Ile-de-France et Charles de Navarre, une fois dans Paris, travailla pour lui. En mai-juin, ce fut une explosion de violence populaire, la jacquerie, contre les nobles qui n'avaient pas rempli leur mission de défense du royaume, contre les bandes anglo-navarraises qui terrorisaient la population, contre les collecteurs d'impôts. Etienne Marcel appela les jacques ; Charles de Navarre, acclamé par beaucoup de nobles comme leur chef, ne put que se désolidariser, il prit la tête de la répression contre les paysans révoltés dont il fit un véritable massacre. Etienne Marcel ne pouvait pourtant se passer de lui, il en fit le capitaine général de Paris et manœuvra pour lui livrer la ville, quitte à ce que Charles revendiquât le trône de France. Cela n'était pas du goût de tous... et aboutit à l'assassinat d'Etienne Marcel, suivi, le 2 août 1358, de l'entrée triomphale du Dauphin dans Paris et du repli de Charles de Navarre vers ses terres de la vallée de la Seine et de Normandie d'où il continua la guerre contre le Dauphin et pour les Anglais.

Gaston de Foix, le Captal de Buch et leurs compagnons arrivèrent en pleine révolte des jacques. Le Dauphin, enfui de la capitale, avait cru mettre à l'abri sa femme, sa sœur, la duchesse d'Orléans et leurs dames d'honneur dans une place forte jugée sûre, le « Marché » de Meaux, sorte d'île fortifiée par une enceinte et un fossé et accessible par seulement deux ponts ; le duc d'Orléans, frère du roi, était là aussi. En fait, des bandes de jacques fuyant devant le roi de Navarre se replièrent vers Meaux, le maire leur ouvrit la ville qu'ils pillèrent et ils s'apprêtaient à attaquer le « Marché » et ses dames. C'est ce que la troupe venue de Prusse apprit à Châlons. De nobles dames en péril : pour ces chevaliers la tête encore pleine de récits de Table ronde, il n'y avait aucune hésitation. Ils se précipitèrent et entrèrent dans le Marché par le pont opposé à la ville alors que les pillards banquetaient avec ce qu'ils avaient trouvé dans les maisons. Le lendemain matin, lorsqu'ils voulurent attaquer ce qu'ils croyaient n'être qu'un groupe de femmes et de serviteurs, les jacques se trouvèrent face à des chevaliers armés au-dessus desquels flottaient les bannières de Foix et d'Orléans. Froissart en fit un récit terrible : « Si les abattaient à grands monceaux et tuaient ainsi que des bêtes... Ils en tuèrent tant qu'ils étaient tous lassés et tannés et les faisaient saillir en la rivière de Marne », puis ils brûlèrent la ville « et tous les vilains du bourg qu'ils purent dedans enclore »[16]. Si ce récit nous paraît d'un insoutenable mépris envers les « vilains », pour Froissart et pour les nobles ce fut un haut fait chevaleresque. Pour les « sauveurs » ce ne fut apparemment rien d'autre ; arrivés de Prusse et sans doute pas ou très peu informés de la situation, ils n'eurent aucune arrière-pensée politique dans leur intervention. Le Captal de Buch était ouvertement « anglais » et n'avait aucun motif de venir au secours du dauphin de France, le comte de Foix était neutre et ne semble pas avoir à cette occasion renoué avec Charles de Navarre qui était pourtant aux environs et qui écrasa le lendemain les jacques survivants.

Pour Gaston III, ce fut le début de la légende. Les chroniqueurs s'en emparèrent, Bovet le premier et du Bernis après lui. Pour eux, le comte était en Prusse quand la Dauphine et ses dames, jugeant que lui seul pouvait les sauver, lui envoya un message de détresse ; il revint à bride abattue à travers l'Europe pour les secourir et il leur fit connaître sa devise : *Febus avan !* Et la Dauphine cria aux jacques : « Fuyez, vilains jacques, fuyez car le comte de Foix Fébus vous vient dessus ! vous qui vous êtes rassemblés contre moi, c'est à la mort que vous êtes venus ! »

Les archives confirment que c'est après 1358 que le comte de Foix se fit appeler Fébus. Ce surnom magnifique [17] est le point d'orgue de son équipée de Prusse et de son combat chevaleresque pour délivrer les plus hautes dames de France. La sagesse de sa mère et de son entourage l'avaient engagé dans des chemins solides, il s'était quelque peu égaré dans les voies retorses du Navarrais mais son intelligence politique l'avait vite fait revenir au subtil équilibre entre les puissances de son temps qui allait être sa marque. Il avait le don politique, il avait la force de ses Etats et de son héritage, avec l'affaire de Meaux il obtenait la gloire personnelle. Il était seul désormais face au destin qu'il se traçait, il n'avait plus besoin de mentor ni de conseils, plus jamais il n'écouterait quiconque. Gaston III de Foix-Béarn était devenu le comte Fébus.

DEUXIÈME PARTIE

ENTRE PRINCES ET ROIS

4

L'ennemi Armagnac

1358-1363

Honoré Bovet et Michel du Bernis disent qu'après leur sauvetage, la Dauphine et ses compagnes firent grande fête au comte Fébus et à ses gens plusieurs jours durant. C'était la moindre des choses... Puis Gaston Fébus rentra en pays de Foix. Tout était calme chez lui, mais les dangers extérieurs menaçaient plus que jamais.

Dès qu'il apprit son retour, le roi d'Aragon envoya un messager pour réclamer son aide contre le roi de Castille. Cette fois, le comte de Foix ne répondit pas et le roi n'insista pas, il n'avait plus de prise sur ce vassal plus sûr de lui que jamais.

La trêve de Bordeaux n'était qu'une trêve. Elle arrivait à expiration en mars 1359, les négociations traînaient en longueur et les bruits qui couraient sur le futur traité laissaient présager un encerclement du Béarn par les Anglais. En attendant, les escarmouches entre garnisons ennemies ne cessaient pas. Mais, pour le comte de Foix, il y avait bien pire. Depuis décembre 1357, le Languedoc avait un nouveau lieutenant général, Jean, comte de Poitiers, jeune frère du Dauphin et futur duc de Berry. Il était très jeune et, dans le Midi, il avait retrouvé son parrain qui le prit immédiatement sous son aile. Ce parrain, dont il allait faire son « gouverneur », c'était Jean Ier d'Armagnac. La situation s'annonçait explosive[1].

Le Languedoc en otage

Fébus était rentré en juillet 1358, en août il prenait les armes en Languedoc. Le comte de Poitiers, qui avait déjà installé des garnisons en Agenais et en Quercy, venait de donner ordre au sénéchal de Bigorre de tenir ce comté dans la main du roi et d'empêcher quiconque de s'en emparer sans avoir averti le comte d'Armagnac. C'était reconnaître les droits d'Armagnac sur le comté si convoité. Fébus écrivit immédiatement au Dauphin pour l'informer qu'il prenait les armes contre les comtes d'Armagnac et de Poitiers, mais qu'il restait fidèle à la couronne de France ; la politique personnelle menée par ses deux adversaires n'était certainement pas de la volonté du régent... Il occupa Cintegabelle, ce qui pouvait couper aux Toulousains la route des Pyrénées. Les capitouls dénoncèrent au régent les périls dans lesquels les mettait le conflit Foix-Armagnac. Quand Jean de Poitiers convoqua les Etats de langue d'oc pour voter les impôts de guerre, en mars 1359, deux partis se dessinèrent, l'un, toulousain, favorable au comte de Foix, l'autre, bas-languedocien, qui lui était hostile.

Les attaques continuèrent. Le pape Innocent VI demanda le 16 mars au comte de Foix de cesser ses actions ; en avril le comte de Poitiers le déclara rebelle, confisqua ses domaines (théoriquement, bien sûr...) et décréta de saisie les biens de ceux qui prendraient son parti. Sourd aux injonctions comme aux menaces, le comte s'avança sur Toulouse, il écrasa la milice de la ville venue le combattre sous les murs et mit le feu au faubourg Saint-Cyprien et à l'hôpital Sainte-Catherine. Puis, laissant ses hommes sur les rives de la Garonne en amont de Toulouse, il rentra en Béarn car la situation devenait inquiétante en Aquitaine.

En mars 1359, à l'expiration de la trêve, le roi Jean, toujours prisonnier, avait signé un désastreux traité de Londres. Pour le Béarn, les pires prévisions se réalisaient, le roi d'Angleterre devenait seigneur souverain sur toutes ses limites, Pyrénées exceptées. La situation était dramatique pour tout le royaume. Le traité devait être reconnu par l'autorité du régent, le dauphin Charles. Celui-ci convoqua une assemblée d'Etats qui déclara que le traité n'était « ni passable ni faisable » et la guerre reprit. En août le Dauphin réussit à faire la paix avec Charles de Navarre : par le traité de Pontoise, il lui reconnut ses domaines normands et le roi s'engagea à être désormais « bon français ». En octobre, Edouard III débarqua à Calais avec la plus brillante armée anglaise jamais vue sur le continent et en point de mire Reims et l'église du sacre.

Tandis que les Anglais attaquaient au nord, Fébus recrutait des bandes anglaises qui attaquèrent la Bigorre à partir du Béarn, le Toulousain et le Comminges à partir du pays de Foix, le Rouergue et l'Albigeois à partir de Lautrec, c'est-à-dire les terres d'Armagnac et de ses alliés mais aussi le domaine royal tenu par le comte de Poitiers. Pour le lier mieux encore à sa cause, Jean d'Armagnac venait d'ailleurs de donner sa fille en mariage au jeune prince[2]. Fébus mettait des conditions exorbitantes à un arrêt des hostilités. Loin d'y céder, Jean de Poitiers les fit publier en janvier 1360, dans chaque ville du Languedoc : « Le comte de Foix a passé la Garonne et est en pays de Toulouse avec tous les Anglais qu'il a pu lever en Gascogne. Il fait grand dommage au pays en boutant feux, tuant les gens, violant les femmes, prenant et emprisonnant les gens et les torturant. Et nous fait savoir [...] qu'il veut avoir le comté de Bigorre et qu'il veut avoir aussi le gouvernement de la Langue d'Oc et que nous nous en allions en France et que nous lui laissions le pays à gouverner [...] Nous sommes très étonnés que le comte de Foix se conduise ainsi et entreprenne de faire les choses susdites. Notre intention [...] est de lui résister et de garder et défendre le pays et les sujets dont nous avons la garde[3]. » Sur les revenus du Languedoc, Fébus lui accordait généreusement le dixième pour ses frais de déplacement de retour... Le comte de Foix devait se sentir fort des difficultés du Dauphin, la provocation est tout de même sidérante vis-à-vis d'un « prince des fleurs de lys ».

Et les combats continuèrent. Entre mars et juin 1360, la plaine toulousaine et l'Albigeois passèrent sous la main de Fébus. Cintegabelle, Montauban, Albi étaient menacés.

Les représailles décidées en 1359 contre les partisans du comte de Foix se concrétisèrent pour la seigneurie de Mirepoix, située à la jonction du pays de Foix et des sénéchaussées royales de Toulouse et de Carcassonne. Jean II de Lévis avait rejoint le camp de Foix (il était le fils de Constance de Foix, sœur de Gaston Ier), tandis que son fils Roger Bernard, avec lequel il était en conflit pour bien d'autres raisons, rejoignait celui du comte de Poitiers. En avril 1360, le prince marcha sur Mirepoix, prit possession de la seigneurie au nom du roi et la confia à Roger Bernard qui prêta hommage. Les rebelles de Mirepoix reçurent des lettres de rémission, Jean II dut faire acte de soumission et donner des gages de fidélité. Sa dépossession fut définitive en 1362 et assortie d'une assignation à résidence tant que durerait la guerre entre Foix et Armagnac[4].

Les choses changeaient au Nord. La chevauchée d'Edouard III vers Reims fut un échec, toutes les forteresses se fermèrent devant l'armée anglaise qui, sans ravitaillement, dut se replier. La paix fut signée à Brétigny le 8 mai 1360 et ratifiée à Calais en octobre. L'échec anglais permit aux Français d'obtenir de meilleures conditions que celles du traité de Londres mais les clauses étaient tout de même très dures pour la France. Le roi d'Angleterre renonçait à la couronne de France, au comté de Boulogne, à la Normandie, à l'Anjou et à la Touraine et à la suzeraineté de la Flandre et de la Bretagne. Mais il obtenait l'entière propriété et souveraineté (ce qu'il n'avait jamais eu) de plusieurs comtés du Nord, des pays de Saintonge, Poitou, Angoumois, Agenais, Quercy, Limousin, Périgord, Rouergue, Guyenne, Gascogne, Bigorre et comté de Gaure. La rançon du roi était réduite à trois millions d'écus d'or (au lieu de quatre), une somme toujours colossale. L'Aquitaine devait former une principauté gouvernée par le Prince Noir.

Dans le Midi, la donne était bouleversée. Le comte de Poitiers avait perdu son apanage (le Poitou passait dans la mouvance anglaise). Le comte d'Armagnac devenait vassal d'Angleterre. Le traité n'avait pas expressément cité le Béarn, mais le Prince Noir pouvait le considérer comme faisant partie de la Gascogne et le problème de l'hommage allait se poser tôt ou tard. En attendant, il était pour le moins une enclave en territoire anglais. Et comme la Bigorre était attribuée aux Anglais, les Anglais devenaient les ennemis de Fébus.

Le comte de Foix accepta de traiter avec le Dauphin, qui accepta de dissocier la couronne de France du clan Armagnac et de ne traiter que de ce qui concernait la première. Le 7 juillet 1360, le traité de paix fut signé dans le couvent des dominicains de Pamiers, entre Fébus et le maréchal de Boucicaut pour le Dauphin. Le comte s'engageait à évacuer avant le 26 juillet toutes les villes et forteresses occupées sauf celles qui appartenaient au comte d'Armagnac et à ses alliés et à faire sortir de la province tous les gens d'armes, anglais ou français, qu'il avait pris à son service. Le comte cesserait ses offenses envers le comte de Poitiers et ne chercherait pas à se venger de ceux qui l'avaient soutenu (le comte de Comminges, Roger Bernard de Mirepoix et le sire d'Auterive sont expressément cités). Boucicaut obtiendrait des lettres de rémission et ferait restituer les biens confisqués aux partisans de Foix. Une commission de juristes examinerait le cas de la Bigorre ; si leur avis lui était favorable, le comte en serait investi ou, dans le cas où la Bigorre serait donnée aux Anglais, il recevrait dédommagement en Languedoc ; s'il lui était défavorable, il s'engageait à ne plus rien en réclamer.

Il y eut un autre traité entre les comtes de Foix et d'Armagnac, dont le texte n'a pas été conservé. Et un troisième enfin, toujours à Pamiers, conclu sur médiation de deux nonces apostoliques, du maréchal de

Boucicaut et du consentement du comte de Poitiers, entre le comte de Foix et les députés des communautés du Languedoc. Le comte se déclarait fidèle vassal de la Couronne et ami des communautés, il leur promettait de congédier tous ses gens d'armes et de rendre les places prises et les biens dont il s'était emparé ; mais la paix n'était pas gratuite, les communautés lui donneraient 200 000 florins d'or. Immédiatement, le comte d'Armagnac exigea la même somme sous menace de porter la guerre et la désolation dans le pays.

De ce qui avait tout de même été une révolte armée contre le roi de France, le comte de Foix sortait ainsi sans dommage et même enrichi. Preuve qu'il était devenu intouchable. Il avait fait sa paix avec les fils de France, mais la querelle avec l'Armagnac, elle, n'était absolument pas réglée.

Les Grandes Compagnies

Le prince Jean, ayant perdu son comté de Poitiers, fut fait duc de Berry et d'Auvergne ; avec son frère duc d'Anjou, son oncle duc d'Orléans et le duc de Bourbon, beau-frère du régent, il dut rejoindre l'Angleterre en octobre 1360 pour servir de caution au paiement de la rançon de son père, le roi Jean, qui rentrait en France et reprenait le pouvoir. Il conserva un temps la lieutenance générale de Languedoc, nommant sur place des lieutenants, puis, au début de l'année 1361, le roi donna la charge au connétable Robert de Fiennes, et, en septembre, au maréchal Arnould d'Audeneham.

Dans les années 1361-1363, les communautés de Languedoc durent s'acquitter des sommes dues aux comtes de Foix et d'Armagnac et de leur part de l'énorme rançon du roi. Elles en furent saignées. Les sujets du pays de Foix, eux, pourtant dans la sénéchaussée de Carcassonne, « ne voulurent rien payer pour la rançon du roi et on ne trouva personne qui voulût se charger de les y contraindre[5] ». Bien pire encore, la paix précaire entre Foix et Armagnac n'avait pas suffi à amener le calme dans la province. C'est après la paix de Brétigny et en raison de la trêve qui suivit qu'apparurent les Grandes Compagnies, ces bandes de routiers de toutes origines, soldats désœuvrés pendant l'interruption de la guerre officielle et restés sous les ordres de capitaines bien décidés à continuer la lutte pour leur propre compte. Elles sillonnèrent tout le royaume en pillant ou rançonnant. Le Languedoc fut particulièrement touché. En janvier 1361, le pape chargea l'évêque du Puy de persuader les deux ennemis de Foix et d'Armagnac de faire taire leurs querelles et de s'unir contre les routiers. Les deux comtes unis, c'était rêver...

En Castille, la politique brutale de Pierre Ier le Cruel (1350-1369) lui aliéna ses plus fidèles partisans. Son frère bâtard Henri de Trastamare s'allia contre lui à l'Aragon et chercha des alliés outre-Pyrénées. En juillet 1361, il passa en France avec des compagnies castillanes qui commirent d'abord en Languedoc autant de dommages que les routiers, puis ils se mirent au service du maréchal d'Audeneham. En juillet 1362, le maréchal, Trastamare et les chefs des compagnies conclurent un traité à Clermont : Trastamare emmènerait les compagnies en Castille pour faire la guerre à son frère ; le roi de France d'un côté, les villes languedociennes de l'autre, donnèrent beaucoup d'argent à l'entreprise pour être enfin débarrassés de ces routiers. Mais une clause allait tout gâcher : les routiers pourraient rester au cas où la guerre reprendrait entre Foix et Armagnac. En novembre, les chefs des Grandes Compagnies étaient auprès de Fébus à Mazères et à Pamiers.

Officiellement, Fébus traita avec les compagnies qui depuis des mois séjournaient dans la seigneurie de Mirepoix, aux portes du comté de Foix. Cette terre avait été tellement ravagée qu'une grande partie des habitants avait fui en Catalogne. Le comte de Foix obtint le départ d'une partie des routiers. L'autre partie y resta, continuant les dévastations, s'emparant même de la ville de Mirepoix et y détruisant le petit monastère cistercien de Belloc. Elles avaient fait leur centre de ravitaillement au château des Pujols. Roger Bernard, un personnage déséquilibré, en conflit avec son frère et avec son fils autant qu'il l'avait été avec son père, n'était pas en mesure de résister. C'est le maréchal d'Audeneham qui reprit les Pujols en septembre 1363, non sans imposer une grosse amende au seigneur pour défaut de défense[6].

C'est sans doute pour le prix de son intervention que Fébus reçut 4 000 florins d'or du maréchal d'Audeneham. Il l'avait pourtant trompé car, dans leurs entrevues, le comte et les routiers étaient certainement convenus d'un engagement prochain contre l'Armagnac. Le plus célèbre des capitaines qui suivirent Gaston Fébus fut le Petit Meschin, mais d'autres firent de même ; privés d'une partie de leurs chefs, les routiers refluèrent vers le Languedoc, annulant l'effet du traité, et Henri de Trastamare exigea le paiement de l'argent promis, en disant que ce n'était pas sa faute si le traité de Clermont n'avait pu être appliqué.

Le triomphe de Launac

Le feu n'était jamais éteint entre Foix et Armagnac ; depuis 1360, il couvait. Les deux partis se préparaient à une grande confrontation. La maison d'Albret, qui avait agrandi ses domaines jusqu'à occuper tout le territoire situé entre le Marsan et le Gabardan et l'Océan et tenait la côte du sud du bassin d'Arcachon jusqu'aux portes de Bayonne, avait été du camp anglais. Mais depuis que sa seigneurie était passée sous souveraineté anglaise, le sieur d'Albret craignait une trop forte dépendance et il se rapprocha du comte d'Armagnac et donc du camp français. Le 27 janvier 1362, Jean d'Armagnac et Arnaud Amanieu d'Albret jurèrent de ne jamais faire la paix avec le comte de Foix, ni avec son fils (il n'en avait pas encore !) sans le consentement de l'autre. Le comte d'Armagnac pouvait aussi compter comme alliés les cadets de la famille, vicomtes de Lomagne et de Fezensaguet, le comte de Comminges, les seigneurs de la vallée d'Aure, le vicomte de Turenne et de nombreux seigneurs gascons. Gaston Fébus de son côté compterait les routiers qu'il avait engagés, son cousin de Castelbon et leurs alliés catalans, le vicomte de Cardona et le comte de Pallars, le vicomte de Couserans très lié, familialement, aux deux précédents, le comte d'Astarac, dont les seigneuries s'enfonçaient en plein cœur de l'Armagnac, le seigneur de l'Isle-Jourdain, tous deux proches parents du comte de Foix[7] et le seigneur de Launac lié au précédent.

On essaya d'éviter la guerre : le pape et Charles de Navarre, rentré dans son royaume en 1361, s'y employèrent. En mars 1362, Gaston accepta une trêve d'un an avec Armagnac et Comminges, négociée par Charles de Navarre et par l'archevêque de Toulouse mandaté par le pape ; il jura de la respecter... sauf tort porté par la partie adverse. Charles revint en Béarn, au moins sans doute pour le baptême de son neveu et filleul, Gaston, le fils de Gaston Fébus et d'Agnès de Navarre, né au mois de septembre. Jean d'Armagnac continuait de nouer des alliances. Le 9 octobre, Fébus lui écrivit qu'il avait eu vent de manœuvres qui laissaient entendre « que ce n'est pas votre intention de maintenir la paix ».

On ne sait ce qui déclencha la mise en branle des armées, mais de toute façon chacun l'attendait. Tandis que ses troupes du Béarn surveillaient la frontière du Marsan, Fébus prit la tête des troupes du pays de Foix, il traversa la plaine toulousaine et, à travers les terres de ses alliés de Launac et de l'Isle-Jourdain, il s'avança vers l'armée d'Armagnac. La bataille se tint à Launac, le 5 décembre 1362. Comme à Crécy et à Calais, mais à moins grande échelle, ce fut le choc de deux conceptions militaires. Le comte d'Armagnac avait l'avantage du nombre, mais opposa un front de chevaliers lourdement armés et peu mobiles et de routiers seulement mus par l'appât du butin. Fébus avait ses chevaliers, mais encore les milices et les archers du pays de Foix, bien équipés et bien entraînés. Plus, comme à son habitude, un train des équipages avec ravitaillement et armes de rechange. La cavalerie d'Armagnac lança un assaut terrible, au cours duquel Fébus aurait été blessé, mais les archers de Foix, cachés dans un bois, opérèrent une manœuvre d'encerclement qui fit remporter le combat en deux ou trois heures. Le comte d'Armagnac et ses chevaliers prirent la fuite et furent rattrapés dans les bois. Presque tous furent faits prisonniers[8]. La victoire était éclatante.

Les lendemains de la victoire

Les chroniqueurs parlent de 900 prisonniers. Le chiffre est certainement très exagéré, mais il faut bien dire que tous les chevaliers du clan Armagnac tombèrent entre les mains du comte de Foix. Ils furent amenés en pays de Foix où ils furent traités avec les plus grands égards. Dès le 16 décembre, ils composèrent avec leur vainqueur. Fébus les assigna à résidence pour un mois à Mazères ou à Pamiers, où, en échange de leur parole de chevalier et sous peine d'amendes énormes, fixées en fonction de l'importance de chacun, ils furent traités avec la courtoisie digne de leur rang et purent « s'ébattre », sortir et chasser. Le 24 janvier, dans un champ près de Foix, plusieurs d'entre eux, les plus importants sans doute[9], comparurent devant le comte d'Armagnac et le comte de Comminges, ils firent état de leurs engagements (lieu et durée de résidence et montant de l'amende en cas de non-respect) et déclarèrent que le comte de Foix avait prolongé leur séjour forcé jusqu'au quatrième jour après Pâques et qu'il demandait la caution des comtes d'Armagnac et de Comminges. Les chevaliers demandèrent donc aux deux comtes cette caution et ils la reçurent[10]. On est ici dans le contexte chevaleresque, le même qui présida à la « détention » du roi Jean le Bon à Bordeaux puis à Londres, de parole donnée et respectée du côté du vainqueur comme des vaincus ; la scène est tout de même étonnante :

les chevaliers « prisonniers » circulaient librement dans le comté puisqu'ils avaient fait le chemin de Mazères à Foix et ils organisèrent une véritable « cour des vaincus » présidée par les deux plus importants d'entre eux qui se réunit de façon solennelle sous les tours du château du vainqueur mais en son absence (c'est bien précisé) ; Fébus les laissait régler leurs problèmes entre eux.

Le 14 avril, la paix entre Foix et Armagnac fut scellée lors d'une grandiose cérémonie qui se tint en l'église Saint-Volusien de Foix [11] : chacun renonçait aux terres possédées par l'autre à ce moment-là et s'engageait à restituer les places occupées. La conclusion de la paix n'impliquait pas la libération des prisonniers. Fébus n'avait pas été très exigeant sur les clauses territoriales : on n'avait fait que confirmer le règlement de la succession de Béarn tel qu'il avait été prévu par Gaston VII. C'est par le montant des rançons que Fébus écrasa véritablement le parti armagnac.

Jean Ier d'Armagnac fut taxé à 300 000 florins, une somme colossale[12], Bérard d'Albret à 100 000, Pierre Raimond de Comminges à 50 000, le comte de Pardiac à 3 000... Le paiement de telles sommes était très difficile et, pour tous, il fallut l'échelonner. Mais Fébus tint bon. A l'automne 1363, le pape demanda la libération des prisonniers et il fit intervenir le roi d'Aragon et le roi de Navarre. Est-ce que ces interventions eurent de l'effet ? Les chefs de la coalition ne furent libérés qu'à la fin de 1364, avant d'avoir fini de payer, mais à condition de livrer des otages ; d'autres restèrent plus longtemps encore sous la main du comte de Foix. La comtesse d'Armagnac dut lever une bonne partie de la rançon de son mari, non sans grandes difficultés, sur le Rouergue ; le comte dut remettre des joyaux, qu'il récupèrera plusieurs années plus tard, pour une somme de 73 000 florins ; il dut surtout « vendre » à Fébus Arrens et Tournay, deux seigneuries à mi-chemin entre Béarn et pays de Foix. Le prince de Galles aida aussi au paiement de la rançon[13]. Jean d'Armagnac semble n'avoir été libéré qu'à la fin de 1364 ou au début de 1365. En septembre 1364, le comte de Comminges était toujours prisonnier ; en janvier 1365, il était libre mais sa femme et lui reconnaissaient devoir encore 13 066 florins d'or et 8 crozales d'argent : le comte Fébus ne faisait pas grâce de la petite monnaie... Les frères d'Albret ne finirent de payer leur rançon qu'en 1367[14]. Au total, le comte de Foix dut retirer de sa victoire au moins 600 000 florins[15].

La bataille de Launac est l'événement majeur de la vie de Gaston Fébus. Le comte l'instrumentalisa comme outil de sa gloire[16], comme fondement de sa légende à laquelle il donna un caractère sacré avec le récit de l'apparition lumineuse de saint Volusien annonçant la victoire[17], comme preuve de son génie militaire transformé en arme de dissuasion[18]. Et les énormes rançons qu'il en tira furent le point de départ de son fabuleux trésor. Au lendemain de Launac, le comte Fébus s'est senti hors d'atteinte, hors d'atteinte de ses ennemis, hors d'atteinte des hommes, hors d'atteinte même du destin. De Launac, les chevaliers d'Armagnac n'ont pas été les seules victimes ; il y en eut deux autres, Agnès de Navarre et l'enfant qui venait de naître. C'est au lendemain de sa victoire que, sans raison compréhensible, Gaston Fébus chassa sa femme et la sépara de son enfant[19]. Les conséquences en seront un jour dramatiques pour lui mais, en ces jours de triomphe, il ne devait de comptes à personne.

5

Gaston Fébus et le Prince Noir

1364-1369

Le traité de Brétigny avait installé le roi d'Angleterre en souverain sur une grande partie du territoire français, dont la Guyenne, la Gascogne et la Bigorre. En 1361-1362, le changement de souveraineté se matérialisa localement. Les officiers du roi de France parcoururent les pays cédés pour délier les sujets de leur serment de fidélité et les officiers d'Edouard III les suivirent pour recevoir les nouveaux serments.

Le lieutenant du roi en Guyenne, John Chandos, parcourut ainsi l'Agenais, le Quercy et le Périgord, tandis que le sénéchal Adam de Houghton officiait en Bigorre et dans les pays pyrénéens. A la mi-janvier 1362, Houghton était à Tarbes, il convoqua le comte de Foix pour prêter hommage. Depuis 1347, Fébus considérait le Béarn comme un pays souverain. Mais cela n'avait jamais été reconnu officiellement, et surtout pas par le roi d'Angleterre auquel, jusqu'à Gaston de Moncade, cet hommage avait été prêté en tant que duc de Gascogne. Le comte tarda à répondre et quand il le fit, le 13 mars 1362, ce fut pour dire qu'il ne pourrait prêter hommage qu'au roi lui-même, quand il viendrait, et en présence de représentants du roi de France qui le délieraient de toute obligation. Il gagnait du temps.

La réponse était habile ; le comte refusait la forme mais non le fond, l'hommage serait prêté et rien ne laissait entendre que Fébus ne comptait le prêter que pour le Marsan et le Gavardan et pas pour le Béarn. Il restait toutefois en alerte : au moment où il engagea le combat avec Jean d'Armagnac, il laissa ses troupes béarnaises sur la frontière aquitaine et la bataille de Launac ne fut remportée qu'avec les troupes de Foix. Il faut bien dire qu'il eut aussi de la chance. Le Prince Noir n'arriva en Aquitaine qu'au début de l'été 1363. Entre-temps, le comte de Foix avait écrasé la coalition d'Armagnac. Jamais il n'aurait pu faire face aux deux périls à la fois. Quand le Prince Noir voulut imposer sa suzeraineté, il trouva en face de lui le personnage le plus puissant du midi aquitain et pyrénéen, qu'aucune autre maison féodale ne pouvait venir contrebalancer.

LE REFUS DE L'HOMMAGE ANGLAIS

Le Prince Noir commença sa tournée d'hommages en juillet 1363. Le comte de Foix fut convoqué pour le 12 janvier 1364, dans la grande salle du couvent des dominicains d'Agen. Le 1er janvier, avant de partir, il ordonna à ses secrétaires de changer sa titulature, en tête des actes, de « vicomte de Béarn » en « seigneur de Béarn », ce qui augurait de la suite. Il se présenta au jour et à l'heure dits, devant le prince Edouard entouré de ses officiers et conseillers. Chandos, devenu connétable de Guyenne, indiqua que le moment était venu pour lui de respecter ses obligations et que le roi de France avait envoyé deux commissaires pour le délier de son serment. Conformément à la tradition, c'est à genoux, sans chaperon ni ceinture, les mains jointes entre les mains de son seigneur, que le comte prêta hommage lige au prince de Galles « pour les terres, possessions et choses qu'il reconnaît et doit tenir de lui à l'intérieur de la principauté d'Aquitaine ». Il le fit même deux fois, le prince étant là en tant que représentant son père, roi d'Angleterre, et en tant que prince d'Aquitaine. Et, toujours selon la coutume, le prince baisa son vassal sur la bouche. Quand ce fut fait, le Prince Noir fit demander par Chandos si l'hommage prêté était valable pour le Béarn. Fébus répondit nettement « qu'il avait fait ledit hommage pour les vicomtés de Marsan et Gabardan et qu'il n'avait nullement à tenir ledit comté et terre de Béarn dans et sous les hommages susdits car il ne le tenait de personne [...] il promit de faire hommage et serment [...] chaque fois que le roi et le prince ou l'un d'eux le lui réclameraient à condition de lui prouver en forme suffisante qu'il devait tenir la terre et vicomté de Béarn en hommage et serment du roi et du prince [...][1]. »

Une telle réponse aurait pu envoyer le comte de Foix en prison. Une fois de plus, l'audace paya.

Comme en 1347, il laissait une porte ouverte à celui qu'il défiait : il ne refusait pas catégoriquement l'hommage. Froissart dit que Chandos appréciait Fébus et qu'il conseilla à son maître de ne pas user de violence envers lui. Prudent, le Prince Noir dut vouloir aussi s'informer de façon précise et sûre sur la valeur juridique de l'argument de Fébus. Chercher dans les archives les preuves de la vassalité du Béarn était plus sage que d'opérer une action brutale qui, sur le plan du droit, pouvait se retourner contre lui.

Fébus repartit donc libre et le Prince Noir fit rechercher les actes anciens prouvant que l'hommage avait bien été prêté pour le Béarn. On les trouva, bien sûr. Le prince convoqua le comte. Le comte, mesurant le péril, demanda un sauf-conduit garantissant sa liberté et celle de ses compagnons et promettant qu'on les laisserait repartir. Dans le même temps, il se blessa à la jambe, ce qui l'empêchait de venir. Le prince lui envoya le sauf-conduit demandé et un médecin. Le comte remercia, annonça que sa jambe était sur le point d'être guérie et qu'il viendrait en septembre et multiplia les amabilités, « et qu'il vous plaise que, quand j'irai vous voir, que vous ayez avec vous tous les chiens de chasse de Chandos et tous les autres que vous pourrez avoir et je vous montrerai un peu de ma science en la matière... Monseigneur, s'il y a quelque chose que je puisse faire pour vous, qu'il vous plaise de me le demander [...] ». Exaspéré, Edouard écrivit le 8 août que le délai ne dépasserait pas septembre « et nous nous étonnons beaucoup que vous cherchiez à avoir un plus long délai étant donné qu'il nous a été rapporté par des gens dignes de foi que [...] vous avez été et êtes à présent en état de venir, alors que vous essayez de jour en jour de remettre votre venue pardevers nous ».

La situation devenait dangereuse. D'autant plus que l'attitude de la noblesse gasconne évoluait. Après la paix de Brétigny, les nobles qui étaient depuis longtemps engagés dans le parti français, comme le comte d'Armagnac, avaient eu beaucoup de réticences à prêter l'hommage anglais qui leur était imposé. Mais petit à petit, les vaincus de Launac se rapprochaient du Prince Noir dont ils venaient demander l'aide pour le paiement de leur rançon. Les Albret prêtèrent hommage en juillet 1363, Jean d'Armagnac ne le fit qu'en avril 1364 mais en 1365, il siégeait au Conseil du prince. Le Prince Noir ralliait à lui les ennemis de Fébus. Il se tourna aussi vers son père auquel il demanda d'intervenir auprès de Charles V, le nouveau roi de France (Jean le Bon était mort en mai 1364). Edouard III écrivit au roi Charles en décembre 1365 : il l'informait que le comte de Foix refusait l'hommage du Béarn « sans cause raisonnable » ; il lui demandait de le contraindre à le prêter et à rentrer « en son obéissance ». La paix (de Brétigny) serait menacée si les fois, hommages et obéissances ne se faisaient selon les clauses de cette paix[2].

LE RETOUR DU ROI DE NAVARRE

En 1361, à la mort du dernier duc capétien de Bourgogne, Philippe de Rouvres, une succession difficile s'ouvrit pour le duché. Les rois de Navarre et de France pouvaient y prétendre, ils descendaient tous deux de la famille ducale par les femmes ; Charles de Navarre descendait de l'aînée et aurait dû hériter. Une fois de plus, la famille d'Evreux-Navarre fut évincée. Le duché de Bourgogne devint l'apanage du plus jeune fils du roi Jean, Philippe le Hardi. Charles de Navarre, qui était rentré dans son royaume en 1361, reprit les armes en 1364 et fit appel à des compagnies de routiers et surtout au Captal de Buch, ce cousin de Fébus qu'il avait accompagné en Prusse. Les troupes navarraises se heurtèrent aux troupes royales commandées par du Guesclin à Cocherel, en Normandie, le 16 mai 1364. Ce fut une déroute. Le Captal de Buch et son oncle Archambaud de Grailly furent capturés ; Archambaud put se racheter rapidement mais le captal resta prisonnier au château de Meaux jusqu'en 1365. Le roi Charles n'était pas sur place. Il était en Navarre et il se rapprocha de Gaston Fébus. Les deux hommes étaient en un moment difficile de leur vie, l'un vaincu, l'autre dans une situation tendue avec le Prince Noir, ils durent chercher renseignements et conseils réciproques. Des messagers circulèrent entre Orthez et Pampelune en janvier et en juin 1364 ; le 21 juin, Gaston et Charles se rencontrèrent à Saint-Palais « en Bascos », seul à seul sur un pont. Le comte de Foix aurait averti le roi de Navarre d'une attaque du roi de France et se serait proposé comme intermédiaire[3].

C'est sur arbitrage du pape que, en mars 1365, Charles de Navarre et Charles V conclurent le traité d'Avignon. Charles de Navarre abandonnait Mantes et Meulan, des villes qui menaçaient directement Paris, et le comté de Longueville, contre la seigneurie de Montpellier. Les deux rois s'octroyaient une amnistie réciproque « pleine et entière ». Le Navarrais restait encore une menace ; ses troupes inquiétaient toujours le Bassin parisien et Cherbourg restait un port largement ouvert aux Anglais. Mais il avait abandonné ses ambitions françaises. De retour en Navarre, il s'occupa de son royaume tout en intervenant dans la politique ibérique.

La guerre de Castille

La Castille était en proie à une guerre civile qui opposait le roi Pierre le Cruel à son frère bâtard Henri de Trastamare. Le dauphin Charles avait traité avec Trastamare pour se débarrasser des Grandes Compagnies du Languedoc. Devenu roi, il resta son allié, tout comme l'était Pierre IV d'Aragon. On remit à l'ordre du jour le projet de 1362 : c'est du Guesclin cette fois qui négocia avec les chefs des Grandes Compagnies sévissant toujours dans le royaume, qui les amena en Castille et qui installa Henri de Trastamare sur le trône en 1366. Pierre le Cruel réussit à s'enfuir ; il gagna Bayonne où il retrouva les hommes du Prince Noir et de Charles de Navarre. Le roi de France soutenant l'un des protagonistes, le roi d'Angleterre soutint l'autre et la guerre civile castillane devint un épisode de la guerre de Cent Ans. A Libourne, en septembre 1366, Pierre le Cruel et le Prince Noir signèrent une alliance ; s'il recouvrait son trône, Pierre donnerait la moitié de sa fortune à Edouard et le fils de celui-ci aurait la Biscaye.

Une armée se forma près de Dax, autour du Prince Noir et de Pierre le Cruel, rejoints par Jean de Gand, duc de Lancastre et frère du prince, le Captal de Buch et presque tous les seigneurs du clan Armagnac-Albret qui espéraient retrouver dans l'expédition leur honneur militaire et gagner des soldes et un butin qui leur permettraient de venir à bout de leur rançon.

Le 23 septembre, le chancelier de Gascogne demanda à Gaston Fébus de se joindre à la coalition, en vertu de l'hommage lige qu'il avait prêté pour le Marsan et le Gabardan. Ce qui n'était évidemment pas du goût du comte : il était traditionnellement allié de l'Aragon, dont il était vassal pour ses possessions catalanes, et il ne souhaitait pas une victoire anglo-gasconne qui aurait redonné de la puissance à ses ennemis personnels et au Prince de Galles, dont il se doutait bien que, vainqueur, il ne lâcherait pas l'hommage du Béarn. D'autre part, le Béarn était un lieu de passage convoité par les deux camps. La situation était une fois de plus périlleuse et une fois de plus le comte de Foix sut se tirer d'affaire. Il se rendit à la convocation et il amena ses vassaux du Marsan et du Gabardan qui furent placés à l'arrière-garde, sous le commandement du Captal de Buch ; mais lui ne s'engagea pas, c'est le seul vassal important du prince d'Aquitaine qui ne le fit pas.

Le roi de Castille avait engagé une partie des routiers de du Guesclin qui avaient contribué à sa chute et qui, leur contrat expiré, sans états d'âme passaient dans le camp adverse. Pour rejoindre l'armée des Landes, le plus court chemin était la Navarre, dont le roi faisait partie de la coalition, le col de Roncevaux et le Béarn. D'après Froissart, Chandos vint demander à Fébus de les laisser passer « par un coin de sa terre » et Fébus finit par accepter, tout en prévenant le roi d'Aragon. Quand un écuyer de du Guesclin rentrant d'une mission auprès du roi voulut traverser les Pyrénées pour rejoindre son maître, il ne put passer par Roncevaux, tenu par le camp ennemi, il passa par le Béarn pour rejoindre le col du Somport et Fébus lui fournit un cheval, ce qui confirme la neutralité de la vicomté[4]. Dans le même temps, Fébus mettait le Béarn sur le pied de guerre pour le cas où sa neutralité serait violée ; il interdit d'exporter tout ravitaillement et il planifia la mise à l'abri des paysans dans les bourgs munis d'une enceinte s'il advenait qu'elle fût nécessaire[5]. Et on attendit...

Le 3 avril 1367, du Guesclin, Trastamare et leurs alliés aragonais furent écrasés par le Prince Noir et le Captal de Buch à Najera, sur la route de Burgos. Du Guesclin fut capturé et lourdement rançonné et Pierre le Cruel retrouva son trône. Henri de Trastamare s'enfuit, passa le Somport et fut accueilli à Orthez par le comte Fébus qui l'envoya en pays de Foix d'où il continua sa lutte. Et, plus que jamais, le Béarn se prépara à la guerre. Le 8 mai, le comte ordonna qu'aucun homme ne quittât la terre de Béarn sans sa volonté, que tout homme fût équipé de ses armes pour se rendre de jour comme de nuit là où le seigneur le lui ordonnerait, que tout le monde mît les vivres à l'abri. Le 27 juillet, il décréta une véritable mobilisation de tous les hommes du pays : certains devraient rejoindre l'armée à Orthez, les autres formeraient des milices villageoises ; ordre était donné d'achever très vite les moissons pour mettre les récoltes à l'abri et de ramener le bétail transhumant.

Heureusement pour le Béarn, en Castille la victoire tournait mal. Le roi Pierre ne tint pas ses engagements envers ses alliés, sans l'intervention du Prince Noir il aurait même massacré les prisonniers qui représentaient la valeur de leur rançon. Pas de butin, pas d'argent, pas même les soldes attendues. L'armée commençait à se replier quand elle fut décimée par une épidémie, le Prince Noir lui-même tomba malade. C'est une armée en débandade qui approcha en septembre du col de Roncevaux et du seul chemin facile de retour, celui de Sauveterre-de-Béarn et d'Orthez. Le Prince Noir n'était pas en état de livrer combat et il avait bien dû apprendre comment le Béarn l'attendait. Aussi, c'est en solliciteur qu'il aborda la vicomté. Fébus le raconta plus tard à Froissart : « Quand le passage approcha, il envoya auprès de moi dans cette ville deux des plus remarquables personnes de sa maison, messire Jean Chandos et messire Thomas Felton qui me prièrent très aimablement en son nom que je veuille ouvrir ma terre à ses gens. Ils me jurèrent en présence des barons de Béarn qu'ils paieraient tout ce que leurs gens prendraient [...] Tous ceux qui passèrent par cette ville payèrent courtoisement et sans refus. Et les Anglais se disaient l'un à l'autre : gardez-vous de faire quoi que ce soit dans la terre du comte de Foix car il n'y en Béarn de voix sur gosier qui n'aie un bassinet en tête. »

Non seulement le Béarn ne fut pas attaqué, mais le comte Fébus voyait sa puissance décuplée : le Prince Noir, affaibli dans son corps et ruiné dans ses finances, ne lui demanderait plus jamais l'hommage du Béarn.

La guerre de Castille n'était pas finie. Charles V de France et Pierre IV d'Aragon voulurent prendre leur revanche de Najera et remettre Henri de Trastamare sur le trône de Castille. Le roi nomma son frère Louis, duc d'Anjou, comme lieutenant général de Languedoc avec entre autres missions celle d'aider à cette entreprise. Henri de Trastamare était en pays de Foix d'où il harcelait les garnisons franco-anglaises de Bigorre. Avec l'aide française, il réunit une armée. Fébus, là encore, ne s'engagea pas personnellement, mais il aida au passage à travers le pays de Foix puis l'Andorre. Trastamare rejoignit du Guesclin et les Aragonais, une nouvelle bataille eut lieu en mars 1369 à Montiel, une victoire cette fois : les deux frères ennemis se rencontrèrent dans la tente de du Guesclin et, sous les yeux du chef français, Henri de Trastamare poignarda Pierre le Cruel... et il devint le roi Henri II de Castille.

Dans les rangs de l'armée se trouvait Bernard de Béarn, fils bâtard de Fébus, qui devait avoir 16 ou 17 ans. Henri de Trastamare l'arma chevalier avant leur entrée en Castille. Fébus avait sans doute pensé qu'auprès d'un bâtard, son fils bâtard aurait toutes les chances. Ce fut le cas. Bernard suivit Henri dans toutes ses campagnes et fit preuve de vaillance et de fidélité. Il reçut le titre de vicomte, en juillet 1368, puis de comte de Medinaceli avec des revenus considérables (la ville de Medina del Campo et ses foires, des mines, des salines...). Une fois roi, Henri de Trastamare le maria à Isabelle de la Cerda, descendante d'une branche de la famille royale, évincée du trône au XIIIe siècle[6]. Le fils de

Fébus fut ainsi à l'origine d'une des plus grandes familles de grands d'Espagne[7].

La reprise de la guerre anglaise[8]

L'avènement de Charles V en 1364 marqua le départ d'un redressement du royaume de France. La paix était à peu près revenue au nord, avec l'élimination des bandes anglo-navarraises à Cocherel le jour même du sacre royal et l'éloignement des Grandes Compagnies emmenées en Castille en 1367. Le roi réussit à mettre en place une véritable administration financière et à imposer des levées fiscales régulières qui lui permirent de rétablir une efficacité administrative et de se donner les moyens militaires nécessaires à la reprise de la guerre. Dans les années 1370, il mit ainsi en place une véritable armée de métier, soldée, pour qu'on compte moins sur le service d'ost des vassaux et qu'on ne fasse plus jamais appel aux routiers, un système efficace d'entretien des forteresses et même une marine.

Le but de Charles V était la reconquête du territoire abandonné aux Anglais. L'Aquitaine était le point fort de la domination anglaise et l'autorité du Prince Noir n'y fut apparemment pas contestée jusqu'en 1368. Pourtant, les bruits couraient et les puissants du Midi plaçaient leurs pions.

Un curieux texte en témoigne. Nous avons dit plus haut que Gaston Fébus et Charles de Navarre se rencontrèrent seul à seul en juin 1364 ; un espion anglais n'était pas loin et écouta. Fébus dit à Charles que le roi lui avait demandé d'être son lieutenant en Languedoc, qu'il avait accepté avec l'idée de donner à son fils Gaston tout ce qu'il tenait du Prince Noir afin de se dégager personnellement de la mouvance anglaise. Il dit aussi avoir appris des envoyés de Charles V que le roi de France était en train de nouer des alliances, qu'il temporisait le temps de récupérer les otages encore en Angleterre, ou du moins les plus gros, qu'entre-temps il ferait la guerre au roi de Navarre et en Bretagne et que, sous couvert de ces guerres, il rassemblerait des hommes d'armes pour pouvoir faire la guerre aux Anglais dès que les otages seraient rentrés. Il comptait sur son frère duc d'Anjou pour pousser villes et seigneurs à se révolter contre le Prince Noir. Gaston proposa à Charles de traiter de la paix entre lui et le roi pour que tous se retrouvent contre les Anglais[9]. Quelle que soit l'exactitude du rapport de l'espion ou la véracité des propos du comte de Foix, ces informations témoignent de ce qui couvait dans les provinces méridionales.

L'expédition de Castille sonna le glas de l'Etat aquitain du Prince Noir en même temps que le début de la reconquête française. L'entreprise avait coûté très cher et n'avait rapporté ni le butin ni les largesses castillanes prévues. Le trésor aquitain était vide. Le prince Edouard dut lever de nouveaux impôts, il institua un fouage qui, en janvier 1368, provoqua une flambée d'oppositions. Les seigneurs gascons s'étaient ralliés au prince d'Aquitaine pour des raisons essentiellement financières. Ils retournèrent vers le roi de France pour les mêmes raisons. Le Prince Noir n'avait pas tenu ses promesses ; pis, ruiné, il se tournait vers eux pour obtenir de l'argent : il réclama à Jean d'Armagnac ce qu'il lui avait donné pour solder sa rançon en disant que ce n'était qu'un prêt. En face, Charles V avait de l'argent et il s'en servit en Aquitaine comme le prince anglais s'en était servi : il « acheta » les seigneurs avec des pensions, des indemnités, en payant même les arrérages dus par le roi anglais, ou par un mariage. Arnaud Amanieu d'Albret fut le premier à se rallier ; il épousa Marguerite de Bourbon, la sœur de la reine, et obtint une pension confortable plus le paiement de ce que lui devait Edouard III. Le 30 juin 1368, c'est Jean d'Armagnac qui signa un traité d'alliance et qui en fut aussi très bien récompensé.

L'intérêt financier de ces retournements est indéniable. Mais il ne faut pas oublier que ces seigneurs avaient une tradition de fidélité à la cause française, qu'ils avaient eu beaucoup de réticences à passer dans la mouvance anglaise et que ce retour ne devait pas leur déplaire. D'autre part, Gaston Fébus avait montré qu'on pouvait s'opposer au Prince Noir et réussir, et son exemple n'a pas dû être sans conséquence sur leur attitude, même s'il n'avait agi que pour lui et non pour soutenir la cause du roi de France.

Jean d'Armagnac en appela au roi d'Angleterre du fouage levé en Aquitaine. Edouard III déclara l'appel irrecevable. Alors, en mai 1368, il en appela au parlement de Paris. En vertu du traité de Calais, l'Aquitaine avait été cédée en toute souveraineté au roi d'Angleterre ; il n'y avait donc pas d'appel possible vers Paris. C'est Charles V sans doute, en sous-main, qui trouva l'argument juridique. Le traité avait prévu que les renonciations des deux souverains, à l'Aquitaine pour le roi de France, à la couronne de France pour le roi d'Angleterre, devaient être ratifiées, à Bruges, dans un laps de temps précis. Le traité fut appliqué sans que cette clause fût respectée. Donc, il était nul. Le

30 juin, le roi et ses conseillers acceptèrent l'appel. Dans le Midi, le duc d'Anjou se démena pour en susciter d'autres. En septembre Edouard III demanda au roi de ne pas les accepter. En janvier 1369, le parlement de Paris assigna le Prince Noir à comparaître. Il répondit qu'il viendrait au jour dit, « mais ce sera le bassinet en tête et avec soixante mille hommes en notre compagnie ». Les appels continuaient d'affluer, suscités par le duc d'Anjou et ses hommes ou par l'archevêque de Toulouse : à la fin du mois de mars, plus de 900 villes, châteaux et communautés « avaient tourné français ». Le 2 mai, le Parlement enregistra les « appels gascons » ; quelques jours après, une grande assemblée d'Etats donna raison au roi. Le 3 juin, Edouard III reprit le titre de roi de France. Le 30 novembre, le roi de France prononça la confiscation du duché de Guyenne. Dans le Midi, la guerre avait déjà repris depuis longtemps.

Gaston Fébus n'intervint pas durant toute cette période. Il ne se battait ni pour le roi de France ni pour le prince d'Aquitaine et seule la souveraineté du Béarn lui importait. Que le Prince Noir fût ainsi affaibli ne pouvait que le réjouir, mais la puissance française à ses portes serait tout autant dangereuse : un roi de France au pouvoir restauré pourrait se rappeler du Béarn... Et les premiers « appelants » étaient en fait le clan Armagnac reconstitué, toujours soucieux de prendre sa revanche de Launac.

La guerre reprit dès janvier 1369. Les troupes françaises attaquèrent le Poitou, le Limousin et la vallée de la Garonne. Dans le Midi, elles étaient conduites par le duc d'Anjou, lieutenant général en Languedoc, et le comte d'Armagnac. Le Rouergue et le Quercy « tournèrent français » dans les premiers mois de 1369, puis le duc d'Anjou avança en Agenais et en Périgord, tandis que son frère de Berry progressait en Poitou puis en Limousin. En 1370, le Prince Noir, malade, reçut l'appui de son frère duc de Lancastre, qui le remplaça complètement quand, très affaibli, il retourna en Angleterre en 1371.

Très vite, les opérations militaires allaient se porter sur la Bigorre et sur les terres disputées depuis plusieurs générations entre les familles de Foix et d'Armagnac et la guerre franco-anglaise se doubler une nouvelle fois d'une guerre Foix-Armagnac.

On en revenait aux vieilles querelles mais Fébus les abordait en force. Il s'était imposé au roi de France et il s'était imposé au roi d'Angleterre. Depuis 1364, il commençait tous ses actes par la formule « Gaston, par la grâce de Dieu, comte de Foix, *seigneur* de Béarn, vicomte de Marsan et Gavardan », seigneur et non plus vicomte, pour affirmer la souveraineté de son petit pays. Il datait les actes passés en pays de Foix du nom et de l'année de règne du roi de France mais les actes passés en Béarn étaient datés « *lo senhor senhoreyant en Bearn* ». De même que les pièces frappées à Morlàas portaient la formule « *gratia Dei dominus Bearni* »[10]. Dans la tourmente des guerres et des luttes de souverainetés, il avait réussi à conquérir sa propre souveraineté et sa neutralité et à les garder.

6

Gaston Fébus et le duc d'Anjou

1370-1379

Le péril anglais était passé. Désormais, c'est à une royauté française en plein redressement que Fébus devait faire face. Dans le Midi, le roi était représenté par son frère Louis, duc d'Anjou, lieutenant général de Languedoc depuis 1367. Le duc avait été la cheville ouvrière du retour d'Henri de Trastamare en Castille, il avait joué un rôle très important dans l'affaire des appels gascons. C'était un esprit politique sur lequel le roi pouvait compter.

Mais celui qui avait provoqué le premier appel, qui avait joué un rôle décisif dans le déclenchement du processus de retour à la France des seigneurs et des villes du Sud-Ouest, c'était Jean d'Armagnac. Le comte écrasé à Launac, ruiné par sa rançon ainsi que tous ses alliés, cherchait depuis des années les moyens de se relever. Il avait pensé les trouver auprès du prince de Galles, puis en Castille et puis enfin auprès du roi de France. C'est là qu'il réussit. Charles V, reconnaissant de son aide et soucieux de la conserver, lui donna l'argent qui lui permit de se renflouer et, surtout, il lui reconnut quasi officiellement la Bigorre reconquise aux Anglais. Puis, estimant qu'il ne pourrait chasser les Anglais qu'avec l'aide du clan armagnac, il offrit au comte un appui inconditionnel dans le conflit qui, immédiatement après la mainmise sur la Bigorre et parallèlement à la guerre anglaise, reprit avec le comte de Foix. On pouvait changer de roi, les alliances pouvaient se nouer et se défaire et les princes se couvrir de gloire puis finir en déroute, une chose restait immuable dans le midi de la France : entre Foix et Armagnac, c'était la guerre[1].

FOIX ET ARMAGNAC, ENCORE

Le duc d'Anjou attaqua la Bigorre, domaine anglais désormais isolé et défendu par le Captal de Buch. Après la soumission de Tarbes, Bagnères et Vic-Bigorre, le comté presque entier fut aux mains des Français en juillet 1370 et le duc, conformément aux ordres du roi, y installa des hommes d'Armagnac. Mais là, on touchait au comte Fébus et Louis d'Anjou le comprit vite. Fébus ne souhaitait pas s'aliéner le frère du roi, aussi il n'attaqua pas directement la Bigorre, mais il multiplia les coups de main et les pillages sur les terres d'Albret, dans le Bazadais et sur les confins de l'Armagnac ; le comte d'Armagnac, lui, ravagea la Chalosse qui était passée sous le contrôle de Fébus. Les opérations s'étendirent et finirent par toucher le Comminges. A plusieurs reprises en 1371 et 1372, l'évêque d'Autun, puis l'évêque de Sarlat intervinrent au nom du pape Grégoire XI. Le duc d'Anjou essaya lui aussi. Il se rendait compte que, si le comte de Foix était dangereux, les Armagnacs ne l'étaient pas moins dans leurs exigences, sans commune mesure avec la réalité de leur aide, que leurs exactions les faisaient détester par les populations, que la popularité du comte de Foix croissait d'autant et que, de toute façon, c'était lui le seigneur le plus puissant du Midi. Au printemps 1371, il essaya de l'expliquer au roi. Charles V ne voulut rien entendre. Louis d'Anjou revint en Languedoc et commença des négociations avec Fébus. Jean d'Armagnac se rendit à Paris en février 1372 pour parer à ce danger. Charles V ordonna alors à son frère de couper court à toute discussion et de ne s'appuyer que sur l'Armagnac. Louis protesta qu'il ne faisait que tenter de signer la paix avec le comte de Foix pour l'attirer dans le parti du roi. Il exposa que le comte d'Armagnac s'était emparé des châteaux de Sauveterre-de-Comminges et de Montoussé qui dépendaient du seigneur de Larboust, vassal de Fébus, et que cela allait provoquer « guerres et dissensions entre les deux comtes » et de là « de grands préjudices dans les pays de Languedoc ». Quant à la Bigorre reconquise, il souhaitait qu'elle soit placée sous l'autorité directe du roi, comme le demandaient ses habitants, et non sous celle du comte d'Armagnac, ce qui pourrait provoquer une guerre car le comte de Foix prétendait y avoir des droits. En vain. Le duc dut s'incliner et promettre au roi de favoriser en tout le comte d'Armagnac, contre le comte de Foix.

Au mois d'août 1372, Fébus, en un geste de défi, traversa l'Armagnac pour se rendre à Mazères, sans que personne ne puisse intervenir. Et les attaques continuèrent. Le comte d'Armagnac et son fils avaient toujours à leurs côtés les sires d'Albret, de Pardiac, de Labarthe d'Aure, de Lomagne et autres seigneurs gascons qui formaient depuis longtemps le « clan Armagnac ». Le pape finit par obtenir une énième trêve, en avril 1373. Jean Ier mourut quelques semaines plus tard, Jean II prit la relève. La trêve fut prolongée en juillet, puis en mars de l'année suivante.

Dans les mêmes années, Charles de Navarre avait réapparu en Normandie où il avait négocié le départ des routiers qui terrorisaient ses domaines. Il avait surtout cherché à renouer avec Charles V, tout en menant des pourparlers avec Edouard III. En mars 1371, à Vernon, les deux Charles se rencontrèrent. Pour la première fois, Charles de Navarre prêta hommage lige au roi de France « envers et contre tous » (donc le roi d'Angleterre) pour tout ce qui tenait au royaume de France. Avec cette réconciliation, c'est le port de Cherbourg et le Cotentin qui se fermaient aux Anglais. En juin 1372, une flotte anglaise transportant des troupes fut vaincue au large de La Rochelle par une escadre castillane : Henri de Trastamare, roi de Castille, était venu au secours de ses alliés français, avec d'autant plus d'enthousiasme que Jean de Lancastre, veuf, venait d'épouser Constance, fille de Pierre le Cruel, le frère qu'il avait assassiné, et que, dès 1372, le duc anglais avait pris le titre de roi de Castille et de Léon.

Les Compagnons de Lourdes

La Bigorre était un enjeu essentiel pour tous les partis en présence. Pour le roi, c'était une étape à franchir absolument dans sa conquête des domaines anglais. Pour les comtes de Foix et d'Armagnac, c'était un territoire qui empêchait la réunion de leurs domaines dispersés, entre Béarn et pays de Foix pour l'un, entre terres gasconnes et « Quatre Vallées » pour l'autre. Les Armagnac l'entouraient grâce à leurs possessions d'Aure, Labarthe, Barousse, à l'est, de Magnoac et Pardiac au nord et ils venaient de s'y implanter directement avec l'aide du roi de France. Mais si la Bigorre était occupée par les troupes royales, les garnisons des châteaux de Lourdes, de Mauvezin et de Tuzaguet[2] résistaient toujours.

Le château de Tuzaguet était tenu par le bascot de Mauléon, qui avait longtemps servi sous les ordres du Captal de Buch. Le château de Mauvezin avait été donné en 1340 par le roi Philippe VI à Roger

Bernard Ier de Castelbon, l'oncle de Fébus, en remerciement de services rendus. Son fils Roger Bernard II le tenait toujours. La garnison était composée de Béarnais placés sous le commandement de Raimond l'Aspois. La garnison de Lourdes était composée de routiers, Béarnais eux aussi, avec à leur tête deux cousins bâtards de Fébus, Pierre Arnaud et Jean de Béarn. Ces garnisons tenaient toujours leur château au nom du roi d'Angleterre. Mais, de fait, elles étaient des instruments dans la main du comte de Foix.

Désormais sans solde, ces routiers, qui avaient l'habitude de changer de camp sans états d'âme, vivaient sur le pays. Ils s'imposaient aux villages de la région en faisant signer des pactes par lesquels les habitants s'engageaient à verser régulièrement des sommes d'argent pour acheter leur tranquillité. Ceux qui ne voulaient pas payer étaient pillés et rançonnés. Les plus célèbres étaient les Compagnons de Lourdes qui poussaient leurs razzias jusqu'en pays toulousain, albigeois et carcassonnais. N'échappaient au pillage et à la mise à rançon que ceux qui avaient payé, les pèlerins de Saint-Jacques et... tous les hommes de Foix ou de Béarn : preuve d'une connivence avec le comte de Foix, ou crainte de représailles terribles ou volonté de se ménager un futur protecteur ou tout à la fois... « En allant, ils ne prenaient rien, mais au retour, rien ne leur échappait ; ils ramenaient parfois tant de bétail et tant de prisonniers qu'ils ne savaient où les mettre. Ils rançonnaient tout le pays, excepté la terre au comte de Foix ; mais en celle-ci, ils n'auraient osé prendre une poule sans payer ni sur un homme qui fût au comte de Foix ni qui eût son sauf-conduit ; car s'ils l'eussent courroucé, ils n'eussent point duré[3]. » C'est ainsi qu'une nuit de 15 août, jour de foire à Artigat, Pierre d'Antin et les Compagnons de Lourdes parvinrent à s'emparer du bourg et de son château en profitant de ce que marchands, gardes et même seigneur du lieu fêtaient dans le vin les bonnes affaires de la journée. Artigat était un village enclavé dans le pays de Foix mais dépendant du Languedoc royal, donc « attaquable ». « Pierre d'Antin et ses compagnons y gagnèrent 60 000 francs tant en marchandises qu'ils y trouvèrent qu'en bons prisonniers de France. Mais tous ceux qui étaient de la comté de Foix ou de Béarn, il les délivrèrent, eux et leurs biens, et sans dommage. » Ils firent de même au château de Pailhès, village lui aussi languedocien au cœur du pays de Foix, sans toucher bien sûr aux villages voisins[4].

Non seulement, les châteaux bigourdans étaient des repaires de bandits, mais encore, de toute évidence, les liens qu'on pouvait deviner avec le comte de Foix représentaient un danger politique pour la Bigorre française. Jean d'Armagnac et ses alliés n'avaient pas réussi à s'en emparer. En mai 1373, le duc d'Anjou réunit ses troupes à Montauban, avec le clan Armagnac au complet. Si on en croit Froissart, l'objectif du duc aurait été de venir à bout des rebelles mais aussi de s'inquiéter du comte de Foix qui « voulait tenir francs ses gens de Béarn » (reposer la question de l'hommage ?).

Le duc d'Anjou vint d'abord devant le château de Tuzaguet. Le bascot de Mauléon négocia très vite ; il livra le château contre la promesse de la vie sauve pour lui et ses hommes et le droit de se retirer avec armes et bagages. A Mauvezin, Raimond l'Aspois résista mais le manque d'eau le força à capituler ; là aussi, les hommes se retirèrent avec armes et bagages. Le château et sa seigneurie furent confisqués aux Castelbon et donnés à Jean II d'Armagnac. Le château de Lourdes était un véritable nid d'aigle, bien défendu, et le duc préféra négocier, le 5 juillet. Les Compagnons continueraient d'occuper le château, ils passaient seulement dans la mouvance du roi de France.

Fébus n'avait pas bougé, mais il s'était bien senti visé par la campagne du duc d'Anjou et il avait mis le Béarn en alerte. En fait, le comte et le duc se ménageaient l'un l'autre ; l'un ne voulait pas entrer en opposition ouverte avec le roi de France, l'autre ne voulait pas renvoyer le plus puissant seigneur de la région dans le camp anglais. Louis d'Anjou n'attaqua pas le Béarn, il n'y pénétra même pas, se contentant de passer dans le Marsan pour s'avancer vers les terres anglaises ; puis il gagna Agen et Périgueux. Là, le roi Charles le rappela : il avait besoin de lui pour affronter le duc de Lancastre qui venait de débarquer à Calais.

Pour le remplacer, il nomma Jean II d'Armagnac, qui prit ses fonctions de lieutenant général de Languedoc le 30 août 1373. Ce qui ne pouvait bien sûr laisser Fébus sans réaction...

Une neutralité menaçante

Fébus recommença ses attaques sur les frontières de l'Armagnac, des terres d'Albret et même en Comminges. Surtout, ce que le duc d'Anjou avait redouté, il se tourna vers les Anglais. Depuis le retour du Prince Noir en Angleterre, c'est son frère Jean de Gand, duc de Lancastre, qui dirigeait les opérations anglaises sur le continent. Il avait débarqué à Calais et lancé une grande chevauchée à travers la Champagne, le

Morvan, le Massif central et jusqu'à Bordeaux. Lui-même et ses troupes arrivèrent exténués et on dit qu'ils durent mendier leur pain dans les rues de la ville. Et pourtant, il avait l'ambitieux projet de conquérir l'héritage de Castille. Cherchant de l'argent, il vint vers Fébus. Les deux seigneurs se rencontrèrent à Dax en mars 1374. En échange d'un prêt de 12 000 florins et de son appui, Fébus reçut en gage le château de Lourdes, ce qui réduisait à néant les accords du duc d'Anjou. Par là même, il réaffirmait ses prétentions sur la Bigorre et démontrait au roi qu'il n'arriverait à rien en ne misant que sur le comte d'Armagnac. Bien plus, Jean de Gand, qui s'intitulait « roi de Castille et de Léon, duc de Lancastre », et Gaston Fébus qui implicitement reconnaissait cette titulature, s'accordèrent sur le mariage du jeune Gaston de Béarn et de Philippa, fille du duc, dotée de 24 000 francs d'or ; en contrepartie, Fébus devait aider à la conquête de la Castille, moyennant, tout de même, 12 000 doubles d'or. Serait-il réellement intervenu ou n'était-ce que menace vis-à-vis du roi de France ?

Charles V fit revenir le duc d'Anjou en Languedoc pour attaquer Lancastre par la terre, tandis que la flotte d'Henri de Trastamare bloquerait Bayonne par mer. Dans l'été 1374, une épidémie décima l'armée française, Anjou se replia dans la vallée de la Garonne et la flotte castillane leva le blocus. Puis le duc d'Anjou prit la Réole tandis que le duc de Berry s'avançait en Poitou. Le traité de Brétigny était quasiment effacé. Les combats continuèrent encore en Bretagne, en Normandie, en Saintonge, mais les ardeurs avaient faibli de tous les côtés. Les efforts des légats pontificaux aboutirent à la conclusion de la trêve de Bruges en juin 1375.

Une fois de plus, Fébus n'avait pas bougé mais la menace avait bien été enregistrée, la neutralité du Béarn respectée et le comte ménagé. On le vit par exemple en octobre 1374, peu de temps donc après son accord avec le duc de Lancastre. Une grande famine sévissait dans tout le Midi et le Béarn manquait de céréales. Fébus demanda au duc d'Anjou l'autorisation de faire venir du blé de Bretagne ; le duc donna un sauf-conduit à des marchands béarnais ; au large de la Bretagne, leurs bateaux furent arraisonnés, les hommes capturés et la marchandise saisie ; Gaston III intervint auprès de Charles V qui fit libérer les uns et restituer l'autre[5]. Ne s'engageant d'aucun côté, menaçant l'un de s'allier à l'autre, craint par tous et indispensable à tous, le comte Fébus, sans guère bouger de ses châteaux béarnais, était au cœur des relations complexes qui décidaient du sort du midi pyrénéen et aquitain. Dans l'année 1375, les messagers du pape, du roi de Navarre et du roi d'Angleterre qui demanda, en vain, l'appui du comte de Foix, se sont croisés à Orthez[6].

Dans l'affaire castillane, Gaston Fébus gagna encore de pouvoir mettre la main sur la Soule. Cette petite vallée basque était coincée entre Navarre et Béarn ; elle était de mouvance anglaise mais la garnison avait évacué le château de Mauléon. Elle se trouvait donc sans défense face au risque de passage des hommes d'armes allant en Espagne ou en revenant. Gaston Fébus parut aux Soulétins le seul recours possible. En septembre 1375, représentants de la vallée et comte de Foix signèrent un pacte : Fébus installait une garnison béarnaise au château de Mauléon pour protéger la vallée contre tout agresseur, quel qu'il soit ; les Soulétins entretiendraient la garnison à leurs frais et paieraient en plus 4 000 francs. Tout en gagnant de l'argent, le comte de Foix occupait de fait un territoire qui protégeait le Béarn.

Quelques jours plus tard, Fébus renouvelait la trêve avec Jean II d'Armagnac, qui durait depuis plus de deux ans et était prolongée jusqu'à la Noël 1376. Quant au mariage Foix-Lancastre, on n'en parlait plus.

Le vicomte de Castelbon

Roger Bernard II de Castelbon était l'héritier de toutes les possessions catalanes des familles de Foix et de Béarn. Son père ne semble pas avoir eu d'action au nord des Pyrénées. Roger Bernard II, lui, se retrouva impliqué dans les luttes de la guerre de Cent Ans, en tant que détenteur du château de Mauvezin en Bigorre, donné par le roi, on l'a dit, en 1340, et en tant que détenteur de la seigneurie béarnaise de Navailles, dot de sa femme Géraude. Il avait prêté hommage à son cousin Gaston III en 1352 pour ses domaines de Catalogne, Gaston était intervenu en sa faveur[7] dans le conflit qui l'avait opposé au roi d'Aragon et, en 1362, il était à ses côtés à Launac. C'était un personnage important en Aragon et, en juillet 1366, il était présent à Toulouse comme ambassadeur du roi d'Aragon auprès du duc d'Anjou pour renouveler la ligue conclue entre les deux rois[8]. Il était proche du comte de Foix et cela lui valut quelques ennuis au moment de l'expédition de Castille. Gaston Fébus était un allié traditionnel du roi d'Aragon, lui-même partisan d'Henri de Trastamare. Il ne renia pas cette alliance puisque, lorsqu'il laissa passer les troupes anglo-castillanes par le Béarn dans l'hiver 1366-1367, il en avertit le roi d'Aragon. Mais on dut se poser des questions en Aragon et certains accusèrent Roger Bernard de trahison. Le 8 août 1367, devant le roi et toute sa cour, François de Perillons, camerlingue du roi, déclara que « si quelqu'un veut soutenir que le vicomte de Castelbon ait fait mine de faire la guerre audit roi d'Aragon et que le comte de Foix ait fait aucune fourniture audit vicomte de Castelbon, il est prêt à se battre en champ clos contre qui soutiendra pareille chose, sur quoi le roi d'Aragon répondit qu'il n'avait jamais cru ce qu'on lui avait dit et qu'il tenait le vicomte de Castelbon pour fidèle et loyal sujet et qu'il en faisait de même du comte de Foix[9] ». Fidèle sans doute à la neutralité de son cousin, il fut le seul seigneur de Bigorre à ne pas passer dans le camp français en 1368. Dans ces années-là, il dut se tenir en Gascogne, soit pour défendre ses terres, soit parce qu'il suivait le comte de Foix dans ses combats, ou les deux. En 1371, Fébus trancha en sa faveur dans l'affaire de la rançon du sire de l'Isle-Jourdain[10]. En juin 1372, Roger Bernard envoya un procureur à la cour générale d'Aragon convoquée à Barcelone : il ne pouvait s'y rendre lui-même « à cause des guerres de Gascogne et des ennemis dont sa terre est environnée ». Il avait raison : au printemps 1373, le duc d'Anjou attaqua, prit et confisqua son château de Mauvezin puis, avant de gagner l'Agenais, son armée ravagea ses terres de Navailles, sans toutefois pouvoir prendre le château de Sault-de-Navailles. En septembre 1374, la reine d'Aragon lui demanda de suivre le roi à la guerre avec 50 ou 60 lances ; il tarda tant que lorsqu'il se proposa, en février suivant, on lui répondit que ce n'était plus la peine et « qu'une autre fois, il soit plus diligent à se rendre quand il en sera requis[11] ». Il était alors en effet très occupé en France.

Est-ce que le parti fuxéen lui avait paru trop porteur de danger, est-ce le sentiment que son cousin n'avait pas protégé ses domaines ? Roger Bernard de Castelbon venait de rejoindre le camp du duc d'Anjou. En juillet 1374, il promit au duc de se faire vassal du roi de France, de le servir dans la guerre contre les Anglais ; le duc lui donna la terre et baylie de Sauveterre en pays de Rivière et 1 000 livres de rente sur le duché de Guyenne, et lui permit de battre monnaie, sauf dans les sénéchaussées royales de Languedoc ; en décembre 1376, le duc d'Anjou donnait encore des ordres pour cette assignation[12].

C'est peut-être le point de départ de la rupture entre les deux branches de la famille de Foix. Mais il dut y avoir quelque chose de beaucoup plus grave en 1380 ou peu avant. Au mois de mai de cette année, les habitants de la vicomté de Castelbon promirent à leur seigneur de lui payer pendant dix ans 50 000 livres de Barcelone plus un fouage annuel ; le rédacteur de l'inventaire qui livre ce texte indique que « ledit vicomte avait été pris par le comte de Foix et il avait dépensé de grandes sommes pour sa rançon[13] ». Espan du Lion confirma plus tard à Froissart que le comte de Foix avait tenu huit mois le vicomte prisonnier au fond de la tour d'Orthez. Ce n'est pas un changement de mouvance en un temps où ces changements étaient fréquents, et de plus en faveur du duc d'Anjou qui n'était pas ennemi déclaré du comte Fébus, qui peut avoir motivé un tel emprisonnement et une telle rançon. D'autant que le vicomte était son proche parent et que, jusque-là, ils s'étaient toujours soutenus mutuellement. A la fin de sa vie en tout cas, le comte de Foix détestait celui qui allait être son héritier[14].

La guerre de Comminges

A la fin de l'année 1375 mourut Pierre Raimond II, comte de Comminges. Il n'avait que deux filles. L'aînée, Aliénor, avait dû renoncer à ses droits en faveur de sa sœur lors de son mariage, en 1373, avec Jean, comte de Boulogne et d'Auvergne. D'après le testament du comte, l'héritage de Comminges allait à Marguerite, une fillette de 10 ans, puis à ses héritiers. Si elle n'avait pas d'enfant, l'héritière serait Aliénor et ses enfants ; à défaut la comtesse Jeanne, veuve du comte, et d'éventuels enfants de secondes noces ; à défaut plusieurs neveux, l'un après l'autre, et enfin Jean II d'Armagnac, le sire d'Albret, les enfants du duc de Berry et de Jeanne d'Armagnac, puis le roi de France. Le comte de Comminges avait vu loin. La comtesse Jeanne avait l'usufruit viager du comté. Une dernière clause interdisait de marier Marguerite au fils du comte de Foix ou au fils du comte d'Armagnac. La jeune comtesse ne vit pas son statut d'héritière contesté mais elle devint immédiatement une proie convoitée. Et au premier rang, bien sûr, il y avait le comte d'Armagnac, l'allié traditionnel, et le comte de Foix, l'ennemi tout aussi traditionnel. Un mariage annexerait de fait le comté et représenterait pour chacun un surcroît de puissance.

C'est apparemment Jean d'Armagnac qui prit les devants et qui s'imposa à la comtesse Jeanne : dès le 2 janvier 1376, ils s'accordèrent sur le mariage de Marguerite et de Bernard, fils cadet du comte. En février, le comte de Foix quitta Morlàas avec le sénéchal anglais des Landes et Pierre Arnaud de Béarn, capitaine de Lourdes, et leurs troupes et avança sur le Comminges pour imposer le mariage de Marguerite et de son fils Gaston. Il fit alors une curieuse démonstration : il choisit ce moment pour ramener la dépouille de sa mère, morte sept ans auparavant, au monastère des Salenques où elle avait voulu être enterrée. C'est escortée de toute l'armée de son fils que la comtesse Aliénor atteignit sa dernière demeure. Le cortège dut être impressionnant tout au long du trajet autant que lors de la cérémonie funèbre. Le monastère des Salenques était en pays de Foix, non loin de la frontière du Comminges. S'est-il servi de ce qui n'aurait pu être qu'un geste de piété filiale pour se poser en héritier du Comminges ? Aliénor était la tante de Pierre Roger de Comminges qui n'avait que des sœurs et que des filles ; par sa mère, Gaston III de Foix-Béarn pouvait être considéré comme le plus proche parent mâle. Or, en 1339, une fille et héritière avait été écartée de la succession par son oncle au motif que le comté de Comminges était un fief masculin qui ne pouvait tomber aux mains d'une femme.

Une entrevue de Fébus et de la comtesse Jeanne sur le pont de Muret n'eut aucun résultat. La comtesse semble avoir promis à l'un et à l'autre des prétendants pour gagner du temps. Puis elle en appela à Charles V qui, le 31 mars, ordonna à ses sénéchaux de défendre au comte de Foix de porter la guerre contre elle. Le pape Grégoire XI tenta lui aussi d'arrêter le conflit en arrangeant le mariage du jeune Gaston avec Béatrix d'Armagnac. Rien n'y fit et Fébus envahit Saint-Julien, ce qui isolait Muret de la partie méridionale du Comminges. Tout en laissant nommer un arbitre pour négocier à la cour pontificale, en avril Jean II lança une contre-offensive. Ses capitaines Manaud de Barbazan et Peyrot de Galard s'emparèrent de Montesquieu[15] et de Gouzens en Volvestre. En mai et juin, la guerre s'amplifia. Vingt-sept chevaliers du comte de Foix furent capturés par Guilhem Raimond de Durfort, dont les seigneurs d'Andoins et de Miossens, tandis que Pierre Arnaud de Béarn et ses Compagnons de Lourdes s'emparaient des châteaux de Mauran et de Montclar en Comminges. En juillet, le comte d'Armagnac lui-même et le sire d'Albret entrèrent en pays de Foix, assiégèrent Saverdun et menacèrent Pamiers.

Fébus fit diversion en Béarn, avec l'appui du nouveau Captal de Buch, Archambaud de Grailly. Au mois d'août, ses troupes se portèrent sur la frontière entre Béarn et Armagnac et enlevèrent la petite ville de

Barcelone-sur-l'Adour. Jean d'Armagnac préleva des troupes du pays de Foix pour les envoyer sur l'Adour. Le comte de Foix arriva alors du Béarn, força le passage de Montpezat (près de Saint-Martory), accourut dans Pamiers et obligea les assaillants à se retirer[16] ; ses hommes du pays de Foix battirent et firent prisonnier Manaud de Barbazan à Montaut, près de Pamiers, et obligèrent la garnison de Montesquieu à capituler. Selon Esquerrier, des troupes d'Armagnac et Comminges se regroupèrent aux portes du comté de Foix, puis se replièrent sur Toulouse. Fébus les poursuivit, les battit ainsi que les milices toulousaines dans les faubourgs de Toulouse qu'il incendia. On peut noter que dans ces luttes confuses, Jean de Lévis, le fils de Roger Bernard de Lévis, seigneur de Mirepoix, était, contrairement à son père, dans le camp du comte de Foix[17].

A l'ouest, Archambaud de Grailly surveillait toujours Barcelone. Il avait concentré son ravitaillement sur Cazères-sur-l'Adour, tenue par une petite garnison. Jean d'Armagnac et le sire d'Albret vinrent s'emparer de la ville[18]. Gaston rentra vite en Béarn. Avec ses deux frères, il mit le siège devant Cazères et la fit entourer de palissades compactes. Rien ne pouvait passer ; faute de vivres, les assiégés ne pouvaient tenir. Au bout de quinze jours, ils engagèrent des pourparlers auxquels Fébus fit bon accueil. Il fit faire un trou dans la palissade « pas trop grand » ; les assiégés sortirent un à un « et il y avait sur le chemin le comte de Foix en armes et tous ses gens en ordre de bataille ». Chacun fut amené devant le comte qui les « distribua » en plusieurs châtellenies[19].

Fébus ne poursuivit pas son avantage : le duc d'Anjou imposa sa médiation, car le danger était grand de voir Languedoc et Sud-Ouest à feu et à sang. Fébus ne voulait certainement s'aliéner ni le duc ni le roi de France. En octobre 1376, le comte de Foix, le comte d'Armagnac et la comtesse de Comminges acceptèrent de s'en remettre à Louis d'Anjou. Le comte d'Armagnac essaya encore de faire jouer ses appuis à la cour ; il écrivit une lettre qu'on ne connaît que par la réponse que fit le duc de Berry : on ne voulait pas croire ce que le comte avait dit sur son ennemi et qui paraissait « avoir été écrit plus par malveillance que par raison » et on demandait de bien vouloir donner plus de détails. Les médiateurs nommés par le duc d'Anjou, Jean de Bueil son chambellan, et Jacques Ysalguier, le sénéchal de Bigorre, réussirent en novembre à faire conclure une trêve devant les murs de Cazères.

De la paix de Tarbes au traité d'Orthez, la mainmise sur les Pyrénées

En janvier 1377, Gaston Fébus et son fils se rendirent à Tarbes auprès du duc d'Anjou ; le comte d'Armagnac, malade, et la comtesse de Comminges étaient représentés par des proches. Le duc fit ratifier par les deux parties les conventions de la trêve de Cazères et renouveler le serment de se soumettre à son arbitrage. Puis on discuta plusieurs points et, en acceptant que dans les textes qu'ils signèrent tous les deux Fébus s'intitulât « par la grâce de Dieu, seigneur de Béarn », le duc d'Anjou reconnut implicitement le statut particulier du Béarn. On décida la libération de tous les prisonniers ; Fébus en avait le plus grand nombre, il reçut en compensation 100 000 francs, et 70 otages pour garantir le paiement. Les places prises seraient remises par les deux camps au duc d'Anjou qui les attribuerait plus tard. Pour consolider la paix était décidé le mariage de Gaston de Foix-Béarn et de Béatrix d'Armagnac.

Le 25 janvier, le comte de Foix promit de servir le roi contre le roi d'Angleterre ; ceci lui coûterait les 5 000 livres de rente que valaient les terres qu'il tenait de ce roi et qu'il devrait laisser, en échange il recevrait 100 000 francs d'or ; dès qu'il serait payé, il « rendrait » son hommage au roi d'Angleterre et prendrait les armes contre lui (le duc d'Anjou préparait une campagne en Bordelais). Il est fort probable que Fébus signa sans intention de tenir sa promesse ; en tout cas, il ne participa pas à l'offensive projetée, peut-être parce que, en face, la promesse financière n'avait pu être tenue.

Le 3 février, la paix fut solennellement jurée dans la cathédrale. Tous les membres des familles de Foix, Armagnac, Albret et Comminges jurèrent de vivre en paix, les alliances conclues par les deux camps étaient annulées, le duc d'Anjou veillerait à la libération des prisonniers et à l'administration des territoires et châteaux contestés dans l'attente de son arbitrage. Mais deux « silences » compromettaient l'efficacité du traité de Tarbes : personne n'avait parlé de la Bigorre et la jeune Marguerite de Comminges n'était pas mariée.

Le sort de la Bigorre était toujours suspendu à la présence des Compagnons de Lourdes. Le duc d'Anjou eut l'idée de charger Fébus de négocier avec ses cousins bâtards de Béarn : il achèterait leur départ grâce à 20 100 francs d'or fournis par le roi de France ; il prendrait possession du château de Lourdes et le remettrait au roi quand il le lui demanderait contre la somme de 40 000 francs d'or. Fébus accepta et signa ; il dut prendre l'argent et en rester là.

Du côté du Comminges, les choses tournèrent mal. Débarrassé du danger fuxéen, le comte d'Armagnac se fit plus pressant auprès de la comtesse Jeanne, lui demandant de respecter sa promesse de donner Marguerite en mariage à son fils Bernard. L'alliance avec l'Armagnac avait été pour elle une alliance forcée. Là, elle refusa et elle annonça son intention de donner sa fille au fils du roi de Navarre et d'épouser elle-même Charles II, qui était veuf. Un parti de seigneurs commingeois favorable à l'alliance traditionnelle avec l'Armagnac se forma sous la direction de Roger de Comminges, seigneur de Roquefort. En accord avec les représentants de quelques communautés, il déclara que le mariage de l'héritière ne pouvait se faire que suivant l'avis de la noblesse et des communautés et que cet avis était qu'elle épouse non Bernard, encore mineur, mais Jean, héritier d'Armagnac. En juin 1378, les conjurés investirent le château de Muret où se trouvaient les deux comtesses et appelèrent Jean II d'Armagnac qui, accouru, fut accueilli avec joie par les barons et la population. Jeanne refusa de le recevoir et répéta qu'elle ne voulait pas lui donner sa fille. Les barons pénétrèrent dans le château, enlevèrent les deux femmes et conduisirent Marguerite dans l'église des Frères Mineurs de Muret où elle fut immédiatement mariée au jeune Jean. Lequel consomma vite cette union, malgré le très jeune âge de son épouse, et fut reconnu comme seigneur par les barons présents et par les consuls de Muret. Quant à Jeanne, elle fut emprisonnée au château de Lectoure. Quelques jours plus tard, le duc d'Anjou donna son accord. Tout cela ne nous est connu que par les lettres du duc d'Anjou qui n'avait eu des faits que la version armagnac. Le comte avait sans doute joué un rôle plus actif qu'il ne l'avait dit. Le clan Armagnac en tout cas avait marqué un point.

Dans les mois qui suivirent, on négocia activement entre Foix et Armagnac, mais à distance (les comtes ne voulaient pas se rencontrer) et sous l'égide du duc d'Anjou. Est-ce, comme à son habitude, pour faire peser sur les négociations la menace d'un changement d'alliance ? En juin 1377, Fébus reçut à Orthez une ambassade envoyée par Richard II, le jeune roi d'Angleterre ; dans l'année 1378, plusieurs « ambassades » circulèrent entre Orthez et Pampelune : le comte de Foix et le roi de Navarre renouaient des liens quelque peu distendus depuis le renvoi d'Agnès[20]. Le 20 mars 1379 enfin, à Orthez, dans la chapelle du château Moncade, Fébus ratifia le traité définitif qui reprenait les accords de

Tarbes : Jean II versait une indemnité de 100 000 francs au comte de Foix et donnait sa fille en mariage au jeune Gaston ; en échange, Fébus renonçait pour lui-même et pour ses successeurs à toute prétention sur le Comminges et reconnaissait la validité du mariage de Marguerite et de Jean d'Armagnac. Mais deux ans d'activités diplomatiques avaient permis au comte de Foix de faire ajouter au protocole de Tarbes des clauses territoriales essentielles.

Jean II n'était pas présent et on convint d'un rendez-vous solennel, à la frontière du Marsan et de l'Armagnac, entre Aire et Barcelone. La rencontre eut lieu le 3 avril 1379, en grande compagnie, chaque comte ayant amené son fils, de nombreux barons et d'évêques ainsi que des prisonniers toujours détenus par les deux partis (ce qui prouve que le traité de Tarbes n'avait pas été bien appliqué). Le texte déjà ratifié à Orthez fut lu, les deux comtes jurèrent sur les évangiles et la croix de le respecter, ils échangèrent le baiser de paix et communièrent de la même hostie. Les deux fils firent de même puis les prisonniers furent échangés. Les deux comtes repartirent et c'est sans eux que le mariage de Gaston et de Béatrix fut célébré, à la va-vite, le 19 avril, non loin de là, à Manciet[21]. Fébus avait été plus regardant sur le paiement des 100 000 francs du comte d'Armagnac : le 24 avril, c'était chose faite.

A Orthez, Fébus s'était fait attribuer des territoires qui lui permettaient d'avancer dans la jonction de ses Etats. Il obtenait la châtellenie de Saint-Julien en Comminges à titre viager et les vigueries bigourdanes de Goudon et Mauvezin à titre héréditaire. Fébus avait acheté en 1345 la seigneurie de Lannemezan ; au lendemain de Launac il avait « acheté » au comte d'Armagnac les seigneuries d'Arrens et de Tournay. La mainmise sur les territoires de Goudon et de Mauvezin lui faisait occuper tous les territoires qui séparaient la Bigorre du Nébouzan. A l'est, la châtellenie de Saint-Julien, limitrophe du pays de Foix, le faisait avancer au cœur du Comminges. Seuls une vingtaine de kilomètres séparaient le Nébouzan de la châtellenie de Saint-Julien et du pays de Foix.

Plus encore, des seigneurs commingeois avaient pris le parti de Foix dans les guerres précédentes ; il était décidé que le comte de Comminges ne pourrait les contraindre à revenir dans sa mouvance et qu'ils resteraient donc vassaux de Foix ; certains furent nommément cités, tels les seigneurs de Noé, de Bérat, de Gouzens, d'Aure, de Mauléon-Barousse et d'Espagne Montespan mais on ajouta « et les autres qui sont dans l'obédience du seigneur de Foix[22] ». Les domaines de ces nouveaux vassaux de Foix venaient couper le Comminges en deux. Seule une petite bande au nord, avec Muret et l'Isle-en-Dodon, restait reliée à l'Armagnac. Les vallées du Touch et de la Louge et la rive gauche de la Garonne devenaient « fuxéennes » et opéraient la jonction de fait entre le pays de Foix et le Nébouzan ; d'autres mouvances pénétraient le sud du Comminges, autour de Montespan, limitrophe du Couserans, et dans la vallée de la Barousse, ce qui venait s'ajouter au Larboust entre les mains des comtes de Foix depuis le début du XIVe siècle. Une carte (p. 10) permet facilement de voir que désormais, entre Orthez et Foix, seule la Bigorre restait hors de la main du comte de Foix.

Il faut ajouter que des territoires limitrophes de cet ensemble étaient de la « clientèle » de Fébus sans être de sa mouvance : au sud et jusqu'aux Pyrénées, la vicomté de Couserans, appartenant à une branche de la famille d'Espagne (le vicomte de Couserans est cité à plusieurs reprises auprès de Fébus), au nord la seigneurie de Péguilhan appartenant au baron béarnais de Coarraze, la seigneurie de Boulogne-sur-Gesse, la seigneurie d'Ornezan liée par un « fief-rente », le comté d'Astarac.

Le comte d'Armagnac semblait avoir gagné la partie avec le mariage commingeois. Dans les longs mois qui séparent la paix de Tarbes du traité d'Orthez, Fébus sut arracher concessions sur concessions. Si le traité d'Orthez n'eut pas le même éclat que la bataille de Launac, le triomphe de Fébus fut aussi grand.

Pour joindre Foix à Orthez, il ne restait plus qu'à mettre la main sur la Bigorre. La Bigorre, française depuis 1370, était toujours soumise aux attaques des Compagnons de Lourdes. Fébus se présenta en protecteur. L'exemple de la Soule s'était révélé efficace. En juillet 1379, les habitants du village de Bordères-sur-Echez, près de Tarbes, vinrent à lui ; ils signèrent une convention par laquelle une garnison béarnaise s'installerait chez eux pour les défendre moyennant son entretien et une petite indemnité. Dans les semaines qui suivirent, 26 conventions furent signées, pour cinq ans et renouvelables. Les Tarbais furent les derniers, le 27 novembre : bien qu'un sénéchal français résidât dans leur ville, ils achetèrent leur protection pour 780 francs d'or, trois pièces de soie et 72 torches ou leur prix en argent payables chaque année durant cinq ans.

Fébus ne portait pas atteinte au statut officiel du comté, il venait seulement protéger des habitants que les armées françaises étaient incapables de protéger. De fait, il occupait la Bigorre. Il revint traiter avec les Compagnons de Lourdes avec lesquels, on l'a vu, il entretenait des rapports très ambigus. Il les indemnisa du pillage qu'ils ne pouvaient plus faire, ce qui revient à dire qu'il leur versa une partie des sommes qu'il recevait pour protéger d'eux les communautés. Certains finirent par partir sévir ailleurs. Pierre Arnaud de Béarn s'installa à Captieux, au nord du Marsan d'où il opéra vers les terres d'Albret, avec la bénédiction de son cousin. Son frère se mit au service du roi de Navarre.

Gaston Fébus sortait une nouvelle fois grand vainqueur de son affrontement avec la maison d'Armagnac. Même si elle était très fragile, une continuité territoriale avait été établie entre Béarn et Foix, ce qui donnait au comte la maîtrise des Pyrénées et des routes qui les franchissaient et lui assurait une puissance toujours plus grande face aux rois de France, d'Angleterre, de Navarre, de Castille, d'Aragon, tous souverains qui ne pouvaient rien entreprendre dans le midi de la France sans tenir compte du seigneur de Béarn et de Foix.

Dans ces années où Fébus tissait sa toile, la scène des rois avait d'ailleurs beaucoup changé. Edouard III avait perdu tout ce qu'il avait gagné à Brétigny ; il ne lui restait plus que le Bordelais, les pays de l'Adour et, au nord, Calais. Les trêves de Bruges de 1375 avaient échoué : Charles V était prêt à rendre une partie des terres conquises mais refusait de lui reconnaître une quelconque souveraineté ; Edouard III préférait abandonner une partie de l'Aquitaine que cette souveraineté... Et la guerre reprit. En 1377, les armées de du Guesclin attaquèrent le Bazadais et menacèrent Bordeaux. Le roi Edouard III mourut cette année-là ; le Prince Noir, son fils, était mort l'année précédente. L'Angleterre avait désormais pour roi un enfant de 10 ans, Richard II, et pour régent le duc de Lancastre.

Du côté français, la fin du règne de Charles V ne fut guère heureuse. L'entreprise de Bordeaux tourna court. Charles de Navarre recommença ses menées ; l'arrestation d'espions navarrais fit découvrir un complot contre le roi de France et le roi de Navarre livra Cherbourg aux Anglais. Le Grand Schisme commença en 1378 ; le duc d'Anjou et le roi de France y avaient une responsabilité parce qu'ils avaient soutenu l'élection du pape Clément VII. En Languedoc, le duc d'Anjou, un homme qui aimait le luxe et les joyaux et avait donc besoin de beaucoup d'argent, avait commis exactions sur exactions en une période où la guerre, la peste et la famine sévissaient. Le Midi se révoltait. Après des émeutes au Puy et à Nîmes, l'insurrection éclata en octobre 1379 à Montpellier. Charles V se décida à éloigner son frère. Il nomma à sa place Bertrand du Guesclin. Mais en juillet 1380, le connétable fut tué en Gévaudan. Charles V mourut à son tour en septembre 1380 et les bruits coururent que le Navarrais empoisonneur n'était pas étranger à cette mort.

TROISIÈME PARTIE

ADMINISTRATION ET DIPLOMATIE

7

Les Etats de Fébus

L'histoire d'un seigneur ne peut se comprendre si on ne la met pas en relation avec son domaine et avec les hommes qui y vivent. C'est de ses Etats qu'il tire ses ressources naturelles, ses revenus, ses atouts stratégiques ; ce sont ses hommes qui produisent, qui contribuent, qui se battent pour lui. Sa capacité d'action est conditionnée par l'organisation qu'il est capable d'imposer et par les rapports qu'il est capable de tisser avec ses sujets. Gaston Fébus avait hérité de deux ensembles de traditions juridiques bien différentes, dotés de fortes structures de défense des droits communautaires. Sans porter atteinte aux libertés séculaires, il a su imposer son autorité à l'un comme à l'autre, il a su tirer le maximum de ce qu'on pouvait en tirer, au prix d'un contrôle permanent et sévère et d'une terrible pression fiscale, mais avec en retour l'avantage de la paix et de la sécurité dans un monde en guerre. Cela, et aussi l'équité d'une justice rigoureuse mais raisonnée et égale pour tous, lui assura la fidélité de ses sujets. Gaston Fébus n'aurait jamais pu tenir la place qui fut la sienne dans l'histoire de son temps s'il n'avait pu disposer de l'argent qu'il avait su gagner, s'il n'avait pu tirer l'essentiel de ses forces militaires du cœur de ses Etats ou s'il avait eu à faire face à des révoltes ou même à des résistances passives.

TERRES DE BÉARN[1]

Les Fors[2] de Béarn étaient la base de la vie publique béarnaise. Le plus ancien, celui d'Oloron, dut être rédigé vers 1080. Le For de Morlàas fut donné par Gaston IV en 1117 : il offrait la liberté individuelle, l'inviolabilité du domicile, le libre droit successoral, des exemptions fiscales, la limitation du service militaire contre le paiement de redevances et l'obligation de fortifier la ville. Les vicomtes de Béarn prirent l'habitude de concéder le For de Morlàas à de nombreux villages du piémont. Les vallées d'Aspe, Ossau et Barétous avaient leur législation propre, connue par des versions rédigées au XIIIe siècle de coutumes orales plus anciennes. Ces Fors montagnards se caractérisaient par une stricte limitation du pouvoir vicomtal, surtout dans le domaine du service d'ost. Les hommes d'Ossau ne pouvaient être appelés plus de deux fois par an, et pas au-delà de la Garonne, et les chevaux et le ravitaillement devaient leur être fournis. Avant de pénétrer en vallée d'Aspe, le vicomte devait arrêter son cheval quand les deux sabots de devant baignaient dans l'eau du ruisseau frontalier ; pour pouvoir avancer, il devait remettre deux otages aux Aspois[3]. D'une manière générale, les Fors réglementaient les procédures judiciaires, la répression des meurtres et des pillages et fixaient le tarif des amendes. Le For général fut élaboré vers 1188 ; issu du regroupement des coutumes les plus anciennes du Béarn, c'était une véritable charte féodale qui réglait les rapports entre vicomte et sujets, en particulier dans les domaines financier, militaire et judiciaire et ce n'est qu'après avoir juré de maintenir les Fors que le vicomte recevait à son tour le serment de fidélité de ses sujets.

Le vicomte, les nobles et les clercs

Les familles nobles étaient étroitement contrôlées par la famille vicomtale. Même les clans seigneuriaux qui obtinrent le titre de « baron de Béarn » ne menacèrent jamais le pouvoir des Foix-Béarn dont la richesse, grâce à leurs immenses domaines, était sans proportion avec celle de leurs vassaux.

La noblesse était liée à la détention d'une terre noble, la *domenjadure*, exempte d'impôts mais chargée de services honorables (armée, conseil). Il y avait une hiérarchie nobiliaire : les « barons », les chevaliers, les simples seigneurs (*domengers*) et, en dernier, les « abbés laïques », descendants des patrons d'églises. Ces nobles étaient tous vassaux directs du vicomte et n'avaient dans leur dépendance que de simples paysans. La noblesse béarnaise n'était quasiment pas présente en montagne et, quand elle l'était, c'était sur les quelques terres cultivées des vallées, jamais sur les estives.

La plupart des nobles béarnais étaient dans une situation économique précaire. D'où leur départ en nombre vers les soldes des armées anglaises de Guyenne ou des aventures de Castille et de Portugal qui se termineront par le massacre d'Aljubarrota. Il en allait de même du clergé. Les donations des siècles précédents s'étaient raréfiées et ce n'est certes pas le comte Fébus qui donnait l'exemple d'une pieuse générosité. Les évêques de Lescar et d'Oloron étaient des Béarnais et Fébus plaça sur ces sièges plusieurs de ses conseillers. A côté des couvents mendiants et des hôpitaux, seules les abbayes bénédictines, Sauvelade, Larreule, Lucq et Morlàas, vivaient correctement de leurs revenus

Le monde rural

Le Béarn n'avait guère d'atouts naturels. La vie montagnarde reposait sur l'élevage des bovins, des ovins et des chevaux, au rythme de la transhumance d'été ou d'hiver ; certains paysans y étaient aisés, beaucoup ne vivaient que grâce aux pratiques communautaires de parcours et de droits d'usage. Le bas pays était le domaine de petits exploitants qui pratiquaient une polyculture vivrière, bénéficiaient eux aussi de pratiques communautaires et s'entendaient avec les montagnards pour leur louer les terrains de pacage de l'hiver et leur envoyer le bétail de l'été. L'agriculture produisait des céréales, des fruits et légumes, du lin, la vigne autour de Morlaàs, de Jurançon, de Pau, de Navarrenx. La production céréalière était insuffisante et seule la vente des produits de l'élevage permettait les importations de grains. Partout, la cueillette, la chasse et la pêche étaient un appoint nécessaire. Le paysan béarnais était plus éleveur et chasseur qu'agriculteur. Il n'y avait pas d'industrie et l'artisanat était lié aux besoins de la vie locale. Seuls le sel de Salies et le fer d'Oloron étaient produits exportables.

Selon qu'ils bénéficiaient ou non des Fors, les paysans béarnais étaient des *besiis* (des hommes libres), des *questaus* (des serfs) ou des *crestiaas* (les cagots).

Dans le bas pays, la terre était divisée en *casaus*, des exploitations d'une certaine taille, qui s'étaient fragmentées pour donner naissance aux *ostaus*, exploitations faisant vivre une famille. Le morcellement parcellaire était extrême et un *ostau* était composé de parcelles souvent très dispersées. Les hommes *questaus* avaient été de loin les plus nombreux jusqu'au mouvement de fondations des castelnaus et des bastides au XIIIe siècle auxquels on avait systématiquement octroyé le For de

Morlàas. Fébus accorda de nombreux contrats d'affranchissement, moyennant paiement, mais vers 1385 encore, un tiers de la paysannerie était serve. Les hommes libres se regroupaient en communautés, les *besiaus*, qui bénéficiaient toutes du For de Morlàas. Les habitants avaient donc des garanties juridiques, mais ils n'avaient pas d'autonomie administrative ; leur gestion était étroitement contrôlée par les agents du vicomte. Tous les hommes, libres ou serfs, dépendaient du vicomte ou d'un autre seigneur auquel ils devaient des redevances en argent ou en nature. Les *crestiaas* ou cagots formaient un groupe social en marge du monde rural. Quelle que soit leur origine (on a beaucoup débattu de celle-ci, raciale ou médicale – des lépreux ?), ils étaient soumis à des incapacités juridiques mais exerçaient des métiers et pouvaient se mêler aux activités de tous. Leur statut était intermédiaire entre ceux des hommes libres et des serfs.

Les communautés montagnardes, elles, étaient fortement structurées. Tous les hommes étaient libres. Les villages étaient regroupés au sein d'une organisation autonome, capable d'obtenir et de faire respecter les droits de la vallée inscrits dans des chartes conservées comme un trésor. Le For d'Ossau (1221) par exemple, fixait que partout les Ossalois devaient être jugés selon leur propre coutume ; chaque village élisait pour un an des jurats qui se réunissaient au sein d'un conseil de la vallée ; entre les sessions, des syndics étaient chargés des affaires courantes et convoquaient leurs collègues en cas d'urgence ; le conseil gérait les pâturages, exerçait la basse justice, décidait d'une éventuelle expédition punitive, concluait de lui-même les accords avec les autres vallées, y compris avec les vallées aragonaises : ce seront les « lies et passeries », dont la première connue en Béarn est celle qui unit les vallées d'Ossau et de Teña en 1328. Les pâturages étaient toujours propriété collective ; les « montagnes particulières » appartenaient à une ou deux paroisses et les « montagnes générales » à toute la vallée, aucune place n'était laissée à la propriété individuelle ; le conseil, ou jurade, administrait ces espaces de manière à assurer un minimum vital à chacun. En cas de difficulté dans la vallée, par exemple une amende à payer, le conseil pouvait lever une taxe sur les pâturages. La solidité de l'organisation de ces « syndicats de vallée » et la puissance qu'elle donnait aux habitants firent que les montagnards s'imposèrent dans les pâturages du bas pays dont ils avaient besoin l'hiver, empêchant les paysans d'exercer leur propre activité d'élevage ou de défricher. Jeanne d'Artois avait même concédé aux Ossalois un droit de police générale sur la région de

Pau qui allait contre les coutumes locales et occasionnait des rixes continuelles.

Le monde des bourgs

L'insuffisance des ressources naturelles fut en fait le moteur d'une intense activité commerciale. La nécessité d'importer céréales, matières premières et produits ouvrés développa foires et marchés ; les produits de l'élevage (bétail, viande, fromage, peu de laine) ne suffisant pas à équilibrer les échanges, les Béarnais se firent intermédiaires. Dès le XIIIe siècle, le commerce de transit se développa. Sauveterre, Oloron, Orthez étaient en toute saison les points obligatoires de passage entre Toulouse et Bayonne et de départ vers Pampelune par le Somport et vers Huesca par le Pourtalet. Gaston VII encouragea cette activité. Il organisa un véritable système de transferts de fonds entre le Béarn et Barcelone, en s'appuyant sur des marchands et des banquiers juifs. Il obtint pour les marchands d'Oloron la protection de Jacques II dans toutes les terres d'Aragon et Catalogne et l'exemption des péages ; l'organisation des marchands béarnais, dont Huesca était le point de convergence, inquiéta les officiers aragonais du Somport qui se voyaient déposséder d'une grande partie du produit de leurs péages. Les rois d'Aragon confirmèrent pourtant les privilèges d'Oloron et, vers 1330, plusieurs marchands s'étaient définitivement installés au sud des Pyrénées, à Saragosse ou Calatayud, pour servir de correspondants à leurs compatriotes.

Au XIVe siècle, la vie urbaine était encore peu développée : Morlàas, l'ancienne capitale gardait ses ateliers monétaires et sa cour de justice, Orthez était le siège de la cour et de l'administration vicomtale, Pau n'était qu'une bourgade, Oloron sur la route du Somport et Sauveterre sur la route de Roncevaux avaient une importante activité commerciale et militaire. Une bourgeoisie de marchands et d'officiers vicomtaux était en train de naître mais elle n'occupait pas encore une place très importante.

L'administration béarnaise

L'administration béarnaise dont hérita Fébus avait été mise place par Gaston VII. Le pays était divisé en 19 bailliages qui regroupaient les *besiaus*, les communautés d'habitants. Les représentants des communautés étaient des jurats, désignés chaque année par le vicomte et chargés des règlements de police, de la levée de l'impôt et de la convocation à l'armée. A l'occasion des régences du début du XIVe siècle et de l'affaiblissement du pouvoir vicomtal qui en avait résulté, les communautés obtinrent l'élection des jurats. Des gardes chargés de l'exécution des mesures du baile étaient nommés eux aussi et les procureurs étaient des notables chargés par leurs concitoyens de représenter et de défendre la communauté dans des cas graves. Les jurats jugeaient en première instance les affaires civiles et mêmes criminelles en présence d'un représentant du vicomte. Les jurats de Morlàas, Oloron, Orthez et Sauveterre, qui avaient le titre de « bourgs de Béarn », constituèrent une cour des jurats des bourgs, capable de trancher en appel des procès mineurs. Même dans les villages dépendant de seigneurs justiciers, les jurats tranchaient sur les affaires les plus graves, les seigneurs n'exerçant que la basse et moyenne justice. Dans la montagne, il n'y avait aucune justice seigneuriale, même pas basse. Il survivait en revanche, pour les causes concernant les nobles, quelques « cours des nobles » ou « cours des chevaliers » qui fonctionnaient temporairement, en plein air.

Le baile, à la tête du bailliage, était le représentant du vicomte dans les villages, y compris dans les vallées, même si, là, il ne tenait pas un rôle aussi important que dans le piémont. Il était chargé d'appliquer toutes les mesures décidées à l'échelon central. Ses tâches ne cessant de s'élargir, les jurats et les gardes devinrent peu à peu ses agents d'exécution.

A l'échelle centrale, le vicomte était entouré de quelques grands officiers, apparus à la fin du XIIIe siècle : le sénéchal, choisi dans la plus haute noblesse du pays, le chancelier, le juge et le trésorier de Béarn.

Il y avait surtout la Cour Majour de Béarn, composée du vicomte et de quelques grands feudataires ayant le titre de « jurats de la cour ». Outre son rôle judiciaire (elle jugeait les causes concernant les nobles et l'appel des autres cours), elle avait des prérogatives politiques : elle recevait le serment du nouveau vicomte et elle était appelée à se prononcer en des occasions où le sort du pays était engagé. On avait pris l'habitude de consulter aussi les communautés et de convoquer une « cour des communautés » ou « cour des bourgs et des vallées » ; les deux cours avaient pris de l'importance à l'époque des régences des comtesses Marguerite et Jeanne.

TERRES DE FOIX[4]

La majeure partie de la population vivait sur la terre. Le terroir cultivable, à peu près tout le bas pays et le seul fond des vallées en montagne, produisait céréales et « menus grains », fruits et légumes, plantes textiles et tinctoriales et on y élevait porcs, chèvres et volailles. Deux exceptions dans cette agriculture vivrière : le vin de Pamiers s'exportait jusqu'en Angleterre et le pastel commença au XIVe siècle à faire certaines fortunes dans la plaine.

La montagne et la forêt étaient le lieu du grand élevage bovin et ovin qui se caractérisait par d'amples mouvements de transhumance, l'été sur les hautes estives, l'hiver vers les plaines languedociennes et catalanes. Le haut pays de Foix était aussi un pays minier ; plusieurs mines étaient en exploitation, la plus grande, celle du Rancié, en vallée de Vicdessos, alimentait une grande partie des Pyrénées. L'alliance de la mine, de la force hydraulique des ruisseaux et du bois des forêts pour alimenter les forges fit de ce pays un grand centre de fabrication du fer : il y avait onze forges au moins en 1390. Les Prépyrénées étaient riches aussi en bois et en eaux ; elles furent le domaine des moulins et des industries du feu (poteries, tuileries, briqueteries) et du bois (scieries).

L'immense domaine sylvo-pastoral de la montagne appartenait aux grandes familles seigneuriales, la famille comtale en premier. Dans les possessions directes des comtes de Foix, la gestion de ce domaine était dévolue aux consulats, sauf les forges que le comte arrentait, mais y compris la mine du Rancié dont il avait reconnu le monopole d'extraction aux habitants de la vallée de Vicdessos en 1292. Dans les autres seigneuries, la fortune venait de l'association pacage-forêt-forge, la forêt étant indispensable aux forges mais offrant aussi aux habitants les droits d'usage qui libéraient les hauts pacages où le seigneur pouvait faire entrer le bétail étranger. Sur ce domaine, comtal ou non, les droits d'usage – pacage, coupe, chasse, pêche, cueillette – étaient largement concédés aux habitants dont la plupart sans eux n'auraient pu survivre.

Si les grandes familles seigneuriales étaient maîtresses de la montagne, nobles et bourgeois urbains, enrichis par le commerce ou par les fonctions publiques, convertissaient leur fortune dans la terre, acquérant ainsi la maîtrise de la propriété agricole de tout le bas pays et d'une partie des vallées. Les petits paysans-éleveurs de la montagne étaient propriétaires de petites parcelles, sous redevance seigneuriale. Tous n'étaient pas propriétaires et il y avait un important salariat agricole, des riches métayers aux simples brassiers. Un aspect important de la vie des agriculteurs, petits propriétaires ou salariés, était la variation saisonnière de leur travail. La longue période de repos de la terre, en hiver, était le temps de l'artisanat domestique mais aussi du travail industriel, y compris celui des forges dont l'activité se ralentissait ensuite jusqu'à parfois s'interrompre au temps des travaux agricoles. Dans la montagne, agriculture et industrie étaient étroitement liés et formaient une complémentarité indispensable à la survie des plus pauvres autant qu'à la fortune des plus riches.

La vie urbaine

Les villes étaient devenues des pôles majeurs d'activité. Là se traitait la matière première venue de la montagne et de la forêt : fer, bois, laine, cuir... Foix s'était spécialisée dans la petite métallurgie et dans le textile ; centres textiles, Pamiers, Mazères, Tarascon et Ax le furent aussi. D'où une multitude d'artisans fabriquant les outils du travail et les objets de la vie quotidienne. Ils répondaient aux besoins citadins mais aussi à ceux des ruraux venant au marché échanger grains, fruits, légumes, vin, viande, volailles, gibier, poisson, lesquels généraient à leur tour l'activité de nombreux artisans de l'alimentation. Les foires annuelles étaient le lieu des grandes transactions. Favorisées par le pouvoir comtal, elles voyaient s'échanger céréales et vin de la plaine contre bétail, laine et fer de la montagne. Elles étaient aussi une étape sur les voies du grand commerce transpyrénéen, favorisé par les rois d'Aragon qui accordèrent leur sauvegarde dans toutes leurs terres aux marchands de Foix dès 1266 et la renouvelèrent régulièrement. Cette activité marchande fit la fortune de la bourgeoisie de Pamiers, Foix, Tarascon et Ax, en plein cœur du secteur Toulouse-Barcelone.

Seigneurs, Eglise et communautés

Les hommes du pays de Foix étaient dans leur très grande majorité des hommes libres. Le servage ne semble pas y avoir jamais occupé la place qu'il occupa en Béarn et au XIVe siècle il n'en restait que quelques isolats, situés, contrairement au Béarn, dans les hautes vallées.

Comme dans toutes les Pyrénées, les hautes vallées eurent dans les temps les plus reculés des structures communautaires très fortes qui permirent de faire reconnaître leur identité et leurs particularismes. Mais l'histoire agitée du XIIIe siècle vint apporter une autre dimension ;

au cours de l'intense lutte d'influence qui se mena entre comtes de Foix, ecclésiastiques, comtes de Toulouse et officiers du Toulousain royal, les comtes accordèrent beaucoup de privilèges aux communautés, tant aux fondations nouvelles, les bastides, qui asseyaient leurs positions en des zones d'autorité indécise qu'aux villes anciennes dont il fallait s'assurer la fidélité. Et cela concerna le bas pays aussi bien que les vallées. Plus tard, au XIVe siècle, l'éloignement des comtes favorisa le développement des libertés locales : il valait mieux avoir au loin une ville autonome mais fidèle qu'une ville qu'on ne pouvait de toute façon pas bien tenir.

Les villes et bourgs qui obtinrent une charte de coutumes, ou des privilèges équivalents, eurent un statut très privilégié : ils étaient gérés par un consulat, véritable administration municipale formée de consuls et de conseillers élus, dotée de pouvoirs immenses de justice (haute et basse justice rendue au nom du seigneur mais sans la présence d'un de ses agents) et de police ; ils avaient d'importants privilèges fiscaux (exemptions de nombreux droits et surtout des péages et des corvées) et de très larges droits d'usage (pacage, coupe de bois, chasse, pêche, extraction minière...). Les habitants de la vallée de Vicdessos reçurent en 1293 le droit de « jurer la paix » avec leurs frontaliers : c'est la première mention pyrénéenne des lies et passeries. Une ombre au tableau : il n'y eut pas de statut commun pour la terre de Foix et la vie des communautés dépendit étroitement de la personnalité des seigneurs et du contexte politique de concession des privilèges, quand privilèges il y eut... Les disparités étaient grandes et le sort de ceux qui dépendaient directement du comte était bien meilleur que celui des hommes dépendant d'un autre seigneur, qui pouvaient ne jouir que de façon très limitée des privilèges que nous venons d'énumérer ou même d'aucun.

La noblesse du pays de Foix était nombreuse et de niveaux forcément variés. Quelques grandes familles dominaient, originaires du haut pays (Château-Verdun, Lordat, Miglos, Foix-Rabat) ou du piémont (Durban, Mauléon, Villemur, Pailhès). Leurs domaines étaient morcelés et leur puissance venait de l'accumulation de parts qui formaient un patrimoine dispersé mais offrant des ressources diversifiées. En Béarn, depuis la mort de Gaston IV (1131), les nobles n'avaient plus guère de liens avec leurs vicomtes, enfants d'abord, étrangers ensuite. En pays de Foix, les nobles, et surtout les plus hauts d'entre eux, souvent alliés par le sang à la famille comtale, une famille locale, stable, qui n'avait jamais eu à affronter de crise de succession, avaient fait corps avec elle au temps des périls, même s'il y eut un flottement éphémère au milieu du

XIIIe siècle. Ce qui frappe dans cette noblesse du pays de Foix, c'est le lien profond qui l'unissait à ses comtes qui surent envers et contre tout maintenir les hommes les plus puissants autour d'eux. Aux côtés de Fébus, on trouvera encore les Foix-Rabat, les Château-Verdun, les Villemur ou les Péreille.

Les abbayes bénédictines (Lézat, le Mas-d'Azil), de chanoines (Foix, Pamiers, Saint-Sernin de Toulouse), cisterciennes (Boulbonne) et les commanderies hospitalières (Gabre, Capoulet) possédaient d'immenses domaines temporels qui s'étendaient sur la plus grande partie du comté et même au-delà ; sur certains de ces domaines, elles étaient seigneurs hauts justiciers, comme l'étaient les familles nobles, ou coseigneurs par le biais de paréages avec le comte de Foix. Foix, Pamiers, Mazères voyaient ainsi leur administration et leurs revenus partagés entre comte et abbé. Il avait pu y avoir des conflits mais, au XIVe siècle, tous étaient apaisés, au profit des comtes. Seul restait sensible le cas de Pamiers, enjeu de luttes séculaires entre comtes et abbés ; l'abbaye avait été érigée en évêché en 1295, donnant à l'Eglise et au roi une position stratégique pour surveiller le comté de Foix rebelle et hérétique. Pamiers était devenue la ville de l'Eglise face à Foix, siège du pouvoir comtal. Comme tous ses prédécesseurs, Fébus fut en lutte avec les évêques sur la juridiction de la ville. Le premier et le dernier évêque que connut Fébus étaient de ses parents : Pons Arnaud de Villemur (1348-1350) était sans doute un fils bâtard de Roger Bernard III et Bertrand d'Ornezan (1380-1424) était peut-être le frère de Pierre, gendre de Béarnèse de Béarn, sœur bâtarde de Fébus. Froissart le cite à deux reprises comme parent du comte et ajoute même « si l'avait-il fait évêque ».

Une ébauche d'Etats apparut à la mort de Gaston Ier, en 1315. Jeanne d'Artois ne s'était pas pressée de faire publier le testament qui la désignait comme tutrice de son fils ; les nobles et consuls du pays de Foix se réunirent, demandèrent à être informés et, en attendant, ils nommèrent cinq tuteurs parmi les nobles du pays.

L'administration fuxéenne

En Béarn, l'administration de toutes les communautés relevait du vicomte, qui la faisait exercer par les bailes et les jurats. La dépendance éventuelle d'un seigneur autre que le vicomte ne se matérialisait que par la perception des droits seigneuriaux et par l'existence d'une basse et moyenne justice seigneuriale. En pays de Foix, le régime seigneurial avait beaucoup plus de force. Les communautés relevaient entièrement des seigneurs hauts justiciers ; le comte de Foix était lui-même un de ces seigneurs. Les seigneurs déléguaient l'administration aux consuls, élus (dans les communautés bénéficiant de coutumes) ou désignés par eux, et même très souvent l'exercice de la haute justice ; ils étaient représentés par un baile, parfois un juge, dont le rôle était inversement proportionnel aux pouvoirs délégués aux consuls. Dans le haut pays, le territoire des consulats était immense, à l'échelle des vallées.

L'administration comtale (à ne pas confondre avec celle du comte en tant que seigneur direct en son domaine propre) se situait au niveau supérieur, au-dessus de l'administration seigneuriale, et ne touchait pas la gestion quotidienne. Au XIIIe siècle se constitua un réseau de châtellenies comtales, qui quadrillait tout le territoire du comté (domaine direct du comte autant que domaines des seigneurs hauts justiciers) avec surtout une mission de défense et de maintien de l'ordre.

A l'échelon central, auprès de la traditionnelle cour des vassaux du comté, une véritable administration se constitua au XIIIe siècle, avec à sa tête trois hauts personnages représentant ses trois champs d'action : le sénéchal, le trésorier et le juge mage. Si les attributions du trésorier furent évidentes et bien délimitées, celles du sénéchal et du juge mage connurent bien des interférences au point que le terme de sénéchaussée finit par désigner l'institution judiciaire alors que la charge de sénéchal ne comportait plus depuis longtemps la fonction judiciaire exercée, elle, par le juge mage. Le sénéchal était choisi dans la plus haute noblesse du pays tandis que le trésorier et le juge étaient des techniciens. La cour mage du comté jugeait les cas « réservés » au comte et servait d'arbitre dans les conflits entre communautés ; la cour d'appeaux, apparue au début du XIVe siècle, pouvait recevoir tout procès en appel, ce qui était un moyen pour le comte d'affaiblir les justices seigneuriales ou consulaires.

Le comté de Foix appartenait au royaume de France et il avait été placé dans le ressort de la sénéchaussée de Toulouse. La fiscalité du roi et sa justice souveraine devaient s'y exercer, mais la puissance des comtes de Foix de la fin du XIIIe siècle et de la première moitié du XIVe fit qu'ils conservèrent la connaissance en justice de causes normalement « réservées » au roi telles l'hérésie ou la fausse monnaie et qu'ils obtinrent de très nombreuses exemptions fiscales qui firent de leur comté un pays privilégié.

Le gouvernement personnel de Gaston Fébus[5]

Le conseil du comte

Ecartant la noblesse et la traditionnelle cour de Béarn, Fébus gouverna avec un conseil privé, sans composition fixe. Il nomma des lieutenants généraux qui pouvaient le remplacer à tout moment ; à partir de 1350, la fonction fut réservée aux membres de sa famille, dont son frère Arnaud Guilhem, et, à partir de 1365, elle fut quasiment supprimée. Les agents du comte étaient avant tout des « commissaires » ou des « messagers », disposant de pouvoirs considérables mais pour une mission précise et limitée dans le temps ; ils assuraient le contact permanent avec les bailes et permettaient la transmission et l'exécution des ordres du comte. C'est Fébus qui décidait de tout, qui choisissait ses collaborateurs et lorsque qu'il jugeait quelqu'un compétent il le gardait longtemps auprès de lui. Tous furent recrutés dans un cercle restreint. La famille d'abord (mais pas ses fils) : ses frères Arnaud Guilhem et Pierre, Bernard l'Aspois et d'autres qui portaient le nom de Béarn mais dont on ne connaît pas la parenté. Les grands nobles en étaient absents, seuls deux petits nobles en firent partie, Espan du Lion et Bertrand des Pujols, du pays de Foix. Place était surtout faite aux techniciens : de nombreux juristes, venus du Béarn, du pays de Foix, du Marsan ou du Nébouzan : Pierre d'Estiron et Guilhem d'Assat qui furent évêques d'Oloron, Bernard de Duras, Pees Ramon d'En Per Auger, Arnaud de Genaas, Pée Martin et B. de Buzy. La charge de trésorier de Béarn fut toujours confiée à des marchands. Dans ses déplacements, le comte distinguait de simples bourgeois qu'il prenait à son service et dont certains devinrent ses confidents les plus proches, tels ses notaires et secrétaires Bernard de Luntz ou Berducon de Bugnein.

C'est ce conseil restreint qui devint aussi l'organe de la justice personnelle du comte ; à « l'audience du seigneur », c'est Fébus qui siégeait personnellement, entouré de quelques familiers désignés à sa guise.

En Béarn

Gaston III ne réforma pas l'administration dont il avait hérité, mais, tout en la rendant plus efficace, il la réduisit à n'être que l'instrument d'un pouvoir qu'il était seul à exercer.

A l'échelle centrale, seul le trésorier joua un rôle important, les autres officiers n'avaient plus qu'une existence honorifique, tant Fébus ramena à lui toute la réalité du pouvoir. On peut même se demander si, après 1360, il y eut un sénéchal en Béarn, on n'en trouve plus trace.

Les attributions judiciaires des vicomtes, limitées déjà par les Fors, avaient été diminuées par l'évolution des différentes cours. Gaston Fébus reprit les choses en mains. Il ne convoqua les cours des chevaliers qu'une fois, pour les hommages de son avènement. Il limita la composition de la Cour Majour à douze « barons » (les évêques de Lescar et d'Oloron et dix familles dont les plus puissantes étaient les Navailles et les Lescun) qui prirent un titre de « baron de Béarn » qui devint vite purement honorifique ; après 1365, la Cour ne semble plus avoir été convoquée, même comme cour d'appel. A partir de 1375, apparut un Juge de Béarn qui dépendait directement du vicomte et de lui seul.

Localement, il revint à la nomination des jurats. Jurats, gardes et procureurs étaient tous responsables sur leurs biens et dans leur corps de la bonne marche de la communauté et les arrestations ne furent pas rares. Fébus exigeait d'eux une obéissance absolue mais il les défendait aussi contre ses propres officiers : ils étaient tenus d'assister à la cour du baile qui devait, tous les mois, prendre acte des décisions de celui-ci, qui ne pouvaient donc plus être arbitraires. Pour éviter que les bailes deviennent un corps héréditaire, comme cela avait été le cas de leurs ancêtres « viguiers », Fébus ne les nommait que pour un an, ne les laissait pas plusieurs années en poste et les choisissait étrangers au bailliage ; ils étaient révocables en permanence. A côté du baile siégeait un notaire chargé d'inscrire sur un registre toutes les ordonnances vicomtales applicables dans le bailliage. Les jurats des bourgs continuèrent de tenir leur cour de justice mais de plus en plus de causes leur échappèrent parce qu'elles étaient retenues à « l'audience du seigneur ». Puis Fébus décida que les bailes assisteraient aux séances des cours des jurats, d'où une véritable confusion entre pouvoir administratif et pouvoir judiciaire : la cour administrative du baile finit par se substituer à la cour judiciaire des jurats.

Gaston III opéra une véritable reprise en mains du domaine vicomtal, dans un double but d'autorité et de finances. Il s'attacha particulièrement aux landes et forêts, éléments du domaine « public » dont la propriété était par principe une prérogative seigneuriale. Cela avait été d'autant plus « oublié » que les comtesses Marguerite et Jeanne avaient été là-dessus très généreuses ; c'était une des conséquences les plus graves de l'affaiblissement du pouvoir vicomtal. En 1354, Gaston promulgua un véritable code forestier, rappelant que le vicomte était le seul maître des forêts de Béarn, que nul n'y pourrait entrer sans verser un droit d'entrée et une redevance annuelle et sans respecter des règles d'utilisation très précises. Des gardes forestiers y veilleraient. A la fin de sa vie, Gaston III institua le premier « maître général des eaux et forêts ». Même si son action y fut limitée, il s'imposa dans les vallées bien plus que ne l'avaient fait ses prédécesseurs. Il réussit à faire disparaître la véritable tyrannie que les Ossalois exerçaient sur les terrains de pacage du piémont : ils durent laisser les paysans entrer sur ces terrains avec leur propre bétail et ils durent payer des redevances d'utilisation. Les conflits pastoraux en furent bien sûr très diminués. Fébus réussit à mettre des gardes forestiers dans la vallée de Barétous au moins ; dans les autres, il proclama son droit de propriété sur les pacages de basse altitude, en accordant même l'usage à des étrangers à la vallée. Et il réussit à étendre ses impôts aux montagnards comme aux paysans du piémont.

Fébus ne devait guère apprécier les contraintes imposées au vicomte pour accéder aux vallées[6] ; les actes ne témoignent pas de sa présence, sauf lors de la tournée d'hommages, il est vrai aussi qu'il n'y possédait pas de résidence. Il devait toutefois s'y rendre pour chasser : il est manifeste dans le *Livre de la chasse* qu'il connaissait la haute montagne, ses bouquetins, ses isards et ses cabanes de bergers[7].

Il mit enfin en place une véritable administration financière, tant pour lever le fouage qu'il instaura que pour percevoir les revenus de ses domaines[8].

En pays de Foix[9]

L'action de Fébus ne fut pas la même ici qu'en Béarn. L'autorité comtale s'y exerçait différemment. Elle n'y était pas limitée par les libertés locales : ces libertés étaient aussi importantes, et souvent plus, qu'en Béarn, mais elles avaient été concédées par les comtes et non imposées à eux et les habitants avaient conscience de les leur devoir. A l'échelon local, les bailes comtaux n'intervenaient que dans le domaine direct du comte et, l'essentiel de la gestion étant entre les mains des consulats, ils n'y avaient qu'une action de transmission et de contrôle et de perception des revenus domaniaux. L'administration de niveau supérieur, celle des châtelains et, au-dessus, du sénéchal, du trésorier et du juge mage avaient été bien établies au XIIIe siècle et formaient un ensemble déjà hiérarchisé. Tout cela fit sans doute que l'autorité comtale n'a pas connu l'amoindrissement qui est constaté en Béarn à l'occasion notamment des régences des comtesses Marguerite et Jeanne qui se sont pourtant appliquées aussi bien au pays de Foix qu'au Béarn. Les structures fuxéennes ont bien tenu et Gaston Fébus n'eut pas à opérer la reprise en main qu'il mena en Béarn.

D'autre part, même s'il y fit de longs séjours, le pays de Foix n'était pas son lieu de résidence principal. Il ne pouvait donc y exercer l'emprise quotidienne qu'il exerçait en Béarn. On le voit dans les années 1380 tenir à Mazères une cour semblable à celle d'Orthez, où il jugea des causes minimes, mais ce ne fut que quelques mois dans sa vie. Une administration certainement mieux structurée lui inspirant sans doute plus de confiance et un éloignement qui le forçait à cette confiance firent que le comte Fébus, par sagesse, exerça sur le pays de Foix une pression moindre que sur ses terres occidentales. Sauf bien sûr dans les domaines fiscal et militaire dans lesquels il ne transigea avec personne. Il était représenté localement par son sénéchal qui, en pays de Foix, garda toujours son importance et tint un véritable rôle de « vice-comte ». La fonction fut toujours exercée par les plus hauts nobles du pays : on connaît ainsi Raimond Saquet, seigneur de Calmont et de Château-Verdun en 1343, Raimond d'Albi en 1352, Pons de Villemur en 1377 et 1379, Pierre Arnaud de Château-Verdun en 1389, Corbeyran de Foix en 1375, 1384-1387 et 1390. Il avait aussi des conseillers dans le pays : en 1385 et 1387, sont ainsi cités aux côtés du sénéchal Corbeyran Jean de Vic, de Pamiers, et Pierre Bayle, licencié en droit, « conseillers de notre seigneur comte ».

A examiner les archives des communautés, on constate que le règne de Gaston Fébus fut une époque faste de confirmation de privilèges. A Ax par exemple, les privilèges de la ville furent confirmés en 1344 et en 1381 ; en 1358, les habitants furent exemptés de la leude du pays et, en 1385-1386, de la leude de la ville de Foix ; en 1381, le comte accorda que le nombre de consuls passe de deux à quatre. A Pamiers, il confirma en 1371 l'interdiction d'entrée des vins étrangers, qui protégeait la production locale.

A Foix, le cœur historique du comté, le règne de Gaston Fébus marque « l'âge d'or de la classe consulaire ». Les privilèges furent confirmés en 1345, 1352, 1387 ; en 1345, le comte confirma la liberté d'établissement et de réglementation des étals de bouchers ; en 1365, il confirma l'exemption de leude accordée en 1290 mais mal appliquée, interdit à ses leudiers de prendre quoi que ce soit et leur ordonna de rendre ce qu'ils avaient pris. En 1365, un conflit éclata entre les consuls et les officiers du comte. Les consuls et les officiers avaient le droit d'ouvrir une information pour tout crime qui se commettait, mais il appartenait aux consuls seuls de déclarer si la gravité des faits amenait à poursuivre. Les officiers prétendirent sceller les actes des consuls relatifs à la mise en jugement, donc contrôler leur action. Les consuls en appelèrent au comte qui rappela ses officiers à l'observation des anciens usages et leur défendit d'apposer leur sceau sur les actes de procédure. Les plaintes se renouvelèrent et, en 1387, Fébus ordonna au sénéchal et à tous les officiers du comté de respecter les concessions faites par ses ancêtres et par lui-même, particulièrement sur la justice.

La plus grosse affaire fut celle du château de l'Herm. En 1367, ce château était occupé par Pierre Roger de Mirepoix, un seigneur qui terrorisait les habitants de Foix, mais sur lequel le juge ordinaire du comté avait mis sa sauvegarde. Les consuls finirent par ordonner aux habitants de s'armer et de les suivre, sous la bannière municipale ; ils firent le siège du château, pillèrent les dépendances et détruisirent les récoltes, au mépris de la sauvegarde comtale. Fébus averti envoya des enquêteurs qui citèrent tous les participants et emprisonnèrent les consuls et quelques notables dans le château de Foix. Les détenus en appelèrent au comte. Fébus trancha : il fit libérer les prisonniers et prononça une amnistie générale en évoquant les souvenirs glorieux de la cité et les services rendus à lui-même et à ses ancêtres ; les habitants avaient déjà souffert dans leurs personnes et dans leurs biens, une procédure serait longue et coûteuse et il ne voulait pas que « la ville d'où il tirait son nom » soit ruinée par des frais inutiles. Pour éviter des problèmes ultérieurs, il octroya une charte dans laquelle il donnait très expressément autorisation aux consuls et aux habitants de Foix de prendre les armes, avec ou sans la bannière de Foix, avec des armes permises ou prohibées, comme s'ils étaient en guerre, mais seulement pour défendre leurs personnes, leurs biens ou leurs usages et dans les limites de la ville et de sa juridiction ; et il les laissait juges d'établir que ces conditions étaient remplies. Ordre formel était donné aux officiers de ne pas gêner une telle prise d'armes et même d'y prêter main-forte[10]. C'était là un privilège réellement hors du commun, surtout de la part d'un seigneur si peu enclin à partager son pouvoir.

Un exemple permet d'appréhender la hiérarchie et l'efficacité de l'administration fuxéenne. En 1385, les habitants de la vallée de Miglos se plaignaient des exactions de leur seigneur. Ils envoyèrent une délégation à Pau qui rencontra le comte et demanda justice. Fébus écrivit à Corbeyran de Foix, son sénéchal, au juge mage du comté et à ses conseillers du pays de Foix en leur demandant de placer la vallée de Miglos sous sa sauvegarde. Ces officiers ordonnèrent aux châtelains de Quié, Tarascon et Vicdessos (Miglos était à l'intersection des trois châtellenies) d'exécuter sur-le-champ les ordres du comte et de publier la sauvegarde. Le seigneur demanda à s'expliquer devant une cour ; le châtelain de Quié, venu mettre les panonceaux comtaux, accepta et le cita à comparaître à Tarascon, mais il mit quand même les signes de la main du comte[11]. L'administration domaniale et financière était tout aussi efficace et depuis longtemps[12].

Rigueur et justice

C'est peu de dire que Gaston Fébus a été un administrateur rigoureux. Froissart le décrit contrôlant tous les registres de comptes et exigeant que, lorsqu'il sortait de sa chambre, ses secrétaires soient prêts à lui présenter les lettres reçues et à écrire en retour. « Il était bref en ses conseils et en ses réponses[13]. » Rapidité, concision, contrôle et efficacité, on ne doute pas que le comte Fébus ait mené son monde à la baguette. Le résultat fut à la hauteur : peu de princes étaient capables en ce temps d'obtenir les documents d'enquête que Fébus obtint de ses agents, en particulier un outil comme le rôle des feux.

Il ne tolérait aucun manquement, aucune contestation ni surtout aucune défaillance dans le paiement de ce qui était dû, redevance, impôt ou amende. Plus il avança en âge, plus il devint autoritaire et inflexible. Arrêtés ou mis à l'amende au moindre manquement, en particulier dans les années 1385-1390 pour des retards dans le paiement du fouage, les magistrats municipaux béarnais étaient devenus de véritables otages entre les mains du comte.

On sait que l'organisation rigoureuse et la pression fiscale terrible imposées par Fébus lui permirent d'avoir les moyens de dissuasion qui protégèrent ses Etats des ravages de la guerre, qu'il suffisait à ses sujets de considérer les terres voisines pour apprécier le seigneur qu'ils avaient et que cela explique très largement la fidélité dont ils firent preuve. Mais ce n'est pas tout. Fébus en tant que seigneur avait d'autres qualités.

La main du comte était lourde mais elle était juste et elle était raisonnée. On ne l'a jamais accusé d'arbitraire et chaque fois qu'il exerçait sa sévérité, il y avait un motif reconnu, généralement financier. L'argent était pour lui la source du pouvoir et cette conception était le pivot de son administration. Le manquement fiscal était le délit le plus généralement poursuivi et le paiement d'argent était la peine la plus couramment appliquée. Les condamnations les plus lourdes furent toujours des peines temporaires d'emprisonnement et des amendes, parfois énormes, mais il n'y eut jamais de condamnation à mort. Cela lui rapportait l'argent qu'il cherchait à tout prix et il évitait la rancœur, la haine et l'esprit de vengeance qui pouvaient découler d'une exécution.

La « faute » la plus grave dont il ait eu à juger est le soulèvement de la ville d'Orthez. En octobre 1353, alors qu'il guerroyait sur les terres d'Albret, les bourgeois d'Orthez se soulevèrent contre Arnaud Guilhem, son frère et son lieutenant général, qui dut s'enfuir. Fébus envoya immédiatement des troupes et quand il revint, en novembre, il fit comparaître jurats, gardes et procureurs et en exigea la soumission totale. Puis il fit attendre plusieurs mois sa sentence, laissant l'angoisse s'installer. C'est en avril qu'il se prononça : il suspendait l'application du For de Morlàas, les meneurs et les magistrats coupables de ne pas avoir assuré l'ordre étaient arrêtés et la ville devrait payer dans le mois une amende collective énorme de 10 000 marcs d'argent. Les habitants s'inclinèrent et payèrent, ce qui amena la libération des détenus, l'amnistie générale et le retour des privilèges. En tout autre pays, un soulèvement armé contre le seigneur aurait entraîné des exécutions en masse. En fait, la sévérité financière alliée à une magnanimité qui venait après la menace suffit à imposer l'autorité : plus jamais il n'y aura une semblable révolte contre le comte Fébus.

Il ramenait toutes les décisions à lui et, en Béarn au moins, il semble n'avoir laissé aucune latitude à ses officiers. Il ne faisait pas que décider en dernier recours, il n'hésitait pas à intervenir lui-même au premier niveau. On le voit par exemple en 1352 se rendre à Morlàas entouré de sa mère, de nombreux conseillers, de l'évêque d'Oloron et du prieur du Somport pour octroyer à la communauté les revenus des boucheries et d'une taxe sur la vente du vin et du cidre ; c'était pourtant là un privilège mineur[14]. Son attention aux moindres affaires est particulièrement visible dans son exercice personnel de la justice. Dans les audiences d'Orthez ou de Pau, on le voit trancher sur des affaires de coups et blessures, une rixe, un vol de chevaux, un conflit entre curé et paroissiens, un fils se plaignant que son père ne lui donnait pas assez d'argent, les dettes d'un tailleur, des affaires d'adultère ou de concubine de curé. A Mazères, en 1381, il jugea le tavernier du lieu et sa femme qui avaient injurié son secrétaire venu en pleine nuit opérer une arrestation, les responsables d'une rixe à Pamiers, deux bourgeois de Pamiers coupables d'avoir vendu du vin avec des fausses mesures[15]. On pourrait voir dans ce comportement le témoignage d'une personnalité tatillonne, méfiante, ne laissant aucune responsabilité aux autres et ce fut peut-être difficile à supporter pour son entourage.

Mais ce comportement révèle bien autre chose. Gaston Fébus a joué là le rôle traditionnel du seigneur protecteur de son peuple. Il a aimé ce contact avec ses sujets : il siégeait souvent en plein air, dans la vigne du château d'Orthez ou sur les bords du gave à Pau et chacun pouvait venir devant lui. Là, il était accessible, proche de ses gens, attentif à leur vie quotidienne et surtout il se montrait juste. Devant sa justice, il n'y avait pas de classe sociale qui tienne : il faisait rendre les quelques sous qu'on devait à un colporteur autant que les importantes sommes dues à un gros marchand spécialisé dans le transit international, il condamnait un baron coupable d'adultère à dédommager le mari simple paysan, c'étaient les notables du lieu qui étaient emprisonnés quand le fouage n'était pas payé. Il écoutait toujours les plaintes portées à l'encontre de ses officiers et, si elles étaient fondées, il faisait rétablir le bon droit. Même en un cas apparemment très grave comme la prise d'armes de l'Herm menée contre une sauvegarde comtale, il sut considérer le contexte ; s'il donna raison de fait aux consuls de Foix, c'est qu'il dut se rendre compte, après enquête, que sa sauvegarde avait été accordée à tort. Nul n'hésitait donc à se rendre auprès du prince exposer ses doléances même contre un haut « fonctionnaire », même contre un seigneur comme on l'a vu pour la vallée de Miglos. Il ne céda certainement jamais sur ses droits, mais il n'empiéta jamais non plus sur les droits de ses sujets, pourvu qu'ils soient prouvés, ni ne permit qu'un autre y empiète. Il n'alla jamais contre les privilèges des communautés, même dans le cas de la révolte d'Orthez ; au contraire, il les confirma chaque fois que ses officiers y avaient porté atteinte, c'est flagrant en pays de Foix. Même son intransigeance fiscale pouvait, exceptionnellement, s'adoucir : en 1384 il fit rendre à une femme de Navarrenx les biens de son défunt mari (qui devaient avoir été saisis) évalués à 400 sous morlàas, pour lui permettre d'élever ses six petits enfants.

Ce goût pour la proximité avec son peuple, Fébus le tenait peut-être de la tournée imposée jadis par sa mère. Peut-être aussi voulait-il être ce seigneur idéal, conforme au serment prêté par les chevaliers le jour de leur adoubement, s'imposant à ses sujets par la sagesse, par la protection donnée, par la justice exercée, dont l'illustration avait été un siècle plus tôt le grand roi Saint Louis rendant la justice sous un chêne ; en avait-il entendu parler ? c'est fort possible. Il n'est pas absurde d'associer cette image idéale à ce grand seigneur qui savait être ailleurs froid, calculateur, sans parole et sans scrupule. Ce n'est qu'une contradiction de plus chez ce personnage complexe. Peut-être aussi utilisait-il sciemment cette image pour s'imposer en ses Etats. Rien n'est à exclure et tout a pu se mêler.

Ce qui est sûr, c'est que la possibilité permanente de recours direct au seigneur, la possibilité pour tous d'être un jour confronté à sa présence physique, la certitude de n'être pas rejeté parce que trop pauvre ou trop petit, ont créé des liens affectifs entre Fébus et ses sujets, qui ne sont certainement pas étrangers à la fidélité dont il bénéficia toute sa vie, en dépit de ses exigences. Et cela se savait au-dehors, les chroniqueurs de France en témoignèrent. Froissart l'admirateur : « est toute sa terre aussi sauve que chose peut être, tant y est bien justice gardée ; car en justiciant, c'est le plus cruel et le plus droiturier seigneur qui vive » ; « sage chevalier il était et de haute emprise[16] et plein de bon conseil, il n'eut jamais de marmouset[17] à ses côtés. Il fut prudhomme en régner » ; les Toulousains lui demandèrent d'assurer le gouvernement et la garde de leur cité « pour tant qu'ils le sentaient juste homme, droiturier et fort justicier et moult redouté de ses ennemis et bien fortuné dans ses besognes »[18]. Mais aussi ceux qui écrivirent sans passion, Juvénal des Ursins qui expliqua que les Etats de Languedoc se prononcèrent pour le comte de Foix car, sous lui « ils vivaient en bonne paix et justice » et, plus encore, le Religieux de Saint-Denis : « Le comte était un homme renommé pour sa justice et l'emportait sur les autres barons en valeur. Il gouvernait le pays avec beaucoup d'habileté et à la grande satisfaction de tous les habitants. »

8

L'argent à tout prix

« Il avait amassé des trésors considérables, les avait enfouis dans les murs d'une tour inexpugnable et les avait gardés sans y toucher » (Le Religieux de Saint-Denis). « On disait communément qu'il possédait de l'or pour un poids de mille livres en espèces, de sorte qu'il était le comte le plus riche du royaume » (Aymeric de Peyrac). « Il était riche et avait un grand trésor » (Juvénal des Ursins). Des florins, « aujourd'hui le comte de Foix en a bien par trente fois cent mille [...] A quelle fin garde-t-il tant d'argent et d'où lui en vient tant ? » (Froissart[1]).

Les contemporains sont unanimes : le comte Fébus dormait sur un véritable trésor. Et ce qui semble les avoir le plus étonnés, ce n'est pas qu'il ait amassé beaucoup d'argent, c'est qu'il l'ait gardé, en ce temps où les rois et les princes arrivaient bien à s'en procurer, par des moyens plus ou moins légitimes, mais jamais suffisamment pour couvrir leurs énormes dépenses.

La guerre et la diplomatie

Ce sont les rançons de Launac qui furent la base de la fortune de Fébus. « Il en reçut dix fois cent mille francs », dit Froissart ; c'est sans doute un peu trop. On s'accorde à évaluer ces rançons à 600 000 florins. Le chroniqueur ajoute « deux fois cent mille francs »[2] des rançons de Cazères ; ce fut en fait la moitié. Mais ces exagérations témoignent de la renommée de Fébus en la matière. On a pu calculer qu'il a reçu 700 000 florins en rançons, en plus des 600 000 de Launac[3].

Toute victoire était pour lui synonyme de rançon, toute paix était synonyme d'indemnisations (comme les 200 000 florins d'or payés en 1360 par les communautés de Languedoc), toute promesse d'appui militaire était synonyme de soldes payées et si possible d'avance (comme en 1356 par le roi d'Aragon ou en 1374 par le duc de Lancastre). Et on a vu comment, depuis l'appel de Toulouse en 1352 et d'une façon généralisée à partir de 1375, Fébus fit chèrement payer sa protection aux villes et aux bourgs pyrénéens et languedociens.

Le meilleur est sans doute dans le mariage de la petite Jeanne de Boulogne, sa pupille, avec le duc de Berry, en 1399. Le duc la voulait absolument, alors le comte fit monter les enchères : « Le comte de Foix qui était sage et subtil et qui voyait l'ardent désir du duc de Berry, traitait vaguement et froidement... Ce n'est pas qu'il ne voulait pas du mariage, mais il cherchait à avoir une bonne somme de florins. Il ne disait pas qu'il voulait vendre la dame mais qu'il voulait avoir compensation de la garde car environ neuf ans et demi il l'avait eue et nourrie ; aussi, il demandait 30 000 francs », nous dit Froissart. Il les eut et en plus deux des plus belles têtes de cerf qu'avait le duc et six chiens de chasse...

Ces sommes énormes engrangées n'auraient pas survécu aux dépenses de guerre, de fortifications et au train de vie ostentatoirement fastueux du comte de Foix s'il n'avait trouvé d'autres revenus et d'autres « placements » qui lui permirent d'en garder une grande partie en capital.

LE DOMAINE ET LE FOUAGE[4]

Les ressources premières du Béarn, les ressources traditionnelles, venaient du domaine vicomtal. Il s'agissait des droits seigneuriaux perçus sur le domaine propre du vicomte (cens, agriers, droits de mutation, droits sur les personnes dont la *queste* sur les serfs) et des droits « publics », droits de justice et droits perçus sur les chemins (leudes ou péages), sur les marchés et les foires, sur les moulins, sur les forêts et les estives. Les bailes levaient les droits seigneuriaux perçus sur les communautés et le trésorier général de Béarn les centralisait.

Les revenus du comté de Foix étaient importants et depuis longtemps leur perception était bien organisée. Outre les droits de la terre et les redevances perçues sur les personnes, les comtes percevaient les revenus des cours de justice, les leudes à l'entrée des villes et aux frontières du comté, les gabelles sur le fer à Vicdessos et à Saurat ; ils avaient le monopole du sel (Gaston Ier avait créé en 1307 trois salins comtaux d'usage obligatoire) et de la marque des fers. Ils faisaient exploiter les mines, sauf celle du Rancié qui était reconnue droit d'usage des habitants de la vallée ; Gaston II en 1341 et 1343 s'était préoccupé de l'inféodation des mines d'argent de Vicdessos et du travail aux mines de fer de Vicdessos et de Saurat. Nombreuses furent, dès la première moitié du XIVe siècle, les autorisations de construction ou les inféodations de moulins ; c'est aussi le temps des premières forges. Sous l'autorité du trésorier du comté, l'administration domaniale était le fait d'officiers comtaux (les bailes[5], les leudiers, péagers ou gabelliers, les forestiers) ou de fermiers. La ferme des revenus des montagnes, des forêts, des mines, des leudes, des droits sur le sel ou sur le fer, des péages dont « le pas d'Ax », péage de la route du Puymorens, et même des droits de justice fit la fortune, dès cette époque, de toute une bourgeoisie marchande.

Le souci du comte de tirer le maximum de revenus de son domaine apparaît, vers 1365, dans la réalisation d'une « réformation ». Il s'agissait d'une enquête aboutissant à un état, lieu par lieu, de toutes les redevances perçues, en nature ou en argent. Ce document a malheureusement en grande partie disparu.

Gaston Fébus réforma l'administration domaniale béarnaise, particulièrement sur le fait des forêts et des montagnes, on l'a dit[6] ; il revint même loin en arrière en réclamant aux Ossalois une amende de 15 000 sous infligée au temps de la comtesse Aliénor et jamais versée. Il institua des péages, comme celui du pont d'Orthez, au carrefour des routes Toulouse-Bayonne et Bordeaux-Pampelune. En pays de Foix, on n'a pas trace de modification majeure. Fébus continua à faire gérer les domaines comtaux, directement ou en ferme. Il accorda lui aussi une attention particulière aux revenus industriels. En 1349, il autorisa Guilhem Arriga, notaire de Foix, à construire une mouline en Barguillère, qui devait être alimentée en minerai du comté et qui serait soumise au même droit par charge que pour tout Fuxéen. En même temps, il accordait à la ville de Foix le monopole de la fabrication des objets de fer du comté ; avant d'être vendus, la marque comtale devait y être apposée, moyennant bien sûr une taxe, et cela représentait un revenu d'importance pour le comte. Dans le rôle des feux de 1390, onze forges sont citées, dont quatre lui appartenaient.

Une mention particulière doit être faite aux ateliers monétaires de Morlàas qui existaient depuis le XIe siècle. En 1364, plus d'une dizaine de compagnons y travaillaient, ils avaient tous été formés au royaume de France et avaient leur brevet de maître. Gaston III y faisait frapper des florins d'or, copiés sur les florins d'Aragon, mais aussi la traditionnelle monnaie morlanne avec ses sous et ses *ardits*. La monnaie morlanne commençait déjà à se dévaluer et son usage se faisait rare hors des frontières du Béarn. C'est sans doute pour aligner le système monétaire béarnais sur celui du florin, qui était de plus en plus adopté dans le Midi, que Fébus fit frapper ces nouvelles pièces, ouvrant ainsi le Béarn plus largement au commerce aquitain et ibérique.

Ces revenus classiques, mêmes levés avec rigueur, ne pouvaient suffire aux dépenses induites par les nécessités de défense et Fébus innova.

D'après Froissart, c'est lorsque Fébus eut refusé l'hommage anglais et qu'il craignit une expédition du Prince Noir qu'il institua un impôt permanent. « Le comte qui se doutait et qui sentait le prince grand et chevalereux à merveilles, commença à assembler grand trésor pour lui aider et défendre si on lui eût couru sus. Si fit tailles en son pays et sur ses villes qui encore y durent et y dureront tant comme il vivra ; et prend sur chacun feu par an deux francs et le fort porte le faible ; et là a-t-il trouvé et trouve encore grand avoir par an[7]. » Les archives comtales viennent confirmer que c'est en 1367 que pour la première fois on leva cette « taille » et ce sont des témoignages de résistances et d'incidents qui la font connaître. C'est à la même époque (entre 1363 et 1369) et avec le même prétexte d'état de guerre que Charles V mit en place ce qui, à l'échelle du royaume de France, allait devenir le fouage ; le Prince Noir fit de même en Aquitaine en 1368.

Le « fouage » était une taxe fixe par « feu », le feu étant l'ensemble des personnes vivant autour d'un même foyer, disons une maisonnée. L'administration comtale devait recenser le nombre de feux par communauté ; et puisque chaque feu devait payer deux francs, la somme fixée était, en francs, égale au double du nombre de feux. C'est ce chiffre qui comptait et, si les plus pauvres ne pouvaient pas payer, les plus riches devaient augmenter leur participation : « le fort porte le faible ». La mise en place du fouage nécessita une grande opération d'enquête et des réactualisations régulières. Plusieurs de ces « rôles » des feux sont signalés dans les inventaires anciens ; seul a été conservé celui de 1385 pour le Béarn et celui de 1390 pour le pays de Foix, l'Albigeois et le Lautrécois. Ils nous donnent l'état nominatif de tous les chefs de famille, leur statut social (libre ou serf), leur dépendance directe du comte ou d'un autre seigneur, un état aussi des établissements industriels, moulins, moulins foulons, forges ainsi que des maisons abandonnées (la Grande Peste n'était pas si loin et les famines étaient récurrentes). Des instructions ont été conservées touchant l'enquête menée en 1385 : il était demandé aux enquêteurs de s'informer, outre ce que nous venons de citer, sur les affranchissements de serfs et les redevances y afférentes, sur le comportement des officiers, des jurats et des bailes en matière fiscale, sur le prix du blé, sur les prêts à intérêt[8], sur les paiements exigés des clercs et les saisies en cas de défaut, sur les poids et mesures. On mesure le souci de rentabilité et l'efficacité du seigneur Fébus...

L'instauration d'un impôt permanent et levé sur tous impliquait l'établissement d'une administration fiscale beaucoup plus développée que précédemment ; elle dut se mettre en place progressivement à partir de 1367. Localement, les bailes continuaient à percevoir les revenus du domaine, les receveurs du fouage ou *fogadgers* percevaient cet impôt, les forestiers percevaient les taxes sur la transhumance, sur l'utilisation des pacages et sur l'abattage des arbres, les *probedidors* prélevaient les redevances en nature (il y avait des *probedidors* de vin, de cidre, de foin, de bois, de volailles, de grains...) qui se transformaient d'ailleurs petit à petit en redevances en argent. Au-dessus de tous ces personnages, deux receveurs généraux, dont Froissart dit qu'ils ne restaient que deux mois en charge, et un receveur général des amendes judiciaires faisaient le lien entre la perception locale et la gestion centrale du trésorier général. Tout était centralisé au château Moncade et étroitement contrôlé par le comte lui-même. « Il prenait en son pays pour recevoir sa recette et ses gens servir et administrer douze hommes notables. Deux travaillaient à cette recette pendant deux mois ; puis ils changeaient. Celui auquel il faisait le plus confiance était son contrôleur [le trésorier général] ; à celui-là les autres comptaient et rendaient compte de leurs recettes. Et ce contrôleur comptait au comte de Foix par rôles ou par livres écrits et ses comptes laissait par devers le comte[9] ».

Fébus fut d'une rigueur extrême en matière de paiement du fouage et nul n'y échappa. Les jurats et procureurs étaient emprisonnés au moindre retard de la communauté. Si des habitants avaient quitté le pays sans payer, il faisait vendre tous leurs biens jusqu'à récupération de la somme due et, si ce n'était pas suffisant, les autres habitants de la communauté devaient compléter. Ce fut vrai autant pour un marchand d'Oloron qui, en 1375 n'avait pas acquitté son impôt et qui, plutôt que d'« aller se faire incarcérer » au château d'Orthez, avait pris la fuite avec sa famille, que pour des paysans pauvres partis tenter leur chance ailleurs : on a conservé des ordres de vente à l'encan de ce genre pour 1365 et, surtout, pour les années 1384-1389, qui correspondent sans doute au maximum de la pression fiscale du comte.

TOUS LES MOYENS POSSIBLES[10]

Il y avait encore d'autres possibilités de tirer de l'argent de ses domaines et toutes celles que Fébus put trouver, il les appliqua.

Il semble avoir essayé d'imposer un prélèvement d'un type nouveau, une sorte d'impôt sur les plus-values sur toutes les classes sociales. Vers 1380, il envoya ses enquêteurs s'informer, communauté par communauté, de la valeur du *creix*, c'est-à-dire de l'augmentation de capital de chacun dans l'année, sur lequel devait porter l'imposition. Les documents conservés permettent de juger que la taxation a été de l'ordre de 3,5 à 4 % du montant du *creix*. Les nobles et le clergé y furent soumis. L'opération ne fut pas renouvelée : s'ajoutant au fouage, elle fut certainement très impopulaire et les enquêteurs s'en firent les rapporteurs.

Fébus accorda de nombreux affranchissements de serfs, moyennant finances bien sûr. Il y eut même en 1387 un projet d'affranchissement général qui aurait sans doute rapporté une très grosse somme. Les enquêteurs reçurent ordre de demander à chaque famille serve combien elle pouvait offrir pour son affranchissement. Cela ne se réalisa pas puisqu'il y avait encore des serfs en Béarn au XVe siècle ; sans doute la plupart de ces familles n'avaient pas les moyens d'acheter leur liberté. Il remplaça certaines prestations en nature par des impôts, telles les corvées des habitants de Lagor en 1384. Ce devaient être des corvées peu utiles parce que, en d'autres occasions, il fit l'inverse, remplaçant un paiement en argent par une prestation en nature : en 1373, il accorda son pardon à un maréchal-ferrant du bourg Moncade mauvais payeur à condition de recevoir sa vigne près du château et des terres où il devrait cultiver gratuitement des céréales ; en 1374, il remplaça l'amende d'un habitant de Morlàas par la cession de « la maçonnerie de sa tour », sans doute placée en un emplacement utile au comte qui la fit démolir, l'ancien propriétaire récupérant le bois et, quand même, une indemnité pour les briques.

Il exigeait en nature la fourniture des denrées de son « hôtel » ; les payait-il ? on peut en douter. En janvier 1376, il fit dresser la liste des jurats de toutes les communautés du Marsan et du Gavardan afin de les incarcérer jusqu'à ce que leurs villages aient livré les provisions en nature dues à l'hôtel du comte. En juillet 1381 à Mazères, il exigea une soumission complète des consuls de Foix coupables de n'avoir pas fourni les volailles réclamées par son cuisinier ; en mai 1391, il ordonna au baile de Navarrenx de faire livrer par la communauté tout le bois nécessaire à la cuisson du pain de son hôtel.

Il y eut à plusieurs reprises des taxes exceptionnelles sur les vignobles, sur les troupeaux, des prélèvements imposés aux nobles... avec pour justification permanente l'armement d'une troupe ou l'entretien de murailles. Et même des procédures douteuses : le comte ordonna à des habitants des environs d'Oloron en 1380 et d'Orthez en 1384 de venir peupler les « bourgs neufs » de ces villes, puis il les en exempta, moyennant finances.

Les amendes judiciaires furent un revenu important. Le comte préférait cette peine à toute autre, même dans les cas les plus graves comme on l'a vu lors de la rébellion d'Orthez, pour des raisons psychologiques autant que financières.

L'idée de faire payer pour la protection assurée, qu'il utilisa largement pour s'imposer sur les terres voisines, il l'appliqua même dans ses Etats. Ce fut la justification du fouage, ce fut la justification de l'imposition du *creix*, qui partait du principe que si bénéfice il y avait eu dans l'année, c'était dû à la bonne administration du pays et au maintien de la paix, et qu'il était légitime de payer pour cela. Espan du Lion rapporta à Froissart comment la ville de Pamiers fit l'expérience de ce que coûtait la protection de son seigneur. Dans l'été 1376, à l'époque où on fait les moissons et où les raisins mûrissent, le comte d'Armagnac et le sire d'Albret menacèrent Pamiers et demandèrent aux habitants de « racheter » leurs blés et leurs vignes, sinon, ils brûleraient tout. Les Appaméens sachant leur comte en Béarn, décidèrent de donner 6 000 francs, mais ils demandèrent un délai de quinze jours pour les réunir. Entre-temps, Fébus, averti, revint à bride abattue ; à la seule annonce de son arrivée, les ennemis partirent sans attendre l'argent de Pamiers. Les récoltes étaient sauvées... mais pas l'argent ! Fébus expliqua que cet argent lui revenait puisqu'il était venu « bouter hors du pays ses ennemis », il le prit, il en paya ses gens d'armes « et là se tint tant que les besognes des bonnes gens furent faites et que ils eurent recueilli et vendangé et le leur mis à sûr[11] ».

LES GRIFFES DU PRÊTEUR[12]

On ne vit Gaston III débiteur qu'une seule fois : quand il partit en Prusse, il dut emprunter à des banquiers de Bruges et, pour les rembourser, il dut demander de l'argent à ses sujets. Il sollicita les nobles, les religieux, les villes de lui prêter de l'argent, dans la mesure de leur bon vouloir et de leurs possibilités, et il s'engagea à le rendre. On connaît certaines contributions (la ville de Lézat donna 110 florins en juin 1358, celle de Pamiers 2 000 en septembre...)[13]. Paya-t-il cette dette ? On ne le sait, mais il dut tirer une leçon de cette expérience : jamais plus il ne se retrouverait en semblable position. Contrairement aux princes de son temps qui bien souvent croulaient sous les dettes, le comte Fébus avait assez engrangé pour être en mesure de se faire prêteur.

Une de ses plus belles opérations, on pourrait plutôt dire escroqueries, concerna le comte de Denia et Ribagorza, un prince de la maison d'Aragon capturé en 1367 par le Prince Noir. Rançonné à la somme énorme de 150 000 doubles d'or, le comte chercha des seigneurs qui pourraient garantir une telle somme. Fébus accepta pour la moitié. Il exigea un acompte de 30 000 florins, il donna sa caution, le comte de Denia fut libéré et lui fit une reconnaissance de dette de plus de 60 000 florins. On était en juin 1371. En mars 1373, un officier du Prince Noir réclama la somme dont Fébus s'était porté caution ; le comte, qui en avait déjà reçu 30 000, laissa traîner. Plus tard il négocia, il finit par obtenir de Richard II en 1390 l'annulation de toutes les obligations contractées au sujet de la rançon du comte de Denia. Puis il produisit la reconnaissance de dette de 1371 et obtint du roi d'Aragon la vente de plusieurs domaines du débiteur jusqu'à concurrence de la somme due. Fébus avait engrangé près de 100 000 florins et les Anglais n'avaient rien touché...

D'une façon plus « ordinaire », il prêta régulièrement de l'argent, de grosses sommes ou des moins grosses, moyennant une hypothèque sur les biens du débiteur. Son champ d'action était large : en 1380, il prêta ainsi 50 florins à un clerc du diocèse de Leicester et 4 000 florins à Jacques, évêque de Valence, qui mit en gage tous ses biens de la province de Tarragone. Il prêta aussi 3 000 livres à son cousin Roger Bernard de Castelbon et perçut en contrepartie les revenus de ses domaines pendant quatre années. Mais c'est dans ses propres Etats ou sur leurs limites qu'il obtint les plus gros avantages : là, il profita des difficultés financières de certains de ses vassaux ou de seigneurs voisins pour accroître ses domaines propres.

Le baron de Castelnau de Tursan et Pierre d'Ornezan étaient coseigneurs d'Ognoas, près de Cazères-sur l'Adour. Ce fief était en Marsan, mouvant de Fébus, mais à la frontière de l'Armagnac. Le baron emprunta plusieurs sommes à Fébus en 1370-1371, il remboursa, puis son fils fut fait prisonnier, il dut payer une grosse rançon et le mariage de sa fille lui coûta aussi. Il s'endetta encore plus ; en 1374, Fébus exigea une hypothèque générale sur tous ses biens. Incapable de payer, le baron finit par remettre l'administration de ses biens au comte qui en perçut les revenus. Pour en finir, il céda sa part de la seigneurie d'Ognoas. Et comme le coseigneur, Pierre d'Ornezan, subit le même sort, Fébus mit la main sur toute la seigneurie. Plus tard, en 1383-1384, Pierre d'Ornezan, encore débiteur de 3 000 florins, engagea au comte la seigneurie d'Ornezan et Sainte-Livrade ; en 1388, Bertrand d'Ornezan, évêque de Pamiers, reconnaissait au comte une dette de 400 livres : était-ce lié à l'affaire de Pierre, sans doute son frère ? Et est-ce que cela fut une des raisons du conflit qui opposait Gaston Fébus et l'évêque de Pamiers, en sus du problème de la juridiction de la ville épiscopale [14] ? Le comte gagna de la même façon le domaine de Saint-Cricq-du-Gave, appartenant à son beau-frère vicomte d'Orthe, et d'autres lieux du Béarn et du Marsan, du Larboust, de haute Ariège (Ax-les-Thermes). C'est encore la situation financière catastrophique de la famille de Morlanne qui permit au comte d'acheter la seigneurie du même nom qu'il donnera à son frère Arnaud Guilhem après lui en avoir fait épouser l'héritière.

La main du comte de Foix ne s'arrêtait pas à ses frontières. Le comte de l'Isle-Jourdain, fait prisonnier en 1371, ne put lui non plus payer sa rançon. Fébus en fit l'avance contre une hypothèque sur ses biens, le débiteur multiplia les emprunts, d'une dette de 3 000 florins il arriva à 10 000. Il finit par céder sa forêt de Mondonville, en Toulousain, et ses héritiers durent encore payer après sa mort. C'est de la même façon que Fébus mit la main sur les seigneuries de Saint-Sulpice-sur-Lèze, de Belpech, de Marquefave et de Rieux-Volvestre, toutes aux portes du comté de Foix, ajoutant à l'opération financière des avancées territoriales stratégiquement très importantes dans sa constitution d'une route Orthez-Foix. Il obtint même des droits sur Broquère, en plein cœur du comté d'Armagnac. Roger Bernard de Lévis, seigneur de Mirepoix, fut peut-être sa plus grande victime. Il commença par emprunter 400 francs en 1378 ; en 1380, il en était à 1 300, plus 100 d'intérêts. Gaston finit par faire occuper le château de Mirepoix et saisir les revenus de la seigneurie. Ruiné, Roger Bernard essaya de reconquérir son château par les armes : il y parvint mais 19 soldats de la garnison fuxéenne furent tués. Traqué par les hommes de Fébus, il finit par faire sa soumission à Mazères en janvier 1382. Ce n'est qu'en mai 1384 que le comte le fit comparaître à Orthez et la sentence fut écrasante. Le seigneur de Mirepoix devait rembourser immédiatement les 1 400 francs dus, plus 2 000 francs pour avoir fait injure au comte de Foix, plus 1 900 pour dire des messes à la mémoire des soldats tués, plus 1 900 pour les héritiers de ces soldats. Soit 7 200 francs, dont 5 300 pour Fébus. Il ne devait plus vendre ni hypothéquer le moindre bien sans en référer à son créancier et il dut jurer qu'il aiderait le comte de Foix contre quiconque, sauf le roi de France. Ce grand seigneur du domaine royal français, aux terres limitrophes du comté de Foix, était passé sans le vouloir et sans hommage, dans la mouvance de son terrible voisin.

Du prêt au fief-rente

Par le système du prêt, le comte de Foix non seulement accroissait sa fortune, mais encore confortait ou élargissait son emprise politique. Le lien étroit qu'il établit entre argent et seigneuries aboutit à des situations variées, qu'il adaptait aux circonstances, toujours pour son plus grand profit.

La situation la plus radicale était celle où le seigneur endetté était obligé de lui céder sa seigneurie. Il y avait transfert de propriété. Le cas du seigneur de Mirepoix est différent : Fébus ne mit pas la main sur la terre de Mirepoix, c'était un ensemble beaucoup trop vaste, mais il obligea le seigneur à entrer dans sa mouvance, pas en droit puisqu'il n'y eut pas hommage, mais de fait avec toutes les conséquences politiques que cela pouvait avoir. Un autre cas de figure : Guillaume Helman, sénéchal du roi d'Angleterre pour les Landes, obtint un prêt de 2 000 florins ; en échange il promit de servir le comte avec ses hommes d'armes et ses archers jusqu'à remboursement de la dette : le service militaire servit ici d'intérêts.

Ailleurs, Fébus institua un véritable contrat de fief. Des nobles lui prêtèrent hommage et lui promirent de le servir militairement contre tout homme au monde, sauf leur propre suzerain, et reçurent pour cela une somme d'argent et souvent un équipement militaire, payés en une fois : le sire de Bazilhac reçut ainsi en 1372 1 000 francs d'or et deux chevaux de guerre ; pour les frères de Lamothe en Bazadais, capturés par Fébus lors d'un raid sur le Marsan, l'hommage fut prêté contre remise de la rançon. Le fief-rente, lui, se matérialisait par une rente annuelle assise sur une source de revenus fixe. Parfois Fébus ajouta au fief-rente le versement, incitatif, de sommes payables immédiatement. Ces fiefs-rentes étaient viagers. Fébus en conclut plusieurs dizaines, toujours à l'extérieur de ses domaines, qui lui fournirent des contingents militaires. Ces nouveaux vassaux sont présents sur les rôles de l'armée, bien distincts des vassaux ordinaires de Foix et de Béarn.

Théoriquement, les hommages impliquaient une aide portée au comte de Foix en toute occasion sauf contre le suzerain. Mais Fébus réussit à jouer avec cela pour tourner les situations à son profit. Ainsi en fit-il avec le sire de Curton, vassal du sire d'Albret : l'aide vassalique s'appliquerait sauf si le comte de Foix était en guerre contre le sire d'Albret chef de guerre ; si le sire d'Albret n'était pas chef de guerre mais seulement allié (or il était l'allié traditionnel de l'Armagnac), le sire de Curton devrait servir le comte de Foix. En bref, si Fébus et Armagnac étaient en guerre et le sire d'Albret aux côtés du comte d'Armagnac, le sire de Curton prendrait les armes contre le sire d'Albret, son suzerain. Dans la majorité des serments ainsi obtenus, il était dit que le nouveau vassal ne devait participer à aucune négociation sans l'accord du comte de Foix ou au moins sans l'avoir averti de ce qui s'était dit. C'est dire que, non seulement Fébus s'assurait des renforts militaires, mais encore qu'il désorganisait le système féodal chez ses voisins et même chez ses ennemis.

« Il se tint de lez ses florins[15] »

Au sens littéral du terme, Gaston Fébus était « près de ses sous ». « Oncques fol outrage ni folle largesse n'aima ; et voulait savoir tous les mois ce que le sien devenait [...] Il avait certains coffres dans sa chambre où parfois, mais pas toujours, il faisait prendre de l'argent pour donner à un seigneur chevalier ou écuyer quand ils venaient par devers lui, car oncques nul sans son don ne se départit de lui. Et toujours multipliait son trésor pour les aventures et les fortunes attendre que il doutait[16]. »

Le trésor était conservé dans le rez-de-chaussée aveugle de la tour Moncade. Seul le comte y avait accès et il avait multiplié les précautions, ce qui empêcha son fils Yvain d'y accéder au jour de sa mort. D'abord, il fallait des « enseignes » : « C'était un anneau que le comte portait à son doigt et un petit long coutelet dont il se servait à table. Le portier du château les connaissait et nulles autres ; si on ne les avait pas montrées, il n'aurait jamais ouvert la porte [...] Messire Yvain savait assez bien où le trésor du comte était et reposait ; et il y alla. Et était en une grosse tour, et avait trois paires de forts huis barrés et ferrés au-devant. Et tous les convenait ouvrir de diverses clefs avant qu'on y pût venir. Lesquelles clefs il ne trouva pas appareillées, car elles étaient en un coffret long, tout de fin acier et fermé d'une petite clé d'acier. Et celle clef portait le comte de Foix sur lui quand il chevauchait et quittait Orthez. Elle fut trouvée à un jupon de soie pendant, lequel il portait au-dessus de sa chemise », après le départ d'Yvain. Les chevaliers se demandèrent à quoi elle pouvait bien servir. C'est le chapelain du comte, messire Nicole de Lescar, « qui savait tous les secrets du comte de Foix car le comte l'avait bien aimé et les jours où il était allé à son trésor, il y avait amené son chapelain et non autrui » qui le leur dit[17].

Une passion dévorante pour l'agent et pour son accumulation, un trésor inaccessible au fond d'une sombre tour, une méfiance obsessionnelle envers tous, même envers les plus proches, voilà qui tranche avec l'image du seigneur fastueux en sa cour... Gaston Fébus était avare. L'était-il de nature ou le fait d'avoir passé sa vie à accumuler l'argent pour des raisons politiques et avec une intelligence remarquable lui faisait-il apprécier le prix du moindre florin ? Autant il sut déployer richesses et largesses quand il en avait besoin pour s'assurer puissance et gloire, autant il semble avoir lésiné dans son privé quotidien. Froissart rapporte qu'on faisait toujours petit feu dans le château d'Orthez et encore, seulement quand le comte était là : « En ces galeries, il y a une cheminée où on fait par usage feu quand le comte y séjourne et non autrement. Il y a petit feu car il ne voit pas volontiers grand feu. Pourtant, on serait en lieu d'avoir plantureux feu de bûches car tout le Béarn est en bois et il y a bien de quoi chauffer quand il veut, mais le petit feu il a de coutume[18]. »

Gaston Fébus fut un virtuose en matière de rentrées d'argent ; il le fut aussi pour le conserver, c'est ce qui frappa le plus ses contemporains. Il le fut tout autant pour le dépenser à bon escient : c'est une rare qualité que de savoir « lâcher » un argent qu'on a été âpre à gagner. Le trésor d'Orthez était colossal. Froissart avance le chiffre de 3 millions de florins. En fait on le compta, au lendemain de la mort du comte : il y avait 737 550 florins. C'était le capital qui assurait ses bases. Mais il en avait gagné le double au moins en rançons et manœuvres diplomatiques, sans compter ce qui lui venait de son domaine, quelques dizaines de milliers de florins par an[19]. Il n'était donc pas qu'un entasseur de florins. C'est ce que dit Froissart : « Trop bien savait prendre où il appartenait et remettre où il afférait[20]. »

S'il économisait le bois de chauffage, il ne lésina jamais sur les dépenses de guerre et encore moins sur les outils de la dissuasion, les châteaux et les fortifications, l'entretien d'une armée bien équipée et efficace. Il utilisa tout l'argent nécessaire pour acheter des alliés, des clients ou des routiers. Il l'utilisa aussi pour se forger et pour entretenir l'image de prince riche, généreux, fastueux et mécène qui servait sa gloire donc sa puissance, même si ce ne fut jamais sans compter.

9

La force de la dissuasion

« Mais point ne lui faisait guerre car le comte de Foix avait toujours ses villes et ses châteaux si bien garnis et pourvus que nul n'osait entrer en sa terre[1]. »

Le comte de Foix avait réussi en 1347 à imposer l'idée d'un Béarn souverain à un roi de France affaibli. Mais il n'aurait jamais réussi à l'imposer à un Prince Noir en pleine force ni à un roi de France reconquérant ni surtout à la préserver tout au long de sa vie s'il n'avait mené un jeu diplomatique d'une grande intelligence, toujours aux limites de la provocation irrémédiable mais ne les franchissant jamais, et s'il n'avait eu en main les outils de la dissuasion, une armée, des forteresses et une capacité inégalée à mobiliser toutes les forces des ses Etats.

UNE LIGNE DE FORTERESSES[2]

Le pays de Foix avait un bel ensemble de fortifications ; on connaît 35 châteaux ou bourgs fortifiés comtaux avant 1209, le comte en dénombra 73 en 1263 et 1272, c'est dire que leur nombre avait doublé en cinquante ans. Le Béarn était moins bien pourvu. Il y avait de nombreux bourgs fortifiés, bien sûr, notamment les bastides, mais les véritables châteaux étaient concentrés au nord-ouest ; c'était l'œuvre de Gaston VII qui avait renforcé la défense de la vicomté du côté le plus exposé, sur la frontière anglaise. Les tours de Sault-de-Navailles, Bellocq, Sauveterre protégeaient ainsi le château principal, celui d'Orthez. Au sud, seul Oloron, commandant le passage d'Espagne, était bien défendu. Ce déséquilibre explique que l'activité de bâtisseur de

Fébus fut bien plus grande en Béarn qu'en pays de Foix où le seul chantier important fut celui de Mazères.

Au début de son règne, Gaston III s'occupa de faire réparer puis entretenir les points fortifiés de ses domaines, à l'ouest et au centre, autant les fortifications des villes que les enceintes de village. C'est quand il eut les moyens de ses ambitions, dans les années 1370, qu'il aborda les grandes opérations, celles qui allaient couvrir sa frontière orientale, du côté de l'Armagnac, à Pau, Montaner, Morlanne et Morlàas et, en pays de Foix, à Mazères. Les archives comtales permettent d'apprécier la place que tint l'œuvre de fortification dans les préoccupations du comte Fébus.

La part des villes et des villages

L'entretien des fortifications relevait des communautés et ce fut pour toutes une charge très lourde, d'autant que le comte veillait. Ses commissaires parcouraient le pays pour contrôler et commander, les bailes et les procureurs vérifiaient l'exécution régulière et conforme des travaux.

A Pamiers, les travaux de renforcement des murailles furent effectués entre 1350 et 1358. En 1357, le comte et l'évêque, coseigneurs de la ville, autorisèrent les consuls à lever des taxes extraordinaires. Les principaux artisans en furent un Fuxéen, Pey de Doat, et Bernard Carême, *massonier* de Pamiers. La clôture de la ville revint à environ 20 000 florins, l'équivalent du prix de 400 chevaux ou du salaire de 360 ouvriers pendant un an. En 1363, le comte manifesta son attention pour la grande chaussée de la ville, pièce essentielle du système de canaux qui entouraient Pamiers et en formaient le fossé défensif. En 1383 encore, Carême fut chargé de réparations[3].

En 1360, le comte permit aux consuls de Foix de lever un droit de 2 deniers pour 24 sous pour accélérer la fin des fortifications. En 1366, il fit transiger dans un procès opposant les consuls à un seigneur qui avait reçu en garde une tour qu'il n'entretenait pas correctement ; les consuls avaient fait démolir des bâtiments qui lui appartenaient pour faire des réparations à la tour. On décida que la tour resterait à la ville et que seigneur et consuls participeraient aux travaux. Le comte autorisa, d'une façon générale, les consuls à détruire des maisons et des murailles pour en utiliser les matériaux aux fortifications et à faire tout ce qui leur semblerait bon pour la défense de la ville[4]. A Mazères, il demanda en

1359 aux consuls de fermer les passages existant dans les immeubles avoisinant l'enceinte fortifiée.

Pareil effort était exigé en Béarn. Dans les années 1365-1370, ce fut la tâche d'Arnaud Guilhem de Béarn de le superviser. Il envoya des commissaires parcourir le pays pour vérifier l'état des enceintes fortifiées, des palissades de bois, des portes, des fossés des villes et villages et faire faire les travaux qui s'imposaient. Le comte y veilla parfois personnellement comme à Vielleségure en 1372. La surveillance minutieuse et l'entretien constant de l'existant continuèrent tout au long de son règne, même au temps des grands travaux. En 1382, vingt nobles de Lagor et des environs furent arrêtés pour n'avoir pas exécuté les réparations sur l'enceinte du lieu et condamnés à 100 livres morlàas d'amende.

A partir de 1374, les communautés durent non seulement assurer les frais de leurs propres défenses mais encore participer aux frais des travaux comtaux, au moins en Béarn. Elles durent fournir de la main-d'œuvre, des bêtes de trait et des matériaux, surtout pour les châteaux de Pau et de Montaner. Au prix parfois de certains arrangements : en 1375, il fut accordé à la communauté de Vielleségure de ne plus contribuer à l'entretien des fortifications de Béarn ni aux travaux des châteaux d'Orthez et de Pau ; en compensation, elle devait entretenir le château, le moulin et la métairie appartenant au comte audit lieu.

Les châteaux du comte

Dans les années 1350-1374, Gaston III aménagea les forteresses comtales existantes, remplaçant des hourds de bois par des mâchicoulis (Foix, Bellocq) ou rehaussant la tour (Orthez, Labastide-Villefranche). Les travaux les plus importants de cette période semblent avoir été réalisés à Sauveterre, où on éleva une courtine et une tour et qu'on peut considérer comme le premier château « fébusien ». C'est dans les années 1375-1380 que Fébus entreprit les gros chantiers, à partir d'édifices déjà existants comme à Morlanne, Pau et Morlàas, ou *ex nihilo* comme à Montaner. Tout était à peu près en voie d'achèvement en 1380 ; il semble y avoir eu un ralentissement et une reprise par à-coups à partir de 1384.

Dans les années 1375-1380, l'activité fut impressionnante et son organisation aussi. Des commissaires furent nommés sur les chantiers, parfois plusieurs (jusqu'à neuf !) pour surveiller, contrôler la progression des travaux, approvisionner. Autour des années 1375, Sicard de Lordat semble avoir été une sorte de chef des chantiers, particulièrement responsable de l'embauche et de la répartition de la main-d'œuvre sur les différents sites et du charroi des matériaux sur les chantiers simultanés[5].

Des contrats étaient passés avec les artisans, les *peyrers* (maçons et tailleurs de pierres), les *fustiers* (charpentiers), les tuiliers, des forgerons, des peintres, et même un *paveser* (fabricant de boucliers) qui dut s'occuper de la décoration peinte. Les clauses étaient très précises : les ouvriers étaient contraints de rester sur le chantier jusqu'à son achèvement, ils ne pouvaient prendre d'autre chantier, les délais prévus devaient être respectés, le nombre de jours travaillés était fixé (269 par an, généralement). En cas de non-respect, les sanctions étaient lourdes, amendes bien sûr, ou prison, et elles furent appliquées ; en 1384, cinq maçons emprisonnés pour avoir arrêté leur travail à Montaner furent libérés sur l'engagement de rester désormais toute leur vie sur les chantiers du comte. Ces artisans étaient responsables collectivement ; si un venait à faillir, ses compagnons encouraient les peines prévues. Souvent le comte fournissait le charroi, les matériaux et les manœuvres, parfois la nourriture ; plus rarement, c'était au maître artisan de s'en occuper. La main-d'œuvre non spécialisée était formée de manœuvres ou brassiers, salariés ou envoyés sur ordre comtal par les communautés ou *crestiaas* réquisitionnés. Le comte Fébus trouva régulièrement des occasions d'éviter les débours : en 1379, il dispensa ses serfs des bailliages de Montaner, Pau et Nay d'entretenir sa vigne de Pau contre 500 francs d'or à verser aux maçons qui travaillaient à ses châteaux ; à la même époque, il dispensa 88 cagots du fouage annuel contre l'achèvement de tous les travaux de charpente et de ferronnerie du château de Montaner. Tous les ouvriers étaient des Béarnais, sauf quelques tuiliers fuxéens appelés en 1375 parce que les tuiliers béarnais n'arrivaient pas à faire face à l'ampleur des commandes. On ne peut qu'être frappé de la forte implication du comte : c'est lui qui traitait directement avec les artisans, il avait la haute main sur tout, il supervisait tout.

Les châteaux de Fébus constituent un ensemble d'une rare unité, sans équivalent dans la région, qui leur valut l'épithète de « fébusien ». Les châteaux de Montaner, Morlanne, Pau, Sauveterre, ce qu'on sait du château de Mazères et la résidence de Morlàas relèvent d'une même conception sinon d'un plan commun : une enceinte polygonale de pierre ou de briques et galets, contre laquelle sont adossés des logis et communs de profondeur constante, disposés, souvent en continu, autour d'une cour intérieure, une tour-porte quadrangulaire à cheval sur l'enceinte et un fossé enjambé par un pont-levis. L'intérieur était résidentiel[6], particulièrement les étages des tours dont le rez-de-chaussée restait défensif. Plus de la moitié de ces constructions étaient en pierre, les autres étaient en brique ou en un mélange de briques et de galets apparents, une des caractéristiques « fébusiennes ». Les châteaux de Fébus présentent une similitude évidente avec le château de Bellver à Majorque, commencé vers 1300. L'originalité de Fébus a été l'adaptation de ce plan très élaboré aux réalités béarnaises. Au lieu d'un plan circulaire, on a adopté un plan polygonal qui facilitait l'implantation sur n'importe quel terrain et le remploi de bâtiments existants. Des courtines droites, une tour quadrangulaire, de larges baies à linteau, cela n'exigeait pas la présence permanente d'un maître d'œuvre ni d'artisans très qualifiés et les travaux ont pu être menés par des artisans locaux.

Bien des interrogations se posent. Comment ce plan de Bellver est-il arrivé en Béarn ? Les architectes circulaient, comme les musiciens et les chroniqueurs, et leurs plans aussi. Fébus était proche parent des derniers rois de Majorque, il avait accueilli Jacques II fugitif dans son château de Foix, il était peut-être resté en contact avec des majorquins ; peut-être aussi avait-il entendu parler de ce château « modèle » auprès du roi d'Aragon, son nouveau détenteur, lui-même ou par l'intermédiaire de son cousin de Castelbon, familier de la cour aragonaise, ou par un de ces voyageurs qui se croisaient à la cour d'Orthez. Curieux de toutes choses, il a pu demander le plan de ce château comme il demanda à voir l'horloge orientale que le roi possédait[7].

Mais une information orale ne suffisait pas. Il a bien fallu un maître d'œuvre pour les constructions fébusiennes, un homme capable d'abstraction et d'une réflexion technique poussée. Nous ne connaissons pas le maître d'œuvre de Fébus. Cela est étonnant alors qu'on connaît celui de ses commissaires chefs de chantier (excellents organisateurs mais de toute évidence sans compétence technique) et celui de ses artisans tant les actes concernant les chantiers sont nombreux. Alors ? Pourquoi ne pas imaginer que Gaston Fébus fut lui-même son maître d'œuvre ? En avait-il la compétence ? Rien ne nous permet de l'affirmer mais cela expliquerait d'une part la parfaite adéquation entre la commande du comte, soumise aux contraintes qui étaient les siennes, et les moyens mis en œuvre, d'autre part les défauts constatés dans la réalisation (dissymétrie par exemple des enceintes de Morlanne et de Montaner par rapport au plan initial) et corrigés au fil des constructions qui révèlent une certaine inexpérience et des solutions ponctuelles. Et cela justifierait l'orgueilleuse affirmation que le comte fit graver dans la pierre de Pau et de Montaner (et peut-être des autres), *Febus me fe*[8].

Les contraintes de Fébus, c'étaient bien sûr des contraintes financières. De tels chantiers auraient pu vider le trésor amassé. Or il a opéré avec génie, faisant toutes les économies possibles sans porter préjudice à son objectif. L'utilisation de principes identiques dans tous ses châteaux, la fabrication même d'éléments en série permettait de globaliser le savoir-faire, de transmettre facilement les techniques, permettait aussi de commander les matériaux en grandes quantités, d'obtenir des prix, d'assurer un arrivage régulier et de qualité constante. La simplification du plan d'origine évitait d'avoir à faire appel à des artisans spécialisés. Le choix des matériaux se portait sur les ressources du pays (pierre, bois, chaux), les briques étaient fabriquées sur les chantiers. Tout cela permit à Fébus de n'utiliser qu'une main-d'œuvre locale et des matériaux locaux, sans presque de transport.

Ses châteaux furent des éléments de défense sans doute, de dissuasion encore plus. Ils furent aussi le symbole de sa domination sur ses territoires et face à ses ennemis, tel le plus beau d'entre eux, Montaner, qui se dressait face à l'Armagnac. Leurs intérieurs princiers, avec leurs grandes salles (30 mètres de long à Montaner) et surtout leurs impressionnantes tours maîtresses (36 mètres à Montaner, 35 à Orthez) affirmaient aux yeux de tous la grandeur du comte Fébus, le souverain de ce jardin « ceint de tours qui se dressent haut dans le ciel[9] ».

Un pays mobilisé

Autant, peut-être même plus, que ses forteresses, la capacité de Gaston III à mobiliser ses Etats a dû impressionner ses ennemis et les dissuader d'y toucher.

Fébus avait mis en place un plan de mobilisation, prévoyant les modalités de convocation de tous les hommes valides et aussi la protection des populations et de leurs biens ; les villages ayant des enceintes fortifiées devaient servir de *reculhides*, de lieu de rassemblement des populations non protégées et de leurs biens et chacun savait à l'avance où il devrait aller en cas d'alerte.

Le plan fut mis en pratique en 1367 avec une remarquable efficacité. Fébus s'attendait à ce que le Prince Noir attaque le Béarn en rentrant de Castille. Dès le mois de mai, il interdit à tout homme astreint au service armé de quitter le pays, il interdit toute vente à l'étranger de chevaux pouvant servir aux opérations et des commissaires parcoururent le comté pour y veiller. En juillet, chaque baile reçut copie de l'ordonnance vicomtale de mobilisation. Toute l'armée béarnaise devait se rassembler à Orthez sous quinzaine sous peine de lourdes sanctions. Ceux qui n'auraient pas de monture ou d'armure seraient équipés à Orthez. Chacun devait même se tenir prêt de jour comme de nuit à répondre à une convocation anticipée. Les bailes organisèrent dans les villages un système de guet fonctionnant nuit et jour et placèrent les hommes qui restaient à tous les points fortifiés. Tous les troupeaux, tous les biens précieux des paysans devaient être rassemblés à la première alerte dans les *reculhides ;* on devait y porter les blés coupés d'urgence et le foin et y conduire les troupeaux ramenés immédiatement des estives. Les populations montagnardes devaient garder les passages des cols. Quand le Prince Noir arriva sur les Pyrénées, il n'était plus en état de livrer combat mais l'eût-il été qu'on peut se demander s'il s'en serait pris au Béarn : en ce temps de chevauchées dévastatrices, on n'a aucun autre exemple d'une telle organisation défensive.

Cette organisation est moins connue pour le pays de Foix ; elle n'y eut sans doute pas la même ampleur, mais le souci de défense y était constant. En 1360, les habitants de Foix promirent au sénéchal de prendre les armes pour aller aux villes de Saverdun, Pamiers et Mazères car les ennemis n'étaient qu'à deux lieues du comté ; en 1379, le sénéchal de Foix régla un conflit entre les habitants de la Bastide-de-Sérou et ceux d'Unjat et Suzan sur la garde du château de la Bastide en temps de guerre[10].

Il y eut encore mobilisation générale en 1373 quand le duc d'Anjou, après le siège de Lourdes, vint longer le Béarn : Fébus leva alors 6 000 hommes, soit un dixième de la population du Béarn. En 1385, le rassemblement entre Toulouse et Carcassonne de l'armée française allant au secours de la Castille et sur le point de franchir les Pyrénées par l'Andorre ou par Roncevaux laissait redouter des pillages. Toutes les garnisons furent renforcées au pays de Foix, où Espan du Lion commandait depuis Pamiers, au Béarn où Fébus se tenait à Orthez, en passant par toutes les forteresses des Etats de Foix – Béarn ou de leurs alliés. Froissart en dit qu'il « ne demeura cité, ville, château en Foix ou en Béarn qui n'ait été remis en état et bien pourvu de gens d'armes. Il disait que c'était suffisant pour faire face à une armée ayant le double d'hommes ».

UNE ARMÉE EN MARCHE[11]

Fébus ne se contenta de défendre ses Etats, il porta aussi l'offensive au-delà de ses frontières et l'organisation était alors aussi impressionnante. Nous connaissons bien son armée grâce aux rôles qui en ont été conservés pour les années 1376-1378. C'est l'armée qui combattit en Comminges, celle aussi qui fut sur le pied de guerre pendant les années de paix relative qui suivirent.

La convocation de l'armée fut décidée le 6 mai 1376 : tous les hommes de la vicomté aptes à porter les armes, riches ou pauvres, étaient appelés à Morlàas pour le 8° jour avant la Saint-Jean-Baptiste. Le pays était divisé en « cinquantaines », des groupes de 50 feux, qui devaient fournir chacun un cheval, une armure complète et l'équipement de deux fantassins ou archers. En plus, celui qui possédait 200 florins de rente devait amener un cheval, celui qui en possédait 400 en amènerait deux et une pièce d'armure, celui qui en possédait entre 400 et 1000, fournirait deux chevaux et une armure complète. Les nobles qui n'auraient pas assez pour fournir un cheval se réuniraient à deux ou trois, mais pas plus, pour en fournir un. Tout prêtre ou clerc ayant 200 florins, sauf moines et chanoines, devait fournir un cheval. Les pièces d'armures ainsi apportées devaient être visitées par les commissaires et les pièces défaillantes notées. Celui qui ne fournirait pas ce qu'il devait aurait une amende de 200 livres. Les commissaires devaient s'informer de ceux qui, propres au service militaire, ne s'en seraient pas acquittés. Quatre commissaires pour le Béarn et deux pour le Marsan et le Gabardan devaient dresser la liste des nobles comme des gens des communes. Quatre capitaines d'infanterie devaient choisir chacun dans leur ressort les cent hommes les plus aptes au service ; la plupart seraient des archers, les autres auraient des casques et des boucliers. Pour chaque centaine, il y aurait un maçon, deux charpentiers et dix hommes munis de pelles et de pioches. Tous devraient se trouver à Morlàas le 17 juin. En juillet, le comte écrivit des lettres individuelles aux évêques, aux nobles de Béarn et aux alliés qui n'étaient pas ses vassaux ; ceux-ci étaient invités à venir tandis que les nobles de Béarn étaient menacés de « perdre leurs corps et leurs biens » s'ils ne le faisaient pas.

Tous les hommes d'armes devaient recevoir une solde de 25 florins par mois s'ils étaient vassaux du comte et de 30 s'ils étaient étrangers.

La campagne terminée, les équipements et les chevaux survivants seraient rendus aux propriétaires.

Le 2 août 1376, il y eut une « montre », une revue qui nous vaut la liste de tous les hommes d'armes qui se présentèrent à Morlàas sous les ordres d'Arnaud Guilhem de Morlanne : les barons de Béarn accompagnés de leurs fils et de leurs bâtards et de quelques compagnons, puis les gentilshommes et les hommes d'armes, puis les nobles de Marsan et de Gabardan, puis les hommes étrangers aux domaines de Foix-Béarn, tous ces seigneurs qui avaient rallié Fébus, par alliance politique ou par fief-rente, de Bigorre en Gascogne, d'Agenais en Carcassès, de Bordelais en Albigeois, ainsi que les « parents de Monseigneur » (dont le comte de Périgord, plusieurs membres des familles d'Espagne et de Lévis de Mirepoix, le vicomte de Narbonne, le vicomte de Couserans, les seigneurs de Caraman, Montbrun, Launac...). Ce qui faisait 753 combattants à cheval. A la tête de la garde rapprochée de Fébus figuraient Espan du Lion et Yvain, le fils bâtard du comte, ainsi qu'Arnaud Guilhem de Morlanne, son frère. L'autre fils bâtard, Bernard, comte de Medinaceli, était présent avec sa propre troupe de huit compagnons.

Bien des nobles se présentaient sans cheval ou sans armure. On fit donc la liste des chevaux fournis par les communes et le clergé, avec leur couleur, leur provenance, leur valeur et le nom de celui à qui on les destinait. On prévoyait aussi les montures de rechange. 1064 chevaux furent présentés sur les 1196 escomptés. Leur valeur minimale devait être 25 florins ; 92 ne remplirent pas cette condition et les fournisseurs durent payer la différence. En revanche 105 bêtes furent qualifiées de qualité exceptionnelle. Falabran, le maître écuyer de Fébus, les attribuait d'office. On fit de même avec toutes les pièces d'armures.

Le « train des équipages » représentait un ensemble énorme. Cent paires de bœufs pour traîner les quatre machines de guerre avec leurs cordes, plus dix paires de rechange, dix mulets chargés de poudre, une cinquantaine de charrettes tirées par des bœufs et une centaine de mulets pour porter les pelles, pioches, pics, serpes et haches, un quintal de suif et de saindoux pour graisser les bestiaux et les chars, dix paires de grandes roues de rechange. Des chevaux pour les personnes « pesantes et souffrantes ». Et encore cent terrassiers pour marcher en avant et préparer les chemins avec des charpentiers, des maçons et des sergents pour aider, plus cent sergents de service tous les jours pour porter à bras le train dans les mauvais passages et cent autres pour suivre les charrois avec pelles et pioches, plus les bouviers et des maçons. Venaient s'ajouter seize mineurs, seize charpentiers et treize maçons, tous du pays de Foix. Pour les armes, on comptait des machines de jet (deux « truies », une « bride », quatre mangonneaux et les monceaux de cordes nécessaires à leur service) et des canons fabriqués à Saint-Jean-Pied-de-Port, avec le salpêtre, le camphre, l'argent vif ou mercure acheté à Barcelone, l'arsenic rouge indispensables au tir des boulets. C'était un maître de forges du pays de Foix, Pierre Raimond, qui surveillait ces armes nouvelles. Plus les dizaines de milliers de flèches et de traits, les javelines, les bâtons ferrés, les haches, les armures et les boucliers... Plus sans doute un minimum de ravitaillement, même si une grande part devait être prise sur place au cours de la campagne. Et comme Fébus se déplaçait avec le luxe inhérent à son rang, il faut rajouter les vingt-quatre bêtes de somme qui transportaient la « loge » du comte, une véritable maison de bois démontable avec une chambre et une salle d'audience, les tentes (qui avaient été entreposées dans les châteaux de Mazères ou de Montesquieu), les malles avec son matelas en plume, des tapisseries, les charges d'étoffe, des draps d'or et des soieries du comte au drap vert des veneurs, quatre charpentiers pour le montage de la loge, des serviteurs, les valets de chambre, le barbier chirurgien, un maître du jeu de quilles, un ménestrel, un chef cuisinier, plus les valets de chasse et la meute.

On comptait 1886 soldats (525 archers, 608 autres gens de pied, 753 cavaliers), mais l'ensemble devait bien atteindre les 2 500 hommes, plus sans doute les valets des nobles et des hommes d'armes, des marchands et maraudeurs, des filles de joie... C'était une véritable ville en marche. Quant aux chevaux, si on ajoute les chevaux des écuries du comte au bon millier réquisitionné, on doit arriver à environ 1 600. Et ce n'était que l'armée du Béarn et du Marsan. Le pays de Foix pouvait fournir lui aussi 2 000 hommes d'armes. Aucun autre seigneur du Midi ne pouvait en faire autant[12].

La force de Fébus venait de cette organisation extraordinaire et de son argent. Elle venait aussi du fait qu'il puisait ses forces dans ses Etats. On sait bien qu'il négocia l'aide des routiers en 1362 et que ses liens avec eux furent très ambigus, on connaît des engagements de soldats étrangers[13]. Mais quand il levait son armée, c'était l'armée de Béarn et de Foix, pas une armée de mercenaires. Des hommes contraints au service bien sûr, mais qui ne risquaient pas de se retourner contre leur pays et leur seigneur et auxquels ils ne faudrait pas laisser des butins en paiement. Les Fors de Béarn, les coutumes du pays de Foix limitaient le service militaire hors du pays[14]. Fébus contourna cet état de droit en payant ses hommes : ce n'était plus le service d'ost féodal. Il ne devait pas le faire quand il s'agissait de défense ; au nom du service féodal, il appelait alors tous les hommes valides : il y en eut 6 000 environs en Béarn en 1373, alors qu'il n'y en avait que 2 000 dans l'armée offensive de 1376.

C'est du Béarn qu'il tirait les milliers de chevaux nécessaires aux campagnes, c'est du pays de Foix qu'il tirait du fer. On le voit s'approvisionner en armes en 1375 et 1376 à Toulouse et à Bordeaux et même auprès d'un artisan d'Allemagne, mais il fit bien vite en sorte de ne plus dépendre de ces achats extérieurs en aidant au développement en Béarn d'un artisanat de l'armement. Un atelier fabriquant des cottes de fer, des avant-bras, des cuissards et des jambières fonctionnait à Morlàas en 1367 ; deux autres s'ouvrirent par la suite ; en 1376, deux armuriers toulousains vinrent s'y installer. Des fabricants de haches quittèrent Bayonne pour le Béarn à la demande de Fébus. A Oloron, on fabriquait des boucliers et des arbalètes[15]. Les fournitures exigées des populations étaient financièrement lourdes mais elles ne posaient pas de problèmes d'approvisionnement : les communautés pouvaient trouver immédiatement chevaux et armures.

Stratégie et renseignement

Gaston Fébus fit la preuve de ses qualités militaires lors de la bataille de Launac où il écrasa une armée bien supérieure en nombre. Froissart se fit l'écho d'autres opérations où se révéla l'ingéniosité du comte (enfermement de Cazères de Marsan par des palissades, empilement de fagots, de nuit, autour d'une bastide tenue par les Armagnacs et transformée en bûcher) ou sa rapidité de réaction (arrivée au secours de Pamiers menacée en forçant le pas commingeois de la Garde en 1376). Cela suffit à asseoir sa réputation. Comme le dit Froissart à propos de l'affaire de la bastide, « oncques depuis nul ne s'y osa ramasser[16] ».

Le comte de Foix, le plus puissant seigneur du Midi, n'aurait jamais pu tenir tête à une armée royale, qu'elle soit de France ou d'Angleterre, si un roi avait voulu l'écraser. Il tira sa force de la dissuasion mais aussi de son génie diplomatique qui lui permit de tenir tête aux plus puissants en évitant toujours l'affrontement, chaque acte de sa vie en témoigne. D'autres qualités encore ressortent de son comportement, qui contribuèrent à ses réussites.

Il faisait preuve d'une réactivité immédiate à tout événement et savait envisager tout de suite ce qu'il pourrait lui apporter dans le futur. Quand sa cousine Aliénor vient lui demander de prendre sa fille sous sa garde, il imagina tout de suite les avantages qu'il pourrait en tirer de cette petite fille de 3 ans, « car il est un seigneur moult imaginatif [17] ». Toute menace sur ses terres entraînait une mobilisation immédiate, même si elle n'était que potentielle : en 1391, le jeune comte d'Armagnac emmena ses troupes en Lombardie pour secourir son beau-frère, Charles Visconti, le second mari de Béatrix, la jeune veuve de Gaston de Béarn. Fébus entendit bien qu'il s'agissait de cela mais, considérant les guerres passées, « il ne savait à quoi ils pensaient ni si cette chevauchée retournerait sur lui. Si ne voulut pas être dépourvu, mais garnit toutes ses forteresses de gens d'armes[18] ».

Une des forces que Fébus sut se donner tint à sa capacité d'information. Messagers et envoyés en tous genres se croisaient et se recroisaient à Orthez, sans compter les nombreux voyageurs de passage attirés par la renommée du comte dont celui-ci tirait le maximum de renseignements. « C'était le sire qui aimait entendre le plus au monde des nouvelles des pays étrangers[19]. » Froissart était venu pour s'informer et à de nombreuses reprises il souligna à quel point il fut satisfait[20]. Mais Fébus devait avoir aussi un réseau d'informateurs, d'espions dirons-nous. Sa connaissance des choses était tellement surprenante qu'elle fit naître des rumeurs de sorcellerie et même la fantastique histoire du démon Horton[21]. « Il est donc devin, dis-je ou bien il a des messagers qui chevauchent de nuit avec le vent ? » demanda Froissart. « C'est l'idée en Béarn que oui car on ne fait rien au pays ni ailleurs aussi, même si on prend les meilleures précautions, qu'il ne le sache aussitôt, s'il y applique vraiment son attention [...] Toutefois la grâce et la renommée qu'il en tire est de grand profit car on ne perdrait point céans une cuiller d'or ou d'argent ni rien qui soit qu'il ne le sût aussitôt[22]. » L'information était si importante pour Fébus qu'il en fit une clause des contrats de fiefs-rentes, on l'a dit. A l'inverse, il ne tolérait pas une atteinte au secret de ses propres lettes et, en 1381, il fit arrêter les consuls de Lautrec coupables d'avoir intercepté une lettre que lui portait un valet et d'en avoir divulgué le contenu[23].

La poigne de fer avec laquelle il tenait ses gens était aussi pour lui un atout : nul n'aurait osé agir sans son ordre, encore moins y contrevenir. La garnison française du château de Mauvezin se méfiait des « Anglais » de la région, sans doute les compagnons de Lourdes ; la seule chose qui les rassurait, c'est que Fébus avait dit qu'il ne ferait rien contre le roi de France et que « les Béarnais n'oseraient courroucer le comte de Foix ». Quand Gaucher de Passac, capitaine du roi en Languedoc, demanda au sénéchal de Nébouzan, officier du comte de Foix, de l'aider contre les routiers, celui-ci ne le fit qu'après en avoir référé à Fébus, « autrement, il ne l'eût point fait ni osé le faire[24] ».

La paix au cœur de la guerre

Ces qualités innées, ces atouts forgés, cette force politique qui en résultait eurent une conséquence que tous les contemporains relevèrent avec étonnement et admiration : la paix régnait dans les Etats du comte Fébus alors que la guerre se déchaînait à toutes leurs frontières.

Aucune armée régulière n'attaqua le Béarn ; le comte d'Armagnac entra dans le nord du comté de Foix en 1376 mais la seule nouvelle de l'arrivée de Fébus lui fit lever le camp. Surtout, les terres de Foix-Béarn étaient à l'abri des incursions de routiers, et même leurs hommes s'ils se trouvaient à l'extérieur[25].

Sa neutralité non seulement lui évita de catastrophiques invasions ou incursions, mais encore elle lui apporta de bonnes relations avec tous. Le comte de Foix n'intervenait pas pour un camp ou pour l'autre mais il accordait la même chose à tous, notamment le passage par ses terres, indispensable à quiconque avait quelque intérêt outre-Pyrénées. La chose finit par être tellement banale que le comte laissait traiter les autorisations par un simple notaire : on voit par exemple un tel notaire rédiger en mai 1375 l'autorisation de traversée du Béarn à une troupe d'une centaine de routiers qui s'étaient présentés d'eux-mêmes à Orthez à cet effet : ils pourraient passer à condition de se laisser mener par des guides chargés d'indiquer le chemin, de ne pas s'en écarter, de ne pas s'arrêter pour dormir ou manger et d'indemniser tout dégât commis sous peine d'arrestation[26].

Non seulement le statut de neutralité protégea les terres et les hommes du comte Fébus, mais encore il les enrichit. Les marchands béarnais n'étaient pas attaqués par les routiers mais, comme il fallait bien que les routiers fassent leur métier de routiers, ils attaquaient et ruinaient les marchands concurrents.

Fébus avait bien conscience que le commerce était le seul atout économique véritable de son petit pays et son ambition d'étendre sa domination tout au long des Pyrénées du nord doit peut-être autant à des considérations économiques qu'aux considérations politiques. Il fit en sorte d'établir un quasi-monopole de ses marchands tant sur les voies transpyrénéennes qui reliaient le Bassin aquitain et la plaine toulousaine aux Etats de la couronne d'Aragon (bassin de l'Ebre pour les Béarnais, Catalogne pour les Fuxéens) que sur la route nord-pyrénéenne. Il obtint du roi d'Aragon la confirmation et l'élargissement des privilèges accordés à ses marchands en Aragon ; les habitants d'Oloron et de la vallée d'Aspe eurent exemption fiscale totale, malgré la mauvaise humeur des officiers de Jaca. Les liens avec la Navarre ouvrirent vers 1360 un nouveau débouché commercial. Le roi Pierre d'Aragon confirma en 1386 et 1389 les privilèges des marchands fuxéens, les exempta du droit d'entrée exigé des marchands français et du droit de marque des fers dans tout son royaume[27]. Au nord des Pyrénées, la neutralité des Etats de Foix-Béarn avait créé une nouvelle route qui reliait Toulouse à l'Atlantique, par Bayonne, en évitant les terres en guerre et l'insécurité permanente de la vallée de la Garonne. A la fin du siècle, les marchands béarnais s'installèrent à Toulouse où ils devinrent les principaux intermédiaires du commerce des étoffes et du pastel, assurant le transit entre la métropole languedocienne et les marchés hispaniques, de la plaine de l'Ebre comme de Barcelone. Le comte de Foix favorisa aussi le commerce en frappant une monnaie d'or alignée sur le florin d'Aragon qui intégrait le Béarn à une vaste zone d'échange pyrénéenne et en accordant beaucoup d'attention à l'entretien des routes et des ponts. Le souci économique est sensible encore dans le développement particulier de son système de clientèle dans les Landes, lieu séculaire de transhumance des troupeaux ossalois et aspois.

On ajoutera enfin que l'efficacité de l'administration permettait de pallier les crises, telle la famine de 1374 : Fébus eut alors les moyens d'aller faire chercher du blé en Bretagne

Tout cela fit que le Béarn et le pays de Foix n'ont pas ou peu subi la crise générale du XIVe siècle. Bien sûr, ce ne fut pas une période économiquement très faste ; en un autre temps, on dirait qu'il y eut stagnation, mais dans le contexte d'alors, ç'avait un air de prospérité. La population ne diminua guère alors qu'elle s'effondrait dans les pays voisins sous l'impact des disettes, d'une restriction des surfaces cultivées dues à la guerre et des sursauts de peste qui touchaient plus les populations fragilisées que les autres. La pression fiscale fut bien sûr très lourde. Le fouage, les fournitures de guerre, les frais d'entretien des fortifications, les taxes exceptionnelles pour telle ou telle campagne[28] furent dures à supporter. Il y eut des mécontentements. En 1381, les consulats du pays de Foix qui n'avaient pas envoyé leurs hommes pour une « montre » à Pamiers furent mis à l'amende. En 1388, des paysans de la région de Gurs, en Béarn, prirent les armes, mais ce ne fut qu'un bref sursaut qui n'aboutit qu'à un surcroît de paiement. Les habitants de Mazères se plaignirent après sa mort du séjour de leur comte : « Le défunt comte exigea et fit lever d'importantes subventions, contributions et impositions par foyers pour la poursuite de ses guerres qui affligèrent cette région pendant une longue période... Il a fait son domicile dans le château de cette ville avec toute sa suite, et l'a beaucoup plus habité que tout autre lieu du comté, y maintenant en permanence de nombreuses troupes d'hommes armés[29]... » La ville dut souffrir de réquisitions mais, destinées à obtenir le maximum du nouveau comte Mathieu, les plaintes des habitants ont l'air très exagérées quand elles évoquent les désordres causés par les hommes du comte et par « les gens indésirables » qu'il aurait imposés : quand on connaît la rigueur de Fébus et la force de sa police et de sa justice, on a bien du mal à croire à de tels désordres dans sa ville de résidence...

L'affirmation de Froissart, même exagérée en sens inverse, paraît plus crédible : « Et tant volontiers le paient ses gens que c'est merveilles. Car, parmi ce, il n'est nul Français, Anglais ni pillard qui leur fassent tort ni injure d'un seul denier ; et est toute sa terre aussi sauve que chose peut être[30]. »

La paix et ce qui pouvait passer pour la prospérité valaient sans doute ce prix à payer. Il suffisait de voir autour les terres dévastées, les populations décimées par la guerre et par les disettes. Même les terres d'Armagnac, dont le comte, à la tête de son « clan », avait en apparence les mêmes atouts domaniaux et militaires et jouissait en plus de l'appui et des faveurs du roi de France, subirent le sort commun. Quant au Languedoc, il accumulait les ravages des routiers et une pression fiscale au moins égale à celle de Fébus mais sans aucun avantage en retour. Les ducs d'Anjou et de Berry le saignèrent, mais autant pour leur propre profit et pour leurs dépenses personnelles de luxe et de faste que pour les besoins des armées du roi. Et cela, les hommes le savaient bien.

On peut reprendre ici ce que nous avons dit à propos de la sévérité mais de la justice de l'administration de Fébus. La pression imposée se justifiait déjà par la paix maintenue. Mais la personnalité du comte apportait une autre dimension à cette acceptation. Il ne faut certes pas tomber dans l'anachronisme et parler de patriotisme ni même d'esprit national. Mais on ne peut nier que Fébus sut souder ses sujets autour de la défense de leur pays. Son armée était la leur, dans les hommes comme dans l'équipement ; tous participaient à sa formation, ceux qui pouvaient combattre, nobles et paysans mêlés et payés à l'identique, comme ceux qui ne le pouvaient pas ; tous, même les plus pauvres, avaient payé un bout d'armure et avaient contribué à fournir un cheval, tous étaient astreints au même effort proportionnel à leurs ressources, même les curés, chacun avait sa place dans une *reculhide* avec ses bêtes et ses maigres biens, chacun pouvait se sentir protégé par son seigneur, chacun devait sentir qu'il comptait à ses yeux. Et chacun pouvait mesurer aussi lui-même, par sa présence à l'armée, par sa participation plus ou moins forcée aux travaux de construction, à quel point les dépenses de leur comte étaient mesurées, contrôlées, justifiées et donc leur argent, tout compte fait, bien utilisé.

Alors, même si l'historien se doit de faire la part de l'exagération du panégyriste, on peut quand même croire un peu Froissart quand il rapporte les lamentations du peuple d'Orthez à la nouvelle de la mort de son seigneur, se souvenant de « la grand'prospérité de paix dans laquelle ils avaient vécu le temps où leur gentil seigneur avait régné, car il n'avait été Français ni Anglais qui les eût osé courroucer. Tous disaient : Comment les choses nous reculeront ! Comment nos voisins nous guerroiront ! Nous étions accoutumés de demeurer en terre de paix et de franchise ; or nous demeurons en terre de misère et de sujétion, car nul n'ira au-devant de nos besognes, nul ne les challengera ni défendra[31] ».

QUATRIÈME PARTIE

LE COMTE SOLEIL

10

La gloire programmée

« Chez les Sarrasins, les Juifs, les Chrétiens d'Espagne, de France, d'Angleterre, d'Allemagne et de Lombardie, en deçà et au-delà des mers, mon nom est connu. » Cette orgueilleuse affirmation, même si elle s'insère dans une prière rendant grâce à Dieu des bienfaits dont il l'a comblé[1], reflète la conscience qu'avait Fébus de sa propre gloire. Sa naissance, son hérédité, son éducation avaient sans doute prédestiné le comte de Foix à une existence brillante ; il est sûr en tout cas que le désir de gloire a dominé sa vie, qu'il s'est donné les moyens de l'obtenir et qu'il y a pleinement réussi, en son temps et dans les siècles futurs. Aujourd'hui, en dépit des faces sombres que l'histoire révèle, l'image solaire reste obstinément la marque du comte Fébus.

Le nom d'un dieu

Les rois et de nombreux princes sont connus dans l'histoire par un surnom, flatteur ou désobligeant. Ce surnom leur a été attribué longtemps après leur mort, par des chroniqueurs ou des poètes soucieux de les différencier entre eux. Gaston III de Foix, lui, n'était pas de ceux qui attendent la consécration de la postérité. Il s'est donné lui-même un surnom, et un surnom flamboyant.

Le chroniqueur Michel du Bernis dit que le jeune comte fit part de sa devise *Febus avan* à la Dauphine qui l'appelait au secours, à Meaux, donc en 1358, à son retour de Prusse. La plus ancienne mention attestée du surnom « Febus [2] » date de 1360 ; à partir de cette date, son emploi se fit de plus en plus fréquent. Fébus signa ainsi de nombreux actes, tout en gardant, en tête de ceux-ci, sa titulature officielle de « Gaston, par la grâce de Dieu comte de Foix, seigneur de Béarn, vicomte de Marsan et de Gavardan[3] ». Gaston III n'est pas allé jusqu'à opérer un changement de prénom dans ses actes officiels, dans la titulature qui était celle de ses ancêtres et dans laquelle s'affirmaient les prétentions de son lignage ; il n'apposa son nom choisi qu'au bas des actes. Il le mit en meilleure place dans son *Livre de chasse*, qui relève, lui, de la sphère privée : « Je, Gaston, par la grâce de Dieu surnommé Febus, comte de Foix, seigneur de Béarn. » Il l'inscrivit orgueilleusement dans la pierre de ses châteaux : ceux de Pau et de Montaner témoignent encore de la fière affirmation : *Febus me fe.* Il le grava dans l'or de ses florins, frappés à Morlàas, (*Febus comes*). Il l'apposa sur les livres de sa bibliothèque (*Febus avan* figure en tête de l'Albucassis).

Gaston III choisit son surnom au moment où il voyait le destin s'ouvrir devant lui, dans l'exaltation de la « chevauchée » de Prusse et de son combat contre les jacques, au moment où il allait prendre enfin sa place dans l'histoire, peu avant Launac et peu avant le refus de l'hommage anglais. Il est affirmation de l'ambition qui allait mener le comte de Foix toute sa vie.

Que représentait ce nom d'un dieu ? Dans l'Antiquité grecque, Phoibos-Apollon était âme du monde, éternelle jeunesse puisque renaissant chaque jour, « cœur du ciel » et source de vie communiquant aux astres leur mouvement (d'où l'attribution de la musique et du chant poétique), dieu de la médecine par la vertu purgative de ses rayons, dieu de la divination car œil du ciel, celui qui voit tout et révèle tous les secrets, archer dont les flèches pénètrent le sein même de la terre (et donc dieu chasseur, réplique masculine d'Artémis-Diane, sa sœur). Avant de s'épanouir à l'époque romaine comme « le plus grand parmi les dieux », à la fois prophète, musicien, archer et médecin. Qu'est-ce qu'un seigneur pyrénéen du XIVe siècle savait de tout cela ? La mythologie antique était surtout connue au Moyen Age par les œuvres d'Ovide. Pour le poète latin, qui eut une très grande influence dans l'Occident médiéval, Phoibos-Apollon avait une place prépondérante : « L'Apollon d'Ovide retrouve toutes ses fonctions antiques, divination, médecine, musique, auxquelles s'ajoute la magie des métamorphoses, haussée au niveau d'une science. Il est le dieu de l'harmonie et de la lumière. L'identification avec le soleil qui, à travers les siècles, tantôt s'affirmait nettement, tantôt restait sous-jacente, s'exprime sans réserve[4]. » Le seigneur cultivé qu'était Fébus devait connaître Ovide ; il le connaissait au moins à travers la traduction occitane, qu'il avait fait réaliser, de l'encyclopédie de Barthélemy l'Anglais, lequel avait beaucoup emprunté à l'écrivain antique. Dans le chapitre de l'*Elucidari* intitulé « Du ciel et du monde », l'encyclopédiste célébrait ainsi le dieu solaire : « Le Soleil est ainsi appelé parce qu'il est fontaine de toute lumière et par lui tout est enluminé, haut et bas [...] Il est appelé Phébus, c'est-à-dire beau [...] Sous le soleil est contenu beauté, victoire, fortune et héritages. Le soleil signifie esprit et âme ».

Dieu soleil, dieu chasseur, dieu musicien... On a pu s'interroger sur l'aspect qui a primé dans le choix de Fébus (mais y en eut-il un ?). L'identification au soleil apparaît toutefois prédominante, non seulement dans les œuvres poétiques qui célébrèrent le comte Fébus[5], mais aussi dans celles qui évoquaient le dieu Phébus[6] De toute façon, le comte de Foix s'est attribué le nom d'un dieu, ce qui n'est vraiment pas banal en soi. A côté de lui, les « le Bon », « le Sage », « le Bel », « le Grand », « le Noble » attribués par les historiens aux rois et aux princes font bien pâle figure...

On a dit comment Gaston III a utilisé lui-même ce nom ; on peut se demander comment les autres l'ont utilisé, et s'ils l'ont utilisé. Les chroniqueurs contemporains n'ont jamais écrit le nom de Fébus, ni Froissart, ni le Religieux de Saint-Denis (ni plus tard Juvénal des Ursins qui s'en inspira), ni le Méridional Aymeric de Peyrac ; ils ne parlent tous que du « comte de Foix ». On le trouve à la génération suivante, mais, sous des plumes françaises, il semble avoir été pris pour un prénom : Cabaret d'Orville parle du comte Phebus de Foix ; il en va de même du copiste du *Livre de chasse* qui donna ce titre au Prologue « Cy commence le prologue du livre de la chasse que fist le comte Phebus de Foys et seigneur de Béart[7]. » Chez les chroniqueurs de Foix du XVe siècle, son emploi est généralisé et, là, à bon escient ; Michel du Bernis emploie indifféremment « comte de Foix » ou « comte Febus » ; à plusieurs reprises, il précise « comte de Foix dit Febus » ou « nomnat Febus » ou « comte de Foix Febus ». Esquerrier, après l'avoir présenté comme « Mossen Gaston, apelat Febus » l'appelle « comte Febus » ou, le plus souvent « Febus » tout court. Mais à leur époque, le personnage était déjà quasi-légendaire. Comment Gaston III fut-il appelé en son temps ? L'appellation « ostau de Febus » donnée à la maison vicomtale de Bellocq dans le rôle des feux de 1385 pourrait laisser entendre que le surnom était d'usage populaire. On aimerait bien savoir comment on appelait le comte dans l'intimité...

Armoiries et devises

Armoiries et devises étaient un élément important de l'identité nobiliaire. Les premières affichaient l'appartenance à une lignée, ou à plusieurs par le jeu des « écartèlements » héraldiques ; elles faisaient rejaillir la gloire des ancêtres sur celui qui les portait, tout en lui donnant la responsabilité de ne pas les ternir. De couleurs vives, elles s'affirmaient sur les écus, les vêtements, l'équipement des destriers, les bannières et oriflammes flottant au combat ou au sommet d'un château ; gravées sur les sceaux, elles participaient à la force juridique de l'acte écrit. Les secondes étaient personnelles et identifiaient le seigneur comme individu, différent de ses parents. Gaston Fébus usa des deux, bien sûr.

Les armes des Foix-Béarn étaient, logiquement, les armes écartelées de Foix et de Béarn : « d'or à trois pals de gueules » pour Foix, « d'or à deux vaches passantes de gueules, accolées, accornées et clarinées d'azur » (c'est-à-dire deux vaches rouges, tournées vers la gauche, avec au cou une cloche bleue) pour le Béarn. Les comtes de Foix avaient toujours eu un sceau équestre, le sceau traditionnel des chevaliers. Gaston II avait conservé cet usage au début de son règne ; puis, suivant en cela une évolution courante en son temps, il avait fait porter sur son sceau l'écu aux armoiries de Foix-Béarn « timbré » d'un heaume. Gaston Fébus reprit celui-ci, mais en le modifiant : l'écu était désormais présenté par le travers, il était surmonté d'un heaume lui-même surmonté d'un cimier représentant la vache de Béarn avec sa cloche, en position dominante, symbole de la puissance du Béarn « souverain ». Le heaume de Fébus, surmonté d'une énorme tête de vache « de gueules, colletée et clarinée d'azur, dans un vol d'or, chaque aile chargée de quatre pals de gueules » est représenté, avec l'avantage de la couleur, porté par un valet, au pied du trône de Dieu, au début de l'*Elucidari.* La composition entière, écu, heaume et cimier, figure à la première page du manuscrit de l'Albucassis, entourée de la devise *Febus avan*.

Le devise frappante qu'il s'était choisie[8] et les armes brillantes qui étaient celles de sa famille, « sang et or » pour les deux héritages de Foix et de Béarn, affirmaient haut et fort la puissance de Fébus et il sut s'en servir. Il n'est pas impossible, de plus, qu'il ait laissé volontairement une confusion s'établir entre les armes de Foix (d'or à trois pals de gueules) et les armes de la maison d'Aragon-Barcelone (d'or à quatre pals de gueules) qui le rattachait à une grande maison royale. Froissart témoigne de cette confusion dans une pastourelle où il mêle les armes d'Aragon, car le comte « en descend de lignée et ainsi les peut et doit bien porter », aux vaches de Béarn[9]. Selon les habitudes des poètes fréquentant les cours princières, les armes et la devise de Fébus rythmèrent nombre de leurs chansons. Diffusées par ces chansons, flottant sur ses châteaux, déployées sur les bannières des troupes en guerre comme des cortèges officiels, inscrites dans la pierre, elles frappaient les esprits, autant des gens de cour que du petit peuple méridional. Constance, la modeste femme de Rabastens, avait bien dû voir les armes du comte de Foix et elle savait à qui elles appartenaient : quand Dieu la choisira comme interprète, la vache de Béarn sera de ses « visions[10] ».

Le faste et la munificence

Fébus utilisa au plus haut point le faste en sa cour pour donner de lui une image brillante et puissante : il y réussit pleinement en son temps – tous les chroniqueurs célébrèrent ses largesses – et dans sa postérité – c'est aujourd'hui l'image de lui la plus profondément ancrée dans la tradition. C'était de sa part un investissement étudié, comme le furent ses châteaux ou son armée, et non l'expression d'une nature dispendieuse : il était au contraire très avare et ne fit jamais aucune dépense « gratuite ». Cela vient confirmer l'importance de l'apparence dans sa politique, son art de l'utilisation de l'image, un savoir-faire que l'on dirait de nos jours « médiatique ». On notera que la description des fastes de Fébus est souvent accompagnée de l'indication du coût, que cet homme d'argent devait scrupuleusement mesurer et qu'il devait faire en sorte de ne pas laisser ignorer.

Quand il voulait montrer sa force, le comte Fébus se déplaçait en grand arroi et son passage ne pouvait que frapper les populations. Apprenant que le prince et la princesse de Galles étaient à Tarbes, il « les vint voir en grand état, à plus de six cents chevaux ; et il avait soixante chevaliers en sa compagnie et grand'quantité d'écuyers et de gentilshommes »[11]. Quand le roi Charles VI vint à Toulouse, le comte de Foix fit faire par avance ses préparatifs dans la ville et il appela plus de deux cents chevaliers et écuyers de Béarn « pour le servir et l'accompagner dans ce voyage » ; il entra dans la cité « à plus de six cents chevaux, bien accompagné de chevaliers et d'écuyers » ; les jours suivants, il alla par des rues jusqu'au château où était logé le roi avec une escorte « réduite » de plus de 200 chevaux[12].

Il frappait ses hôtes par la munificence de son accueil et de ses dîners et par les largesses qui les ponctuaient : chacun repartait avec de coûteux présents. « Nul plus large grand seigneur en donner dons ne vit aujourd'hui » ; à qui donne-t-il ? « aux étrangers, aux chevaliers, aux écuyers qui vont et chevauchent par son pays, à ses hérauts, à ménestrels, à toutes gens qui parlent à lui. Nul ne part sans ses dons »[13]. Quand le duc d'Anjou, soucieux de prendre Lourdes, lui envoya un émissaire, le comte de Foix « lui fit la meilleure compagnie qu'il put et lui donna mules et coursiers et à ses gens autres beaux dons ; en envoya par lui au duc d'Anjou quatre lévriers et deux alans d'Espagne si beaux et si bons que merveilles[14] ». Le jour de Noël 1388, Froissart assista à un grand dîner où siégeaient quatre évêques, des abbés et des chevaliers et écuyers « à grand'foison », « et ce jour, le comte de Foix donna, tant aux ménestriers comme aux hérauts la somme de cinq cents francs et revêtit les ménestriers du duc de Touraine qui là étaient de drap d'or et fourré de fin menu vair ; lesquels draps furent prisés à deux cents francs[15] ». Quand le duc de Bourbon, passant par la Navarre au retour de sa campagne d'Espagne, se trouva sans argent pour payer les gens d'armes qui menaçaient de le quitter, il pensa emprunter à Fébus ; ce qui vient confirmer la réputation de richesse et de largesse du comte. « Et Dieu sait quelle chère lui fit Phebus, le comte de Foix, lequel défraya en sa ville d'Orthez de toute dépense le duc de Bourbon et toute sa cour, huit jours qu'il demeura, dont le duc de Bourbon le remercia, et de l'argent qu'il lui avait prêté ». Des chevaliers, de Bourbon et de Béarn, furent envoyés au pied du col de Roncevaux pour avertir les hommes d'armes du duc de ne pas pénétrer en terre de Soule et de Mauléon « et le comte donna à chacun un beau coursier pour la diligence qu'ils avaient faite[16] ».

A cette réputation, la curiosité du roi lui-même ne put résister. Lors de la venue de Charles VI à Toulouse, Fébus donna un banquet à tous les nobles de l'entourage du roi qui lui-même n'était pas invité : un simple comte ne pouvait sans doute se permettre de convier le roi chez lui. Mais « le roi, qui avait dîné au château, ne put résister à l'envie de venir voir la compagnie » et il assista avec un plaisir évident aux « ébattements » qui durèrent jusqu'à la nuit. « Le comte de Foix donna ce jour aux chevaliers et écuyers du roi et du duc de Toulouse et du duc de Bourbon plus de 60 coursiers, palefrois et mulets, tous amblants, ensellés et apprêtés de tous points ; et donna aux ménestrels du roi et du duc de Touraine et du duc de Bourbon 200 couronnes d'or et aux hérauts 200 couronnes d'or. Aussi, tous se louaient des largesses du comte de Foix[17]. » A la fin du séjour, « il quitta Toulouse et laissa ses fourriers derrière pour compter et payer tout [...] Il me fut dit, et je le crois assez, que la venue du roi de France [...] coûta au comte de Foix plus de 60 000 francs ; et quel coûtage qu'il y eut, le comte de Foix, qui fut large et courtois, les paya volontiers[18] ».

Charles VI avait été si content qu'il accepta – ou qu'il suscita ? – une invitation à Mazères. Dans cette circonstance inouïe, le comte de Foix se surpassa en originalité. « Au-devant du roi, il envoya cent chevaliers, et de gras moutons sans nombre, et cent bœufs gras et après douze beaux destriers ou coursiers, lesquels avaient au col sonnettes d'argent, comme celles qui étaient au col des bœufs et saillaient en pleine terre merveilleusement. Et ceux qui conduisaient ledit bétail et aussi chevauchaient lesdits destriers étaient vêtus en habits de vachers et de bouviers, encore que ce fussent des plus nobles gentilshommes qui fussent au pays de Foix. Dont le roi et sa compagnie, et ceux du pays même, riaient et se devisaient en disant : quels vachers et bouviers à mener bétail et pages à mener coursiers ! Et de toutes les choses dessus dites fut fait présent au roi de par ledit comte de Foix[19]. » Puis, lors du banquet offert, « ils parurent tout à coup dans la salle du festin avec des instruments de musique, vêtus de manteaux semés de fleurs de lis d'or et se présentèrent humblement devant le roi qui était à table. Le roi demanda au comte avec un air de satisfaction quels étaient ces gens qui venaient d'entrer : "Ce sont, dit le comte, vos humbles serviteurs qui sont prêts à exécuter vos ordres et à vous obéir en toutes choses, comme des pâtres et des bouviers à leur maître"[20]. »

Les miniatures du manuscrit le plus célèbre du *Livre de chasse* et du *Livre des oraisons* représentent le comte de Foix vêtu de vêtements splendides, de couleurs vives, brodés d'or, avec des motifs représentant des lions, des paons ou des oiseaux fantastiques, ornés de parements de fourrures et de bijoux. Cet ouvrage a été réalisé une quinzaine d'années après la mort de Fébus[21] ; est-ce que ces images ne sont que convention d'artiste ou Fébus était-il connu pour la splendeur de ses vêtements d'apparat ? Une phrase d'un des motets qui le célébrèrent, de son vivant, le laisserait entendre : il est décrit avec « son manteau parsemé habilement d'or et de gemmes qui le rebrodent de façon variée[22] ». Comme d'ailleurs les rôles de son armée : pour une campagne militaire, le comte faisait acheter du drap d'or et des pièces de satin et de soie ; était-ce pour des vêtements ou pour l'ornement de sa tente ou de ses chevaux[23] ?

Fêtes et réceptions furent largement rapportées par les chroniqueurs français qu'elles avaient apparemment fortement impressionnés. Il n'en fut pas de même des chroniqueurs de Foix : Bernis mentionne à peine qu'il y eut de grandes fêtes à Mazères en septembre 1381 à l'occasion de pourparlers entre Fébus et le duc de Berry, puis en 1391 pour le roi. Esquerrier, lui, dit seulement que le roi séjourna trois jours à Mazères, au grand déplaisir des ennemis du comte et des envieux. Ces Pyrénéens étaient-ils moins sensibles que les familiers des cours de France à la munificence de la société chevaleresque (que Fébus, lui, avait bien assimilée...) ? Il est vrai aussi qu'ils n'en furent pas les contemporains et qu'ils ont travaillé sur d'austères archives.

La liturgie du pouvoir

Gaston Fébus utilisa le faste pour impressionner et pour séduire les grands de ce monde ou le peuple des villes voisines, telle Toulouse, qu'il souhaitait s'allier.

A son propre peuple, il offrait des moments grandioses d'une autre nature. Par la solennité, par la célébration religieuse, par le déploiement impressionnant de sa suite ou de son armée, il affirmait son pouvoir dans la grandeur et le sacré. Que dut être, par exemple, la cérémonie de la sépulture de sa mère en l'abbaye des Salenques... C'est à l'occasion de la guerre de Comminges qu'il avait transporté la dépouille d'Aliénor vers le lieu où elle avait choisi de reposer ; il arriva jusqu'à l'abbaye avec ses 700 cavaliers et ses mille hommes à pied ; sans doute n'entrèrent-ils pas tous dans le lieu saint mais le spectacle dut être mémorable.

C'est autour de la bataille de Launac que la liturgie comtale prit toute son ampleur. Launac est la seule grande bataille menée par Fébus dont on a vu qu'il avait passé sa vie à éviter la guerre ; elle fut une victoire éclatante le jour où elle fut remportée mais le comte de Foix sut l'instrumentaliser pour qu'elle soit tout au long de sa vie le symbole de son talent militaire, de sa force et de sa gloire. Les succès diplomatiques n'étaient guère connus du peuple ; une victoire sur le champ de bataille était la face visible et brillante du prince et Fébus fit en sorte qu'elle le reste.

Le 14 avril 1363, la paix avec l'Armagnac fut jurée devant l'autel majeur de l'église majeure de Foix. Le pape était représenté par un protonotaire apostolique, et le roi par le juge mage de Toulouse. L'évêque d'Oloron célébra la messe et prit le corps du Christ en ses mains ; au moment de la messe où il est dit « dona nobis pacem », l'évêque d'Oloron se tourna vers les deux comtes et, devant l'immense foule de prélats, nobles, barons et autres, innombrables, il fit lecture lui-même, d'un bout à l'autre et en langue romane, de l'accord de paix. Les deux comtes, à genoux, les mains levées et ouvertes, face à l'évêque tenant le corps du Christ entre ses mains, jurèrent ensemble de respecter la paix ; des chevaliers des deux partis, eux aussi à genoux et les mains levées, jurèrent à leur tour. Cela fut fait en présence des évêques de Couserans, d'Aire et de Lescar, de l'abbé du Mas-d'Azil, du comte de Comminges, du seigneur d'Albret, de Corbeyran de Foix et de beaucoup d'autres[24]. On ne peut douter que tout le peuple de Foix se pressait ce jour-là sur la place de l'église et dans toutes les rues y menant.

Et chaque année, par tous ses Etats, le comte de Foix fit célébrer le souvenir de la victoire de Launac. C'est à une telle célébration que Froissart assista à Orthez, la nuit de la Saint-Nicolas 1388 : « Entre les solennités que le comte de Foix fait les hauts jours solennels de l'an, il fait trop solennellement grand'compte et grand'fête, où qu'il soit, de la nuit Saint-Nicolas en hiver[25]. Et en fait faire solennité par toute sa terre, aussi haute et aussi grande et plus que le jour de Pâques [...] Là fut fait le divin office, aussi solennellement comme le jour de Noël ou de Pâques on ferait en la chapelle du pape ou du roi de France[26]. » Le chroniqueur n'a pas compris que ce n'était pas saint Nicolas qui était ainsi célébré mais que, comme chaque année, le comte de Foix rappelait à son peuple la victoire remportée vingt-six ans auparavant.

Le Religieux de Saint-Denis apporte un complément à la mythologie de Launac, un fait qu'il tient « de source certaine » : le comte Fébus avait amassé « des trésors considérables » après sa victoire et les avait « enfouis dans les murs d'une tour inexpugnable ; au-dessus de l'endroit où ces trésors étaient déposés, il avait fait représenter avec leurs armures les chevaliers qu'il avait vaincus et il montrait ces images comme de glorieux trophées aux étrangers qui venaient le visiter[27] ». La grande salle d'Orthez avait-elle été ornée de peintures représentant la bataille de Launac ? C'est possible. Des scènes de ce genre ne sont pas rares dans ce qui a été conservé de la décoration murale des demeures nobles. L'histoire en tout cas révèle que si la gloire de Launac avait largement débordé les frontières du Béarn et du pays de Foix, l'exploitation qu'en faisait le comte de Foix aussi...

11

La gloire relayée

Gaston Fébus a pris rang dans l'histoire par son œuvre politique, diplomatique et militaire, telle qu'elle apparaît dans les archives et dans les sources narratives. Mais il n'aurait pas atteint le niveau de renommée qui est le sien s'il n'avait été célébré dans sa personne par les chroniqueurs et les poètes de son temps et s'il n'avait lui-même œuvré à sa gloire, les deux se croisant à son profit : un surnom éblouissant choisi et proclamé, une devise frappante brandie au combat, le faste et les largesses lui donnant en sa cour la stature du prince attirèrent ceux qu'attiraient la lumière et la richesse ; ceux-ci, en écrivant, portèrent à leur tour haut et loin sa renommée. Et c'est la fascination de certains de ses contemporains, relayée encore à la génération suivante, qui nous vaut de connaître tant de sa vie privée et de son comportement quotidien : sans Bovet, Bernis ou Esquerrier, sans Juvénal des Ursins, sans Froissart surtout, le personnage de Fébus n'aurait pas atteint les rivages de la légende.

Honoré Bovet

Honoré Bovet est le premier connu des auteurs ayant célébré Fébus ; il est en fait l'auteur de la première chronique connue des comtes de Foix. Nous n'avons pas conservé le texte original de son œuvre mais cette œuvre transparaît largement dans la chronique de Michel du Bernis. Le chroniqueur fuxéen du XVe siècle cite, dès les premières lignes de son propre texte, une lettre de « messire Honorat Bonet », prieur de Sent Lor en Provence, en fait Honoré Bovet, prieur de

Selonnet-en-Provence, adressée à Gaston Fébus et expliquant à ce dernier qu'il a cherché et trouvé les anciennes chroniques dans beaucoup de livres et notamment dans un *Flos Cronicarum*[1], dans un *Pontificum romanorum Catalogue*[2] et dans des histoires provençales, ce qui lui a permis d'établir la chronologie des comtes de Foix, du premier au onzième, à savoir Gaston II, le père du comte.

Honoré Bovet (v.1345-v.1405), Provençal de la région de Sisteron, fut moine de l'abbaye bénédictine de l'Ile-Barbe (Lyon) puis prieur de sa dépendance de Selonnet, au diocèse d'Embrun. Il joua un rôle diplomatique à la cour des Angevins de Provence et, résidant à Avignon, semble avoir exercé quelque fonction à la cour de Clément VII ; il entra au service du roi Charles VI lorsque celui-ci vint en Avignon, en 1389-1390 ; il participa à la commission de réformation du gouvernement de Languedoc constituée à la suite des plaintes formulées contre les abus du duc de Berry et fut chargé d'autres missions par le roi qu'il suivit un temps à Paris. Il était à sa mort maître à la chambre des comptes de Provence et conseiller de Louis II d'Anjou. Il fut l'auteur, vers 1386-1389, de *L'Arbre des batailles*, traité didactique qui connut un très grand succès en son temps, juxtaposition de réflexions sur le Grand Schisme, d'un résumé d'histoire universelle et d'une étude sur les batailles et sur le droit des gens à se battre, émaillée d'allusions à l'histoire de son temps.

Bovet connaissait Fébus ; il le cite à plusieurs reprises dans *L'Arbre des batailles*[3]. On ne sait par contre ni quand ni dans quelles conditions il écrivit son histoire des comtes de Foix. Est-ce par admiration pour le comte ou pour le flatter comme tant d'autres le firent ou est-ce à la demande même du comte, soucieux de voir célébrer sa race comme les plus grands princes de son temps ? Aucun texte ne vient confirmer l'une ou l'autre de ces hypothèses. Mais on imagine plus facilement le désir de louer ou de flatter s'exprimer sous la forme classique d'une ode, d'un motet ou autre pièce poétique tandis que le travail de recherche historique nécessaire à la rédaction d'une chronique, à travers « beaucoup de livres », nous paraît mieux répondre au contexte d'une commande. Quant à la date, elle se situe forcément entre 1371, date de la nomination de Bovet comme prieur de Selonnet, et 1391, date de la mort de Fébus, et probablement au début de cette période puisque le travail semble avoir été arrêté à la bataille de Launac (1362).

Ce que nous connaissons de la « chronique » d'Honoré Bovet est contenu dans la chronique de Michel du Bernis dont elle fut certainement la source principale jusqu'au début du règne de Gaston III. Les biographies des onze premiers comtes de Foix sont de courts récits panégyriques qui entremêlent prose et vers. La prose devient plus importante à partir de la vie de Gaston Fébus, mais les parties versifiées occupent encore une large place jusqu'à la bataille de Launac. Cette écriture « mixte » est une caractéristique de l'œuvre d'Honoré Bovet, qui en a fait usage autant dans le *Songe sur les schismatiques* (1394) que dans *L'Apparition maistre Jean de Meun* (1398) et même, plus ponctuellement, dans *L'Arbre des batailles*, avec notamment l'insertion d'un *Dit de la Fortune,* qu'on peut rapprocher du dialogue entre la Fortune et le comte d'Armagnac à la veille de Launac inséré dans la chronique de du Bernis. Les informations historiques sont contenues dans les parties en prose tandis que les parties rimées véhiculent la fiction ou la légende.

Après le récit de la victoire de Launac, le ton de la « chronique » de Michel du Bernis change très nettement et ce qui était « entrelacs de prose et de poésie, d'histoire et de fiction[4] » devient véritablement œuvre d'histoire. Cette coupure stylistique permet d'affirmer sans guère de risque que ce qui précède est à attribuer en très large partie à Honoré Bovet, sans que, bien sûr, on puisse véritablement estimer la part de chacun des deux auteurs dans l'écriture.

Arnaud Esquerrier, contemporain de Michel du Bernis, est l'auteur d'une chronique des comtes de Foix narrative et beaucoup plus classique. Deux passages rimés, tous deux relatifs à la bataille de Launac, l'un présent dans la chronique de du Bernis et l'autre non, laissent entendre toutefois que lui aussi a connu la chronique de Bovet et qu'il s'en est inspiré, bien qu'à une échelle moindre que son collègue.

Ceci est important parce que Bovet est contemporain de Fébus et l'a approché, ce qui n'est pas le cas de Bernis ni d'Esquerrier, et donc que la première partie de la « biographie » du comte, dans les deux chroniques fuxéennes, a pu être directement influencée par lui, contrairement à la seconde.

On retrouve dans la chronique de Bovet-Bernis des influences littéraires du temps[5]. Celle des chansons de geste et des poèmes épiques est particulièrement sensible dans le récit de l'enfance de Fébus. Départ du père en croisade, nobles adieux à son épouse et à son fils et à ses sujets qui promettent de rester fidèles marquent l'étape majeure de la vie du futur héros : à sa femme, Gaston II demande de bien garder leur fils, de le nourrir, de former sa pensée et sa vertu ; à son fils, il enjoint de bien se protéger. Le jeune garçon lui répond avec fierté : « Je suis votre fils sans faillir et je suis le troisième Gaston [...] J'aurai une belle prestance et un bon corps pour porter l'armure [...] Je suis de très noble lignage, de Foix, l'antique maison [...] Je suis né sous une telle planète et une telle constellation fortunée que par toutes les parties du monde de moi il sera fait mention ». Le jeune garçon devenu orphelin, manifeste des défauts qui inquiètent sa mère, surtout une attirance vers les plaisirs ; cela aussi est un procédé littéraire ailleurs utilisé pour rendre le héros plus crédible que si on ne lui attribuait que des qualités. Est aussi réminiscence épique le récit de la bataille de Launac qui oppose le traître lâche et le chevalier juste et vertueux. Une autre influence a été relevée, celle, très méridionale, des *vidas* et des *razos*, ces textes des XIIIe et XIVe siècles qui nous font connaître les troubadours. Les *vidas* sont des recueils d'anecdotes assez souvent stéréotypées tandis que les *razos*, issues de la présentation d'une œuvre à un auditoire, tirent les éléments biographiques de l'œuvre elle-même qu'elles situent dans le contexte qui l'a engendrée : les notices sur les comtes de Foix évoquent les premières par le caractère rudimentaire et stéréotypé de l'information historique donnée et par le vocabulaire très proche de celui utilisé pour qualifier les troubadours et se rapprochent des secondes par l'utilisation de passages rimés qui donnent l'illusion que le poème existait préalablement à la biographie.

Si on écarte ces nombreux éléments convenus, empruntés à l'atmosphère littéraire du milieu du XIVe siècle, il reste dans la chronique de Bovet-Bernis bien des choses qui lui sont propres et propres donc à l'histoire de Gaston Fébus. Des éléments historiques, d'abord, qui doivent provenir des archives de Foix. Du Bernis les a consultées, bien sûr, puisqu'il les a classées ; il se pourrait que Bovet les ait consultées aussi : les notices des premiers comtes de Foix en portent plusieurs mentions précises. Mais aussi des éléments légendaires ou plutôt fondateurs de légende.

C'est dans cette première partie de la chronique de du Bernis qu'on trouve mention de la devise *Febus avan !* que le comte aurait lui-même indiquée à la duchesse d'Orléans et à la Dauphine assiégées par les jacques et qu'il venait secourir, et de l'apparition de saint Volusien la veille de la bataille de Launac. C'est aussi dans la première partie de la vie de Fébus narrée par Esquerrier qu'on trouve la phrase qu'Aliénor de Comminges aurait répondue à ceux qui s'étonnaient de la différence d'âge avec son époux Gaston II (« si je savais que le comte de Foix devait être mon mari, j'attendrais qu'il naisse ») et la mention des trois « figues » peintes envoyées au prince de Galles en signe de mépris[6].

Aucun de ces éléments ne peut avoir été trouvé dans des archives. Ce sont des légendes ou des « historiettes » utilisées par les chroniqueurs. Elles pourraient avoir circulé dans Foix où du Bernis et Esquerrier les auraient recueillies au milieu du XVe siècle. Mais comme elles concernent toutes la partie de l'histoire de Fébus qu'a traitée Bovet, il paraît plus vraisemblable qu'elles ont été racontées à celui-ci lorsqu'il travaillait sur les comtes de Foix. Elles pouvaient circuler déjà à cette époque, c'est-à-dire autour de 1370. Mais il est rare que les légendes soient ainsi développées du vivant de leur personnage principal. Il est bien plus tentant d'imaginer que ces récits ont été distillés par Fébus lui-même ou par son entourage comme d'autres le seront plus tard à l'intention de Froissart. Cela nous paraît certain au moins pour le plus important d'entre eux, le plus « politique », celui de l'apparition de saint Volusien qui donnait une dimension divine à l'autorité du comte de Foix.

JEAN FROISSART

Les noms de Froissart et de Gaston Fébus sont indissociablement liés. Chacun a donné gloire à l'autre. La plus grande part de ce qu'on sait de la vie personnelle du comte de Foix est tiré des *Chroniques*. La gloire posthume de Fébus doit beaucoup à Froissart. Mais Froissart a trouvé en Fébus une source d'inspiration qui l'a fait se surpasser. Les *Chroniques de France, d'Angleterre et des pays voisins* sont une œuvre immense, mais tous s'accordent à voir dans la partie du livre III intitulée *Voyage en Béarn* la réussite la plus brillante du chroniqueur, « un des sommets de la littérature du Moyen Age[7] ».

Jean Froissart est né à Valenciennes, vers 1337. Son talent de poète le fit remarquer par la famille des comtes de Hainaut qui le prit sous sa protection ; en 1361, il suivit la jeune Philippa de Hainaut lorsqu'elle épousa Edouard III, roi d'Angleterre, il séjourna à la cour de Londres où il fréquenta autant les chefs de guerre anglais que les chevaliers français vaincus de la bataille de Poitiers retenus dans l'attente du paiement de leur rançon, il effectua aussi pour le compte de la reine des missions en Ecosse, en France, en Savoie, en Italie. Il rentra en Hainaut à la mort de Philippa, en 1369, et y commença la rédaction des *Chroniques*. Il continua à vivre sous la protection de seigneurs mécènes, Robert de Namur, beau-frère de sa première protectrice, auquel il dédia le premier volume des *Chroniques*, Wenceslas de Luxembourg, duc de Namur, puis Guy de Blois, et à voyager en France, en Angleterre, aux Pays-Bas. On ne sait quand il fut ordonné prêtre mais on le connaît comme curé des Estinnes en 1373, chapelain de Guy de Blois en 1383, chanoine de Chimay, en Hainaut. Il mourut après 1404.

Froissart fut d'abord un poète, l'un des trois grands poètes français du XIVe siècle, avec Guillaume de Machaut et Eustache Deschamps. Il écrivit de nombreux rondeaux, ballades et virelais, aux thèmes amoureux, des pastourelles destinées surtout à célébrer les grands de son monde, de l'entrée à Paris de la reine Isabeau au mariage du duc de Berry, des « dits », d'une inspiration amoureuse proches du *Roman de la Rose*. Deux courtes pièces témoignent d'un bel humour : dans le « Débat du cheval et du lévrier » (1365), le cheval et le chien du poète de retour d'Ecosse se disputent pour savoir lequel se fatigue le plus à son service ; dans le « Dit du Florin » (1389), Froissart raconte le vol de 40 florins dont il a été victime en Avignon, il ne lui reste qu'une pièce à laquelle il demande le compte de toutes les sommes qu'il a dépensées dans le passé, le vieux florin lui suggère de se faire donner 10 francs par quatre seigneurs de ses amis pour réparer le dommage. Froissart fit ses « adieux » à la poésie amoureuse avec *Le Joli Buisson de Jeunesse* (1373) : le buisson de jeunesse, image des premières ardeurs amoureuses, s'y transforme en buisson resplendissant de Marie, la fleur des mères.

Froissart fut aussi romancier. Il écrivit le dernier grand roman « arthurien », *Meliador*, œuvre de plus de 30 000 vers à la lecture desquels Fébus prendra beaucoup de plaisir lors du séjour de Froissart en sa cour. Des personnages inventés s'y mêlent aux héros de la quête arthurienne au cours de multiples aventures qui font se croiser les destins en célébrant les antiques valeurs de courtoisie et de vaillance chevaleresque.

Mais c'est le troisième domaine littéraire abordé par Froissart que la postérité a retenu : celui de la chronique. Les *Chroniques de France, d'Angleterre et des pays voisins*, qui courent de l'avènement d'Edouard III d'Angleterre (1327) à la mort de Richard II (1400), forment quatre livres, rédigés entre 1370 et 1400 et sans cesse remaniés. Dans les premières années de son travail, Froissart, comme beaucoup de ses confrères, compila des chroniques existantes puis il en vint à des méthodes beaucoup plus personnelles qui le font considérer de nos jours comme le premier « reporter ». Il parcourut l'Europe en enquêtant, en interrogeant princes, seigneurs, chevaliers et autres gens d'armes, en prenant des notes, en organisant ses souvenirs. Il transcrivit la matière ainsi recueillie dans un style clair et vivant où il mêla descriptions, récits et dialogues. Son souci d'objectivité transparaît régulièrement ; l'analyse des motivations, des raisons, des politiques lui était sans doute étrangère – les historiens le lui ont reproché – mais on ne peut nier qu'il s'efforçait de cerner la personnalité de certains de ses « héros », c'est évident pour Fébus, et de comprendre leurs actions. Plus de cent manuscrits des *Chroniques* ont été conservés, preuve du succès et de la célébrité dont jouit leur auteur en son temps et durant tout le XVe siècle.

Tout au long de son œuvre, historique, poétique ou romanesque, Froissart écrivit pour un public noble. Même s'il lui arriva de décrire des mouvements populaires, les faits d'armes et les cérémonies princières tiennent la première place dans les *Chroniques*. Dans le domaine poétique, « le lyrisme est voué chez lui à l'hommage des grands ; le chant spontané, expression naturelle du sentiment, s'efface derrière la volonté de plaire[8] ». Ces grands seigneurs dont il dépendait financièrement, il les célébrait et il les flattait certes, mais il leur apportait aussi le rêve, la nostalgie de la vie chevaleresque. Il œuvrait même pour les nobles du futur : « Or je sais bien que dans le temps à venir, quand je serai mort et pourri, cette haute et noble histoire sera fort prisée et tous les nobles et vaillants hommes y prendront plaisir et en deviendront meilleurs[9]. »

La plus grande partie des *Chroniques* a pour cadre le nord de la France, région que Froissart connaissait bien. Mais il se passait aussi des événements importants dans les « provinces lointaines », en Espagne et au Portugal notamment. Vint le temps où Froissart ressentit le besoin de combler ses lacunes. En 1388, la paix régnait en Picardie et en Flandre et notre chroniqueur était quelque peu oisif. C'est là qu'il décida son « voyage en Béarn ». « Tant que j'avais, Dieu merci, sens et mémoire et bonne souvenance de toutes les choses passées, esprit clair et aigu pour saisir tous les faits dont je pourrais être informé touchant mon sujet principal, tant que j'avais âge, corps et membres aptes à supporter d'effort, je sais que je ne voulais pas m'attarder sans poursuivre mon sujet. Et pour savoir la vérité sur les provinces lointaines, je ne voulais pas envoyer là-bas un autre que moi. Aussi, en toute raison, décidai-je de saisir l'occasion d'aller auprès du haut prince et redouté Gaston, comte de Foix et de Béarn. Je savais bien [...] que je ne pouvais mieux au monde tomber pour être informé justement de toutes les nouvelles. » Froissart cherchait une information qui lui manquait dans la connaissance des affaires d'Europe. Mais ne venait-il pas aussi à la rencontre de celui qui pouvait incarner l'idéal chevaleresque qu'il n'avait cessé de célébrer ? En Angleterre, le Prince Noir était mort en 1376, le roi Edouard III en 1377 et Richard II s'était attiré l'hostilité de sa noblesse ; en France, Charles V était mort en 1380 et le jeune Charles VI avait du mal à échapper à l'emprise de ses oncles[10]. L'image du comte de Foix, vainqueur de ses ennemis sur le champ de bataille, capable de tenir tête aux rois de France et d'Angleterre, mais sage prince dans ses Etats et seigneur munificent, restait intacte. D'ailleurs, Froissart l'avait déjà célébré dans son récit de la Grande Jacquerie[11], le mettant en valeur dans l'épisode de la délivrance des dames de la cour de France assiégées à Meaux.

Muni de lettres de recommandation de Guy de Blois, son protecteur d'alors, Froissart partit donc pour le Béarn en passant par le Languedoc : Carcassonne, Montréal, Fanjeaux, Belpech, Mazères, Saverdun et Pamiers où il s'arrêta trois jours « pour attendre compagnie pour aller en Béarn ». Là il rencontra Espan du Lion, proche compagnon de Fébus, avec qui il chevaucha à travers le comté de Foix, les terres de Comminges et d'Armagnac, la Bigorre. Un trajet de plusieurs jours qui fut très fructueux. Sollicité sans cesse par Froissart en une sorte d'« interview-fleuve », Espan du Lion parla et parla encore. Des événements liés aux lieux qu'ils traversaient et qui apprirent beaucoup au chroniqueur picard sur les péripéties de la guerre dans le midi de la France, des hauts faits de Fébus, mais aussi de l'entourage du comte, de ses habitudes, de ses largesses, de ses coups de colère ; le chevalier avait laissé échapper une allusion au fait que le comte n'avait pas d'héritier direct, le chroniqueur revint à plusieurs reprises sur cette situation, cherchant à savoir et à comprendre, mais, là, Espan du Lion ne voulut pas expliquer. Froissart avait été attiré par la renommée de Fébus ; avant même de le rencontrer, il était fasciné : il avait confirmation de ce qu'il attendait, la puissance, la richesse, les largesses, mais il découvrait sans doute aussi la face obscure du personnage.

« Par la grâce de Dieu, sans péril et sans dommage, je parvins au château d'Orthez, en pays de Béarn, le jour de Sainte-Catherine, l'an de grâce 1388. » Le visiteur s'installa à l'hôtel de la Lune ; dès que le comte en fut averti, il l'envoya chercher. « Le comte de Foix, sitôt qu'il me vit, me fit bonne figure et me dit en riant, en bon français, qu'il me connaissait bien et que s'il ne m'avait jamais vu, il avait bien entendu parler de moi plusieurs fois. Il me retint dans sa maison tout à loisir [...], aussi longtemps qu'il me plut d'y demeurer [...]. Il me disait bien que l'histoire que j'avais écrite et que je poursuivais serait dans le temps à venir plus considérée qu'aucune autre. Pour quelle raison ? disait-il. Beau maître, depuis cinquante ans sont advenus plus de faits d'armes et de merveilles au monde qu'il y en eut depuis trois cents ans. » C'était deux personnages célèbres en leur temps qui se rencontraient et qui, immédiatement, soulignèrent ce qu'ils avaient en commun, l'attrait pour l'idéal chevaleresque et les hauts faits d'armes. Fébus savait certainement qu'en recevant Froissart, il allait s'assurer une renommée qui survivrait « dans le temps à venir », comme les faits d'armes qu'il évoquait ; le comte accueillait toujours chaleureusement les étrangers, pour un homme comme Froissart, il dut se dépasser. Mais il ne faut sans doute pas mésestimer les liens affectifs qui se nouèrent alors entre le grand seigneur et le chroniqueur poète. On sait que chaque soir, c'est l'intéressé lui-même qui le rapporte, Froissart lisait devant Fébus, qui imposait alors silence à tous, un passage de son roman *Meliador*, rempli de hauts faits chevaleresques, et on peut imaginer qu'un prince aussi amoureux des lettres que l'était le comte de Foix a profité de la présence à sa cour d'un des plus célèbres poètes de son temps pour parler littérature et s'informer de l'actualité dans ce domaine. Fébus dut apprécier au plus haut point cette familiarité de quelques semaines. Quant à Froissart, sa fascination pour le comte est évidente.

Le séjour du chroniqueur répondit pleinement à ses attentes. « Et pour ce je parle très volontiers de l'état du gentil comte de Foix, car je fus douze semaines en son hôtel, et très bien administré et délivré de toutes choses. Et durant le temps que je fus à Orthez, je pouvais apprendre et ouïr nouvelles de tous pays, si je voulais, des présentes et des passées. Et aussi le gentil chevalier, messire Espan du Lion, en laquelle compagnie j'étais entré au pays et auquel je m'étais découvert de mes besognes, m'accointa de chevaliers et d'écuyers qui me savaient recorder justement ce que je demandais et requérais à savoir. » Froissart s'informa sur les « besognes de Portugal et de Castille », il apprit beaucoup de choses sur les événements survenus dans le midi de la France dans les années précédant sa venue, sur la rivalité entre Foix et Armagnac, sur les guerres franco-anglaises, il observa avec émerveillement ce qu'il voyait à la cour de Gaston Fébus : « De l'état de l'affaire et ordonnance du gentil comte de Foix ne peut-on trop parler en tout bien ni trop recommander car, pour le temps que je fus à Orthez, le trouvai tel et outre dont je ne puis mie de tout parler ; mais je sais bien que par le temps que j'y fus, je vis moult de choses qui me tournèrent à grand' plaisance » ; « avant que je vinsse en sa cour, j'avais été en moult de cours de rois, de ducs, de princes, de comtes et de hautes dames, mais je n'en fus oncques en nulle qui mieux me plût ni qui fut sur le fait d'armes plus réjouie comme celle du comte de Foix était [...] Tout honneur était là dedans trouvée. » Le chantre de la chevalerie dut avoir vraiment l'impression d'avoir trouvé ce qu'il cherchait depuis longtemps, à travers les cours d'Europe : le prince chevalier idéal.

Froissart quitta Orthez au printemps 1389, profitant de l'escorte qui accompagnait la petite Jeanne de Boulogne, pupille du comte de Foix, qui venait d'épouser par procuration le duc de Berry et partait rejoindre son mari à la cour d'Auvergne. La petite troupe s'arrêta quelques jours en Avignon ; c'est là que le poète se fit voler la bourse qui contenait ce qui lui restait des 80 florins donnés par le comte Fébus, mésaventure qui nous vaut le délicieux *Dit du Florin* dans lequel le florin interrogé fait une description en vers du séjour en Béarn, à mettre évidemment en parallèle avec le récit des *Chroniques*. D'Auvergne, Froissart revint sur Paris avec dans ses fontes la matière de son troisième livre. Il n'oublia pas le comte de Foix. Il prit soin de s'informer très en détail, auprès certainement de témoins directs, des événements qui marquèrent encore la vie du comte, puis de sa mort. A lire le récit des rencontres de Gaston Fébus avec le roi Charles VI à Toulouse, le récit de sa mort et de la réaction du peuple d'Orthez, puis celui du difficile règlement de la succession de Béarn et de Foix, on dirait vraiment que l'auteur était présent. Ces développements occupent une large part de la fin du troisième livre des *Chroniques* et du quatrième, une part sans doute plus importante que ne le justifiait la place du comte de Foix à l'échelle des événements européens. Froissart lui-même en avait conscience : « Il m'est avis et aussi pourrait-il sembler à aucuns, que des besognes de Foix et de Béarn j'ai pour le moment assez parlé et traité[12]. » Fébus lui avait fait promettre de revenir en Béarn, mais après sa mort, cela n'avait plus de sens : « Sans lui trouver au pays, je n'y avais que faire[13] ». Une dernière fois, Froissart manifesta son attachement à la personne de celui qui l'avait tant fasciné : lorsqu'il apprit la mort tragique, lors du Bal des Ardents (janvier 1393), d'Yvain de Béarn, le fils tant aimé de Fébus, c'est au père qu'il pensa, avec une douleur palpable : « Ha ! comte Gaston, si de ton vivant tu eusses eu telles nouvelles de ton fils, comme il en était advenu, tu eusses été courroucé outre mesure ; et moult l'aimais. Je ne sais comment on t'en eût apaisé. »

Tout cela interdit de ne voir dans le portrait de Fébus par Froissart qu'un panégyrique exagéré et les seules lignes flatteuses d'un poète en quête de mécène. Le chroniqueur a alors un protecteur, Guy de Blois, il n'est pas aux abois et il n'est en Béarn que de passage, même si, bien sûr, obtenir les faveurs d'un prince tel que Fébus ne pouvait que le combler. Il est reparti loin du Béarn lorsqu'il écrit son troisième livre et il ne doit plus rien attendre du grand seigneur pyrénéen, lequel d'ailleurs est peut-être mort[14] ; il est mort en tout cas lors de la rédaction du quatrième livre dans lequel l'admiration de l'auteur apparaît toujours vive. On a pu faire remarquer que Froissart a dû être blessé de ce que Fébus n'a pas gardé son *Meliador* et l'a traité en fait comme un ménestrel, apprécié, certes, mais remercié par une bourse d'argent, pas très lourde d'ailleurs[15] ; s'il en fut vraiment ainsi, l'admiration pour le comte n'en apparaît que plus profonde pour s'être manifestée si hautement en dépit de la déception.

Les *Chroniques* sont une source historique de tout premier ordre pour notre connaissance du comte de Foix. Mais elles sont plus encore. Loin d'être un simple récit biographique, même orné de hauts faits d'armes, le texte de Froissart est parsemé de scènes dramatiques, humoristiques, brillantes ou fantastiques, des épisodes individualisés, qui pouvaient se raconter un par un, en dehors de tout contexte historique ou chronologique, des épisodes donc qui pouvaient se transformer facilement en conte populaire et en légende. C'est ce qui arriva. Les *Chroniques* ont eu une immense diffusion et si les premiers chroniqueurs de Foix – Bernis, Esquerrier, Miégeville – ne les ont pas connues ou du moins ne s'en sont pas servi, leurs successeurs du XVIe siècle – Laperrière, Hélie, Olhagaray – y puisèrent abondamment, alimentant la légende pour des siècles. Le banquet de la Noël 1388, la mort du prince héritier, l'entrevue avec Charles VI, le démon informateur, la chasse à l'ours de Pierre de Béarn, la colère meurtrière contre Pierre Arnaud de Béarn, l'âne chargé de bûches d'Arnauton d'Espagne seront la trame dans les siècles suivants des chansons et récits populaires, des romans et pièces de théâtre qui maintinrent vivante l'image de Fébus.

La part de Froissart dans la constitution de la légende fébusienne est essentielle. Mais, quelle est sa crédibilité sur le plan historique ? Elle est certainement très grande, mais sans doute pas entière. Froissart avait le souci de l'information exacte, qu'il cherchait à vérifier par lui-même, comme en témoigne l'idée même du « voyage en Béarn ». Il n'a pas vécu la plupart des événements qu'il rapporte et il est donc tributaire de ses informateurs. On peut lui faire confiance sur ce qu'il a vu lui-même de la cour de Fébus : aspect physique et habitudes quotidiennes du comte, banquets ou soirées ordinaires, messe de la Saint-Nicolas ou fêtes de Noël, atmosphère de la cour, tout cela est certainement exact. Le ou les informateurs qu'il avait à la cour du roi semblent aussi avoir rapporté avec précision et objectivité ce qui se passa à Toulouse auprès de Charles VI. Le récit des événements qui se tinrent dans les semaines voire les mois qui suivirent la mort de Fébus est aussi très crédible ; Froissart dut se tenir informé « en temps réel » d'une situation qui l'intéressait au plus haut point, il eut même connaissance du contenu de lettres royales tranchant sur la succession de Foix-Béarn « par hommes créables qui en la légation [envoyée par Mathieu de Castelbon auprès de Charles VI] avaient été ». Etait-ce vers Espan du Lion, son compagnon de chevauchée et informateur privilégié lors du voyage de Béarn, que Froissart s'était à nouveau tourné ? Il ne le dit pas mais on peut bien le penser : Espan était un des deux négociateurs et, de plus, il s'était trouvé aux côtés du comte en ses derniers instants.

C'est à propos des récits qui furent faits à Froissart lors de son séjour en Béarn que les interrogations se forment. Il a rapporté tout ce qu'on lui a dit mais certains récits laissent perplexe. L'exploit d'Arnauton d'Espagne portant un âne et ses bûches sur son dos paraît relever de la « galéjade » méridionale. Mais d'autres récits révèlent des faces inquiétantes du comte de Foix et de son entourage proche : une prescience des événements, une information surnaturelle des choses du monde par un démon, un frère comme envoûté par un ours démoniaque et en proie à un somnambulisme violent, un cousin frappé à mort par le comte aveuglé par la colère et enfin la mort dramatique du prince héritier, tous ces récits ont forgé la légende noire de Fébus.

Certains relèvent du fantastique, certains sont manifestement faux, d'autres sont la déformation d'une réalité. Tous, ils nous font nous interroger sur les rapports profonds entre le chroniqueur et le seigneur et nous demander qui a inventé quoi et pourquoi[16]..

Chroniqueurs de France et chroniqueurs d'Église

Froissart a noué avec Fébus des liens d'exception. Les autres chroniqueurs de France ont un ton bien moins passionnel ; ils n'ont pas connu

Fébus personnellement mais ils ont entendu parler de lui et ce qu'ils en disent est donc révélateur de ce qui se disait sur lui dans le royaume de France.

La *Chronique du Religieux de Saint-Denis* dans sa partie consacrée au règne de Charles VI et La *Chronique de Charles VI* sont très proches. La seconde passe pour avoir été écrite par Jean Juvénal des Ursins (1388-1473), archevêque de Reims, grand conseiller de la Couronne, diplomate pour le roi et auteur de polémique et de morale. D'autres y ont vu la simple traduction française de la chronique latine du « Religieux de Saint-Denis », récemment identifié comme Michel Pintoin (v. 1350-1421), chantre de l'abbaye[17]. Il est possible qu'une traduction de la chronique ait été réalisée par un secrétaire de Juvénal et que celui-ci y ait inséré des remarques et des détails personnels et familiaux[18]. Le Religieux, auteur de la première chronique et indéniablement à la source de la seconde, était un contemporain de Fébus. Les deux *Chroniques* se font l'écho des démêlés de Fébus et du duc de Berry en Languedoc et de la mort du prince héritier. C'est là qu'on trouve décrite avec beaucoup de détails, la réception de Charles VI à Mazères ; de toute évidence l'information fut recueillie auprès d'un témoin présent, sans doute un membre de la cour royale. Pour le reste en revanche, les événements du lointain Béarn sont mal connus des auteurs : ils ont entendu parler du complot d'Orthez, mais ils pensent que le jeune Gaston a été condamné à mort et le second précise qu'il a été décapité ; ils donnent 80 ans à Fébus au jour de sa mort ; ils rapportent que le comte avait fait du roi son héritier mais que le roi « qui était fort libéral » donna tout le comté et tout le trésor au fils bâtard. Leur opinion sur le comte de Foix est élogieuse, même s'ils n'y mettent aucune passion. Pour le Religieux, il « était homme renommé pour sa justice et l'emportait sur les autres barons en valeur » ; il jouissait « d'une grande réputation militaire, il se faisait remarquer par une force d'âme extraordinaire et par une vigueur du corps peu commune » ; pour Juvénal des Ursins, il « avait été vaillant prince en son temps et subjugua tous ses voisins ».

Jean Cabaret d'Orville écrivit vers 1429 une *Histoire de la vie de Louis, duc troisième de Bourbon*, d'après les souvenirs de Jean de Châteaumorand, chevalier du duc, né vers 1335 et donc contemporain des événements relatés. Gaston III y figure à l'occasion du séjour que Louis de Bourbon et sa suite firent à Orthez en 1388 puis de la visite du roi à Toulouse : il apparaît comme un seigneur accueillant, munificent, puissant en Guyenne, très bien informé et dont on gagnait à prendre conseil.

Seule note discordante, celle d'Aymeric de Peyrac, abbé de Moissac en 1377, qui écrivit vers 1400 une chronique latine universelle et vers 1404-1405 une œuvre très complexe, le *Stromatheus tragicus de obite Karoli Magni*, compilation savante à caractère historique et moral[19]. Le portrait du comte de Foix y est tracé dans la notice consacrée au roi Charles VI. Ce qu'en dit le savant abbé est connu par ailleurs mais est présenté là par la mauvaise face : Fébus a mené des guerres sanglantes, il était très riche d'un argent qu'il a dépensé pour sa gloire « alors qu'il viola les droits des prélats, chargea son peuple d'impôts et tua son fils de sa propre main » ; il mourut soudainement et « ses richesses furent dispersées et distribuées à tous ceux à qui il les avait arrachées, tant il est vrai que les hauts faits des seigneurs et des princes s'évanouissent parfois dans l'oubli comme une fumée et que la mort les surprend en pleine prospérité ». Tout cela n'est pas très étonnant. C'est l'opinion d'un prélat qui voit dans la mort subite, donc non chrétienne, d'un homme qui a vécu dans la guerre et les richesses matérielles et qui n'a pas été généreux avec l'Eglise de son temps le rappel de la vanité humaine et du châtiment divin. Il faut préciser qu'Aymeric de Peyrac, fils d'un agent du Prince Noir à Cahors et Montauban et frère d'un évêque de Lectoure, tous deux liés à la maison d'Armagnac, n'était pas du côté fuxéen et n'a guère eu l'occasion d'entendre chanter les louanges du comte Fébus. Il n'a pas connu le comte mais il était son contemporain et il a utilisé des témoignages de première main, tel celui du seigneur de Cussine, sénéchal de Toulouse, à qui Fébus avait prêté son *Livre de la chasse*.

Les chroniqueurs de Foix

Avec les chroniqueurs de Foix, on retrouve bien sûr le panégyrique.

Michel du Bernis était notaire à Foix et appartenait à une lignée de notaires, donc de notables de la ville. Il apparaît pour la première fois au temps d'Archambaud de Grailly. Ayant des difficultés à se faire reconnaître héritier (il n'était que le mari de la sœur du dernier comte, Mathieu de Castelbon, qui avait eu lui-même à assurer la succession difficile de Fébus) et pour avoir en main les preuves nécessaires de ses droits, Archambaud fit réaliser en 1405 l'inventaire des archives de Castelbon et entre 1403 et 1429 celui des archives du château de Foix, les deux sous la direction de Bernard d'Auga, curé de Saint-Martin de

Bonnut. Le second est tout entier écrit de la main de Michel du Bernis. Le travail se prolongea sous le règne de Jean de Grailly. Ce fut non seulement un récolement, mais aussi une véritable organisation d'un service d'archives princier. Le travail fut achevé en 1429 et Michel du Bernis quitta les archives pour la charge de procureur du comte de Foix. En 1443, Gaston IV eut à nouveau besoin d'asseoir ses droits sur l'écrit, notamment sa prétention à s'intituler comte « par la grâce de Dieu ». Il se souvint de Michel du Bernis et l'appela ; le notaire se rendit aux archives qu'il trouva en grand désordre ; il en fit part au trésorier du comté, Arnaud Esquerrier ; et ils décidèrent tous les deux de remédier à la situation.

C'est en travaillant sur les archives du comté que du Bernis eut sans doute l'idée d'écrire une chronique *ad eternal memoria dels comtes antiqs de Foix.* Cette initiative est la sienne ; la mission qui lui avait été confiée était seulement le classement des archives[20]. Même si ce n'est pas une œuvre de commande, la chronique est toute entière tournée vers l'exaltation de la famille de Foix.

On a dit comment Michel du Bernis s'était largement inspiré d'un texte d'Honoré Bovet pour l'histoire des onze premiers comtes et pour le début de celle de Gaston III ; l'étude de la langue – c'est bien la langue du pays de Foix – montre toutefois qu'il a réécrit ce texte, qu'il l'a au moins traduit et adapté sans doute[21]. Après le récit de la bataille de Launac, le chroniqueur a fait œuvre personnelle, à partir des archives de Foix, qu'il connaissait si bien, ou de sa mémoire propre. De sa chronique, la vie de Gaston Fébus occupe la moitié ; c'est dire si le personnage l'a fasciné, comme il continuera d'ailleurs à fasciner ses successeurs ; Gaston III est alors et restera la plus grande figure de la lignée de Foix. Du Bernis a de toute évidence utilisé les archives pour la période 1362-1391 ; c'est cette partie de son œuvre qui comporte le plus de dates précises. Curieusement, la période plus récente est moins bien traitée ; il y a plus d'erreurs ou d'incertitudes. Le notaire a dû là s'en tenir à sa mémoire ou aux témoignages de ses contemporains, sans faire appel aux documents écrits[22].

La chronique de Michel du Bernis semble historiquement assez fiable. La partie qui lui est imputable en entier est purement événementielle, ce qui est logique si on considère qu'elle a été rédigée à partir des archives du comté ; cette partie-là nous livre bien des faits peu connus par ailleurs et, en cela, elle apporte beaucoup à la connaissance du règne du comte Fébus. Par contre, ce qui aurait pu porter atteinte à l'image glorieuse de la dynastie a été effacé, en premier lieu la mort du jeune Gaston. C'est de cette chronique que nous viennent les quelques éléments connus sur l'enfance de Gaston III ainsi qu'une part du légendaire attaché à sa personne, mais tout cela, comme nous l'avons dit plus haut, appartient à la première partie et doit donc probablement être attribué à Honoré Bovet. Du Bernis n'a pas laissé ce légendaire envahir son œuvre propre, alors que le personnage de Fébus, même vieillissant, pouvait lui en donner l'occasion, comme ce fut le cas avec Froissart. Cela constitue une raison supplémentaire de voir dans la chronique la juxtaposition de deux œuvres bien différentes.

L'œuvre de Michel du Bernis semble être restée ignorée jusqu'à sa première édition, au XIXe siècle. C'est celle de son contemporain, Arnaud Esquerrier, que prirent pour base les chroniqueurs de Foix de la fin du XVe siècle et des XVIe et XVIIe siècles.

Arnaud Esquerrier appartenait au même milieu de notables fuxéens. Il fut notaire, procureur et trésorier du comte Gaston IV dans le pays de Foix. En tant que trésorier, il avait la garde des archives ; on a dit comment, quand Gaston IV eut besoin d'asseoir ses revendications sur des actes, Michel du Bernis et Arnaud Esquerrier s'attelèrent ensemble à la rude tâche de remise en ordre de ces archives. Du Bernis tira de ce travail l'idée d'une chronique qu'il mit en tête de son inventaire, ce qui la situe donc à l'achèvement de cet inventaire, en 1445. Les deux hommes furent chargés en 1446 par la comtesse Eléonore de la réformation du comté de Foix. Dans les années 1450-1454, Esquerrier est toujours chargé de cette mission, mais on ne parle plus de du Bernis ; il vit encore puisqu'en 1454 il est porté sur les rôles de taille et sur le cadastre de la ville comtale, mais, sans doute trop âgé, il n'a plus de fonction officielle. Esquerrier, lui, continue d'œuvrer dans l'entourage des comtes et Gaston IV le désigne comme historiographe officiel. Devenu familier des archives, il rédige alors une chronique qui devait être achevée en 1356, lorsqu'il la présenta au comte[23], mais à laquelle il fit des ajouts jusqu'en 1361. Comme du Bernis, c'est en occitan qu'il écrit.

Il ne semble pas qu'Esquerrier se soit inspiré de la chronique de du Bernis, mais ils avaient travaillé ensemble, sur les mêmes sources, et il y a forcément quelques similitudes, même si leurs œuvres ont des allures bien différentes. Esquerrier a connu la chronique de Bovet. Il n'en reprend pas les passages versifiés aussi largement que du Bernis l'avait fait, mais il en a recopié quelques-uns, pas les mêmes que du Bernis, dans son récit de la bataille de Launac. A Bovet aussi il dut emprunter la phrase attribuée à Aliénor de Comminges sur son mariage avec le comte de Foix, le récit du voyage initiatique en Prusse et l'anecdote sur le dessin de figues envoyé au Prince Noir. Mais il ne s'est pas fié à lui, comme l'a fait son collègue, pour les anciens comtes sur lesquels il est plus précis.

Le personnage central de sa chronique n'est plus Gaston Fébus, comme chez du Bernis, mais Gaston IV, son commanditaire, auquel il consacre le chapitre le plus long, le plus précis, le plus riche d'informations. Pour le reste, Esquerrier est moins fiable que du Bernis sur les faits historiques autour desquels il s'est parfois embrouillé. Il consacre de longs développements à des événements d'ordre général, tirés des Grandes Chroniques de France, ce qui insère l'histoire des comtes de Foix dans l'histoire de France, mais d'utiles précisions voisinent avec des anachronismes ou des erreurs grossières, comme par exemple le procès des Templiers situé au temps de Gaston Fébus.

Quelques années plus tard, un Béarnais dénommé Miégeville, cordelier du couvent de Morlàas et appartenant à l'entourage du cardinal Pierre de Foix le Jeune, écrivit à son tour, en béarnais, une chronique des comtes de Foix, qui nous est parvenue incomplète. S'il reprend les parties rimées de du Bernis concernant les premiers comtes de Foix, c'est à Esquerrier qu'il emprunte, en le condensant, l'essentiel de son texte.

Les chroniques d'Esquerrier et de Miégeville devinrent presque des textes officiels. Les consuls de Foix les firent transcrire sur un registre de la maison de ville. C'est sur elles que s'appuyèrent les auteurs postérieurs. Guillaume Laperrière, d'une famille de petite noblesse toulousaine, prieur du collège Saint-Mathurin de Toulouse et historiographe des capitouls, publia en français ses *Annales de Foix* en 1539. L'année suivante, c'est en latin que Bertrand Hélie, un juriste appaméen élevé au collège de Foix à Toulouse, publia son *Historia comitum Fuxensium.* Pierre Olhagaray, béarnais, pasteur à Mazères, historiographe du roi Henri IV, publia à son tour en 1609 une *Histoire de Foix, Béarn et Navarre.* Tous reprirent le texte d'Esquerrier et de Miégeville, en l'enrichissant des chroniques de Froissart que les trois premiers chroniqueurs de Foix avaient ignorées, en le traduisant ou en français ou en latin selon la mode de leur temps, en l'augmentant des faits et gestes des comtes. Tous, à partir des deux textes fondateurs de Bovet et de Froissart, furent le vecteur de la légende de Fébus.

12

La gloire chantée

Fébus aimait la musique et sa cour fut un des creusets de la recherche musicale du XIVe siècle. Les musiciens qu'il entretenait ou qui séjournaient chez lui écrivirent un bon nombre de pièces en son honneur, qui contribuèrent bien sûr à la propagation de sa gloire à travers les cours d'Europe. Et pour chanter leur prince, comment ne pas utiliser, en les magnifiant avec l'excès que le poète seul peut oser, le surnom divin et la devise qu'il s'était lui-même donnés... Même si le comte de Foix ne pouvait être dupe du jeu de cour du poète face au prince, avec quelle enivrante satisfaction devait-il s'écouter comparer aux anges, à Absalon, à Hercule, à Jules César ou au roi Arthur et surtout au Soleil se levant sur le monde et s'entendre qualifier de « prince à la tête couronnée de flammes »... Le jeune comte qui, au terme d'un voyage initiatique aux confins du monde connu, avait osé se donner le nom d'un dieu avait-il alors rêvé aussi loin et aussi haut ?

LES POÈTES MUSICIENS[1]

Musique et poésie étaient intrinsèquement liées ; la poésie était conçue pour être chantée. C'est vers la fin du XIVe siècle que la séparation lentement s'effectua.

Au temps de Fébus, la poésie chantée régnait encore et atteignait même des sommets artistiques avec l'*ars nova*. *Ars nova* désigne la musique d'origine française qui conquit alors une partie de l'Europe occidentale ; il s'agit d'une polyphonie en notation mesurée, c'est-à-dire avec un système de notation abstrait qui représente les durées relatives des notes. Elle s'est développée à partir des années 1320, à Paris, dans le milieu des clercs, des chanoines et des universitaires. D'abord condamnée par l'Eglise pour des raisons liturgiques et théologiques (elle entraînait le fidèle trop loin de la méditation pieuse, masquant le texte par une musique trop complexe), elle finit par s'imposer en son sein au point que la cour pontificale d'Avignon en devint un haut lieu. Elle gagna alors le midi de la France et de là l'Espagne et l'Italie.

Elle est connue par un grand nombre de manuscrits dont trois (ceux d'Apt et Ivrea réalisés au cours des années 1350-1360, et celui de Chantilly, un peu plus tardif) semblent constituer le cœur : la plupart des autres manuscrits les ont pris pour base. Le manuscrit de Chantilly, célèbre pour sa graphie raffinée et ses calligrammes musicaux, est caractéristique de l'*ars subtilior*, manifestation la plus recherchée et la plus complexe de l'*ars nova*. Il semble être une copie italienne, effectuée au début du XVe siècle à partir d'un original directement lié à la cour de Foix ainsi qu'aux cours d'Aragon et d'Avignon. Il ne contient que des pièces profanes mais les auteurs qu'il révèle appartiennent au monde des chanoines musiciens, en particulier ceux de la cour d'Avignon. Ce sont des chanoines en effet, généralement passés par l'université, berceau des nouvelles techniques, qui diffusèrent l'*ars nova*. Souvent originaires du nord, c'est dans le Midi qu'ils étaient le plus demandés, avec une étape obligée par la cour d'Avignon. En retour, c'est dans le vivier méridional que vinrent puiser les rois de France et les princes de la Couronne. L'extraordinaire mobilité des chanoines musiciens explique l'ampleur et la rapidité de la diffusion. On a pu mettre la richesse et la complexité de cette musique en rapport avec l'art gothique flamboyant. C'était une musique savante, qui fut d'abord l'apanage des grandes cours et des grands chapitres, car elle ne pouvait être le fait que d'artistes hautement qualifiés. Musique de l'Eglise mais captée par les cours princières, son répertoire était devenu indistinctement sacré et profane. Elle était la musique d'une élite sociale et en ce sens elle devint une marque de puissance, « un objet de prix dont la valeur se construisait par la circulation des chantres entre les différentes cours ». Les plus grands princes, et seulement eux, entretinrent une cour musicale, ils s'échangeaient les musiciens, ils rivalisaient pour surpasser les autres en modernisme et en raffinement, « produisant des étrangetés tel le fameux manuscrit de Chantilly[2] ».

Dans ce monde restreint de l'élite culturelle de l'Occident, la cour de

Gaston Fébus tint un rang important, à côté des cours d'Avignon et d'Aragon et en liaison avec elles.

Le comte de Foix entretenait des musiciens. Malheureusement les comptes de la cour d'Orthez n'ont pas été conservés et c'est dans ceux des cours de Navarre et d'Aragon qu'il faut débusquer les artistes attachés à Fébus[3]. Ceux-ci appartenaient à trois catégories : les troubadours traditionnels de langue d'oc, les instrumentistes connus sous le nom de jongleurs jusque dans les années 1370 puis sous le nom de ménestrels, et les chantres-compositeurs.

Les cours méridionales accordaient encore, à la fin du XIVe siècle, une place importante aux troubadours. Fébus lui-même écrivit des chansons qui relèvent de cette tradition. Le troubadour le mieux connu dans son entourage est Peyre de Rius[4]. Il apparaît dans les comptes de la maison d'Aragon dont il reçut des gratifications à trois reprises au moins, une fois (1373) comme « trobador de dances », deux fois (à Barcelone en 1380, à Saragosse en 1381) comme « trobador de casa del conte de Foix » ou « trobador de cançons de casa del conte de Foix ». Ce qui témoigne à la fois du fait qu'il était attaché à la cour de Fébus et des liens qui unissaient cette cour et la cour d'Aragon. Le troubadour Arnaud d'Antiis, habitant Salies-de-Béarn, est cité dans le rôle des armées de Gaston III en 1376. Andreu Gasco, « trobador de dances del comte de Foix » est connu à la cour d'Aragon en 1372. Il y avait encore Peire de Monlasur, auteur en 1373 d'une *cobla* dédiée à Fébus. Le premier de ces troubadours était catalan ou languedocien, le second béarnais, les deux autres gascons. Ils sont tous héritiers de la tradition littéraire méridionale, dans son inspiration et dans ses formes (*canso*, danse, *cobla*).

Le comte de Foix avait ses « jongleurs » et « ménestrels », connus eux aussi par les archives des cours de Navarre et d'Aragon dans lesquelles ils séjournaient régulièrement. Johan Parenti, Johan de Sent Diger, Johan de Dunç, Fehez de Balba, « jongleurs du comte de Foix », passèrent ainsi par la cour d'Aragon en 1335 et 1351, suivis en 1377 par Aloqui, « ménestrel du comte de Foix », et en 1388, 1389, 1391 par Olin, Stefen, Juan de Beses et maître Jean dels Coltells[5], joueurs de chalemie ; durant ces trois années Juan de Beses fit au moins 4 séjours à la cour d'Aragon. Bernardo lo Palat était peut-être aussi un musicien de Fébus avant d'être celui de Mathieu de Castelbon qui en 1392 joua de la cornemuse devant le roi d'Aragon. La cour de Navarre vit passer trois jongleurs allemands du comte de Foix en 1361, un ménestrel en 1376, deux autres allemands en 1378, des ménestrels et jongleurs en 1384 et 1385, Hanequin, « joueur de viole du comte de Foix » en 1388. A la cour de Bourgogne même, on rencontre en 1375 les « ménestrels du comte de Foix ». Trois ménestrels furent comptés dans le dénombrement du Béarn de 1385 : maître Johan et Martin résidaient à Orthez, et Berdot à Pau.

Les noms de ces musiciens indiquent que certains étaient occitans ou catalans (Parent, Balba, dels Cotells), un au moins béarnais (Berdot), mais d'autres venaient manifestement du nord de l'Europe ; les « allemands » sont peut-être en fait des Flamands dont la présence est attestée à cette époque à la cour d'Aragon.

Fébus n'était pas seulement un mécène par convention, comme le fut sans doute son beau-frère de Navarre qui recevait des musiciens à sa cour mais qui n'a laissé aucun signe d'un goût particulier pour leur art. Il aimait la musique et les témoignages en sont nombreux.

Froissart l'a souligné à plusieurs reprises. « Il prenait en toutes menestrandies grand ébattement car bien s'y connaissait. Il faisait devant lui ses clercs volontiers chanter chansons, rondeaux et virelais[6]. » Le jour de Noël, « grand'foison de ménestrels, tant de ceux qui étaient au comte que d'autres étrangers, avait en la salle, qui tous firent grand loisir leur devoir de ménestrandie. Et ce jour, le comte de Foix donna, tant aux ménestriers comme aux hérauts[7], la somme de cinq cents francs et revêtit les ménestriers du duc de Touraine, qui là étaient, de drap d'or et fourré de fin menu vair[8] ». Après le banquet offert par Charles VI à Toulouse, « quand on eût dîné, on leva les tables ; et après grâces rendues, on prit autres ébattements ; et furent le roi et les seigneurs en étant sur leurs pieds [en restant debout], en chambre de parement, près de deux heures, en oyant ménestrels du bas métier[9], car le comte de Foix s'y délitait grandement » ; et lors du banquet offert par Fébus, il y avait les ménestriers du duc de Touraine et ceux du duc de Bourbon, qui bénéficièrent des largesses du comte[10]. Cet attrait pour la musique touchait les offices religieux ; lors de la messe de la Saint-Nicolas, « là fut fait le divin office aussi solennellement comme le jour de Noël ou de Pâques on ferait en la chapelle du pape ou du roi de France ; car à ce temps, il avait grand'foison de bons chantres [...] Et là ouis sonner et jouer des orgues aussi mélodieusement comme je le fis oncques en quelconque lieu où je fusse[11] ».

Cet attrait de Fébus pour la musique ressort avec force de la correspondance qu'il entretint avec Jean Ier, roi d'Aragon[12]. Jean d'Aragon, infant puis roi de 1387 à 1395, surnommé *lo rei music*, passionné jusqu'à l'obsession, fut à l'avant-garde de son temps ; sa cour était le lieu perpétuel d'accueil et de séjour d'artistes venant de Flandre ou de France, tels Colinet ou Jacquet de Paris, via la cour du duc de Bourgogne dont il était un proche parent. Cet expert reconnaissait la compétence du comte de Foix : « Selon votre lettre, il nous apparaît que vous vous entendez en musique et par conséquent vous vous y connaissez en ménestrels, lesquels sont bons et habiles. » Les grands seigneurs échangeaient leurs musiciens, s'en prêtaient pour étoffer leur effectif lors d'une fête, d'un mariage... et aussi pour qu'ils renouvellent leur répertoire, qu'ils apprennent de nouvelles chansons. L'infant puis roi d'Aragon et le comte de Foix en firent ainsi durant de longues années. Jean Ier, par exemple, prêta à Fébus vers la Noël 1388 deux ménestrels « très aptes de cornemuse », Colinet et Matadança. Mais les deux souverains échangeaient aussi pour leur propre plaisir, pour parfaire leur science. Jean avertit Fébus en 1388 qu'il venait de faire une nouvelle recrue : Everlin, joueur de chalemie et ancien ménestrel du duc d'Autriche, qu'il tenait pour le meilleur ménestrel du monde. Fébus lui demanda par deux fois de le lui prêter. Jean lui demanda quatre fois (faisait-il la sourde oreille ?) de lui prêter Johan de Beses et Olin avec leurs vieux instruments : il lui dirait ensuite ce qu'il pensait d'eux. En 1377, dans une lettre à ses ménestrels, Jean parlait d'un ménestrel du duc de Brabant passé à la cour de Gaston III où il avait entendu Aloqui, ménestrel du comte, jouer de la chalemie ; il le comparait à Jacomi, ménestrel du roi, qu'il avait entendu, et il disait que la manière de celui-là serait préférée en Allemagne à celle d'Aloqui.

Ces échanges, cette émulation, l'extrême mobilité des musiciens favorisaient bien sûr la diffusion des techniques et des modes et leur évolution. Il y avait des modes d'exécution liés à un ménestrel ou à un pays : Jean Ier évoque une « manière de Flandre » et une « manière de Sist ». L'art musical évoluait très vite et le roi Jean précise à l'occasion : « en jouant de l'ancienne guise » ou de « vieux instruments ». Les « guises » étaient sans doute les différentes ornementations instrumentales de la ligne vocale, transmises de façon orale (il n'existe pas de répertoire instrumental noté pour cette époque). Les instruments de « nouvelle guise » étaient issus des progrès technique (adjonction de trous, de clefs...). Fébus ou Jean Ier en faisaient venir de Flandre ou d'Allemagne. Olin et Stefen, les joueurs de chalemie de Fébus, ramenèrent d'Allemagne une chalemie que le comte donna à Jacquet de Paris, musicien du roi Jean qui s'en montra fort intéressé. Apprenant que le duc de Bourgogne avait un organiste remarquable, Fébus envoya un messager pour faire venir le musicien à Orthez, avec son petit orgue et le livre sur lequel il avait noté la musique[13].

Le comte Fébus était, comme son cousin aragonais, à l'avant-garde du mouvement musical de son temps. Il le fut même avant lui puisque l'activité de la cour musicale d'Orthez est connue, dès 1361, avant celle de Barcelone (vers 1375).Cet « avant-gardisme » s'exprime dans l'aristocratique manuscrit de Chantilly, qui fut vraisemblablement compilé pour sa cour, ou pour celle de son successeur ; c'est un « manuscrit phare de l'*ars subtilior*, aussi complexe sur le plan rythmique que les recherches actuelles de l'IRCAM[14] ».

Tout cela dénote forcément un intérêt profond, un goût personnel pour la musique et peut-être aussi pour les progrès techniques, dans quelque domaine qu'ils s'appliquent. Mais le moi profond du comte de Foix devait trouver aussi un immense plaisir à entendre dans cette musique la célébration la plus éblouissante de sa gloire.

LE NOM DU COMTE EN MUSIQUE[15]

Poésie et musique, on l'a dit, étaient totalement imbriquées et, sur ces airs, il y avait des paroles qui, pour les pièces profanes, étaient bien souvent à la louange des grands de ce monde, forcément des mécènes. Les auteurs en sont ces « chantres compositeurs » qui, aux côtés des troubadours et des ménestrels, constituent la troisième catégorie des musiciens de cour.

Les pièces musicales profanes de l'*ars nova* s'appuyaient sur des textes complexes et obscurs, remplis de symboles, souvent héraldiques, dissimulant des anagrammes, accumulant les allusions à la mythologie, aux philosophes antiques, les comparaisons aux héros bibliques ou épiques, mais aussi certainement beaucoup de références à des faits contemporains qui devaient être comprises dans les cours du XIVe siècle mais dont la plupart nous échappent aujourd'hui.

Le manuscrit de Chantilly en est un parfait exemple. Il se compose de cent dix pièces, dont treize motets, ces œuvres polyphoniques très complexes caractéristiques du temps, et de nombreuses chansons. Sept de ces motets, plus de la moitié donc, ont été composés en l'honneur du comte de Foix[16].

Dans le premier, l'auteur dit qu'il brûle de chanter Gaston, « déjà admis parmi les astres », parce qu'il est l'égal d'Alcide (Hercule), que ni dans ses œuvres ni dans ses idées il n'est surpassé par Absalon ou par les stoïciens : « Viens, sauve-nous des voleurs qui nous oppressent, sois l'égal des Maccabées et prend la force de Samson, qu'une fleur sorte de tes mains. »

Le deuxième est pour nous bien obscur : des princes voleurs s'adonnent aux vices ; un lion aide les bêtes du pays celte (?) et tout le pays pleure quand passe le cruel lion ; ils (?) peuvent diriger les palais jusqu'à ce que Fébus apparaisse ; le peuple sait qu'il ne sera pas en paix jusqu'à ce que les méchants périssent.

Le troisième évoque peut-être la rivalité entre le glorieux comte de Foix et le « mauvais » Armagnac. « Quand Fébus se lève au monde, décrit son cercle sous l'écliptique et parcourt le zodiaque à travers ses signes prodigieux et disperse les brouillards », il apporte la clarté, et rejette au loin les mauvaises choses. Son rayon brûle les rochers, réchauffe les pôles, fait fondre les cœurs durs et rend clair ce qui était caché. « Toi, la lune, qui souffres une éclipse, en t'éloignant de la queue sophistique du dragon, reçois la lumière de peur d'être rejetée dans l'ombre. »

Les deux suivants sont manifestement l'œuvre d'un auteur pro-français, qui célèbre la fidélité du comte de Foix au roi de France, dont la « vile rumeur » disait qu'elle n'avait pas toujours été de mise. L'un évoque « celui qui apporte le poison de la discorde et l'ibis venimeux (?) » qui ont été vaincus par une démonstration publique de force ; aussi longtemps que le comte s'est montré français, la vile rumeur qu'il était anglais a été balayée ; le chevalier étincelant désire le bien de son pays que l'ennemi essaie d'étouffer, il est ferme comme le roc aussi longtemps qu'il reste loin des arguments des sophistes, car la fleur-de-lys est en lui. « C'est votre force, Gaston, qui vous fait craindre et votre gloire qui vous fait comparer aux anges. » L'autre utilise les symboles héraldiques de la vache de Béarn et du lys de France : la vache qui pâture au milieu des lys et foule l'herbe grasse vainc le chef des bêtes sauvages, bondit sur ses ennemis quand leur corne est plantée dans le chêne, nage à travers le courant dangereux pour atteindre les pâturages fertiles où elle prend pied avec ceux qui la soutiennent.

Les deux dernières pièces célèbrent de façon très précise Fébus et le Béarn et représentent sans doute le texte le plus laudateur jamais écrit pour le comte.

« Méditant parmi les épaisses forêts d'un lieu désert où m'avait attiré la recherche du repos, tandis qu'un ruisselet faisait entendre son murmure, l'enchantement d'un songe m'envahit. Voici qu'apparaît un prince illustre, la tête couronnée d'une chevelure de flamme, son manteau parsemé habilement d'or et de gemmes qui le rebrodent de façon variée. Une troupe de chevaliers l'entoure et une troupe non moins importante de bacheliers qui ne savent pas ce qu'est l'indigence. Tous font hommage à cet homme illustre. Celui-ci possède deux trésors jumeaux que ses rivaux regardent avec envie ; mais les peuples joyeux l'admirent lorsqu'il répand ce trésor de tout côté. Il épuise les limites du globe comme l'aimant attire le fer. Il n'est aussi grand qui se retire sans visiter la demeure de ce prince. Il est entouré de troupes de rhéteurs et, évitant les aphorismes des songes, mieux que tous il résout les énigmes. Il l'emporte sur tous en matière de livres et de lois. Le monde entier demeure frappé de stupeur en contemplant ses hauts faits. Tandis qu'il renverse à terre les bataillons ennemis, le bruit de sa gloire emplit toute la terre. Alors, plein d'exaltation devant tant de merveilles, cherchant le nom de cet homme magnifique et si illustre, j'appris sur-le-champ que ce prince était le puissant Fébus[17] ! » Toute l'imagerie fébusienne est condensée ici : le prince magnifique à la chevelure blonde, la richesse et les largesses, sa garde rapprochée de fidèles, la fascination des « grands » qui viennent le visiter, les livres, la gloire militaire, la dualité de ses Etats (les « deux trésors » jumeaux » que sont le Foix et le Béarn)...

Le Béarn n'est pas en reste sur son prince. Ce pays d'arbres et de ruisseaux, situé au couchant, dominé par ses forteresses, suscite les convoitises ; mais la vache mère et le taureau, le comte lui-même, le protègent et nul n'ose y pénétrer ; d'ailleurs, il n'en ressortirait pas : « Gorgé de pluies qui l'arrosent et de vives fontaines, florissant de plantes et d'arbres au temps printanier, ce jardin embaumant d'odeurs aromatiques, favorisant par ses ombres réparatrices et amènes ceux qui cherchent le repos, ceint de tours qui se dressent haut dans le ciel, il nourrit le paon vêtu de couleurs variées. Ce pays fertile produit des fruits abondants et délicieux. Il s'étend au couchant, retraite pour Fébus déclinant ; ô combien estimable le paysan qui le cultive ! Admirable domaine du taureau. La vache mère protège ce jardin de ses cornes. Que la main de l'homme téméraire, ô mère, blessée par tes cornes, se détourne à bon droit d'y entrer. Que tout homme désireux de dérober les fruits de ce jardin prenne garde de ne pas être retenu par celui qui le cultive[18]. »

En dehors de ces pièces latines, complexes et anonymes, le manuscrit de Chantilly contient un grand nombre de chansons, en français, dont les auteurs sont généralement identifiés et dont certaines, là aussi, célèbrent le comte de Foix[19].

Solage chante Fébus au milieu d'une cour de Muses : « Le Mont Aon de Thrace, doux pays où résonnent les douceurs d'harmonie, en sa cour neuf dames de haut prix qui de beauté tiennent la seigneurie. Là tient Phebus son séjour, car d'elles vient sens, bien et toute honneur, dont cœur d'amant se doit réjouir si leur amour il pouvait acquérir [...] ».

Trebor compare le comte de Foix aux plus grands héros de l'histoire vécue ou rêvée : « Si Jules César, Roland et le roi Arthur furent pour leurs conquêtes renommés au monde, et Yvain, Lancelot, Tristan et Darius eurent pour leur adresse louange, estime et faconde, aujourd'hui luit et en armés tous ceuronde celui qui pour renom et noble destin "Febus avant" en son enseigne porte. Prouesse, vigueur le tiennent au-dessus ; son avis est moult grand, comme du roi Esmonde, ses ennemis grève, dont moult il a mis à terre, sa fourche bien plantée en terre et mer profonde. Sa conduite est digne de la Table Ronde ; liesse, plaisir, réjouissance le conforte. "Febus avant" en son enseigne porte [...] » Ou encore : « Si Alexandre et Hector fussent en vie, an toute leur prouesse et ardement [...] sur tous tiendrait aujourd'hui seigneurie celui qui enseigne porte en champs de batailles "Foix et Béarn, Castelbon et Navailles". Son haut renom est en mainte partie, car il est hardi, courageux et vaillant, en Europe et au pays d'Arménie, n'a nul tel de si bon gouvernement, ne qui si bien aime chevalerie, vers lui vont ceux qui ont comtés et baillies, "Foix et Béarn, Castelbon et Navailles" [...]. »

Même inspiration chez Cuvelier : « Si Galaad et le puissant Artus, Samson le Fort, Tristan, Ogier, Namon, d'audace et prouesse craints, prisés, redoutés furent et de grand nom, dont doit on bien le noble et haut baron redouter et priser, portant en sa devise "Febus avant !" par prouesse conquise [...]. »

« Maître François » rappelle que, comme Apollon, Fébus est seul capable de vaincre le serpent Python : « Phiton, phiton, bête très venimeuse, corps terrestrien, combien régneras-tu, née de sire ingrat, très haineuse, prochainement convient que tu soyez battu de par Phébus le très bel, qui sied en haut, au gent corps très léger, qui durement convient que te confonde toi qui comptes gâter la fleur du monde. »

Certaines pièces semblent se rapporter à la célébration du mariage entre le duc de Berry et Jeanne de Boulogne, mariage conclu avec l'accord de Fébus, le « soleil » qui accompagna la « rose » vers son mari. Ainsi Egidius : « Roses et lis ai vu en une fleur qui moult fleurit et veut fructifier, fruits composés de valeur fleurie qui les mourants feront revivre ; si le soleil l'accompagne en Engaddy[20], la précieuse vigne[21]... »

DITS, PASTOURELLES ET AUTRES CONTES

D'autres formes poétiques existaient au XIVe siècle, certaines traditionnelles, comme les pastourelles ou les *cansos* de troubadours, d'autres qui se dissociaient de la musique pour devenir l'ancêtre de ce que nous appelons, nous, la poésie, tels les « Dits », poèmes récités comme leur nom l'indique,

Dans ce domaine comme dans celui de la polyphonie savante, on trouve des pièces liées à la cour du comte de Foix.

De Peyre de Rius, « trobador de cançons de la casa del comte de Foix », nous avons conservé une chanson, en occitan bien sûr ; Fébus y est chanté comme le modèle de l'homme qui cultive les trois activités d'armes, d'amour et de chasse (« Armas, amors e cassa me play quant s'en amassa al coms qui les manté... »). Peire de Monlasur, troubadour gascon qui obtint une violette dans le concours de 1373 du Consistoire du Gai Savoir de Toulouse, dédia deux de ses poèmes au moins au comte de Foix[22].

Jean Froissart mit en scène Fébus à plusieurs reprises en dehors de ses *Chroniques*. Il le fit dans des pastourelles, genre traditionnellement consacré aux amours champêtres que, avec Eustache Deschamps, il transforma, utilisant le cadre champêtre pour une prise en compte de l'actualité politique et sociale[23]. Dans l'une d'entre elles, entre Lunel et Montpellier, une bergère est triste du départ de son Robin ; mais elle sait qu'il est parti « pour mieux valoir » ; il a emmené avec lui quatre lévriers nommés Tristan, Hector, Brun et Roland qu'elle avait élevés et dont il va faire beau présent ; « il s'en va en une contrée d'un prince de grande renommée, sage, large, noble et vaillant ; nommer le vous veux maintenant : Gaston s'appelle en ses écrits, il tient Foix et Béarn » ; une compagne s'étonne de ce prénom qu'elle n'a jamais entendu de sa vie et elle demande si ce Gaston sait jouer du chalumeau et danser « au pied de Brabant » ; une autre la réprimande : « Tais-toi, folle bien adrecie, quant tu vois mettre un tel prince, de si noble et si grande lignée au nombre de la bergerie, on t'en devrait bien ardoir ; sache qu'il a sens et pouvoir et largesse continuée et tient terre si bien gardée que nul n'y peut voler un besant, tant qu'hommes, femmes et enfants en remercient Jésus-Christ ! » Une autre pastourelle met en scène, « en un beau pré vert et plaisant, par dessus gave la rivière, entre Pau et Orthez séant », des bergers et des bergères qui devisent « des états, des hauts, des moyens et des bas, sans parler de leur bergerie mais d'armes et d'armoiries ». Ils débattent entre eux des armoiries des rois et des princes d'Europe, jusqu'à ce qu'un grand berger dont le père avait dessiné et brodé des blasons tout au long de sa vie vienne dire que les plus belles bannières portaient les armes des Foix-Béarn ; un autre vint rappeler le combat de Meaux contre les jacques ; un dernier enfin décrivit les armes : « Le champ est d'or, c'est un beau drap, mais d'Aragon il se champie, car il en descend de lignée, ainsi il les peut et doit bien porter ; et Berne [Béarn] est, au voir ordiner, de deux vaches en rouges peaux passantes et à leurs hateriaux [équipement, collier] ont esquières d'azur [des cloches bleues], c'est droit. » Et tout au long, « les armes de Berne et de Foix » viennent en refrain[24]. Dans un poème célébrant l'union du duc de Berry et de Jeanne de Boulogne, Froissart rappelle à propos de la jeune fille que « si l'a gardée un puissant homme, le comte de Foix, et nourrie environ neuf ans et demi, en ce n'a blâme ni vergogne[25] ».

Le comte de Foix tient une large place dans le *Dit du Florin*[26]. Froissart donne la parole au dernier florin qui demeure en sa bourse après qu'il s'est fait voler le reste de sa fortune et comme le florin et lui arrivent de la cour d'Orthez, c'est une version poétique du « Voyage en Béarn » qu'il nous livre là. « Vous venez du pays de Foix, du Béarn en la haute Gascogne et n'avez pas eu besoin de moi et m'avez sans mentir tout un hiver laissé dormir en un bourselot bien cousu » : grâce à la générosité de son hôte, Froissart bien sûr n'a pas eu besoin d'argent durant tout l'hiver. Il avait beaucoup désiré « d'aller en mon temps voir de Foix le gentil comte pour un tant que de lui on conte moult de largesses et de biens. Et vraiment il n'y fault rien que largesses et courtoisies, honneur, sens et toutes estimes qu'on peut recorder de noble homme ne soient en celui qu'on nomme Gaston, le bon comte de Foix [...] J'ai moult été et haut et bas au monde et vu des états mais, excepté le roi de France et l'autre que je vis d'enfance, Edouard, le roi d'Angleterre, je n'ai vu en nulle terre état qui se puisse ressembler à celui dont je puis parler, si ce n'est Berry et Bourgogne [...]. Mais tant y a en compte qu'il est large aux étrangers et parle et joue volontiers à eux et dit autant de choses où on peut prendre bonnes gloses que de seigneur que oncques vis ». Avec quelque humour le poète raconte le désagrément qu'il eut à se rendre chaque nuit et par tout temps au château Moncade, mais aussi le réconfort qu'il trouvait à l'arrivée : « Pour ce que j'eus moult de peine, à maint jour et mainte semaine, de moi lever à la mie nuit, ou temps où les cerfs vont en bruit. Six semaines devant noël et quatre après, de mon hôtel à la mie nuit je me partais et droit au chastel m'en allais, quel temps qu'il fît, pluie ou vent, aller m'y convenait. Souvent j'étais, je vous dis, mouillé, mais j'étais bien recueilli du comte et me faisait des ris ; adonc j'étais tout guéri. Et aussi d'entrée première, en la salle avait telle lumière ou en sa chambre à son souper qu'on y voyait aussi clair que nulle clarté peut être : certes à paradis terrestre la comparais moult souvent. »

Le comte Fébus apparaît encore dans la *Vesio*, le long poème historique que Bernat de So écrivit dans un languedocien émaillé de catalan et qu'il termina en 1382. Bernat de So, issu de la famille d'Alion-Usson, seigneurs de Donnezan et vassaux des comtes de Foix aux XIIe et XIIIe siècle, était un seigneur catalan familier de la cour de Pierre IV d'Aragon dont il fut le majordome ; il fut proche aussi de la reine Violante, qui correspondait régulièrement avec Gaston Fébus. La *Vesio* présente un tableau de l'Europe du XIVe siècle, en proposant des modèles de bons gouvernements et en dénonçant de mauvais princes ; elle est animée d'un idéal aristocratique, fidèle aux valeurs chevaleresques d'armes, d'amour et de chasse, valeurs dont l'auteur déplore la disparition (« le monde court à sa perte..., le monde brûle... mais tous les preux sont morts ! »). On ne peut s'empêcher de penser au Fébus vieillissant, celui du *Livre de chasse*, affirmant de la même façon autant son adhésion aux valeurs traditionnelles que sa tristesse de les voir oubliées. Depuis 1311, la famille de So n'était plus vassale des comtes de Foix mais le souvenir des liens étroits de naguère était peut-être encore vivant ; Bernat de So en tout cas admirait le comte actuel et il le dit, dans un style beaucoup plus sobre que celui des poètes mais d'autant plus convaincant : « Je voulus montrer à Foix et à son seigneur l'amour que je lui porte d'un cœur ferme [...] Depuis la Catalogne, je passai en Gascogne pour servir le preux comte qui se fait appeler Gaston[27]. »

Cette énumération d'œuvres n'est certainement pas exhaustive. C'est peu de dire que le comte Fébus a marqué la création littéraire de son temps. On terminera sur les *Contes de Canterbury*. Le « Conte de l'Econome » (*The Manciple's Tale*) raconte l'histoire du seigneur

Phébus, de son épouse infidèle et du corbeau perfide qui révéla l'infidélité et provoqua ainsi le meurtre de l'épouse. On a pu voir le comte de Foix apparaître sous la plume du grand Chaucer[28]. Cela n'est pas invraisemblable. L'écrivain anglais est contemporain de Fébus (v.1340-1400) ; il a longtemps séjourné en France, il a rencontré Froissart, peut-être aussi Eustache Deschamps et Guillaume de Machaut auxquels il a emprunté l'inspiration lyrique de ses rondeaux et ballades. Par ailleurs, si le dieu Phébus était chanté par les poètes du temps, il n'existait pas d'autre « seigneur Phébus » que Gaston III[29]. S'il en est bien ainsi, quelle magnifique description vient alors s'ajouter à la célébration du comte de Foix : « Il était le plus bel homme du monde qui soit ou ait été depuis le début du monde. Quel besoin y a-t-il de décrire ses traits ? Car en ce monde il n'y avait personne de vivant qui soit aussi beau ! »

13

Le savant et le poète

Gaston Fébus avait la passion des livres. « Il l'emporte sur tous en matière de livres », dit un des auteurs qui le célébrèrent[1]. Il en avait, il en fit faire, il s'en faisait prêter et surtout, il en écrivit lui-même. Il y avait de plus grands mécènes que lui, de plus riches bibliothèques que la sienne mais ni Charles V, ni le duc de Berry ni le duc de Bourgogne qui l'emportaient sur lui dans ce domaine ne tenaient eux-mêmes la plume. Le comte de Foix fut le seul prince écrivain de son temps. Non seulement il écrivit, mais il le fit dans les domaines très différents de la poésie (des *cansos*), de la littérature scientifique (*Le Livre de chasse*) et de la littérature religieuse (*Le Livre des oraisons*) et en maniant aussi bien l'occitan que le latin et le français.

LA LANGUE DE FÉBUS

La langue maternelle du comte de Foix était bien sûr l'occitan qu'il devait savoir manier dans ses différents dialectes : le béarnais, certainement son parler naturel puisqu'il fut élevé en Béarn, le gascon commingeois de sa mère, le parler de Foix qui lui était familier par les nombreux Fuxéens qui l'entouraient et par les longs séjours qu'il fit dans ce pays. Trois dialectes bien différents à l'oreille : pour un languedocien, le gascon était *langatge estranh*. On parlait « gascon », c'est-à-dire béarnais[2], à la cour d'Orthez. Froissart à plusieurs reprises confirme cette évidence : il note que le comte s'adressait à lui en français et non « en son gascon » ou le décrit plaisantant avec le sire de Coarraze sur le démon Horton (parle-t-il gascon « comme vous et moi » ?) ; il indique aussi que lorsque Fébus découvrit la culpabilité de son fils, ses premiers mots de colère furent en gascon [3] : la précision est injustifiée parce qu'il est sûr que Fébus parlait « gascon » dans son quotidien et pas seulement en cette occasion-là, mais elle révèle que, pour Froissart, c'est la langue maternelle du comte, la langue du cœur et de l'émotion.

Gaston Fébus maniait aussi l'occitan littéraire, la langue des troubadours, cette langue écrite à peu près uniforme qui assura le rayonnement de la littérature occitane médiévale. C'est dans cette langue qu'écrivirent les poètes languedociens aussi bien que gascons, catalans ou italiens ; c'est dans cette langue que le comte écrivit ses *Cansos*.

Le dialecte pouvait affleurer dans les écrits, par une tournure, par une graphie ; si, dans la poésie des troubadours cela est très rare et reflète plus l'origine du copiste que celle de l'auteur, même au XIVe siècle où les poètes continuèrent d'utiliser la langue convenue de leurs prédécesseurs, les influences sont plus reconnaissables dans les autres écrits. C'est ainsi qu'on a pu détecter dans les traductions occitanes de l'*Elucidari* et de l'Albucassis une provenance toulousaine[4]. Toulouse était alors la capitale de la culture occitane et il n'est pas étonnant que le comte de Foix ait appartenu à sa sphère, autant lorsqu'il concourait pour la *Joya* du *Gai Saber* que lorsqu'il voulut faire traduire en sa langue des ouvrages scientifiques.

Gaston III connaissait bien le latin. Il devait être capable de lire les ouvrages des auteurs antiques de sa bibliothèque (Tite-Live, Justinien,...) et les livres religieux. C'est en latin qu'il écrivit les oraisons qu'on peut le plus certainement lui attribuer.

Il maniait très bien le français : Froissart note que, quand il voulait débattre d'un sujet avec le comte, « trop volontiers en parlait à moi, non pas en son gascon mais en beau et bon français[5] ». Et c'est en français qu'il écrivit *Le Livre de chasse*.

Gaston Fébus apparaît à la croisée des cultures, en un moment important de l'histoire occitane. S'il écrit son grand traité en français, c'est qu'il veut être lu et qu'il sait que la langue de diffusion à l'échelle des cours européennes, c'est désormais le français. Il occupe pourtant une place de choix dans l'histoire de la langue occitane ; si, par sa *Canso*, il assume l'héritage des troubadours, il fait œuvre plus originale et plus enrichissante avec ses traductions d'ouvrages scientifiques, l'encyclopédie de Barthélémy l'Anglais, le traité de chirurgie d'Albucassis, un ouvrage d'Avicenne au moins. A l'heure où la lyrique occitane se sclérose et s'étiole, cette production scientifique, qui n'appartient certes pas à la littérature occitane dans l'acception créative de la littérature puisqu'il ne s'agit que de traductions, marque une étape importante dans l'extension de l'occitan écrit à des domaines jusque-là réservés au latin. Elle témoigne là d'une évolution de la culture, de son élargissement à une classe sociale privilégiée par la naissance et par l'argent, bien sûr, mais laïque, désireuse d'un savoir jusque-là réservé aux clercs. En cela, elle est un marqueur de la culture de la noblesse méridionale, méridionale au sens large puisqu'elle couvre sans nul doute les deux versants des Pyrénées, sur lesquels l'occitan était toujours langue véhiculaire : la traduction d'Avicenne au moins est passée de Barcelone à Orthez. Il est intéressant de noter que ces traductions en occitan portent sur des œuvres scientifiques. Cela correspond, d'une façon très générale, à une prise en compte de la nature et de la physique liée à la redécouverte des œuvres d'Aristote au XIIIe siècle et, en particulier, à la curiosité manifestée par la classe chevaleresque, de plus en plus lettrée, pour le monde qui l'entoure mais aussi pour le monde « exotique », les terres lointaines, les animaux étranges que décrivent les encyclopédistes. Il faut y voir aussi un aspect linguistique : des nobles, même lettrés comme le comte de Foix, devaient avoir plus de mal à lire des ouvrages scientifiques dans une langue qui n'était pas leur langue habituelle que des ouvrages littéraires : ce ne sont pas les romans de chevalerie ou les poésies de Machaut que Fébus a fait traduire en occitan. Il a écrit en français le livre qu'il voulait voir diffuser au plus loin, mais les ouvrages à partir desquels il s'informait et sur lesquels sans doute il travaillait, c'est en occitan qu'il les préférait, ce qui amène à penser que l'excuse formulée à la dernière page de son *Livre de chasse*, « ma langue n'est point si habile à parler le français que mon propre langage », ne relève pas autant d'une « fausse modestie » qu'on pourrait le croire.

La bibliothèque du comte

Aucun inventaire de la bibliothèque de Gaston III n'a été conservé et nous ne pouvons, pour l'appréhender, que mettre bout à bout des informations éparses.

Deux livres ont été réalisés pour lui de façon certaine, les traductions en occitan de l'*Elucidari* et de la *Chirurgie* d'Albucassis ; les volumes aujourd'hui conservés portent ses armes ou sa devise[6]. L'*Elucidari* porte aussi la devise *J'ay belle dame* qui fut celle de Jean Ier de Grailly, le troisième successeur de Fébus. C'est donc que les livres de Fébus sont en tout ou en partie, restés aux mains des comtes de Foix, ce qui est légitime. Trois autres livres aujourd'hui conservés portent la même devise : un exemplaire du *Livre de chasse* de Fébus lui-même, une traduction de Valère Maxime par Simon de Hesdin et *Le Fait des Romains*[7]. On peut imaginer que ces ouvrages avaient aussi appartenu à Fébus ; bien sûr, ce n'est pas une certitude, ils ont pu être acquis par ses successeurs ou par Jean Ier lui-même.

Très précieux enfin, mais bien tardifs, deux inventaires de 1519 et 1533 nous livrent un état de la bibliothèque d'Henri II d'Albret, héritier des Foix-Béarn et donc de Fébus. Aucun élément de permet de dater l'entrée de tel ou tel ouvrage dans la bibliothèque comtale et on ne peut que faire des suppositions s'appuyant sur les dates probables de rédaction.

Fébus a-t-il hérité des ouvrages de ses aïeux ? Rien ne vient le confirmer, rien non plus l'infirmer. Les comtes de Foix du XIIIe siècle avaient connu et protégé les troubadours et les auteurs de sirventès, Roger Bernard III avait été lui-même poète. Le *Livre de chansons, en parchemin, commençant Floquet de Marceille*[8] cité en 1519 et 1533 pourrait bien être un recueil d'œuvres de troubadours ayant appartenu aux ancêtres de Foix. On peut se poser la même question sur les romans de chevalerie : *Lancelot du Lac*, *Aimeri de Narbonne*, le livre contenant les faits d'Arthur de Bretagne, *Guiron le Courtois*, *Le roi Meliadus*, *L'Histoire du chevalier Guy de Warwich*, tous ouvrages du XIIIe siècle au moins. Ont-ils pu appartenir aux ancêtres languedociens ? Ou ces œuvres françaises ont-elles été acquises au temps où les comtes de Foix se sont ouverts à l'influence de la cour de France, avec le mariage de Gaston Ier et de Jeanne d'Artois et avec les campagnes menées pour le roi de France ? Ou ces ouvrages ont-il été copiés pour Fébus lui-même, dont on sait qu'une part de lui était tournée vers le rêve chevaleresque ? Il est très probable en tout cas qu'il les avait en main ; il y a peu de chances qu'ils aient été commandés par les comtes du XVe siècle.

Même interrogation sur les *Méditations* de saint Anselme dont on verra quelle importance elles ont eue pour la constitution du *Livre des oraisons*, sur le Code de Justinien, sur les œuvres de Tite-Live, sur *Le Livre d'Eracles*, « commensant les anciennes histoires dient que Eracles qui fut bon chrestien gouverna l'empire de Rome », un des noms sous lequel est connue la chronique des croisades rédigée à la fin du XIIe siècle par Guillaume de Tyr, la *Bible historiale* (fin du XIIIe siècle), tous ouvrages présents dans la bibliothèque d'Henri II, et même probabilité qu'ils aient appartenu à Fébus.

Deux ouvrages, on l'a dit, lui ont appartenu à coup sûr. Ce sont des traductions occitanes d'ouvrages scientifiques, une encyclopédie et un traité de chirurgie.

L'*Elucidari de las proprietatz de totaz res naturals* est la traduction du *Liber de proprietatibus rerum*, encyclopédie rédigée entre 1230 et 1240 par un moine franciscain, Barthélémy l'Anglais. Cet ouvrage avait eu rapidement un grand succès dans toute l'Europe occidentale ; il fut traduit en italien avant 1309 ; la traduction française ne fut faite qu'en 1372, sur ordre du roi Charles V. La version occitane, conservée dans un manuscrit unique, est la seule à être précédée d'un poème-prologue intitulé « *Palaytz de savieza* » : le comte de Foix entre dans le palais de la dame Sagesse, qui a ordonné qu'on lui ouvre en raison de ses qualités d'honneur, de noblesse, de franchise, d'amour et de prouesse ; il l'aperçoit sur terre et dans les cieux, revêtue d'une robe sur laquelle viennent se briser épées et flèches sans l'atteindre ; elle ouvre son manteau pour montrer au comte ses sept filles. Elle console le prince tourmenté, d'une manière qui rappelle la *Consolation* de Boèce[9]. Au folio 8, la représentation du Palais de la Sagesse est surmontée de la formule « *fayt a istancia del noble princep Guasto, compte de Foysh* » et porte au bas les armes de Foix-Béarn. L'utilisation du mot *princep*, la figuration, au folio I r°, du heaume du comte surmonté d'une énorme vache, symbole du Béarn, suggèrent que cette traduction fut faite au temps des grands succès diplomatiques et militaires de Fébus, après le refus de l'hommage anglais, après la victoire de Launac, au moment où le comte de Foix affirmait hautement la souveraineté du Béarn[10]. Ce qui correspond à peu près à l'époque où fut réalisée la version française. Peut-être la nouvelle qu'une traduction était en œuvre à la cour de France a-t-elle donné envie au comte de Foix de faire réaliser la sienne avant [11] ? Le manuscrit de l'*Elucidari* est un ouvrage magnifique, richement enluminé ; en l'absence du manuscrit original du *Livre de chasse*, c'est le plus beau manuscrit qui ait survécu de la bibliothèque d'Orthez : représentations allégoriques de la Sagesse, représentations du ciel, du zodiaque, de la lune, personnages richement habillés, musiciens, créatures humaines ou animales fantastiques, bêtes sauvages en remplissent les pages. Le comte de Foix a certainement suivi de près sa réalisation et on peut sans doute voir son influence dans les scènes de chasse ou dans cette scène d'un roi sauvé par ses chiens qui rappelle les histoires contenues dans *Le Livre de chasse.* On connaît surtout Fébus pour son amour de la littérature et de la musique ; au travers de l'*Elucidari*, c'est son goût du dessin et des couleurs qui apparaît, et son inclination pour l'art de l'enluminure. Pour Fébus, l'*Elucidari* dut être un outil de travail autant qu'une source de connaissance ; il s'en servit sans doute dans son *Livre de chasse.*

La traduction occitane de la *Chirurgie* d'Albucassis est aussi un manuscrit unique. Abu al Qasim Khalaf ibn Abbas al-Zahrawi fut médecin à Cordoue où il mourut vers 1013. C'est à partir d'une traduction latine réalisée à Tolède vers 1180 que son œuvre se diffusa en Occident. La traduction occitane a dû être réalisée à partir d'un manuscrit latin conservé à Montpellier[12]. Le manuscrit porte les armes et la devise de Gaston Fébus, mais on ne sait si c'est lui qui a commandé la traduction. On est tenté de le croire, elle procède de la même volonté de mettre des ouvrages techniques à la portée d'une noblesse de plus en plus avide de savoir. C'est là aussi un beau manuscrit qui, outre sa page de garde richement décorée, comporte de nombreuses représentations techniques en couleurs d'instruments de chirurgie.

A part ces deux ouvrages, quels livres Fébus fit-il copier à son usage ? La correspondance de la cour d'Aragon indique que, sur sa demande, le comte de Foix a prêté en 1389 à la reine Violante de Bar son exemplaire des poésies de Guillaume de Machaut, il lui a demandé de lui en faire retour ; huit mois plus tard, l'ouvrage n'était toujours pas rendu et le comte s'en inquiétait. Violante expliqua qu'elle l'avait prêté à une dame chassée depuis de la cour, elle finit par le récupérer mais elle le prêta à un autre noble[13]. Il est fort possible qu'il n'ait jamais été rendu ; Fébus mourut peu de temps après et on ne trouve pas cet ouvrage dans les inventaires du XVIe siècle. En contrepartie de ce prêt, le comte avait demandé à la reine une traduction en langue vulgaire du grand médecin et philosophe iranien Avicenne dont il voulait faire copier l'œuvre. Cela dut se réaliser car on retrouve « l'Abissene » dans la bibliothèque d'Henri II.

Reprenant les inventaires d'Henri II, nous pouvons essayer de discerner les ouvrages qui peuvent avoir été acquis ou copiés par la volonté de son illustre prédécesseur. Sans revenir sur les œuvres de saint Anselme, de Guillaume de Tyr, de Justinien ou de Tite-Live citées plus haut, il est vraisemblable que les œuvres de Boccace, contemporain de Fébus (1313-1375), « le Livre du Verger » (*Le Songe du Verger*, long dialogue sur les pouvoirs respectifs du pape et du roi de France composé sur l'ordre de Charles V en 1376 ?), *L'Arbre des batailles*, rédigé vers 1386-1389 par Honoré Bovet dont on a dit plus haut les liens avec le comte de Foix, sont à mettre au crédit de Gaston Fébus. Peut-être aussi les deux livres de chirurgie, différents de l'Albucassis, indiqués en 1519, qui doivent être le « livre de chirurgie » et le « livre de recettes et remèdes pour blessures » cités en 1533 : on ne peut s'empêcher de les rapprocher de l'Albucassis, bien sûr, mais aussi des descriptions si détaillées des soins apportés aux chiens dans *Le Livre de chasse.* « Le Livre en parchemin intitulé *De la propriété des choses* » (1533) est-il une version française de l'*Elucidari*, intitulé, lui, *Le Palais de Sagesse*, ou une autre encyclopédie (le *De natura rerum* de Thomas de Catimpré ?) ? « Le livre des trésors qui parle de la naissance de toutes choses » est-il *Le Livre du Trésor*, encyclopédie française du Florentin Bruneto Latini (v.1263-1264) ? Cela est vraisemblable car l'influence de cet ouvrage a été relevée dans *Le Livre de chasse*[14]. Tous ces titres en tout cas se rattachent à la littérature encyclopédique.

Malgré les nombreuses incertitudes, ce qu'on devine de la bibliothèque de Gaston Fébus révèle au moins deux domaines essentiels de choix : la connaissance scientifique (encyclopédies, traités de médecine) et l'actualité littéraire (Machaut, Boccace) et peut-être politique (Bovet, *Le Songe du Verger*). Le comte de Foix était un homme curieux de toutes choses et particulièrement des choses de son temps ; c'était vrai dans le domaine littéraire comme ce l'était dans le domaine musical ou dans le domaine technique. La correspondance entretenue avec la cour d'Aragon atteste de cette curiosité. Quand Fébus entendit parler d'un franciscain qui racontait à la cour l'histoire merveilleuse du « Royaume du Prêtre Jean » (l'Ethiopie), il écrivit au roi pour inviter ce moine à Orthez. Quand son fils Yvain, de retour d'un séjour à Barcelone, lui rapporta qu'il y avait vu les éléments d'une horloge orientale permettant de « connaître les heures de jour et de nuit », il écrivit encore au roi pour demander le prêt de cette machine ; le roi accepta en précisant qu'il faudrait du temps car il fallait rassembler diverses pièces dont certaines se trouvaient à Valence.

Comme il est dit du jeune seigneur qui se présentait devant le Palais de Sagesse, “per fort desir de saber tot ardia”[15] ».

LES *CANSOS*

Une « *canso de mossen Gasto, comte de Foix, per laqual gazaynet la joya a Tolosa* » figure dans un chansonnier provençal, dit le Chansonnier de Saragosse, recueil de 18 pièces formant visiblement un

Gaston Fébus : illustration d'ouverture de son *Livre de chasse.* Pour le rédiger Fébus a fait preuve d'un grand sens critique et d'un esprit scientifique, et l'a enrichi d'une expérience personnelle sans doute inégalée. Parmi les 44 exemplaires qui en ont été conservés, le ms 616 de la Bibliothèque nationale de France (début XVe siècle) est un des plus beaux manuscrits que nous ait légués le Moyen Age.

Le livre de chasse

Scènes du *Livre de chasse de Gaston Fébus, comte de Foix, seigneur de Béarn*, XIVe siècle, Bibliothèque Mazarine, Paris. S'y révèlent sa profonde connaissance de la nature, des animaux chassés et des techniques de chasse à courre ou de piégeages, même si le comte de Foix désapprouvait ces dernières.

Le livre des Oraisons...

Cy commencent plusieurs bonnes oroysons en latin et en francoys.

Adonay domine deus omnipotens qui fecisti ex solo verbo tuo celum et terram mare et omnia que in eis sunt. qui saluasti noe seruum tuum in diluuio aquarum dum magnus furor tuus erat contra orbe terre pro peccatis eorum. qui saluasti populum tuum israel de

Gaston Fébus a composé *Le Livre des oraisons* en réunissant des prières empruntées à des auteurs chrétiens et des textes personnels dans lesquels il évoque, sans le révéler vraiment, un péché qui pourrait le damner. Curieusement, ce texte fait suite au *Livre de chasse* dans l'exemplaire adressé à Philippe, duc de Bourgogne (Bibliothèque nationale de France, ms 616).

Un seigneur des arts et des lettres

La cour d'Orthez fut un des creusets de la recherche musicale au XIVe siècle. Les musiciens *ci-dessous* que Fébus entretenait ou qui séjournaient chez lui écrivirent nombre de pièces en son honneur, contribuant ainsi à propager sa gloire dans les cours d'Europe. Fébus avait aussi la passion des livres : il en avait, il en fit faire, il s'en faisait prêter et il en écrivit lui-même !

Ci-contre et en bas, animaux exotiques tirés de l'*Elucidari.*

Froissart offrant son ouvrage à Fébus. Le célèbre chroniqueur a consacré au comte de Foix les plus belles pages de ses *Chroniques de France et d'Angleterre*.

Enluminure flamande fin XVe siècle dans *Chroniques de France et d'Angleterre*. Ms royal 14 D. V, fol.8.

Un homme de sciences

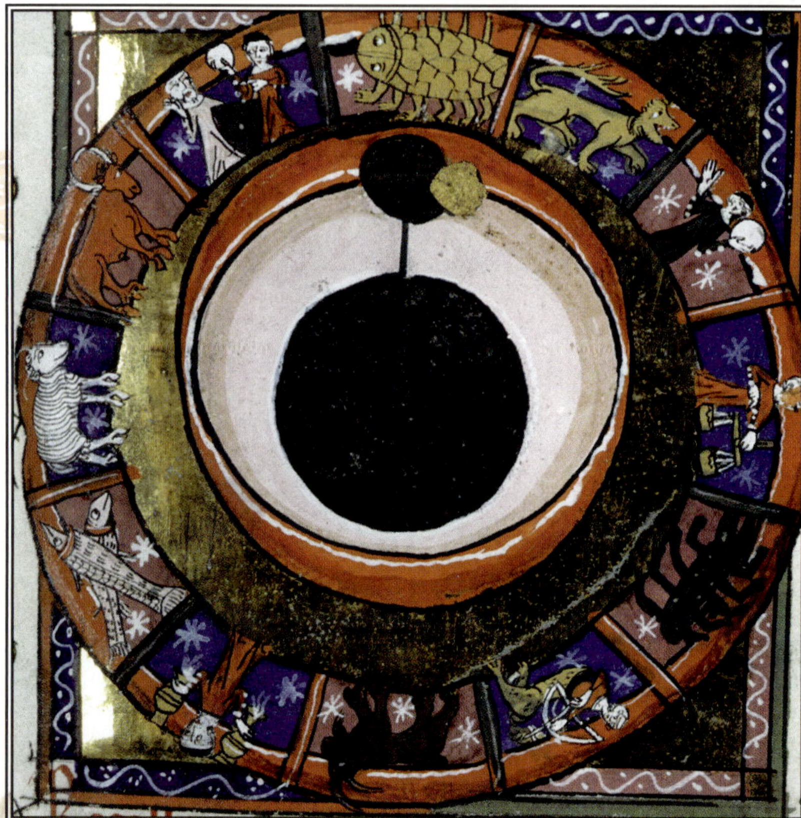

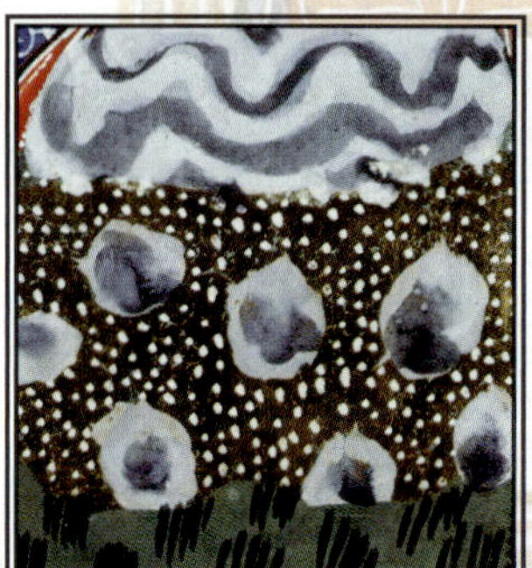

Zodiaque (*en haut*), nuage, pluie et neige, éclipses de lune (*ci-dessus*) et rose des vents allégorique (*à g.*) : miniatures tirées de l'*Elucidari de las proprietatz de totaz res naturals*, de l'encyclopédie de Barthélemy l'Anglais que Fébus fit traduire en occitan. Ce manuscrit magnifiquement enluminé était son exemplaire personnel et lui servit certainement pour rédiger son *Livre de chasse*.

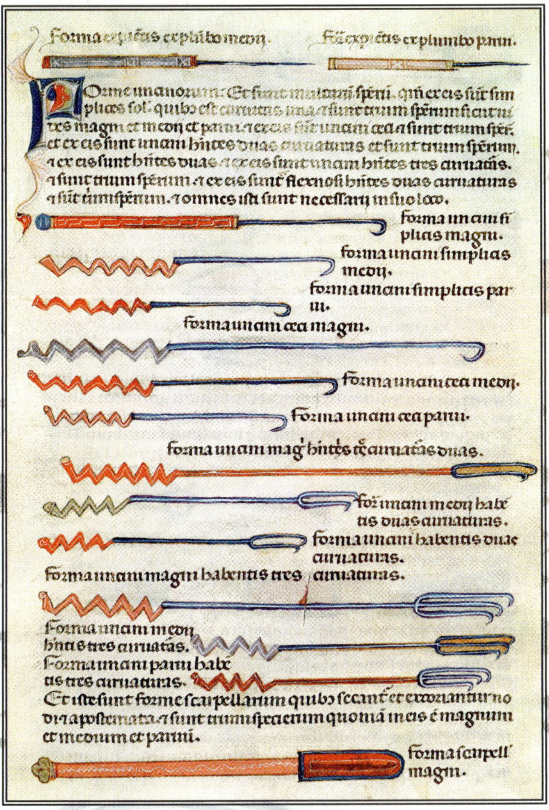

Gaston Fébus était particulièrement attiré par le savoir scientifique. Il fit traduire en occitan le *Traité de Chirurgie* du médecin andalou du XIe siècle, Albucassis. *Ci-contre* : Différents instruments chirurgicaux.

Fébus possédait aussi une traduction de l'œuvre du médecin et philosophe iranien Avicenne et, probablement, les encyclopédies de Bruneto Latini et de Thomas de Catimpré.

Ci-dessous : Miniature tirée de l'*Elucidari*. Selon la croyance populaire en cours alors, la calandre (sorte d'alouette) se détourne en présence des mourants.

Les armes de Fébus, unissant celles de Foix (les pals de gueules) à celles de Béarn (les vaches) dans un éclat « sang et or » furent souvent célébrées par les poètes. Le comte les faisait figurer sur son sceau et sur sa monnaie. Il les apposa aussi comme ex-libris sur les manuscrits de sa bibliothèque, ou ici sur celui de l'*Elucidari*.

Statue de Gaston Fébus à Orthez. Le personnage fait partie aujourd'hui de la mythologie pyrénéenne et son image est partout présente de Foix en Béarn. Mais le plus original dans la légende « fébusienne », c'est qu'elle fut en grande partie forgée par le comte lui-même.

groupe et destinées aux concours organisés depuis 1324 par le Consistoire du Gai Savoir, de Toulouse. « Cette sorte d'anthologie reflète l'idéal poétique dont le Consistoire imposait la poursuite aux concurrents et qu'il a essayé de définir dans les diverses rédactions des *Leys d'amor* [16] ». Des allusions à des personnages historiques permettent de dater la plupart de ces pièces des années 1330-1350, ce qui ferait du comte de Foix un jeune troubadour de 19-20 ans. Ce n'est pas impossible. Ce poème est une *canso*, chanson d'amour traditionnelle de la poésie d'oc, en cinq strophes de huit vers suivies d'un envoi, dans laquelle s'énonce l'éternelle plainte de l'amant qui brûle pour une dame inaccessible. Il appartient à une littérature occitane qui se caractérise alors par la permanence des formes anciennes, qui se codifie plus qu'elle n'évolue et qui, loin de renouveler l'inspiration féconde des XIIe et XIIIe siècles, la réduit en la soumettant à l'orthodoxie religieuse imposée au Midi. Si Fébus a continué à écrire des chansons – mais on n'en connaît aucune autre –, on peut imaginer que sa fréquentation des auteurs contemporains, dans leur personne ou dans leurs livres, et son attrait évident pour les choses de son temps l'ont conduit sur d'autres chemins poétiques ; il faudrait donc voir dans cette *canso* sauvée de l'oubli une œuvre de jeunesse, même si elle fut considérée en son temps comme digne de servir de modèle.

A ras can vey del boy fuylar la rama,
Say que'm destreyn e'm pren e m'enliama
L'amor qu'antan me cuget ostar l'arma
E'm fay voler leys qui de fin pretz s'arma
Si qu'en mon cors a-t mon cor et l'aflama,
E, ses mi dons, no'm pot gandir nuy l'arma
Pel'greu turmen que de joy me desarma,
Don hieu trach pietg que cel qu'en infer crema. [...]

E ges per ço, Mos Xapayros, no's tema
que'm lay d'amar, car no crey fos de crema
Nuyls hom cochatz, mays d'amar se jausischa,
Qu'ieu l'amaray tro la vida'm fenischa,
Per qu'enaxi co'l mariner que rema
Contra mal temps, cercan port bon gandischa,
Cerca mos cors, per tal que s'esjausisca,
Mi dons, car es de Pretz sus alta cima [...][17]

L'historien ne connaît pas d'autre chanson du comte de Foix, mais les Pyrénéens, eux, en connaissent une : c'est leur chanson la plus célèbre, « la chanson de Gaston Fébus », par laquelle ils se souviennent qu'ils ont eu un prince poète et qu'ils chantent encore aujourd'hui chaque fois qu'ils sont heureux d'être ensemble : *Aquelas montanhas que tant hautas son m'empachon de veyre mas amors on son. Se canta, que canta, canta pas per ieu, canta per ma mia qu'es alein de ieu*[18]. La langue n'est pas médiévale, la forme renvoie à l'époque romantique, mais, après tout, il s'agit bien du thème des troubadours, qui languissaient après une dame lointaine, et les légendes ont bien toutes un fond de vérité. Alors, pourquoi ne pas imaginer que c'est sur qui avait été une *canso* du comte de Foix que les siècles ont passé et repassé ?

Le Livre de chasse[19]

Historiens et détenteurs de la mémoire populaire sont d'accord en revanche pour lier indissociablement et avant toute chose le nom de Gaston Fébus et celui du *Livre de chasse*.

« Ce présent livre fut commencé le premier jour de mai, l'an de grâce de l'Incarnation de Notre Seigneur que l'on comptait mille trois cents quatre-vingts et sept ; et ce livre ai commencé à cette fin que je veux que chacun sache, qui ce livre lira ou orra, que de chasse, je l'ose bien dire, il peur venir beaucoup de bien[20] ».

En entreprenant ce gros ouvrage, le comte de Foix s'inscrivait dans une tradition ancienne et dans un contexte très contemporain. La tradition, c'était celle des traités latins et, rarement, français, dont les plus illustres avaient été le traité de fauconnerie de l'empereur Frédéric II de Hohenstaufen, *De arte venandi cum avibus* (v.1244-1250), et la *Chace dou cerf*, le premier manuscrit français de vénerie (seconde moitié du XIIIe siècle). Le contexte, c'était l'apparition d'un genre nouveau, le « livre de chasse », beaucoup plus complet, qui mêlait le savoir technique, le discours moral, le souci didactique, les procédés littéraires à la mode et, souvent, l'iconographie. Les trois œuvres majeures furent réalisées quasiment sur une génération : *Le Livre du Roy Modus et de la Royne Ratio*, du seigneur normand Henri de Ferrières, entre 1354 et 1376, *Le Roman des deduis*, de Gace de la Buigne, chapelain du roi Jean le Bon, entre 1359 et 1377, et *Le Livre de chasse* de Gaston Fébus en 1387. L'ouvrage du comte de Foix est celui qui eut le plus grand succès en son temps et longtemps après : Buffon encore, à la fin du XVIIIe siècle, l'utilisera.

Ce genre littéraire est apparu à l'époque où la noblesse s'affirmait de façon plus aiguë que jamais comme appartenance à une élite autant qu'à un lignage, une élite qui se distinguait du « vilain » dans son comportement et dans ses activités. Faire la guerre, parler d'amour et chasser étaient les activités nobles par excellence. La chasse était hiérarchisée comme l'était la société. La chasse à courre et la fauconnerie étaient réservées au monde noble par les moyens financiers qu'elles impliquaient, mais elles étaient devenues aussi un privilège de droit. Aux non-nobles était laissée, quand toutefois elle leur était autorisée, la chasse « aux pièges et aux engins », pour laquelle le grand seigneur qu'était Fébus avait une aversion évidente. Dans la chasse, les nobles pouvaient faire démonstration de courage, d'endurance, d'intelligence et d'adresse, elle valait entraînement au combat et aventure en forêt, elle apportait l'exaltation physique, le bruit et la couleur des équipages, la convivialité et l'allégresse des festins, la camaraderie masculine pour la chasse à courre, l'élégance et la conversation des dames pour la chasse aux oiseaux... *Le livre de chasse* était donc le livre noble par excellence et l'importance qu'y prit l'iconographie, impliquant le recours aux services luxueux d'un enlumineur, le place au rang de la littérature de cour.

Pour Gaston Fébus, *Le Livre de chasse*, rédigé en quelques mois, fut l'œuvre de toute une vie, la mise par écrit d'une expérience quasi quotidienne, vécue dans la passion mais aussi avec la curiosité et l'envie de savoir que le comte mettait en tant de choses. Il y apparaît le désir profond, ressenti au soir de sa vie, de transmettre une expérience qu'il savait exceptionnelle.

Le traité de Fébus se compose d'un prologue dans lequel il expose son propos, annonce clairement les parties de l'ouvrage et explique la valeur morale de la chasse, et de quatre livres : « Des bêtes douces et des bêtes fauves », où sont décrites une à une toute les espèces animales chassées, « De la nature des chiens et de leur dressage », où sont décrites les différentes races de chiens, leur reproduction, leurs maladies et les soins, « De l'instruction des veneurs et de la chasse à courre », où il est traité des modalités et du déroulement de chaque type de chasse à courre avec un très long développement sur la première de toutes les chasses, celle du cerf, de l'assemblée des chasseurs à la curée et au dépeçage, « Chasses aux pièges et engins et à l'arbalète », où sont énumérées et décrites les autres façons d'attraper le gibier.

La justification morale de la chasse, qui éloigne de l'oisiveté, la mère de tous les vices, le souci didactique, la description des techniques de chasse, y compris des pièges, se retrouvent dans les traités d'Henri de Ferrières et de Gace de la Buigne. Mais à ce contenu attendu, le comte de Foix apporte une clarté et une sobriété de ton qui lui sont propres, une science bien supérieure due à une expérience personnelle inégalée et qui justifie la déclaration préliminaire que, dans ce domaine, il « doute d'avoir eu nul maître, si vaniteux que cela semble », un regard critique sur la tradition trop souvent aveuglément rapportée depuis l'Antiquité, qui font de son ouvrage une œuvre tout à fait originale et expliquent son succès[21].

La première phrase du *Livre de chasse* est la plus célèbre de toute l'œuvre de Fébus : « Moi, Gaston, par la grâce de Dieu, surnommé Febus[22], comte de Foix, seigneur de Béarn, qui tout mon temps me suis délité par especial de trois choses, l'un est en armes, l'autre est en amours et l'autre si est en chasse. » C'est à lui qu'on doit d'avoir mis si clairement la chasse sur le même plan que les armes et l'amour, les deux *topoi* de la littérature courtoise. Suit, dans le Prologue, une démonstration des vertus de la chasse. La chasse est une parade contre l'oisiveté et contre « la mauvaise imagination », par elle on échappe donc aux sept péchés mortels. Cela, d'autres que lui l'on dit, mais aucun ne l'a dit avec autant de détails concrets, avec autant de saveur. Le récit de la journée saine du veneur est rempli d'une vie extraordinaire, depuis le matin où il se lève avec le soleil et dans le chant des oiseaux jusqu'au soir où, lavé et restauré, il va se coucher dans des draps bien frais. Non seulement, sa vie est heureuse et longue puisqu'elle est saine, mais, comme il n'a pas eu le loisir de pécher, à sa mort il va tout droit au paradis : « Je dis donc que les veneurs s'en vont au paradis, quand ils meurent, et qu'ils vivent plus joyeusement que nulle autre gens [...] Soyez donc tous veneurs, vous agirez en sage. »

Gace de la Buigne et Henri de Ferrières ont choisi d'enseigner la chasse par le débat (débat entre Amour de chiens et Amour d'oiseaux chez le premier) ou par le dialogue (questions de l'apprenti et réponse du roi Modus), leurs œuvres sont en vers en totalité (Gace de la Buigne) ou en partie (Henri de Ferrières) ; dans les deux, la matière cynégétique est facilement noyée dans un fatras allégorique ou une indigeste psychomachie (combat des Vices et des Vertus) ; la morale occupe une part au moins égale à la chasse.

Le comte de Foix, lui, n'utilise pas d'artifices : il enseigne *ex cathedra*, il transmet sa science. Les réflexions morales, qui semblent être une exigence du temps, il les concentre dans son prologue, elles n'encombreront pas le corpus cynégétique. Pour celui-ci, il adopte une présentation très claire, un plan-type pour chaque animal, il est sobre et concis dans ses descriptions, mais complet : il ne s'attarde pas sur la description d'un animal que tous connaissent (« L'ours est assez commune bête ; aussi n'y a-t-il pas lieu de le décrire car il y a peu de gens qui n'en aient vu »), mais il donne tous les détails qui peuvent servir à identifier un animal peu connu (« Le bouc [bouquetin] n'est pas commune bête que chacun connaisse, c'est pourquoi je veux décrire sa nature, façon et vie. Des boucs, il y a deux manières : les uns s'appellent boucs sauvages et les autres boucs isards [...] Ils ont de grandes barbes et sont bruns, de poil de loup, et bien velus et ils ont une raie noire tout le long de l'échine et les fesses et le ventre fauves. Les jambes de devant sont noires et celles de derrière fauve. Leurs pieds sont comme ceux des autres boucs privés ou chèvres et leurs traces plus grosses, grandes et rondes que celles d'un cerf »).

Il a lu Barthélemy l'Anglais ou Bruneto Latini dont nous avons vu qu'il avait les œuvres à portée de main, Thomas de Catimpre peut-être et peut-être d'autres et par eux il a eu accès à une « science » zoologique qui était en fait une compilation d'auteurs antiques, Pline ou Aristote, une accumulation de quelques vérités et de beaucoup de légendes. Parfois il les ignore, parfois il les répète, ce qui prouve qu'il les connaît, mais avec beaucoup de réserves. A cela s'ajoutent des croyances populaires, transmises dans les campagnes de génération en génération, il les a retenues, il les confirme s'il a pu les vérifier, il les met en doute dans le cas contraire. Par exemple, le loup mange la nourriture que la louve a apportée à ses petits, ce qui peut les faire mourir de faim : « et quand la louve s'aperçoit qu'il fait ainsi, quand elle retourne à ses petits, elle vient par le couvert et ne se montre au loup qu'après avoir vu s'il y était ou non. Et s'il y est, elle se cache jusqu'à ce qu'il soit allé quérir sa proie pour la faim qu'il a et quand il s'en est allé, elle porte à manger à ses petits *et c'est droite vérité*. Certains ajoutent qu'elle se baigne le corps et la tête quand elle revient, afin que le loup ne sente pas ce qu'elle a porté, *mais je ne l'affirme pas.* » Il reprend l'affirmation de Pline sur l'ours – c'est une de ses rares « erreurs » : « Quand l'ours fait sa besogne avec l'ourse, ils se conduisent à la façon d'un homme et d'une femme, tout étendus et l'un sur l'autre. » Il essaie par contre de trouver une explication logique à une tradition qui peut paraître aberrante : si la louve choisit le plus laid des mâles qui la suivent (c'est écrit chez Bruneto Latini), c'est en fait qu'elle choisit celui qui a le plus couru et le plus jeûné pour la suivre pendant des jours et des jours et qui donc finit par être le plus maigre et le plus misérable.

Après la description de l'animal, les amours, la reproduction, les mœurs, le comportement face au chasseur, le tableau se complète de l'utilisation qu'on peut faire de l'animal mort : « On dit que le pied droit de devant du loup porte remède au mal des mamelles et aux bosses qui viennent aux pourceaux privés sous les mâchoires ; et aussi le foie du loup séché et réduit en poudre est bon pour le foie de l'homme ; mais je ne l'affirme pas car je ne veux rien mettre en mon livre qui ne soit droite vérité. La peau du loup est bien chaude pour faire moufles et pelisses, mais ce n'est pas une belle fourrure et, de plus, elle pue toujours si elle n'est pas bien préparée. »

Le deuxième livre est un véritable hymne au chien, ce qui était assez nouveau en son temps. Le chien depuis l'Antiquité avait été décrié comme animal impur et lié aux Enfers. « C'est la plus noble bête, la plus raisonnable et la plus avisée que Dieu fit jamais et je n'excepte en bien des cas ni l'homme ni aucune chose [...] Le chien est fidèle à son maître et de bon amour et de vrai ; le chien est de bon entendement et a grande connaissance et grand jugement ; le chien a force et bonté ; le chien a sagesse et c'est bête sincère [...] Les chiens procurent tous les plaisirs [...]. » Les qualités du chien sont illustrées par deux histoires en forme d'*exempla* qui viennent distraire le lecteur des passages très techniques. La science de Fébus en matière vétérinaire est inégalable. Il semble bien que le maître n'ait pas répugné à accomplir lui-même des tâches normalement dévolues aux valets tant ses indications sont vivantes et précises.

« Les chiens ont encore une autre maladie qui leur vient du rhume : c'est qu'ils ont la morve aux narines comme un cheval et ne peuvent rien sentir, et finalement, certains en meurent. Faites bouillir du mastic et de l'encens bien pulvérisé dans de l'eau avec un produit qui s'appelle *storax calamita*, du lapda, de la camomille, du mélilot, du romarin, du calament, de la nielle, de la rue, de la menthe et de la sauge, et faites tenir les narines du chien sur le pot où cela bouillira, afin qu'il reçoive la fumée par les narines, et maintenez-le ainsi longtemps, trois ou quatre fois par jour, jusqu'à ce qu'il soit guéri. Et ce remède vaut également pour le cheval quand il est morveux et pour l'homme quand il est fort enrhumé. »

« Il advient que les chiens se battent et soient blessés. On doit prendre alors de la laine de brebis non lavée et de l'huile d'olive un peu chaude et baigner la laine dans l'huile ; la poser ensuite sur la plaie du chien et l'y fixer. Et l'on fera cela pendant trois jours entiers. Ensuite, deux fois par jour, oignez la plaie d'huile sans rien mettre dessus et, s'il se lèche de la langue, il guérira, car la langue du chien porte remède, surtout à ses propres plaies. Et si, par aventure, les vers venaient sur la plaie, comme il arrive, ôtez-les chaque matin avec une aiguille de bois et mettez-y du jus de feuille de pêcher mêlé à de la chaux vive, jusqu'à la guérison. » Et, pour le cas où vous ne comprendriez pas : « Les choses qui vous paraissent obscures à entendre, vous les trouverez et les apothicaires les comprendront bien ».

On retrouve la même connaissance technique, visiblement expérimentée personnellement, dans les instructions pour l'élevage des chiens, leur dressage, l'entretien et l'hygiène du chenil. Et bien sûr dans le troisième livre, consacré à la formation du veneur qui est aussi le lieu de la description de la chasse elle-même. Recherche de l'animal, pistage, débusquage, poursuite, réactions, ruses du gibier et des hommes, tout est examiné en détail, jusqu'à la curée et au dépeçage décrits par quelqu'un qui ne peut que l'avoir pratiqué lui-même. Il émane du *Livre de chasse* une connaissance parfaite de la nature – une nature certes vue au prisme de la chasse –, des saisons, du paysage végétal ou aquatique, de la température de l'air... Le comte de Foix a mis une grande part de sa vie entre les lignes. Et il a rendu son récit très vivant en intercalant aux descriptions techniques des témoignages personnels. « C'est ainsi que j'ai vu un cerf échapper aux deux meutes réunies du roi Philippe et du comte d'Alençon, son frère, qui avaient alors les meilleurs chiens que nul n'en saurait avoir à présent dans les futaies de la forêt de Compiègne ». Le sanglier « est une orgueilleuse et fière bête et périlleuse, car j'en ai vu parfois arriver bien des maux : j'en ai vu un frapper un homme du genou jusqu'à la poitrine, le fendre et le jeter mort d'un seul coup, sans souffler mot ; et moi même j'ai été porté maintes fois à terre, moi et mon coursier, et mon coursier tué »...

Le dernier livre, le comte l'a écrit par devoir : il veut être complet et, dans son souci d'enseigner la chasse à tous puisqu'elle est la clé du paradis, il ne veut pas laisser de côté ceux qui ne peuvent pratiquer la chasse à courre et qui ne peuvent qu'utiliser pièges, engins ou arbalètes. « Je ne devrais enseigner à prendre les bêtes que par noblesse et par gentillesse et pour y prendre agrément : il y aurait ainsi plus de bêtes si on ne les tuait pas faussement et il s'en trouverait toujours à chasser. » Il décrit donc ces chasses avec regret, parfois il laisse à l'image le soin d'expliquer la fabrication d'un engin. Mais il redit sans cesse son aversion pour ces procédés : « On peut prendre les lièvres avec diverses sortes de cordes, que je voudrais voir au cou de ceux qui les utilisent. » Prendre des cerfs avec des lacs, « c'est en vérité une occupation d'homme gros et vieilli ou qui ne veut travailler » ; de la chasse aux fosses, « j'en ai assez dit, car c'est chasse de vilains, de gens du commun et de paysans » ; quant à prendre les ours aux dardiers, « je n'en dirai pas plus car c'est une vilaine chasse ».

Les veneurs vont au paradis, cela a été dit dans le Prologue. Mais ceux qui utilisent pièges et engins y vont-ils aussi ? Eh bien oui, dit le comte de Foix avec un certain humour : « J'affirme que s'il n'est bon veneur, il n'entrera jamais en paradis, mais de quelque manière qu'il le soit, je crois bien qu'il entrera en Paradis, non certes en plein milieu, mais à l'entrée, et il sera au moins logé dans les faubourgs ou basses cours du Paradis ».

Gaston Fébus a écrit un *Livre de chasse* qui, de l'avis unanime, dépasse tous les autres. Il a su utiliser, avec un grand sens critique, ce que la tradition avait légué dans ce domaine et il l'a enrichi d'une expérience personnelle sans doute inégalée. Il l'a rédigé d'une façon à la fois ordonnée, « scientifique », claire, sans artifice et sans redite, et très personnelle et très vivante. Son discours « est modelé sur le vécu et respire les grands espaces »[23].

Gaston Fébus a dédié son *Livre de chasse* à un autre grand chasseur, Philippe, duc de Bourgogne, « notre maître à tous qui sommes du métier de vénerie », auquel il a envoyé un exemplaire, illustré. Cet exemplaire a été précieusement conservé pendant des générations, il a disparu à Madrid en 1809. L'exemplaire de Fébus lui-même n'a pas été conservé. On a toutes les raisons de le regretter bien sûr. Etait-il enluminé comme l'était l'*Elucidari* du comte ? Les illustrations étaient prévues dès l'origine, tant dans la description des animaux (« les boucs isards ont leurs corps et leurs têtes de la forme qui est ici figurée ») que dans celle des pièges où souvent le texte est réduit au minimum, place étant laissée à l'image.

Le comte de Foix a fait circuler son livre. Il l'a prêté en 1389-1390 à Jean Ier d'Aragon et à Violante de Bar, deux grands chasseurs eux aussi ; chacun le remercia ; il leur écrivit qu'il allait le faire enluminer[24]. Mais eut-il le temps de le faire ? Aymeric de Peyrac rapporte qu'il a

« entendu dire au seigneur de Cussine, sénéchal de Toulouse, au cours d'un repas [chez lui], que le comte avait composé un livre sur les chasses, leurs méthodes et les instructions utiles aux chasseurs ; qu'il lui avait prêté ce livre, à titre amical, moyennant dix mille florins ». L'ironie est évidente sur le titre « amical » cautionné par une somme énorme – on sait que l'abbé de Moissac n'aimait pas le comte de Foix – mais l'énormité de cette somme, justement, pourrait laisser penser qu'il s'agissait d'un ouvrage enluminé. Fébus avait-il plusieurs exemplaires de son œuvre ou n'en avait-il qu'un qu'il a fait circuler ? S'il en avait eu plusieurs, il y aurait eu plus de chances d'en voir conserver un Dans le cas contraire, cet exemplaire a pu ne pas être rendu parce que le comte était mort, et se « perdre » ainsi, comme sans doute son exemplaire de Machaut.

Un exemplaire du *Livre de chasse*, le ms. fr. 619 de la Bibliothèque nationale de France, a indiscutablement figuré dans la bibliothèque de Jean Ier de Grailly dont il porte la devise ; il est très bien illustré de dessins en grisaille. Le ms fr. 616 est un des plus beaux manuscrits que nous ait laissés le Moyen Age. C'est l'exemplaire le plus célèbre du *Livre de chasse* de Gaston Fébus, il a été réalisé au début du XVe siècle. On s'est beaucoup interrogé sur la filiation de ces manuscrits. L'hypothèse la plus sérieuse semble attribuer le ms. 619 à un atelier d'Avignon travaillant déjà au temps de Gaston Fébus ; il aurait été réalisé à la fin du XIVe siècle pour les successeurs immédiats du comte (on a même pu penser que c'était l'exemplaire de Fébus, mais il ne porte ni ses armes ni sa devise comme ses autres manuscrits connus). L'exemplaire envoyé à Philippe de Bourgogne aurait été réalisé par le même atelier, un peu plus tôt donc, du vivant de Fébus. Et c'est Jean sans Peur, duc de Bourgogne, le fils de Philippe le Hardi, jugeant peut-être le manuscrit de son père un peu passé de mode, qui aurait commandé le magnifique ms. 616, réalisé aux environs de 1407 dans un atelier qui se rattachait au courant stylistique d'où émergea plus tard le maître de Bedford[25]. L'appel à un atelier avignonnais semble tout à fait possible de la part d'un grand seigneur méridional, en contact sans doute régulier avec la cour d'Avignon, pour des raisons politiques (on connaît des correspondances échangées ainsi que les interventions pontificales pour essayer de renouer le mariage du comte de Foix ou empêcher le drame d'Orthez) autant qu'artistiques (dans le domaine musical). Cette filiation expliquerait aussi les grandes ressemblances qu'on peut trouver aux dessins des ms. 619 et ms. 616, non dans le style mais dans le contenu (certaines scènes ont exactement les mêmes objets, comme par exemple celle des soins donnés aux chiens). Il est plus que probable que Fébus a contrôlé de près l'illustration du manuscrit envoyé au duc de Bourgogne (et du sien peut-être), donnant toutes indications techniques aux artistes pour que les images illustrent bien le texte auquel elle étaient indispensables. Si le cheminement indiqué est bien le bon, si donc le ms. 616 a pris pour modèle un manuscrit très proche du ms. 619, les magnifiques enluminures du ms. 616 sont conformes par leur réalisme et leur souci technique à ce que le comte de Foix avait voulu ; elles sont même issues de ses instructions. Par leur beauté et par leur richesse, elles correspondent sans nul doute à ce qu'il aurait souhaité s'il avait pu les faire réaliser lui-même.

Le Livre de chasse eut un succès immédiat. Dès 1394, Hardouin de Fontaine Guarin, seigneur angevin, dans son *Trésor de vénerie*, plaçait le comte de Foix au rang des plus grands chasseurs de son temps ; il jugeait que Jean de Meun n'avait pas eu autant de science en astronomie (il avait une réputation très grande en ce domaine) que Fébus n'en avait dans la chasse. Dès 1406, Edouard, duc d'York, en traduisit les trente premiers chapitres sous le titre de *Master of game*... et plusieurs dizaines de manuscrits furent réalisés au XVe siècle.

Pour la postérité, c'est le manuscrit de Jean sans Peur – peut-être –, passé entre les mains d'Aymard de Poitiers, seigneur de Saint-Vallier, de l'évêque de Trente, de l'archiduc d'Autriche, frère de Charles Quint, puis de Louis XIV, le Roi-Soleil, qui fit le plus pour la gloire de Fébus. Singulièrement, c'est une œuvre qu'il n'a pas connue qui symbolise le mieux, aux yeux de la postérité, la magnificence du comte de Foix. Ce ne doit pas être un hasard ; après tout, comme Froissart s'est surpassé au contact de Fébus, le commanditaire du manuscrit, quel qu'il soit, a dû juger qu'un si brillant personnage méritait les plus grands artistes.

LE LIVRE DES ORAISONS

La brillance et la vie du *Livre de chasse* tranchent avec l'atmosphère de péché et de prière du *Livre des oraisons*. Et pourtant les deux ouvrages, curieusement, furent liés. C'est à la fin du *Livre de chasse* que Fébus, après avoir indiqué qu'il envoyait son ouvrage au duc de Bourgogne et énoncé les compliments d'usage envers le duc, ajoute : « Je lui envoie aussi une oraison que je fis jadis quand Notre-Seigneur fut irrité contre moi. » Six des quarante-quatre manuscrits du *Livre de chasse* contiennent aussi les oraisons, dont le ms. 616, doté d'une belle enluminure représentant le comte de Foix en prière.

Les *Oraisons* sont un recueil de 3 prières en latin et de 34 prières en français, dans lesquelles un homme s'adresse directement à Dieu, s'effraie de sa vie de péché mais fait preuve d'une absolue confiance en la miséricorde divine.

Les interrogations sur cet ouvrage sont profondes. Une remarquable et très récente étude littéraire et philologique vient apporter un éclairage bien étonnant à ces prières que l'on avait toujours considérées comme une œuvre originale du comte de Foix[26].

Les 34 prières françaises sont ou des traductions littérales ou des condensés ou des juxtapositions d'extraits d'œuvres de saint Anselme (1033-1109), les *Meditationes*, et de Jean de Fécamp (v 990-1078), les *Soliloquia* et le *Manuale*, textes qui, sous le patronage de saint Augustin, ont connu au XIIIe siècle et sous une forme latine une diffusion considérable dans les milieux monastiques. Avec toutefois des modifications par rapport au texte latin d'origine, qui informent autant sur le traducteur que sur le destinataire.

Ces prières tranchent sur la production religieuse contemporaine. En un temps où se développe chez le peuple chrétien le culte de la Vierge et l'adoration du Christ souffrant, celui qui a traduit les prières d'Anselme ou de Jean de Fécamp a fait disparaître les adresses au Christ, les développements sur la Passion, sur la Rédemption, ajoutant même une allusion à la prédestination[27] ; il ne reste comme interlocuteur que Dieu le Père, celui de l'Ancien Testament. Tout cela, dans une phraséologie de clerc, révèle une culture et une sensibilité que ne pouvait avoir un laïc. Par ailleurs, des prières qui étaient destinées à une communauté de fidèles ont été transformées à l'intention d'un seul homme : *nos, populus*, dans les *Soliloques* de Jean de Fécamp, a été remplacé par *je, moi, Tu...* Le mot de *sacerdos* est devenu chapelain, ce qui renvoie vers un grand seigneur susceptible d'avoir un chapelain. Les oraisons en français semblent donc provenir d'une traduction de textes d'Anselme et de Jean de Fécamp, réalisée par un clerc à l'usage d'un milieu aristocratique. Des « occitanismes » dans la graphie, le vocabulaire, la syntaxe indiquent à coup sûr une réalisation méridionale, peut-être bien toulousaine.

La même étude révèle que les trois prières en latin, les premières du recueil, sont en fait des prières privées monastiques des XIIe et XIIIe siècles, qui, elles, font référence à la Vierge et au Christ, à l'Incarnation, à la Nativité, à la Passion et à la Résurrection. Elles encadrent trois exposés en langue romane « péniblement latinisés ». Ce sont ces trois exposés, et seulement ceux-là, qui doivent être mis au compte de Gaston Fébus : dans l'un il rappelle que, enfant, ses défauts ont fait le désespoir de ses parents ; dans un autre, il remercie Dieu pour tous les bienfaits dont il l'a gratifié et la gloire qu'il lui a donnée ; dans le troisième, il rend grâce à Dieu de l'avoir arraché à un grave état de péché[28]. Hors considérations philologiques et textuelles, ces quelques lignes se révèlent en effet les seuls passages des *Oraisons* à connotation autobiographique.

Il reste donc bien peu de chose à mettre au crédit du comte de Foix. Les plus belles phrases du *Livre des oraisons* sont empruntées à d'autres, ce qu'on a pu interpréter comme une orgueilleuse adresse à Dieu, qui doit le sauver parce qu'il ne peut pas condamner celui qu'il a créé, a été écrit ailleurs dans un contexte de louange à Dieu, les longues énumérations de péchés ne sont pas une confession personnelle...

A la lumière de cette approche fondamentale du *Livre des oraisons* par la philologie et par l'histoire des textes, nous pouvons apporter quelques éléments que nous n'aurions pas relevés sans elle.

Le premier concerne la composition de ce recueil. On pourrait penser que Fébus a écrit ou « aménagé » trois oraisons auxquelles a été ajouté (par lui ou par un autre ?) un recueil de prières en français, composé ou non à sa demande, en tout cas étranger à ses textes. Or, l'étude de la bibliothèque des Foix-Béarn montre que, très vraisemblablement, Fébus avait en main un manuscrit, français, intitulé *Méditations de saint Anselme*[29]. Cette traduction ou adaptation française, jusqu'ici inconnue, doit correspondre au travail de clerc évoqué plus haut. Le fait qu'elle apparaisse, sous ce titre, dans la bibliothèque du comte, laisse penser que cet ouvrage était bien distinct des « oraisons » dont il est certainement la source. Une hypothèse nous paraît vraisemblable : si Fébus ne peut être, intellectuellement, à l'origine de la traduction des textes d'Anselme et de Jean de Fécamp, s'il n'est pas l'auteur de ces prières, il peut bien être celui qui a composé le recueil, celui qui a choisi les prières dans le volume qu'il avait sous la main. Cela justifierait le statut d'auteur qu'il se donne dans son envoi au duc de Bourgogne[30]. S'il en est bien ainsi, le *Livre des oraisons* garde tout son intérêt dans une tentative d'approche de la pensée du grand seigneur. Dans le choix opéré, on peut voir la main du chasseur, quand le péché est comparé à une morsure de chien enragé, dont l'évolution médicale est décrite avec beaucoup de détails qui rappellent la science cynégétique du comte, ou quand l'homme craint d'être pris par le Diable « comme une bête prise dans les filets du chasseur[31] ». Mais surtout, dans ce choix de prières de l'homme pécheur, on peut discerner quel est le péché qui domine.

Le deuxième élément se rapporte aux passages dont Fébus paraît être l'auteur. Sur les trois cités, deux (les défauts de l'enfance et la gloire donnée) empruntent à sa propre biographie, idéalisée, telle que l'a rédigée Honoré Bovet. C'est le dernier passage, celui dans lequel il évoque « le grave état de péché » dont Dieu l'a tiré, qui semble, lui, exempt de tout emprunt. Il est le cœur du *Livre des oraisons*. C'est sans doute pour avouer ce péché tout en le cachant que Gaston Fébus a réuni autour de ces quelques lignes ce qui reste un très bel ensemble de prières.

La rédaction du *Livre des oraisons* a certainement obéi à un motif religieux et très privé. Sur cela, nous reviendrons avec beaucoup d'intérêt : il est peut-être bien la clef de la personnalité du comte[32]. Sur le plan linguistique, il vient confirmer que Gaston Fébus maniait le latin et le français, mais que c'était bien l'occitan, qui transparaît sous le latin, qui lui était familier. Sur le plan littéraire, si on admet que c'est bien lui qui a choisi les textes, on peut deviner que certains textes ont été choisis pour un contenu précis lié au péché à demi confessé, d'autres peut-être par familiarité de chasseur, mais ne peut-on mettre au crédit de l'écrivain d'avoir tiré de leur confidentialité latine ou monastique certaines des plus belles phrases jamais écrites par un homme face à Dieu : « Je ne suis rien si ce n'est vanité, ombre mortelle, prudence ténébreuse, terre abandonnée et vide qui sans ta bénédiction ne porte aucun fruit, sauf la confusion, le péché et la mort », « moi, simple feuille et vanité, je suis homme vivant mais ma vie n'est qu'un souffle sur terre »[33] ?

14

Le comte de Foix en sa cour

Après son séjour à Paris, au temps de son mariage, après son extraordinaire voyage en Prusse et sur les rives de la mer Baltique, Gaston Fébus n'a plus quitté la région pyrénéenne, ne sortant de ses terres de Béarn et de Foix qu'à l'occasion de menées diplomatiques et militaires en Bigorre, en Comminges, dans le Toulousain, pour rencontrer le duc de Berry à Limoux ou le roi à Toulouse.

C'est d'Orthez, le plus souvent, ou de Mazères que le comte de Foix restait en relations avec les cours d'Europe et se tenait informé de tout, des faits politiques comme des nouveautés musicales, des événements militaires comme de la poésie contemporaine, des affaires pontificales comme de la mort de l'empereur en Bohême.

Il entretenait des relations suivies avec certains princes. Nous avons vu les échanges musicaux qui s'opéraient entre le seigneur d'Orthez et les ducs de Bourgogne, de Bourbon, de Touraine et surtout les rois de Navarre et d'Aragon. Mais on ne parlait pas que de musique. On a dit combien Gaston Fébus et Charles de Navarre avaient été proches avant de voir leurs relations se détériorer ; on connaît par les archives de Navarre les cadeaux envoyés par Charles II à son beau-frère : des mules en 1359, 1360, 1362, des chevaux, des coursiers de grande valeur en 1363, 1370, 1374 encore, c'est-à-dire longtemps après le renvoi d'Agnès de Navarre par son mari ; Fébus devait en envoyer en retour, tel ce mobilier « de parement » dont le roi de Navarre remercie en 1362[1]. Les cadeaux s'accompagnaient forcément de correspondance, même si celle-ci n'a pas été conservée. Elle l'a été dans les archives d'Aragon et elle témoigne des relations étroites entretenues avec Jean Ier, infant puis roi d'Aragon, et avec sa femme Violante de Bar, nièce du roi de France

Charles V. Les souverains d'Aragon partageaient tous deux la passion de Fébus pour la chasse et ils échangeaient avec lui chiens et chevaux. Entre la reine et le comte de Foix, les liens furent plus soutenus ; une cinquantaine de lettres ont été conservées[2]. Episodique dans les années 1380-1383, la correspondance devint régulière à partir de 1383 ; ces deux mécènes parlaient musique et littérature, s'échangeaient des livres, la reine demandait au comte d'intervenir pour des proches, un homme emprisonné, une dame persécutée ; ils parlaient aussi politique, discutant du Grand Schisme, des relations avec le duc de Berry, de la lutte contre l'Armagnac.

Mais les liens avec le monde n'étaient pas qu'épistolaires. Si Fébus ne se déplaçait guère en dehors de ses domaines, nombreux étaient ceux qui venaient à lui.

Au carrefour de l'Occident

La cour de Fébus n'attirait pas que les musiciens et les poètes. Elle attira Froissart, le plus grand chroniqueur de son temps, elle attira de très hauts personnages qui passèrent par Orthez ou par Mazères seulement pour le rencontrer : le Prince Noir vint à Mazères en 1355, Pierre de Lusignan, roi de Chypre vint en Béarn en 1363-1364, le duc de Bourbon s'arrêta à Orthez en 1388[3], c'est sans doute par curiosité que le roi lui-même vint à Mazères.

« Je ne pouvais mieux au monde tomber pour être informé justement de toutes les nouvelles, car là demeurent et reviennent très volontiers tous les chevaliers et écuyers étrangers à cause de sa haute noblesse[4] », indiquait Froissart ; « c'était le seigneur du monde qui le plus volontiers voyait étrangers pour ouïr des nouvelles[5] ». « Nouvelles de quel royaume ni de quel pays que ce fût là dedans on y apprenait ; car de tous pays, pour la vaillance du seigneur, elles y appleuvaient et venaient. Là, fus je informé de la plus grande partie des faits d'armes qui étaient advenus en Espagne, au Portugal, en Aragon, en Navarre, en Angleterre, en Ecosse et ès frontières et limites de la Languedoc ; car là vis-je venir devers le comte, durant le temps que j'y séjournai, chevaliers et écuyers de toutes ces nations. Si m'en informai ou par eux ou par le comte qui, volontiers, m'en parlait[6]. » Le jour de Noël 1388, le chroniqueur fut gâté : il y avait à la table du comte deux évêques clémentins (de Pamiers et de Lescar) et deux évêques urbanistes (d'Aire et d'Oren[7]), des nobles d'Aragon, le vicomte de Bruniquel, le vicomte de Couserans, des chevaliers anglais de l'hôtel du duc de Lancastre et des chevaliers de Gascogne, de Bigorre et de Béarn « à grand'foison[8] ». C'était chose courante : quelques années auparavant, « au jour d'un Noël à Orthez, le comte de Foix tenait sa fête grande et plantureuse de chevaliers et d'écuyers comme il en a l'habitude. Le comte avait dîné dans sa salle et avec lui grand'foison de seigneurs[9] ».

Cette « grand'foison de seigneurs », Froissart ne cesse de la noter, lors d'un repas, dans le brouhaha des salles et de la cour du château ou dans les galeries après dîner. Il y avait toujours un grand nombre de personnes autour du comte Fébus, même en temps ordinaire, en l'absence de visiteur étranger. Des chevaliers, des écuyers ; de ceux-ci, « il n'y avait en toute Gascogne si jolis, si beaux, si acesmés comme ils étaient : car toujours a été le comte de Foix servi de frisque mesnée[10] ». C'était une caractéristique de cour : plus un seigneur était puissant, plus il avait des « amis » et vassaux auprès de lui, partageant avec lui repas, fêtes, chasse et jeux. La munificence ne pouvait se concevoir sans le nombre.

A ceux qui venaient, Gaston III se montrait accueillant et chaleureux. « Le comte de Foix, sitôt qu'il me vit, me fit bonne figure et me dit en riant qu'il me connaissait. Il me retint dans sa maison, tout à loisir, aussi longtemps qu'il me plut d'y demeurer [...] Quand je lui faisais une demande sur ce sujet [les nouvelles du monde], il me répondait très volontiers[11]. » « Quand il me vit, il me fit bonne chère et me retint de son hôtel où je fus plus de douze semaines et mes chevaux bien repus et de toutes autres choses bien gouvernés aussi[12]. »

Le comte de Foix savait frapper les esprits par le faste et la munificence. Mais en privé, il n'avait pas besoin de cela pour séduire. « Il était connaissable et accointable à toutes gens ; doucement et amoureusement à eux parlait[13]. » Quand Charles VI, arrivé à Toulouse, envoya des messagers à Mazères pour prier le comte de venir, Fébus les retint. « Les chevaliers demeurèrent de lez le comte de Foix ce jour et la nuit car moult y étaient à plaisance ; il devisa avec eux de plusieurs choses, car il était sage et bien enlangagé et de beau parler et trop bien savait faire sortir en parlant à un homme, quelqu'il fût, selon son état, tout ce qu'il avait dans le cœur[14]. » Séducteur mais aussi manipulateur...

Fébus en ses châteaux

Gaston III avait plusieurs châteaux résidentiels. Comme ses ancêtres depuis Gaston VII, il résida principalement au château Moncade à Orthez, ne se rendant dans ses autres châteaux béarnais qu'en des occasions très ponctuelles. A partir des années 1375, il séjourna régulièrement aussi au château de Pau qu'il faisait transformer. Dans ses séjours en pays de Foix, il résidait au château de Foix ou dans celui de Pamiers ; à partir de 1375, ce fut presque exclusivement à Mazères, dans le château qu'il venait de faire aménager et où, en 1380, il fit transporter les meubles du château de Foix[15]. Les châteaux de Foix et de Pau existent toujours, mais ils ont été très remaniés ; le château de Mazères a entièrement disparu dans les guerres de religion. A Orthez, il ne reste que la tour maîtresse et quasiment rien du logis seigneurial. Il nous est donc impossible de nous mettre sur les pas du seigneur en son château, sauf peut-être en montant au sommet de la tour Moncade et en regardant au loin les Pyrénées : la ligne d'horizon, elle, n'a pas changé, c'est bien celle que Fébus pouvait voir, au-delà des forêts de Sauveterre où il allait chasser, celle sans doute qu'il avait sous les yeux, par-delà la fenêtre devant laquelle il écrivait *Le Livre de chasse* ou *Le Livre des oraisons*...

Les études archéologiques, appuyées par des actes notariés relatifs aux travaux du comte, permettent tout de même d'avoir une idée des résidences « fébusiennes[16] ». A l'intérieur de l'enceinte du château, le corps de logis seigneurial, s'appuyant sur les courtines comme à Montaner ou sur la tour maîtresse, comme à Orthez, comptait en général deux niveaux. Le rez-de-chaussée était réservé à l'usage servile (celliers, fournil, pièces à l'usage des serviteurs...) tandis que le seigneur et son entourage vivaient à l'étage. Là se tenaient la cuisine, la grande salle, les « chambres », une chapelle. La grande salle était le lieu de la vie publique du seigneur, de la vie de cour ; là se tenaient les grands repas, là étaient reçus les visiteurs illustres. Les chambres étaient les pièces à usage privé, servant de chambre à coucher, mais aussi de « bureau » et de salle à manger ordinaire ; il suffisait de « mettre la table » sur des tréteaux pour en faire le lieu du repas. Ces pièces étaient munies de cheminées et étaient éclairées de larges fenêtres à meneaux et à doubles coussièges (bancs de pierre dans l'embrasure) ou de fenêtres plus étroites et à coussiège unique, couvertes d'un arc brisé. Les châteaux de Fébus ne comportaient pas de décoration sculptée ; les baies, fenêtres, portes et cheminées n'étaient ornées que des seuls chanfreins. Les murs devaient être couverts de tapisseries : Agnès de Navarre en apporta « trois jeux complets[17] ». Certains devaient être ornés de peintures : la grande salle d'Orthez était peut-être ornée de scènes de la bataille de Launac, on l'a dit ; elle l'était sûrement des scènes de chasse décrites en 1418 par le sire de Caumont : « à l'entrée du tinel, il y a un bon porche en lequel sont figurées et portraiturées de toutes manières de bêtes, mâles et femelles, de chacun un pareil[18] ». Les cheminées réchauffaient, péniblement sans doute, au cœur de l'hiver. Le lit du seigneur et de sa famille devait être garni de matelas, d'oreillers[19] et de ces couvertures « de menu vair et de gris » (fourrures d'écureuil) dont plusieurs faisaient partie du trousseau d'Agnès. En été, on jonchait le sol des chambres de verdure fraîche et on couvrait les parois de verts rameaux « pour faire plus frais et plus odorant[20] ».

Nous n'avons pas d'indication sur le mobilier. La vaisselle était précieuse : le comte buvait son vin en un vaissiel d'or ; il se lavait les mains dans le bassin d'argent qu'on lui présentait[21]. Dans les cadeaux de noces d'Agnès figuraient des gobelets d'or et de cristal, une aiguière, une « nef », des drageoirs, un hanap, tous d'argent ou de vermeil, et des douzaines d'écuelles et de tasses qu'elle ne put emporter avec elle. Un officier particulier était chargé de la « fruiterie », c'est-à-dire de la garde de la vaisselle d'argent et des luminaires « et autres choses appartenant audit office »[22].

Le souci d'hygiène qui se manifestait dès la construction donnait à ces résidences un confort qui ne devait pas être si courant en ce temps. Un des contrats passés pour le chantier du château de Pau mentionnait ainsi des latrines, des éviers dans les cuisines, des lavabos dans les grandes salles et des canaux d'évacuation des eaux hors de l'enceinte. Un puits dans la cour assurait l'alimentation en eau.

Une des caractéristiques des châteaux fébusiens est la présence de galeries courant, à chaque niveau, sur la façade du corps de logis. Desservant chaque pièce, ces galeries isolaient l'étage noble du niveau servile et renforçaient le caractère privatif de chaque « chambre » ; elles pouvaient être accessibles par un escalier extérieur, comme à Orthez. Elles avaient aussi une fonction ostentatoire : le comte et son entourage y circulaient, y passaient de longs moments de détente, s'y montraient. Elles étaient certainement couvertes et, à Orthez au moins, il y avait une cheminée. C'est là que se passe l'histoire d'Arnauton d'Espagne portant un âne avec ses bûches pour alimenter la cheminée qui chauffait trop peu : « Le comte avait dîné en sa salle et avec lui grand'foison de seigneurs. Après dîner, il partit de sa salle et s'en vint sus une galerie où il y a à monter, par une large allée, environ vingt quatre degrés. En ces galeries, il y a une cheminée où on fait par usage feu quand le comte y séjourne et non autrement [...] Arnauton d'Espagne [...] descendit tantôt les degrés car, par les fenêtres de la galerie qui regardaient sur la cour, il vit là une quantité d'ânes chargés de bûches qui venaient du bois pour le service de l'hôtel[23]. »

Le château d'Orthez était entouré de prés, de vignes et de bois. Le comte avait aménagé là une sorte de « réserve » où cerfs et daims vivaient en semi-liberté[24]. S'y promenait-il ? Aimait-il seulement sentir la proximité de ces animaux qu'il connaissait si bien en tant que chasseur ? A la période des amours, on devait entendre le brame du cerf jusqu'au plus profond du château ; c'est à cela sans doute que fit allusion Froissart décrivant, dans le « Dit du Florin », la montée vers le château à minuit, « à l'heure où les cerfs vont en bruit[25] ».

Autour du château d'Orthez, la résidence favorite, il faut imaginer les chenils, abritant les centaines voire le millier de chiens de chasse, qui ne pouvaient certes pas tenir dans l'enceinte, et les écuries. C'est comme « annexe » du château, relativement à l'écart de la cité, que s'éleva au XIVe siècle un nouveau quartier, le bourg Moncade, où résidaient certains des officiers ou des familiers du comte.

De nombreux serviteurs devaient veiller à la bonne marche de la maison comtale. Le rôle de l'armée énumère l'équipage qui devait accompagner le comte en campagne : on prévoyait six bêtes de somme pour la « bouteillerie », deux pour la cuisine, trois pour la paneterie, six pour le service de la chambre, six pour les tentes, deux pour la fourrière, deux pour transporter les affaires du jeune Gaston, sans compter les quatre charpentiers chargés de monter la « loge » du comte[26]. Il ne s'agit que d'un « service minimum » de campagne, mais il donne une idée de ce qu'étaient les fonctions de service dans le château comtal.

Certains étaient attachés à la personne du comte. Le service de la table était assuré par des nobles ; en 1390, Jean de Navailles avait le titre de maître d'hôtel. Fébus avait son barbier-chirurgien (P. de Gaillac, chirurgien de Toulouse en 1375, Pee de Sallefranque, médecin de Morlàas en 1376, Bertrand et P. Subra, médecin de Foix en 1383[27]), son tailleur, sa blanchisseuse (sœur Gaillarde), ses valets de chambre (Halabran, Esteben Judge) qui avaient sous leurs ordres les simples serviteurs. Le rôle le plus important était tenu par les secrétaires. Deux devinrent de véritables confidents, le suivant dans tous ses déplacements, Bernard de Luntz de 1371 à 1384, Berducon de Bugnein, de 1384 à sa mort. Mais il en eut toujours auprès de lui plusieurs en même temps ; on a gardé trace de Pees Johan de Lasalle, qui sera anobli, d'Arnaud de Labarthe,

Arnautou de la Carrère, B. de Cuqueron, Guilhem du Faur, dont plusieurs étaient notaires[28]. Le comte avait aussi un chapelain : on connaît Sans de la Crotz en 1362, Ramon Garsie de Soumoulou, archiprêtre de Pontacq, en 1381, mossen Antoni en 1389, Nicole de Lescar en 1391. Agnès et le jeune Gaston durent avoir eux aussi leurs serviteurs.

Si on ajoute les veneurs et les valets des chiens, les gens des écuries, les chefs des chantiers, les gardiens des portes et guetteurs des tours des châteaux, on arrive à un nombre certainement important de personnes composant la « maison » du seigneur de Béarn[29].

ENTRE CHASSE ET CONSEILS

C'est la vie de cour qui a le plus attiré l'attention des chroniqueurs, Froissart le premier, c'est cet aspect de la vie de Fébus que nous connaissons donc le mieux. Mais la journée du prince ne se limitait pas aux repas solennels et à l'écoute des ménestrels.

Fébus travaillait certainement beaucoup. On a dit à quel point son administration fut centralisée et à quel point elle fut efficace. Tout partait de lui et remontait à lui ; il passait donc forcément une partie de ses journées à écrire et à répondre, à vérifier les comptes, à consulter ses conseillers, à rendre aussi la justice. Froissart fait une seule fois mention de cette activité, et il témoigne du souci de rapidité d'exécution et d'exigence d'efficacité du comte : « Il était bref en ses conseils et en ses réponses. Il avait quatre clercs secrétaires pour écrire et recopier lettres. Et bien convenait que ces quatre lui fussent prêts quand il sortait de son retrait ; il ne les nommait ni Jean ni Gautier ni Guillaume mais quand il avait lu les lettres qu'on lui donnait ou quand il leur ordonnait d'écrire aucune chose, Mau-me-sert chacun d'eux il appelait[30]. »

En dehors de ces heures de cabinet, Fébus pouvait aller à la rencontre de ses sujets, en rendant la justice en plein air, ou les recevoir pour une prestation d'hommage ou même pour une requête. Il lui arrivait aussi de convoquer une assemblée assez large. C'est ce qu'il fit en 1385 quand il essaya de convaincre les chevaliers béarnais de ne pas s'engager en Espagne. « Après sa messe, il les fit tous entrer dans sa chambre privée puis en grand conseil [...]. Alors le comte s'en vint avec ses barons et chevaliers et il se mit dans la salle où les tables étaient installées. Ils dînèrent grandement et longuement et ils furent servis en tous biens comme il convenait pour l'occasion et comme il le fallait. Après dîner, le comte de Foix emmena les chevaliers dans ses galeries et comme il avait l'habitude de bavarder et s'amuser après dîner, il se mit à parler [...] Après avoir parlé de différentes choses, il demanda du vin et des épices. Il but et burent tous ceux qui étaient là. Puis il prit congé d'eux et leur baisa la main ; alors, il rentra dans sa chambre[31] » et les chevaliers allèrent rejoindre leurs gens qui avaient préparé leurs bagages. Messe, conseil, dîner et entretiens familiers devaient être le programme habituel d'une journée de travail.

Mais combien de journées avaient un tout autre rythme, mené par les exigences de la chasse ? La chasse, et les chiens qui l'accompagnaient, furent la passion de Gaston Fébus, nul n'en doute. L'expérience née d'une longue pratique transparaît à chaque page du livre qu'il leur consacra. « Les chiens sur toute bête il aimait et aux champs, été ou hiver, aux chasses volontiers était » ; « Vérité est que de tous les ébats de ce monde, souverainement il aimait le déduit des chiens ; et de ce il était très bien pourvu, car toujours en avait-il à sa délivrance plus de seize cents »[32] ; « Il se passionnait pour la chasse et possédait mille chiens de chasse [33] ».

La chasse était omniprésente dans l'environnement du comte : un parc aux cerfs et aux daims entourait le château, la grande salle était décorée de peintures animales, sans doute aussi de trophées telles ces têtes de cerf qui furent un élément du paiement exigé du duc de Berry dans le cadre de son mariage[34]. Des chiens firent partie du même marchandage ; ils étaient aussi objets d'échanges de bonnes relations avec le roi de Navarre et avec le roi d'Aragon. Jean Ier d'Aragon, grand chasseur lui-même, prenait conseil de Fébus dans ce domaine ; le Prince Noir lui demanda le secret de son art et le comte promit de lui montrer « un peu de sa science des chiens[35] ».

Cette passion remontait loin : en 1344 déjà, au mois de janvier, la comtesse Aliénor reçut seule l'hommage des délégués du Josbaig parce que son fils était à la chasse : il n'avait pas treize ans[36]... Le comte dut consacrer beaucoup de son temps à son activité favorite et ses chasses ne passaient pas inaperçues : quand il voulait aller chasser dans une forêt, il chargeait un baile de l'annoncer aux populations voisines ; elles devaient immédiatement retirer tous leurs troupeaux et se voyaient interdire l'accès aux bois le jour de la chasse, du lever au coucher du soleil[37]. Le comte et ses compagnons, les veneurs, les meutes de chiens galopant à travers les prés et les forêts devaient constituer un spectacle haut en bruit et en couleur. Même en campagne militaire, Fébus ne renonçait pas à la chasse : la meute suivait, avec les « valets de lévriers » et même les cannes de drap vert pour habiller les veneurs [38]. Il tenait ses chasseurs en grande estime. A Guilhem de Chalini, à sa femme et à leurs descendants, il donna en 1375 100 florins et une maison du Bourg Moncade. A la femme d'Hannequin, son valet de chiens, il accorda une rente en 1390. Vidal Malet, chef de ses meutes, était devenu si aisé qu'il pouvait prêter de l'argent. On a conservé le nom d'autres chasseurs encore au service de Fébus : Peyrot de Suhastoy, Jean de Harpelin, le veneur Jauffre, le chasseur de perdrix Guilhonet de Lagarde, l'oiseleur P. de Saint-Giles[39].

Et ce qui avait été la passion de toute une vie en fut aussi le dernier acte : la dernière journée de Fébus fut une journée de chasse...

DES SOUPERS À LA MI-NUIT

Froissart arriva à Orthez au soleil couchant. Espan du Lion alla aussitôt rendre compte de son voyage à son maître. « Il le trouva en ses galeries car à celle heure, ou un petit devant, avait-il dîné car l'usage du comte de Foix est tel, ou était alors et l'avait toujours tenu de l'enfance qu'il se couchait et levait à haute none et soupait à mi-nuit[40] » ; c'est-à-dire qu'au coucher du soleil, le comte de Foix venait juste de dîner, nous dirions aujourd'hui de déjeuner.

Cette habitude est confirmée par l'évêque de Langres envoyé par le comte d'Armagnac auprès du comte de Foix, le 14 juillet 1381. « Plaise vous savoir que je suis venu aujourd'hui à Mazères environ vespres et trouvai le comte de Foix qui dormait et ne puis parler à lui jusques au soleil couchant » ; ce qui obligea le malheureux évêque à rédiger sa lettre à minuit[41]...

On peut comprendre ces heures de plusieurs façons, d'autant que le mot de « none » peut signifier la neuvième heure canoniale, c'est-à-dire 3 heures de l'après midi, ou l'heure de midi. Ou bien Fébus se levait très tard parce qu'il se couchait très tard ; il se levait vers midi, dînait dans l'après-midi et traitait sans doute de ses affaires avant le souper de minuit. Ou bien il se levait tôt mais faisait une sieste avant le dîner pour compenser la veille nocturne. Il est possible que les deux aient alterné en fonction de la chasse. Ainsi, le jour de sa mort, il avait chassé toute la matinée jusqu'à basse none[42], donc en plein milieu de l'après midi ; il s'apprêtait à dîner à l'hôpital d'Orion pour ne rentrer à Orthez qu'à la fraîche, lorsqu'il fut pris de malaise. Les horaires de ces journées de chasse devaient être irréguliers ; la chasse commençait généralement avant le lever du soleil, c'est ce qui est dit dans *Le Livre de chasse*, elle durait plusieurs heures et selon les jours le comte rentrait au château avant le dîner ou mangeait sur place. Quand il rentrait tôt, il devait se coucher avant de manger. Après le dîner, repas de la mi-journée pris fort tard, Fébus amenait ses compagnons de table dans les galeries ; c'était là un moment de détente où on bavardait de mille choses, où on plaisantait, où on buvait du vin aux épices... Le comte devait ensuite se retirer dans sa chambre pour travailler – ou pour consulter sa bibliothèque. Il en ressortait « à la mi-nuit » pour le souper accompagné ou suivi d'activités qui devaient mener les convives jusque vers 3 heures du matin. Les cérémonies religieuses de la célébration de Launac semblent aussi avoir été nocturnes : Froissart parle de « la nuit Saint-Nicolas en hiver[43] ».

Cette vie nocturne frappa énormément le chroniqueur qui y revint souvent, tant dans les *Chroniques* que dans le Dit du Florin. D'autant que le souper était le temps majeur de la journée, le moment où la cour du comte prenait sens. La vie publique du seigneur se concentrait là, c'est là qu'on pouvait le voir et l'approcher, c'est là que, au quotidien, la puissance princière était mise en scène. Froissart ne semble pas avoir approché Fébus en dehors de ces nuits obligées.

Ce rythme étrange, Fébus l'imposait forcément à son entourage comme à ses hôtes. Le château d'Orthez ne pouvait héberger une cour nombreuse ; hôtes et chevaliers logeaient dans la ville. Tous devaient attendre l'heure du comte, ce qui devait être fort désagréable aux étrangers. Ou on se couchait et il fallait se lever en pleine nuit ou on essayait de passer le temps autrement. Froissart fit les deux : il entendit les aventures du bascot de Mauléon, « une nuit après souper, séant au feu et attendant la mie-nuit que le comte de Foix devait souper », mais il se souvint plus tard « que j'eus moult de peine, à maint jour et mainte semaine, de moi lever à la mie nuit, ou temps où les cerfs vont en bruit ». Puis la ville s'animait : « La gaite du château sonna pour assembler toutes gens d'aval la ville d'Orthez qui étaient tenus d'aller au souper du comte de Foix. Lors firent ces deux écuyers allumer torches. Si nous partîmes tous ensemble de l'hôtel et nous mîmes au chemin pour aller au château et aussi firent tous chevaliers et écuyers qui étaient logés en la ville[44]. » La rue d'Orthez qui monte au château est bien raide, les nuits d'hiver sont bien froides, parfois mouillées, parfois enneigées, l'obligation de cour devenait souvent un exercice difficile... L'expérience fut dure à Froissart qui, pendant dix semaines, dut suivre le rythme, « quel temps qu'il fît, pluie ou vent », quitte à arriver tout mouillé au château.

Puis se déroulait le rituel princier. « Et quand de sa chambre à mie nuit venait pour souper en la salle, devant lui avait douze torches allumées que douze valets portaient, et icelles douze torches étaient tenues devant sa table, qui donnaient grand'clarté en la salle[45]. Laquelle salle était pleine de chevaliers et d'écuyers ; et étaient toujours à foison tables dressées pour souper qui souper voulait. Nul ne parlait à lui à sa table s'il ne l'appelait. Il mangeait par coutumes fort volaille, particulièrement les ailes et les cuisses tant seulement et guère ne buvait. Il prenait en toutes ménestrandies grand ébattement car bien s'y connaissait. Il faisait devant lui ses clercs volontiers chanter chansons, rondeaux et virelais. Il séait à table environ deux heures et aussi il voyait volontiers étranges entremets[46] et, iceux vus, tantôt les faisait envoyer par les tables des chevaliers et des écuyers [47]. » Il semble, d'après ces lignes, que, dans un repas ordinaire, le comte de Foix mangeait seul à sa table ; il semble aussi que soupait « qui souper voulait » et que tous les gens présents ne mangeaient pas forcément. C'est ce que dit Froissart lorsqu'il évoque sa veillée en compagnie du bascot de Mauléon, « après souper » et en attendant le souper du comte : les deux hommes avaient mangé avant de se rendre au château. Tous les estomacs n'étaient pas en mesure d'attendre la mi-nuit...

La scène est étonnante. Le faste, la richesse, la largesse se déroulent dans cette salle éclairée comme « au paradis », avec foison de convives, des ménestrels, des « entremets », peut-être des jongleurs et des bateleurs, des tables ouvertes à qui veut s'asseoir[48]. Et au milieu, le comte seul, auquel nul ne parle, mangeant peu et ne buvant guère, sobre au milieu de la munificence qu'il offre aux autres.

Etre assis à la table du prince était une faveur exceptionnelle. Fébus ne l'accordait qu'à ceux qu'il voulait honorer – ou dont il voulait obtenir quelque chose, tel Pierre Arnaud de Béarn qu'il voulait voir livrer le château de Lourdes aux Français[48]. A la Noël 1388, quatre évêques et plusieurs seigneurs étaient assis à la table du comte et ce repas dura jusqu'à « quatre heures après nones », ce n'était donc pas le repas nocturne habituel. Est-ce que c'était parce qu'il s'agissait d'une journée consacrée à la fête toute entière, et que le comte ce jour-là n'exerçait aucune autre activité, ou était-ce pour ne pas imposer ces horaires, difficiles à supporter pour qui n'y était pas habitué, à de respectables prélats ? Ou parce que, dans ces occasions solennelles, beaucoup de convives, les chevaliers et notables de la région, ne venaient que pour la journée ? Les autres repas importants évoqués par Froissart, celui d'un autre Noël, où s'illustra Arnauton d'Espagne avec son âne, et celui qui réunit les chevaliers béarnais partant en Castille, furent aussi des repas de jour.

Selon l'usage noble, le service du seigneur était fait par des nobles, au premier rang desquels ses fils. Lors du repas de la Noël 1388, « était souverain maître de la salle messire Espan du Lion et quatre chevaliers maîtres d'hôtel : messire Chiquart du Bois-Verdun, messire Pierre de Cabestain, messire Nouvaus de Noailles et messire Pierre de Vaux en Béarn ; et servaient ses deux frères bâtards, messire Arnaud Guillaume et messire Pierre de Béarn ; et ses deux fils servaient devant lui, messire Yvain de Lescale à asseoir tout seulement et messire Gratien de la coupe au vin ». Le dîner offert aux hommes du roi à Toulouse « fut outre mesure grand et bel et grand'foison de mets et d'entremets et, séant à table, plus de deux cents chevaliers ; et servaient les chevaliers du comte de Foix[49] ».

Ce service noble n'était pas réservé aux jours de fête. Lors du tragique repas où se découvrit le complot, le comte était assis à sa table comme les autres jours » et c'est le jeune Gaston qui officiait : il « avait d'usage qu'il le servait de tous ses mets et faisait essai de ses viandes[50] ». Ce qui nous révèle par ailleurs que la pratique, alors très répandue, de faire goûter la nourriture avant que le seigneur ne la mange avait bien cours à Orthez ; on peut s'étonner toutefois de voir que le « goûteur » habituel est le fils et héritier du comte et se demander si la précision de Froissart est bien exacte.

Après ce repas « ordinaire » de deux heures, on n'en avait pas fini... Le comte n'était pas disposé à se coucher ; on en arrivait aux moments familiers, plus intimes, voire amicaux. C'est à cette heure-là que, tous les soirs que dura son séjour, Froissart lut des pages de son roman *Meliador*, à une assistance attentive[52].

Après les repas, dîners ou soupers, on se livrait à des jeux physiques que semble avoir beaucoup apprécié le comte de Foix. Après le repas de Toulouse auquel le roi Charles VI vint se joindre, « il y eut plusieurs ébattements ; ces Gascons et ces Français s'éprouvaient à la lutte ou à jeter la pierre ou à tirer la darde au plus loin et au plus haut. Ils restèrent là jusqu'à la nuit[53] ». Et quand le jeune roi vint à Mazères, le comte « ordonna un jeu nommé joculatoires, à jeter dards et javelines ; il promettait au mieux jouant et jetant une belle couronne, très riche » ; le roi, bien sûr, gagna[54].

Et avant de se retirer, le comte buvait du vin et faisait parfois la faveur à un hôte de lui donner ce qui restait ; c'était le cas de Froissart quand il avait lu les pages de *Meliador* : « le demeurant de son vin, qui venait d'un vaissiel d'or fin, le demeurant me faisait boire, puis nous donnait bonne nuit[55]. »

LA COLÈRE ET LA CRAINTE

La séduction du prince, son accueil chaleureux, l'éclat des soupers ne sont qu'une face de la cour de Gaston Fébus. L'autre face est aussi inquiétante que celle-là est brillante.

Le seigneur tenait table ouverte tous les soirs, mais lui mangeait seul et « nul ne lui parlait à sa table s'il ne l'appelait ». Il faisait lire *Meliador* par son auteur et « nul n'osait parler ni mot dire car il voulait que je sois bien entendu ». Les soupers du comte de Foix étaient-ils bien gais ? Il n'était jamais content de ses secrétaires : « Mau-me-sert » les appelait-il. S'ils étaient, comme il semble, ceux en qui il avait le plus de confiance, qu'en était-il des autres serviteurs ? L'autorité sans partage qu'il exerçait sur ses vassaux et sur son peuple, Fébus l'exerçait aussi de toute évidence sur son entourage proche.

Froissart livre le récit de terribles colères du comte qui aboutirent à la mort de Pierre Arnaud de Béarn et à celle du prince héritier. Nous reviendrons sur ces épisodes dont le premier est faux et dont le second dépasse de très loin le cadre d'une simple colère. Ces récits, le chroniqueur les entendit à Orthez ; il entendit dire aussi qu'après le complot le comte avait fait mourir quinze écuyers « très horriblement[56] » ; il entendit parler des prisonniers retenus dans la tour Moncade : le comte de Foix « était très cruel en telles choses et n'épargnait homme vivant, si haut qu'il fût, quand il l'avait courroucé et le faisait "avaler" en la fosse et tenir au pain et à l'eau tant qu'il lui plaisait. Il fit tenir le vicomte de Castelbon ainsi huit mois et puis il le rançonna ». Espan du Lion disait que « en son courroux, il n'y a nul pardon[57] ».

Devant de telles colères ou de peur de les déclencher, nul n'osait élever la voix. Des prisonniers d'Orthez, « nul n'était assez hardi pour oser parler d'en libérer, sur peine d'avoir pareille pénitence ». Devant le sort de Pierre Arnaud de Béarn, « il n'y avait là baron ni chevalier qui osât aller au devant[58] ».

Ces scènes terribles, Froissart ne les vécut pas lui-même mais les bruits qui couraient devaient donner une étrange atmosphère à la cour d'Orthez. Les bruits, mais aussi un silence pesant, car dans cette cour brillante et animée, il n'y avait pas d'épouse et il n'y avait pas d'enfant, et nul n'en parlait...

CINQUIÈME PARTIE

L'HOMME DE LA NUIT

15

La famille : mystères et tragédies

Avec la vie familiale de Gaston Fébus, on entre de plain-pied dans le drame, un drame qui reste pour nous plein de mystères. Ce grand seigneur savant, musicien, poète, s'imposant à ses suzerains comme à ses vassaux par la diplomatie et la psychologie autant que par les armes, séduisant ceux qui l'approchaient, célébré dans les cours d'Occident, se précipita lui et les siens dans le malheur en une tragique spirale qui nous reste incompréhensible. Une épouse chassée et séparée de son enfant, un enfant mal aimé, armé par un oncle mauvais, le poison du fils et le poignard du père, tous les ingrédients du drame romantique furent réunis à Orthez dans l'été 1380...

UNE ÉPOUSE REJETÉE

Le mariage de Gaston Fébus et d'Agnès de Navarre avait été célébré le 4 août 1349. D'Agnès, on ne sait rien, hors ce mariage et sa triste issue[1]. Princesse oubliée, rejetée et niée par ce mari brillant et inquiétant, effacée de sa vie, elle n'apparaît dans nos sources qu'en absente.

Après la naissance d'un enfant mort-né en 1359[2], Agnès eut enfin un fils, en septembre 1362, c'est-à-dire treize ans après son mariage[3]. L'héritier de Béarn reçut le prénom traditionnel de Gaston. Quelques semaines plus tard, au lendemain de la victoire de Launac, en décembre 1362 ou janvier 1363, le comte de Foix renvoya sa femme. Le motif officiel était que la dot n'avait pas été complètement payée. Une lettre pontificale le confirme. Le 20 décembre 1364, le pape Urbain V écrivit à Fébus : « Nous avons appris avec déplaisir que depuis un temps déjà long vous avez renvoyé auprès de son frère, le roi de Navarre, votre épouse sous le prétexte que la dot qui vous avait été promise pour elle n'a été que très petitement assignée » ; au nom de la morale chrétienne, le souverain pontife invitait le comte de Foix à rappeler sa femme[4]. Il ne fut pas entendu.

Après la mort de Fébus, en 1391, Charles III de Navarre, soucieux des intérêts de sa tante, ordonna une enquête destinée à justifier un dédommagement d'Agnès. Une vingtaine de personnages des cours d'Orthez et de Pampelune vinrent témoigner, au rang desquels la comtesse de Foix elle-même – c'est la seule de ses paroles qui nous soit parvenue. Elle raconta comment, trente ans auparavant, son mari vainquit et prit le comte d'Armagnac puis s'en vint à Foix. De là, il envoya son frère Arnaud Guilhem à Orthez pour lui ordonner de s'en aller vers le roi de Navarre demander l'argent qui lui était dû encore à cause de leur mariage, en précisant qu'elle se garde bien de retourner sans ledit argent car autrement il ne la reprendrait pas ni ne lui donnerait aucune chose pour son vivre et son état. Agnès déclara que cela s'était fait contre sa volonté mais qu'elle n'avait pas osé contredire « pour doute dudit comte et de pis avoir ». Agnès voulut emporter « quelques objets nécessaires au voyage » mais Arnaud Guilhem fit décharger la bête de somme puis il escorta la comtesse jusqu'à Pampelune. Ainsi tout ce que possédait en propre la jeune femme, la couronne d'or et de pierreries offerte par sa mère, ses bijoux, ses vêtements, sa vaisselle, des tapisseries, les ornements de sa chapelle privée, demeura entre les mains du comte de Foix qui, depuis lors, ne lui a jamais fait tenir le moindre denier. Outre les habits qu'elle portait, Agnès ne put faire échapper à la vigilance d'Arnaud Guilhem qu'une tapisserie, un manteau de fourrure et une douzaine de tasses d'argent. Elle fit dresser l'inventaire de sa corbeille de noces[5] pour témoigner de sa dépossession.

L'enquête montra qu'on s'était activé autant dans l'entourage des époux qu'au sein de l'Eglise pour renouer les liens. Agnès assura que son frère avait requis plusieurs fois le comte de Foix de la reprendre, mais que le comte avait toujours dit qu'il le ferait quand il aurait tout l'argent qu'il réclamait, et avec les intérêts et les dommages issus de ce retard. Elle déclara aussi qu'en l'absence du roi de Navarre, alors en France, Aliénor de Comminges avait entamé des discussions avec Jeanne de France, la reine de Navarre ; le traité était venu « quasi à perfection[6] », mais Aliénor mourut[7], « et après mua ledit comte la matière en demandant chose qui ne pouvait ni ne devait faire aussi et demeura ainsi ledit traité sans conclusion ». L'intervention du pape Urbain V n'eut pas plus de succès, et pas davantage celle de l'évêque de Sarlat, envoyé en 1373 par Grégoire X. De tout cela témoignèrent Odon de Mendousse, évêque de Lescar, Espan du Lion, le compagnon de Fébus, le trésorier de Charles le Mauvais, l'archidiacre de Navarre. Ce dernier rapporta que Fébus avait reconnu devant lui qu'en refusant de reprendre sa femme « il connaissait bien qu'il faisait mal » et que quand il lui avait demandé si c'était pour une faute de sa dame qu'il l'avait renvoyée, le comte, en jurant sa bonne foi, avait répondu que non. Les enquêteurs apprirent que les droits d'Agnès étaient reconnus et que « les gens étant au château d'Orthez », c'est-à-dire le conseil qui assurait momentanément la garde du trésor de Fébus, venaient d'avancer à sa veuve 15 000 florins sur ses biens[8].

Froissart eut une version un peu différente. Après une laconique réponse d'Espan du Lion (« madame de Foix ne se tient point avecques lui[9] »), le chroniqueur obtint des détails[10]. « Le comte de Foix et madame de Foix sa femme ne sont pas bien d'accord, ni n'ont été trop grand temps a. Et la dissension qui vint entr'eux est mue du roi de Navarre. » Le roi de Navarre s'était porté garant du paiement d'une rançon de 50 000 francs par le sire d'Albret que le comte de Foix tenait en prison. Le comte « qui sentait ce roi de Navarre cauteleux et malicieux » ne croyait pas en lui ; sa femme « en avait grand dépit et grand'indignation » car elle estimait que c'était accorder peu d'honneur à son frère ; d'autre part, disait-elle, le comte devait lui assigner 50 000 francs pour son douaire[11], donc il ne pouvait « être mal payé ». Lui disait que s'il pensait que le roi de Navarre devait contourner ce paiement, jamais le sire d'Albret ne quitterait Orthez avant qu'il n'ait payé jusqu'au dernier denier. Mais, puisqu'elle le priait, il lui dit qu'il libèrerait le sire d'Albret « non pas pour l'amour de vous mais pour l'amour de mon fils ». Le sire d'Albret fut délivré, il alla en France et il paya les 50 000 livres au roi de Navarre, son garant... lequel ne les remit pas au comte. Fébus demanda alors à sa femme d'aller en Navarre réclamer cet argent. Elle se rendit auprès de son frère mais le roi Charles lui répondit que l'argent était celui de son douaire et que « jamais du royaume de Navarre ne partira ». Agnès lui dit alors qu'il mettait « trop grand'haine entre monseigneur et nous » et qu'elle n'oserait retourner auprès de son mari qui la tuerait. Le roi répondit qu'elle ferait ce qu'elle voudrait mais « je suis chef de cet argent, et à moi appartient pour vous, mais jamais ne partira de Navarre » ; Agnès resta à Pampelune. Le comte de Foix alors

« commença sa femme grandement à enhaïr et à être mal content d'elle », la comtesse « n'osait [revenir], qui sentait son mari cruel là où il prenait la chose à déplaisance ». Agnès, donc, ne fut pas chassée, c'est elle qui ne voulut pas rentrer, par peur d'un mari violent. Ce récit, comme celui de la mort du jeune prince qu'il précède immédiatement, tend à exonérer Fébus de la responsabilité des événements et à la reporter sur le roi de Navarre.

L'enquête de Pampelune est plus crédible. Même si trente ans avaient passé, on fit comparaître des témoins directs, qui indiquèrent ce qui avait été vu et ce qui avait été dit sur le moment, ce qui ne veut pas dire, loin de là, qu'ils expliquèrent pourquoi cela s'était produit.

Les comptes de la cour de Navarre indiquent que, pendant quelques années, Charles II versa des sommes à sa sœur de façon irrégulière, subvenant à ses besoins au coup par coup ; même si personne n'y croyait vraiment, on la considérait encore comme une résidente temporaire. Après la mort d'Aliénor de Comminges et après la tentative infructueuse du pape Grégoire X, l'installation se fit définitive : Charles II attribua à Agnès une rente annuelle « afin de lui permettre de soutenir dignement son rang », il constitua un « hôtel de la comtesse de Foix » avec des écuyers et des serviteurs et une partie de l'argent recueilli pour le paiement de la dot servit à l'achat d'une couronne garnie de pierres précieuses qui remplaça celle qu'Agnès avait dû abandonner à Orthez[12].

Agnès de Navarre ne revint jamais en Béarn et elle ne revit sans doute jamais son mari. Elle vécut à la cour de Navarre, où elle mourut au début de 1397, plus de cinq après Fébus ; une quittance du 13 février mentionne la fourniture de manteaux à la cour de Pampelune pour le deuil de la comtesse de Foix[13].

UNE ATTITUDE INEXPLICABLE

Le renvoi de son épouse fut un acte mûrement réfléchi. Fébus, auréolé de la victoire de Launac, était en pays de Foix lorsqu'il envoya son frère annoncer sa décision à Agnès. Il n'agit pas à la suite d'une dispute. Et malgré les pressions de son entourage, notamment de sa mère qui avait eu une grande influence sur lui, mais n'en avait sans doute plus suffisamment, malgré les exhortations papales, il ne revint jamais sur cette décision. C'était pourtant une faute grave et elle devait avoir des conséquences terribles pour lui.

Il s'était conduit de façon indigne envers sa femme devant Dieu, et, qui plus est, princesse de Navarre. Il l'avait chassée, au sens propre du terme, ne lui laissant même pas emporter ses effets personnels, et il l'avait brutalement séparée de son enfant, un bébé de trois mois : cela ne fut pas souligné en son temps, même lors de l'enquête de 1391, parce que les droits d'une mère sur son enfant, surtout sur l'héritier mâle, ne pesaient rien face à la volonté paternelle dans la société aristocratique du XIVe siècle, mais les liens affectifs ne pouvaient pas ne pas exister. Cela ajoute à la violence du sort fait à Agnès de Navarre. Cela pouvait attirer au comte bien des réprobations ; mais il prit sa décision au lendemain du triomphe de Launac, ce n'est pas un hasard : il s'est alors sans doute senti intouchable. Seul le pape était en mesure de manifester publiquement sa réprobation, mais sans menace réelle puisque la « faute » n'était pas encore assez grave pour justifier une excommunication[14].

Sur le plan politique, Fébus risquait d'attirer la haine du roi de Navarre, un homme dangereux, profondément humilié dans son sang, un homme d'intrigues qui n'avait pas hésité dans le passé à faire assassiner ceux qui le gênaient, qui s'en était même ouvertement vanté, et dont il pouvait imaginer les sombres réactions. La situation était porteuse d'orages tant pour sa personne et sa famille que pour sa diplomatie.

Surtout, il prenait le risque de ne pas avoir d'héritier. Son fils n'avait alors que quelques mois. La mortalité infantile faisait partie du quotidien des familles, y compris des plus riches, et il était très risqué de tabler sur un seul enfant. Or, le mariage avec Agnès ne pouvait être annulé, il n'y avait aucun motif reconnu par l'Eglise ; le comte ne pourrait jamais se remarier ni donc avoir d'autres enfants légitimes. Pour Fébus, cette éventualité était aggravée par le fait qu'il n'avait ni frère ni sœur légitime, donc pas de neveux, et que l'héritage serait rejeté sur un cousin lointain. Ne pas avoir d'héritier direct était ressenti comme un malheur personnel, comme un manquement envers sa lignée, comme un manquement envers son peuple car une crise de succession affaiblissait toujours un pays et pouvait provoquer de graves troubles. Mais quand cette situation ne découlait pas d' une cause naturelle mais d'un comportement humain, ce n'était plus un manquement, c'était une faute. Fébus était alors au faîte de sa gloire ; il avait vaincu son ennemi le plus dangereux et il avait un fils. Nous avons dit qu'il s'est sans doute senti intouchable socialement ; s'est-il senti aussi inatteignable par le destin ? Un fils lui suffirait, il ne pouvait rien lui arriver, après tout lui-même avait été fils unique...

Même s'il avait la certitude d'avoir assuré sa descendance, il se privait d'autres enfants. Or, les enfants de familles nobles étaient des pièces largement utilisées dans le jeu social et diplomatique et Fébus aurait certainement été un orfèvre en la matière. Il suffit, une fois encore, de lire Froissart : lorsque sa cousine Aliénor de Comminges vint lui demander de veiller sur sa fille, Jeanne de Boulogne, pour la protéger du comte d'Armagnac, le comte de Foix « fut moult réjoui ; et imagina tantôt en soi-même, car il est un seigneur moult imaginatif, que encore celle fille lui viendrait grandement à point : ou il en pourrait avoir ferme paix avec ses ennemis, ou il la pourrait marier en tel lieu et si hautement que ses ennemis le douteraient »[15] ; la petite fille n'avait que trois ans... et, moins de dix ans plus tard, Fébus négociera chèrement son mariage avec le duc de Berry. Qu'aurait-il fait avec ses propres enfants... Il utilisa en tout cas le seul qu'il eut pour faire la paix avec le comte d'Armagnac, en le mariant avec sa fille Béatrix.

Au regard de ces conséquences négatives, immédiates ou prévisibles, pourquoi Gaston Fébus a-t-il ainsi renvoyé son épouse ?

Le motif invoqué fut que le roi de Navarre n'avait pas fini de payer la dot d'Agnès. Certes, Fébus était très attaché à l'argent et une créance non recouvrée devait lui être insupportable. Mais cela paraît bien disproportionné par rapport aux conséquences. Le non-paiement de dot était chose courante. Symbole de la position sociale d'une famille, la dot était en inflation constante et il fallait souvent des décennies pour arriver au bout du paiement, quand on y arrivait. Et cela valait même pour les plus grandes familles. Une simple affaire d'argent aurait pu se régler par des négociations, des paiements échelonnés ou d'autres compensations, dont on ne peut douter que Fébus, s'il en avait eu l'intention, eût su les inventer. Mais, de toute évidence, comme le dit Agnès en 1391, ce n'est pas cela qu'il voulait : en augmentant ses prétentions à chaque avancée, il empêchait tout accord. Agnès elle-même ne devait pas être dupe ; elle ne l'avait jamais été car si, en quittant Orthez, elle avait voulu prendre ses biens personnels, c'est qu'elle savait qu'elle ne reviendrait pas.

Y avait-il mésentente entre les époux ? C'est le moins que l'on puisse penser. Mais cela n'était pas alors motif de répudiation. La situation était banale dans ces couples dont l'union n'avait obéi qu'à des motifs sociaux et politiques. Au sein de la haute noblesse, le couple Gaston Fébus-Agnès de Navarre était un couple ordinaire ; leur mariage convenu avait apporté à chacun une valorisation sociale, un enrichissement du lignage, aucun n'y avait perdu, et Gaston moins encore qu'Agnès qui était fille de souverains, proche cousine et bientôt belle-sœur du roi de France. Ils auraient pu se retrouver dans un goût commun pour la culture : l'hôtel de Navarre était un foyer artistique, Agnès avait côtoyé chez sa mère Guillaume de Machaut et elle avait des livres dans son trousseau [16] ; on peut rêver à un brillant couple de mécènes comme le furent Jean et Violante d'Aragon. De toutes façons, une mésentente ne défaisait pas l'union et elle pesait bien moins sur le mari que sur l'épouse. Un homme, et surtout un grand noble, pouvait sans dommage légal ni social délaisser sa femme, se contentant de lui faire les enfants que tous souhaitaient, et prendre son plaisir ailleurs. Ce que Fébus fit, puisqu'il eut plusieurs bâtards, comme son père l'avait fait et son grand-père et ses aïeux avant lui.

Y a-t-il eu une raison non publiquement avouable ? L'archidiacre de Navarre dit en 1391 que Fébus lui avait juré qu'il n'y avait pas eu de « faute » de la part d'Agnès ; au moins il n'a pas inventé des accusations pour se justifier. S'il y avait eu une faute « politique » (trahison en faveur de son frère, action portant préjudice à son mari...), il l'aurait certainement dit, c'était une justification socialement acceptable à une mise à l'écart. S'il s'était agi d'un adultère, l'orgueil l'aurait-il poussé à le cacher ? C'est difficile à imaginer vu son caractère emporté : on le verrait plutôt mettre l'épouse coupable en prison ou au fond d'un monastère ; et puis il aurait fallu que la chose ait été bien secrète et qu'aucun bruit n'ait jamais couru. L'affaire de plus aurait pu être utilisée pour essayer de faire annuler le mariage.

Aucune explication concrète ne semble convenir. Contrairement aux autres actions de sa vie, Fébus a commis là un acte qui parait irraisonné. La seule porte qui semble rester ouverte est celle d'une lecture psychanalytique de son comportement envers les femmes.

UN FILS MAL AIMÉ

Gaston Fébus éleva son fils à sa cour. La tradition dit qu'il ne l'aimait guère et lui préférait ses bâtards. En fait, on ne connaît presque rien de la vie de ce garçon, jusqu'au moment où le drame le mit en pleine lumière.

Même si nous sommes forcément influencés par les événements qui suivirent, il est difficile de croire avec Froissart que ce « beau fils était tout le cœur du père[17] ». Il vaut mieux se tourner vers Juvénal des Ursins qui se fit l'écho des bruits qui étaient parvenus à la Cour au sujet de la tragédie d'Orthez et qui, étranger à la cour de Béarn, a fait un récit plus neutre que celui de Froissart : le comte de Foix avait un très beau fils « duquel il tenait l'état moyennement le mieux qu'il pouvait, mais non mie si grandement que le fils eût bien voulu » ; le garçon s'en alla à la cour de son oncle, le roi de Navarre, se plaindre de son père, en disant qu'il ne tenait pas plus compte de lui que d'un simple gentilhomme de son hôtel.

On est bien tenté de le croire tant le jeune prince n'apparaît, et si peu... que dans les coulisses du théâtre de son père. On parle de lui en mars 1374, il a alors 11 ans et Fébus, qui se rapproche de l'Angleterre, projette de le marier à la fille du duc de Lancastre. Cela ne se fera pas[18]. Deux ans plus tard, en 1376, le comte de Foix organise son armée. Dans les rôles, il est fait mention d'un cheval fourni « au chapelain de Gaston » et d'un autre pour servir au transport des affaires du jeune prince[19]. C'est très modeste par rapport à Bernard, comte de Medinaceli, son frère bâtard qui a un véritable équipage de quatorze chevaux, modeste aussi par rapport à son autre frère Yvain qui figure dans la garde rapprochée de son père. Ces garçons sont certes plus âgés, surtout Bernard, qui est déjà un guerrier accompli ; Gaston, lui, n'a que 13 ou 14 ans mais c'est l'âge de la majorité légale chez les princes et on pourrait s'attendre à le voir en meilleure place aux côtés de son père.

On retrouve le jeune Gaston marié à 16 ans. C'est Michel du Bernis qui relate ce mariage, d'une manière aussi concise que le fut sans doute la cérémonie : « Le dimanche 11 avril 1378 [1379][20], entre Aire et Barcelone, fut faite la paix entre le comte de Foix et le comte d'Armagnac, et fut conclu le mariage de Gaston et de la fille d'Armagnac ; son nom était dame Béatrice, appelée La Gaya Armanhaguesa[21]. Le dimanche suivant, 18 avril, ledit Gaston et la Gaya Armanhaguesa entendirent la messe en Armagnac et firent les noces au lieu de Mansuet[22]. Gaston n'avait avec lui que 8 chevaliers et 16 écuyers. » Certes, dans une famille princière un enfant, même un garçon, n'était qu'un pion dans la politique de son père et il n'avait rien à dire sur son mariage. Il en avait été ainsi pour Gaston III, mais au moins avait-il eu droit, à la cour de France, à une célébration digne de son rang. Le mariage de son fils, conclu et célébré en huit jours, semble assez misérable. On sent la pitié percer sous la plume du chroniqueur : le jeune homme n'avait « que » huit chevaliers à ses côtés, et même pas ce père qui avait décidé de sa vie. Les deux comtes s'étaient rencontrés quelques jours auparavant, avec chacun une suite imposante, mais ils étaient repartis, contents sans doute de leur accord et sans prêter la moindre attention au mariage qui en découlait ni, par voie de conséquence, aux deux jeunes gens dont le destin était engagé[23]. On mesure combien ce mariage bâclé tranche avec le faste dont savait s'entourer le comte de Foix et la solennité qu'il donnait aux manifestations officielles ; on imagine à quel point il dut être blessant pour le jeune prince.

Il avait grandi sans connaître sa mère. Quand l'a-t-il revue ? Son père le laissa partir à la cour de Navarre au printemps 1375, sans doute à l'occasion du mariage de l'infant Charles ; il avait alors 12 ans, était-ce la première fois ? Ce fut sans doute la dernière. En 1378, Charles II fit remettre à son filleul de l'argent et un cheval qui furent convoyés par Charlot de Beaumont, un autre neveu ; les deux cousins se rencontrèrent probablement à la frontière[24]. Fébus a dû se montrer dur, lointain, peut-être méprisant envers son fils. Et cet enfant mal aimé, privé de sa mère, non par le destin mais par la volonté de son père, écrasé sans doute par cet homme tout-puissant qui ne le traitait pas comme son fils et héritier, dut être facilement attiré par un oncle brillant et dangereux, qui, en plus, représentait le parti de cette mère dont il était privé.

Comme l'attitude de Fébus envers sa femme, son attitude envers son fils relève de la psychiatrie. A-t-il reporté sur le fils d'Agnès de Navarre une part de l'aversion qu'il éprouvait pour la mère ? A-t-il reproduit face à son fils les conditions d'un mal-être vécu lui-même dans son enfance en raison d'un père toujours absent ? Cet homme à la personnalité éclatante, qui ne souffrait aucune concurrence, aucune résistance, a-t-il inconsciemment considéré son unique fils légitime comme un rival potentiel en une attitude bien connue des psychiatres[25], attitude que, bien sûr il n'avait pas envers ses fils bâtards ?

Quoi qu'il en soit, les conséquences furent terribles : le fils essaya de tuer le père et le père tua le fils.

Le drame d'Orthez

Un complot s'est noué. S'est-il noué en Navarre ? S'est-il noué en Béarn ? Charles II était un homme violent dont on sait qu'il n'hésitait pas à recourir au meurtre ; en 1380 la rumeur courut même en France qu'il avait empoisonné le roi Charles V. La répudiation d'Agnès n'avait pas interrompu ses relations avec Fébus, d'autant qu'elle avait semblé longtemps provisoire. Ces relations continuèrent jusqu'en 1378 au moins, relations de façade sans doute, avec des échanges de chevaux (en 1370, en 1374) ou de ménestrels (en 1376, en 1378), et même relations diplomatiques dans le cadre du conflit Foix-Armagnac, avec plusieurs ambassades envoyées de Pampelune à Orthez en 1378[26]. Mais l'amitié d'antan avait fait place au ressentiment envers ce beau-frère qui avait humilié sa famille et qui constituait un voisin dangereux. Dans les années 1378-1380, le roi de Navarre tissa sa toile autour du Béarn. Il chercha d'abord à attirer à lui des parents de Fébus. En 1378, c'est Roger Bernard, vicomte de Castelbon qu'il prit à son service ; il le fit même le représenter dans des négociations avec le roi de Castille. En 1379, il s'attacha Jean de Béarn, cousin de Fébus, capitaine du château de Lourdes et sénéchal de Bigorre pour les Anglais. Jean deviendra ricombre de Navarre, c'est-à-dire l'un des huit à douze grands nobles désignés comme tels par la volonté du roi et non par l'hérédité ; il sera constamment pensionné par Charles II puis Charles III et son fils après lui[27]. Charles II essaya certainement de circonvenir des hommes influents à l'intérieur même de la vicomté de Béarn. Fébus avait fait des mécontents chez les nobles qu'il n'associait pas à son gouvernement, leur préférant des « techniciens » de petite origine, dans le clergé aussi, envers lequel les faveurs comtales étaient rares. Les pivots béarnais du complot semblent avoir été le baron d'Andoins et Odon de Mendousse, évêque de Lescar ; on les trouve en tout cas tous les deux réfugiés à Pampelune immédiatement après l'affaire d'Orthez. Odon de Mendousse était le précepteur du jeune Gaston, donc forcément un homme de confiance du comte Fébus. Charles de Navarre fut-il à l'origine du complot ou se contenta-t-il de soutenir les comploteurs béarnais ?

Ce sont les comptes de la Chambre de Navarre qui permettent de poser quelques jalons. En 1377, Charles II octroya à Odon de Mendousse, premier dignitaire de Béarn qu'il qualifiait de son « conseiller », une somme de 400 florins pour services rendus et à rendre. En 1378, l'infant de Navarre vint à Orthez ; puis Charles II offrit un beau cheval à son neveu mais c'est à la frontière sans doute et non à Pampelune que celui-ci le reçut. Les archives restent silencieuses sur les relations Navarre-Béarn pendant les deux ans qui suivent et qui correspondent à la période des menées anti-béarnaises du roi de Navarre. Le 20 juin 1380, Odon de Mendousse toucha du roi de Navarre

105 livres « pour aumône et entretien de sa maison », le 26 juin, il reçut un « portier navarrais » venu le rencontrer « pour certaines affaires » (remise du poison ?). Le 16 août, alors que le drame venait de se jouer dans la tour d'Orthez, le baron d'Andoins et Odon de Mendousse étaient déjà réfugiés à Pampelune, ils y reçurent une gratification pour faire face à leurs dépenses[28]. Le prélat ne reviendra occuper son siège épiscopal de Lescar qu'après la mort de Fébus.

De ce qui s'est passé à Orthez au mois d'août 1380, nous n'avons que deux récits. L'un, concis, fut rapporté, avec quelques divergences, par le Religieux de Saint-Denis et par Juvénal des Ursins, c'est celui sans doute ou un de ceux qui coururent dans le royaume de France. L'autre, très détaillé, est celui de Froissart, obtenu à grand-peine et sans doute composé sur mesure pour lui. Sur place, ce fut le black-out complet. Les premiers chroniqueurs de Foix n'en parlèrent pas. Michel du Bernis note : « L'an 1391 trépassa de la vie ledit comte de Foix Febus, sans aucun héritier légitime. Car Gaston, son fils, était déjà mort », et Arnaud Esquerrier constate seulement : « Il ne lui demeura aucun fils légitime. »

Le Religieux de Saint-Denis et Juvénal des Ursins racontent que le jeune Gaston se rendit en Navarre et qu'il se plaignit de son père à son oncle roi de Navarre, lequel lui remit du poison. Mais le premier exonère Gaston du crime : le jeune homme avait parlé « avec la légèreté naturelle à son âge » et l'oncle abusa d'un « neveu trop crédule » en l'assurant que, sitôt la poudre avalée, son père « le rendrait maître absolu de tous ses biens ». Juvénal des Ursins est bien plus accusateur. D'après lui, le roi conseilla à son neveu d'empoisonner son père et qu'ainsi il serait comte de Foix et seigneur de tout. Il lui donna du poison dans une petite boîte. A son retour, le jeune homme chercha l'occasion de verser le poison, en se rendant régulièrement aux cuisines, ce qu'il n'avait pas l'habitude de faire ; un jour la petite boîte tomba à terre, fut ramassée par un homme du comte et montrée « aux physiciens et apothicaires » qui reconnurent le poison. On en donna, mélangé à des viandes, à « un homme qui avait gagné à mourir » et il mourut[29]. Le comte fit arrêter son fils, le fit interroger et, sur ses aveux, lui fit couper la tête. Le châtiment final n'est pas crédible : si le prince avait été condamné à mort et exécuté, on en aurait gardé trace dans les archives et les récits d'une telle affaire auraient été certainement beaucoup plus nombreux.

Le récit de Froissart est beaucoup plus détaillé, il est très vivant, comme à son habitude, et c'est lui qui a servi de base à la tradition qui a traversé les siècles[30]. Mais il comporte beaucoup d'invraisemblances. Le jeune Gaston était allé en Navarre pour voir sa mère et la persuader de revenir ; mais comme ce n'était pas Fébus qui le demandait, elle n'osait pas rentrer. Avant son départ, le roi de Navarre lui donna une bourse pleine d'une poudre de poison, en disant que dès que son père aurait mangé de cette poudre, mise sur sa viande, il n'aurait d'autre envie que de voir sa femme avec lui « et s'entr'aimeront à toujours mais si entièrement que jamais ne se voudront départir l'un dc l'autre ». Rentré à Orthez, Gaston montra les cadeaux qu'on lui avait faits, sauf la bourse. Il partageait souvent sa chambre avec son frère bâtard Yvain et, comme ils étaient du même âge et de même taille, ils s'échangeaient leurs habits. Il advint ainsi qu'Yvain mit la cotte de Gaston et qu'il trouva la bourse ; Gaston refusa de dire ce qu'il y avait dedans. Trois jours plus tard, ils se disputèrent à propos du jeu de paume, Gaston donna une « jouée » à Yvain qui partit en pleurant trouver son père, lui dit que Gaston était plus à battre que lui et lui parla de la bourse : il ne savait pas ce qu'elle contenait mais Gaston lui avait dit plusieurs fois que sa mère serait bientôt plus en grâce qu'elle ne l'avait jamais été. « Le comte de Foix rentra alors en grand' imagination et se couvrit jusques à l'heure du dîner. » Il s'assit au repas comme si de rien n'était et surveilla son fils qui, comme à l'accoutumée, goûtait les plats de son père ; il vit les cordons de la bourse et alors « le sang lui mua ». Il fit approcher le garçon, ouvrit son vêtement, coupa la bourse et demanda de quoi il s'agissait ; l'enfant devint blanc de peur et se mit à trembler, le comte donna de la poudre sur un tailloir de pain à un de ses lévriers qui mourut aussitôt. Le comte en fureur tira son couteau et eût tué son fils s'il n'avait été retenu par les chevaliers et écuyers présents. Il s'écria, « en son gascon » : « O Gaston, traitour, pour toi et pour accroître l'héritage qui te devait retourner, j'ai eu guerre et haine au roi de France, au roi d'Angleterre, au roi d'Espagne, au roi de Navarre et au roi d'Aragon, et contre eux me suis-je bien tenu et porté, et tu me veux maintenant murdrir. Il te vient de mauvaise nature. Saches que tu en mourras à ce coup ! » Chevaliers et écuyers se mirent à genoux devant le comte et le supplièrent en pleurant et en insistant sur le fait que Gaston était son seul enfant et qu'il fallait d'abord voir s'il savait vraiment ce qu'il portait. Febus fit enfermer le garçon dans la tour d'Orthez. Il fit aussi arrêter ceux qui servaient son fils « et tous ne les eut pas, car moult s'en partirent ; et encore en est l'évêque de L'Escale [Lescar], d'encoste Pau, hors du pays, qui en fut souspeçonné et aussi sont plusieurs autres ; mais il en fit mourir jusques à quinze très horriblement ». La raison en était qu'ils devaient être au courant et qu'ils auraient dû rapporter au comte que le jeune Gaston portait cette bourse.

Après quoi Fébus fit assembler à Orthez tous les nobles et prélats de Foix et de Béarn et tous les hommes notables de ces deux pays et leur présenta la situation. « Tout le peuple répondit à celle parole d'une voix et dit : Monseigneur, sauve soit votre grâce ! Nous ne voulons pas que Gaston meure ; c'est votre héritier et plus n'en avez. » Le comte se calma un peu et réfléchit qu'il pouvait tenir son fils en prison deux ou trois mois, puis l'envoyer en voyage deux ou trois ans, il aurait mûri en âge et serait lors « en meilleure et plus vive connaissance ». « Si donna à son peuple congé mais ceux de la comté de Foix ne se voulaient partir d'Orthez si le comte ne les assurait que Gaston ne mourrait pas, tant aimaient-ils l'enfant. » Il leur donna cette assurance. La nouvelle se répandit et le pape Grégoire XI, en Avignon, envoya le cardinal d'Amiens en Béarn pour apaiser le comte de Foix et faire libérer le garçon ; mais le prélat mit si longtemps à partir qu'il était encore à Béziers quand lui parvint la nouvelle de la mort du jeune homme.

Gaston resta dix jours dans une salle de la tour d'Orthez, il mangeait et buvait peu bien qu'on lui en donnât assez, il ne touchait pas la viande. Il était tout seul, sans garde dans la pièce qui le conseillât et le confortât « et fut l'enfès toujours en ses draps ainsi comme il y entra. Et si se mélencolia grandement, car il n'avait pas cela appris ; et maudissait l'heure que il fut oncques né ni engendré pour être venu à telle fin ». Un jour, le serviteur qui lui apportait à manger s'aperçut que tout ce qu'il avait apporté les jours précédents n'avait pas été touché et alla le dire au comte. Le comte en colère s'en vint dans la prison de son fils ; il tenait à la main le couteau avec lequel il nettoyait ses ongles, il le tenait par la pointe et si près de la pointe qu'il « n'en y avoit pas hors de ses doigts la longueur de l'épaisseur d'un gros tournois ». « Par mautalent, en boutant ce tant de pointe en la gorge de son fils, il l'asséna, ne sais en quelle veine, et lui dit : ha ! traitour, pourquoi ne manges-tu point ? Et tantôt s'en partit le comte sans plus rien dire ni faire et rentra en sa chambre. L'enfès fut sang mué et effrayé de la venue de son père, avecques ce que il était faible de jeûner et que il vit ou sentit la pointe du coutel qui le toucha à la gorge, comme petit fut, mais ce fut en une veine, il se tourna d'autre part et là mourut. » A peine le comte était-il rentré dans sa chambre que le serviteur vint lui dire que son fils était mort, il ne voulut pas le croire et envoya un chevalier vérifier. « Adonc fut le comte de Foix courroucé outre mesure et regretta son fils trop grandement et dit. Ha, Gaston, comme pauvre aventure ci a ! A male heure pour toi et pour moi alla oncques en Navarre voir ta mère. Jamais je n'aurai si parfaite joie comme j'avais devant. »

Le comte de Foix appela son barbier pour le raser tout ras, il se vêtit de noir et tous ceux de son hôtel. Le corps du jeune prince fut porté « en pleurs et en cris » aux frères mineurs d'Orthez et fut là enseveli. « Ainsi en alla que je vous conte de la mort de Gaston de Foix : son père l'occit voirement mais le roi de Navarre lui donna le coup de la mort. »

C'est la version de Froissart, telle qu'on la lui a donnée ou telle qu'il l'a adaptée, ou les deux. Elle innocente le jeune Gaston et, en partie, son père, faisant retomber toutes les responsabilités sur le roi de Navarre. Le vrai et le faux doivent s'entremêler. Ce sont les arguments destinés à exonérer le père et le fils qui paraissent invraisemblables : la naïveté du jeune homme – il avait tout de même 18 ans – croyant que la poudre donnée était un philtre d'amour pour ses parents, les explications alambiquées expliquant comment le comte tenait son couteau à curer les ongles par la pointe extrême, cette pointe dépassant si peu que nul ne la pouvait imaginer mortelle, ce qu'elle fut pourtant... Une autre invraisemblance tient dans les jeux de Gaston et d'Yvain, partageant la même chambre et échangeant leurs habits, et l'un allant se plaindre en pleurant à son père que son frère l'avait battu : l'un avait 18 ans, on le répète, et il était marié, l'autre était un peu plus âgé ; ils n'étaient plus au temps des jeux d'enfant. Comme les invraisemblances précédentes étaient destinées à innocenter le fils et le père, peut-être celle-ci était elle destinée à blanchir Yvain, faisant de lui un gamin inconscient de ce qu'il allait provoquer, ce qui laisserait penser, *a contrario*, que ce fut bien lui qui dénonça son frère[31] et donne à réfléchir sur les relations qui existaient entre fils légitime et fils bâtard.

Que Gaston ait apporté le poison de Navarre est à exclure. Les archives navarraises n'offrent pas de témoignage de visite du jeune homme après 1375 ni de contact après 1378 et il n'aurait pas attendu plusieurs années pour administrer ce poison. Le récit d'une visite à Pampelune à l'origine directe du drame n'est pas crédible, ce qui laisse à réfléchir d'ailleurs sur le rôle réel du roi de Navarre. Si le poison est venu de Navarre, on l'a apporté plus tard (les « certaines affaires » du mois de juin 1380 ?) mais peut-être venait-il du Béarn. Dire cela n'aurait pas cadré avec la naïveté du prince affichée dans la version officielle.

Pour le reste, on peut sans doute s'en tenir au récit de Froissart, et donc à celui du « vieil écuyer » vraisemblablement témoin des événements, du moins de ceux qui se déroulèrent au grand jour. Quand il découvrit la tentative d'empoisonnement, Fébus dut entrer dans une rage terrible mais il fut retenu par son entourage. Y a-t-il eu cette assemblée « d'Etats » à laquelle Fébus demanda conseil ? On aimerait bien en avoir d'autres traces mais il paraît peu imaginable que cela ait été complètement inventé : les « invraisemblances » que nous avons notées plus haut portent sur l'interprétation des faits, sur les intentions, mais pas sur les faits eux-mêmes. Il est intéressant de noter aussi l'intervention du pape[32] : cela veut dire que ce qui se passait en Béarn ne laissait pas les contemporains indifférents, cela veut dire aussi que les nouvelles allaient vite et on aimerait bien savoir qui avait prévenu le pape, un informateur ordinaire ou un proche du comte ou des représentants du peuple béarnais, effrayés par la tournure des événements ? Enfin, le récit du « vieil écuyer » nous paraît d'autant plus crédible que, contredisant sans s'en rendre compte la version officielle, il confirme l'hypothèse du complot ourdi par l'évêque de Lescar : celui-ci s'enfuit assez vite pour éviter la colère du comte, ce qu'il n'aurait certainement pas fait s'il n'avait rien eu à voir en l'affaire.

Quant à l'issue finale, écartant les explications embarrassées de Froissart, il faut sans doute y voir le résultat d'un de ces coups de colère dont Fébus semble avoir été familier. Mais on ne saura jamais ce qui s'est dit à l'ultime instant dans le cachot d'Orthez entre le père tout-puissant et le fils mal aimé...

UN PRINCE SANS HÉRITIER

Ce que Fébus n'avait peut-être pas voulu voir au jour où il avait renvoyé sa femme était arrivé : il n'avait plus d'héritier légitime. C'était chose terrible en son temps et Froissart, familier des cours princières, en fut très frappé.

Dire qu'assurer sa lignée avait importé au comte est une évidence mais cela est confirmé par le fait qu'il n'avait chassé sa femme qu'après la naissance de leur fils, laquelle s'était fait longtemps attendre, et qu'il avait donc supporté durant de longues années dans ce but une situation qui devait lui peser au plus haut point. Cela n'avait pas été suffisant...

Le comte de Foix n'avait plus de fils, il n'avait même pas une fille à marier, ni un neveu ou une nièce. Le plus proche parent était Roger Bernard de Castelbon, le fils de son oncle, puis, après sa mort en 1381, son fils Mathieu. C'est peu dire que Fébus n'aimait pas ses cousins. Espan du Lion le déclara à Froissart : « pour tant ne le peut amer le comte de Foix[33]. » Le chroniqueur rapporta comment le comte tint prisonnier le vicomte de Castelbon « qui est son héritier » huit mois durant dans la tour d'Orthez, « au fond de la fosse », et comment il le rançonna à quarante mille francs « et depuis, tant comme il vesquit, il le tint en telle haine qu'il ne se osait voir devant lui ; et si le comte de Foix eût vesqui encore tant seulement deux ans, ce vicomte n'eût jà tenu son héritage, Foix ni Béarn[34] ». Le 26 janvier 1388, des paysans venus des villages de la seigneurie de Navailles, la seigneurie de Mathieu, arrivèrent en confiance au marché d'Orthez : le comte de Foix les fit tous arrêter, 22 hommes et 21 femmes, sans raison connue sinon qu'ils étaient « las gentz de mossen lo bescomte de Castelboo », et confisqua tout ce qu'ils avaient avec eux : deux ânes, un ânon, 20 poules, 3 vaches, 8 bœufs, 3 chevreaux, 3 charrettes et de grandes quantité de lin et d'étoupe qu'ils venaient vendre, du foin, du pain, du tan, jusqu'à un chaudron fêlé... Cet épisode nous est parvenu un peu par hasard [35] ; il dut y avoir bien d'autres « accrochages » entre Foix et Castelbon.

Cette haine était-elle seulement motivée par le fait que Mathieu de Castelbon était destiné à recevoir ce que Fébus aurait tant voulu léguer à ses bâtards ? N'y eut-il pas quelque chose de bien plus grave ? Les Castelbon s'étaient tournés vers la Navarre ; dès 1378, Charles II avait concédé à Roger Bernard plusieurs fiefs navarrais[36]. Roger Bernard adhéra-t-il au complot d'Orthez en 1380 ? Cela expliquerait le ressentiment violent de Fébus à son égard et à l'égard de son fils[37].

Fébus ne voulait pas de Mathieu de Castelbon pour héritier. A-t-il songé à se remarier ? On n'a pas trace d'une quelconque démarche en annulation de son mariage devant le pape. L'affaire pouvait paraître impossible : il n'y avait aucun motif recevable par l'Eglise de casser son union. Ce qu'il a souhaité, assurément, c'est de faire hériter ses bâtards, et surtout Yvain. Espan du Lion l'a clairement exposé à Froissart : « Et fera, s'il peut, ses deux fils bâtards, qui sont beaux chevaliers et jeunes, ses héritiers. Et a l'intention de les marier en haut lignage, car il a or et argent à grand'foison. Si leur trouvera femmes par quoi ils seront aidés et confortés. » Le chroniqueur jugeait que « ce n'est pas chose due ni raisonnable de bâtards faire hoirs de terre », à quoi Espan répondit que les Espagnols et les Portugais en avaient bien couronné (Henri II de

Castille et Jean Ier du Portugal) et que tous les rois d'Angleterre descendaient de Guillaume le Bâtard. On avait des arguments tout prêts dans l'entourage de Fébus... lesquels ne convainquirent pas Froissart : « Tout ce peut bien faire, il n'est chose qui n'advienne. Mais cils d'Armagnac sont trop forts ; et ainsi serait donc toujours cil pays en guerre[38]. »

Si Froissart se désolait de voir un homme qu'il appréciait au plus haut point touché par le malheur de l'absence de descendance, il semble avoir été encore plus sensible au sort d'un pays sans héritier, donc sans autorité, donc menacé de guerres. En cela, il devait refléter les angoisses de son temps. Il le souligna à plusieurs reprises, en donnant un avis personnel ou en répétant ce qu'il entendait autour de lui. A son regret que Fébus n'ait pas d'héritier « de sa femme épousée », Espan du Lion répondit : « s'il en y eût un vivant, si comme il eut une fois, ce serait le plus joyeux seigneur du monde ; et aussi seraient tous ceux de sa terre[39]. » Lorsque Fébus fut sur le point de tuer son fils, ses chevaliers et écuyers le supplièrent : « N'occiez pas Gaston, vous n'avez plus d'enfant », puis tout le peuple de Foix et de Béarn : « Nous ne voulons pas que Gaston meure ; c'est votre héritier et plus n'en avez[40]. » Froissart lui-même conclut ainsi le récit de la mort du jeune Gaston : « A ouïr le conte [...] os et pris-je à mon cœur grand'pitié ; et le plaignis moult grandement, pour l'amour du gentil comte son père [...] et pour l'amour aussi du pays qui demeurait en grand différend et par défaut d'héritier[41]. » Que dire enfin des lamentations du peuple d'Orthez à l'annonce de la mort de son comte :« Ha, Gaston, beau fils ! Pourquoi courrouçâtes-vous oncques votre père ! Si vous nous fussiez demeuré, qui si grand et si beau commencement aviez, ce nous fût un très grand réconfort [...] Terre de Béarn, désolée et déconfortée de noble héritier, que deviendras-tu[42] ? »

Tout cela est parole des autres, des compagnons, du peuple, d'un visiteur étranger. Mais Fébus lui-même, que ressentait-il ? La fin de sa vie fut marquée par des intrigues destinées à régler sa succession, qui était devenue un problème majeur. Mais de ses sentiments personnels, on n'a pas de témoignage. Il devait bien entendre l'inquiétude de ses proches et l'angoisse de son peuple, mais cet homme orgueilleux ne pouvait étaler publiquement ce qui devait être une blessure profonde : il n'a rien dit ou on n'a rien répété. Et pourtant, il a laissé un message, à la fin de sa vie, un message qui doit répondre à la sourde accusation qu'il devait sentir s'exprimer autour de lui... ou à celle qu'il se portait lui-même.

Dans *Le Livre de chasse*, il exposa avec passion les vertus des chiens ;

pour illustrer leur noblesse et leur fidélité, il raconta deux histoires. L'une est celle du roi Apollon de Léonois qui vint avec sa femme à la cour du roi Clovis de France. Le fils du roi Clovis tomba amoureux de l'épouse qui le repoussa, il tendit une embuscade sur leur retour et blessa gravement le roi Apollon, lequel se réfugia dans une tour avec sa femme ; le fils du roi entra, il voulut violer la femme qui se jeta dans le fleuve qui coulait au pied de la tour puis il fit jeter à l'eau le corps du mari, mort entre-temps de ses blessures. Le lévrier du roi Apollon sortit le corps de l'eau, creusa une tombe avec ses griffes et la protégea des bêtes une demi-année durant. Vint à passer le roi Clovis, qui reconnut le lévrier et découvrit le corps de son hôte. Il fit crier dans son royaume qu'il donnerait tout ce qu'on lui demanderait à qui révèlerait la vérité. Une jeune fille qui s'était trouvée dans la tour lors des faits se présenta, lui dit que c'était son fils le coupable et lui demanda de lui donner ce fils. « Le roi Clovis de France, se tournant alors vers son fils, lui dit : Ribaud, vous m'avez honni et je vous honnirai. Le fait que je n'ai plus d'enfant que vous n'empêchera rien. » Et il le fit brûler vif puis dit à la demoiselle que maintenant, il le lui donnait comme il l'avait promis, mais elle n'osa pas approcher car il était déjà tout brûlé[43]. Il n'est pas difficile de voir là une justification par Fébus de son acte, au moins sur le plan politique : l'honneur exigeait qu'il tue le fils qui avait commis un crime. Le peuple lui reprochait peut-être de le laisser sans seigneur légitime mais il aurait failli envers son peuple s'il lui avait donné un héritier indigne[44].

Fébus sans héritier se devait de répondre à son peuple et de le protéger contre les conséquences de cette situation. Les négociations qu'il mena avec le roi dans ses dernières années tendent à cela.

Mais ce que rien ne pouvait venir corriger, c'était la rupture de la lignée. C'était la première fois que cela arrivait dans la maison de Foix. Les chroniqueurs de Foix, depuis Bernis et Esquerrier, ont tous souligné qu'il n'avait pas eu d'héritier légitime. La Perrière, lui, un siècle et demi plus tard, a fait le calcul : « Par le trépas du comte de Foix dit Phebus, faillit la droite ligne de père en fils des comtes de Foix, car il mourut sans enfants légitimes, ce qui n'était advenu depuis Bernard, premier comte de Foix, depuis lequel jusqu'à ce Phebus prochainement décédé la dite lignée avait été continuée de l'an 1062 jusqu'à la mort dudit Phebus, l'an 1390. Et par ainsi a été continuée la dite droite ligne de père en fils l'espace de 328 ans[45] et la ligne collatérale a commencé en la maison de Foix à Mathieu de Castelbon, cousin et plus prochain parent légitime dudit Phebus. » Fébus a-t-il fait ces calculs, lui aussi ? Lui qui, sans doute, avait commandité la chronique d'Honoré Bovet destinée à célébrer ses ancêtres, comment a-t-il vécu d'être celui par qui cette lignée « parfaite » sur quatre siècles allait s'interrompre ?

Il avait souhaité faire de ses fils bâtards ses héritiers. Il dut bien se rendre compte qu'il n'allait pas y parvenir. Froissart rapporte les rumeurs qui circulaient lors de l'entrevue de Toulouse[46] : on disait d'abord qu'il avait l'intention de donner le Béarn à Yvain et à Gratien parce qu'il pouvait disposer à sa guise du Béarn qui ne relevait « de nul homme Fors de Dieu » ; mais à l'issue des rencontres on disait qu'il donnerait le pays de Foix à Yvain, les terres d'Aire et le Marsan à Gratien et que le Béarn irait à Mathieu de Castelbon. Ces bruits laissent déjà entendre que le comte devait faire marche arrière. La réalité fut encore toute autre puisque, dans un traité secret, Fébus fit du roi son héritier[47].

Bien sûr, on peut penser que le comte de Foix s'imaginait en mesure de ne pas respecter cet accord[48] ; sa vie est pleine de jeux diplomatiques et d'engagements non tenus comme celle d'ailleurs de beaucoup de ses contemporains et il devait compter sur la puissance de son trésor comme argument de négociation[49]. Mais c'était un jeu dangereux qui aurait pu être perdu pour les Foix-Béarn, d'autant plus que le comte était déjà âgé et n'avait pas le temps pour lui. Il ne faut sans doute pas mésestimer l'aspect affectif. On a du mal à imaginer quelle pouvait être la colère, mais aussi la souffrance de Fébus qui voyait que toute son œuvre, tout son trésor, toute la lignée des comtes de Foix allaient passer entre les mains de quelqu'un qu'il haïssait, qu'il considérait peut-être et peut-être à juste titre comme un des responsables du drame qui avait conduit à cette situation. A-t-il pensé que tout, y compris la disparition du comté de Foix et de la vicomté de Béarn, fondus dans le domaine royal, que tout, y compris l'extinction de la lignée de Foix, valait mieux que cette issue-là ?

16

Le seigneur en son privé

Les chroniqueurs qui se sont attachés si nombreux au comte Fébus l'ont décrit dans ses rapports avec les autres, brillant seigneur en sa cour ou maître aux terribles colères, mari sans épouse et père criminel. Leur tâche était de garder mémoire des faits et actes d'un personnage qui avait fait l'histoire de leur temps. Sauf sans doute du Bernis et Esquerrier, trop contenus dans leur rôle de panégyristes de la maison de Foix, aucun ne put s'empêcher d'émettre un avis personnel sur le comte, de révéler des pans de sa personnalité qui n'avaient guère à voir avec l'histoire mais qui plaçaient le personnage hors du commun.

C'est peut-être parce qu'ils ont entrouvert des portes, mais des portes qui donnent bien souvent sur des pièces d'ombre, que l'envie taraude d'aller plus loin, de chercher l'homme au plus profond de lui, de chercher l'âme derrière la façade publique. Que peut-on connaître des pensées, des idéaux, de la foi, des attachements, des plaisirs et des désirs de Gaston Fébus en son privé ?

Cela, il faut aller le chercher au cœur des lignes qu'il a écrites lui-même, dans *Le Livre de chasse* ou *Le Livre des oraisons*, on peut aussi le deviner dans les chroniques, mais par défaut, par absence. Certains éléments viennent alors éclairer quelque aspect du personnage mais d'autre affleurent qui, au contraire, nous plongent dans un mystère encore plus profond...

« DANS MES MONTAGNES »

Les chroniqueurs nous ont laissé du comte de Foix l'image d'un homme de cour, quand il n'était pas un homme de guerre. Plus encore peut-être, pourtant, il fut un homme des grands espaces.

Il ne faut pas céder au piège de l'anachronisme et faire de Gaston Fébus un romantique amoureux des arbres et des oiseaux ni un chantre du pays natal. La nature, c'est en chasseur qu'il la connaît. Mais cette connaissance profonde, cette familiarité imprègnent chaque page du *Livre de chasse.*

« Les lièvres demeurent en divers pays et selon le temps car les uns demeurent dans les fougères, les autres dans les bruyères, d'autres dans les blés, d'autres dans les guérets, d'autres dans les bois. [...] Quand les blés commencent à s'enlever, ils demeurent dans les vignes ; et l'hiver dans les épaisses bruyères, dans les buissons et dans les haies, et toujours volontiers à l'abri du vent et de la pluie ; et s'il fait un peu de soleil, ils s'exposent volontiers au rayons du soleil. » « Le soir, en temps d'été, le veneur [...] ne doit pas attendre, comme le matin, que les chiens aillent trouver le lièvre : ils ne pourraient en effet le sentir ni l'aller trouver de si hautes erres car les jours d'été sont trop longs et la grande chaleur qui a tout hâlé, ôte l'odeur d'une si petite bête, de sorte que jamais ils ne le pourraient trouver point pour point, comme on fait le matin. Mais le soir, il faut aller les quérir aux blés et dans les cultures, près des buissons, des ruisseaux et des aulnaies, à la fraîcheur de l'ombre.

« Quand [le cerf] fuit par les chemins, le soleil qui frappe dessus hâle toutes les routes, échauffe la terre et aspire l'humidité, de sorte que les chiens ne peuvent rien sentir. » « Sur les ruisseaux, il y a des bois et des rameaux qui viennent sur l'eau et rétrécissent le passage à tel point que le cerf ne pourra passer sans toucher au bois de la tête ou des côtés. »

A parcourir son pays en toutes saisons, il le connaît bien et il connaît bien le rythme de la vie locale, y compris celui de la montagne, des bergers passant l'été dans les cabanes, des transhumants redescendant avant l'hiver, de l'écobuage. Et ce n'est pas à Orthez qu'il a vu cinq cents isards...

« Il arrive que dans les forêts, les bruyères et les landes, les pâtres mettent le feu et brûlent le pays afin d'y faire pousser l'herbe nouvelle pour leur bétail. » « L'hiver, quand le bétail descend des montagnes, [les loups] descendent derrière, pour avoir leur vie. » « Quand le veneur voudra chasser le bouc sauvage ou bouc isard, il le doit chasser en la saison que j'ai dite et il s'en doit aller passer la nuit précédente au sommet des montagnes, dans les cabanes où gisent les pâtres qui gardent le bétail. Et il doit avoir parcouru huit jours auparavant ou plus tôt encore tous les pays des montagnes, les accourres et les fuites, et avoir fait des haies et tendu des réseaux devant les rochers où ils se pourraient arrêter. » « La peau [du bouc isard] est très chaude quand elle est bien préparée et prise en bonne saison, car ni froid ni pluie ne la peuvent pénétrer, si le poil est dehors. Et, *dans mes montagnes*, les gens en sont plus vêtus que d'écarlate et en sont faits aussi leurs chausses et leurs souliers ; car de ces bêtes, il y en a beaucoup et en une seule fois j'ai vu, pendant l'hiver, qu'on en voyait plus de cinq cents. »

Sous la plume de ce grand seigneur, dans un livre qu'il destine aux cours d'Europe, la mention de « mes montagnes », au lieu de « montagnes des Pyrénées » ou « du Béarn », a une sonorité émouvante, comme s'il avait laissé échapper, au cœur de la description technique, le lien sentimental qui l'attachait à son pays.

Le Livre de chasse offre encore une belle description de la vie saine du veneur. Fébus ne dit pas que c'est la sienne, loin de là, mais on ressent à lire ces lignes un plaisir physique profond qui ne peut pas n'avoir jamais été ressenti par celui qui les a écrites. L'allusion au petit matin plein de chants d'oiseaux était un thème courant dans la poésie lyrique, mais une exaltation aussi concrète du bien-être physique, elle, n'est pas banale. « Quand le veneur se lève au matin, il voit la très douce et belle matinée et le temps clair et serein et il entend le chant des oiselets qui chantent doucement, mélodieusement et amoureusement chacun en son langage, du mieux qu'ils peuvent, selon ce que la nature leur apprend. Et quand le soleil sera levé, il verra cette douce rosée sur les branches et sur les herbes et le soleil, par sa vertu, les fera reluire ; c'est grand plaisir et joie au cœur du veneur. [...] Et quand il s'en revient à l'hôtel, il s'en revient joyeusement, car son seigneur lui a donné de son bon vin à boire à la curée. Et quand il sera à l'hôtel, il se dépouillera et déchaussera et il lavera ses cuisses et ses jambes et, à l'occasion, tout son corps. Et, entretemps, il fera bien préparer un souper de lard, de cerf et d'autres bonnes nourritures et de bon vin. Et quand il aura bien mangé et bien bu, il en sera tout joyeux et tout aise. Après, il ira goûter l'air et le serein du soir pour la grande chaleur qu'il a eue, puis il s'en ira boire et coucher dans son lit dans de beaux draps de toile tout frais et il dormira bien et sainement la nuit, sans songer à faire péché. »

Sans parler de la chasse elle-même, de l'exaltation de la poursuite, de l'excitation du danger, de l'exercice violent, de la camaraderie virile, de la convivialité de « l'assemblée » où chacun doit « boire, rire, plaisanter et jouer », en dehors de ces attraits convenus de l'occupation noble par excellence et collective par essence, une journée de chasse n'offrait-elle pas aussi des moments intenses d'un plaisir physique ressenti seul au cœur d'une nature sauvage ou apaisée, du « temps clair » du matin au « serein du soir », une pause entre menées diplomatiques et soupers de cour ritualisés ?

Le rêve chevaleresque

Le XIVe siècle fut le temps de l'exaltation de la chevalerie en même temps que celui de son déclin social. Le désastre de Crécy démontrait l'inadaptation des chevaliers aux nouvelles formes de guerre, l'armée devenait un corps de mercenaires puis de soldats permanents, les combats singuliers se transformaient en tournois-spectacles. Mais la nostalgie des valeurs d'antan, vaillance, loyauté, largesse et courtoisie, qu'avaient véhiculées les œuvres majeures de la littérature des XIIe et XIIIe siècles, envahissait l'esprit et le comportement des nobles. Ce fut l'époque de la naissance des ordres de chevalerie, tel l'ordre de la Jarretière en 1348, ce fut le temps d'un lancinant désir de croisade qui aurait vu renaître les hauts faits pour la gloire de Dieu.

Gaston Fébus fut en cela un homme de son temps. Sa jeunesse est placée sous le signe de la chevalerie. Sans doute avait-il lu les histoires d'Arthur de Bretagne, de Lancelot du Lac, d'Aimeri de Narbonne, de Guiron le Courtois, du roi Meliadus, de Guy de Warwich qu'on retrouve dans la bibliothèque des Foix-Béarn. Le voyage en Prusse avait mêlé idée de croisade et modèle de la Table ronde. Ce qui n'était encore peut-être que théorie fut mis en pratique au retour, quand le jeune comte vint au secours de nobles dames assiéges par des vilains révoltés. Il ne pouvait y avoir meilleure concrétisation de l'idéal chevaleresque.

Le goût de Fébus pour la chevalerie se révèle dans le prénom choisi pour son fils bâtard, Yvain. Yvain, c'est le Chevalier au Lion, le compagnon du roi Arthur, le chevalier idéal qui mit toute sa vaillance au service de son amour. Célèbre dans la littérature, c'est un prénom très rare dans la réalité[1]. Impossible à donner au fils légitime qui devait porter le prénom traditionnel de la lignée, le choix d'Yvain est sentimental. Sur le fils dont le destin n'était pas tracé, le comte de Foix a reporté ses rêves.

Mais il y a souvent loin du rêve à la réalité. Gaston III fut bien trop politique, bien trop moderne pour se conduire en chevalier des temps passés. Il a bien plus évité la guerre qu'il ne l'a faite, il n'a pas recherché la prouesse vaine, il a été froid et calculateur dans sa diplomatie, autoritaire dans son gouvernement, et large uniquement quand sa gloire devait y gagner.

Les valeurs d'antan pouvaient toutefois revenir à la surface ; Froissart, le chantre de la chevalerie, fut empressé à les relever. Qu'en fut-il vraiment de ce projet de croisade qu'il rapporte ? Si, répondant à l'appel de Pierre de Lusignan, roi de Chypre, venu en 1363-1364 pour relancer l'idée de croisade en Occident, les rois de France et d'Angleterre avaient décidé d'une expédition, le comte Fébus les aurait suivis avec le plus grand équipage et il aurait accompli les plus hauts faits ; en 1388, si on en croit le chroniqueur, il y pensait encore, et c'était une des raisons de sa thésaurisation[2]. Autre signe : en ce temps-là, au seuil de sa vie, le comte prenait beaucoup de plaisir à se faire lire *Meliador*, le dernier grand roman de chevalerie. Plaisir d'écouter, oui, mais pas intérêt suffisant pour acheter. Froissart repartit avec son livre ; blessé sans doute, mais étonné aussi : « ne sais si ce fut de cœur lié[3] ».

Cet épisode, pour infime qu'il soit dans la vie de Fébus, est révélateur du personnage. Le roman de chevalerie ressortait de l'imaginaire rêvé mais la réalité littéraire, ce qui valait qu'on y consacre un argent si difficilement compté, c'était l'ouvrage scientifique, l'ouvrage de savoir, ou l'œuvre musicale ou poétique contemporaine qui ouvrait des voies nouvelles, pas le roman du passé.

La critique implicite des valeurs du passé affleure dans le prologue du *Livre de chasse*. Fébus est le premier, on l'a dit, à mettre clairement la chasse au même rang que les deux piliers de l'esprit chevaleresque, les armes et l'amour. En fait, pour Fébus, elle est même au-dessus, c'est vers elle qu'il se tourne, renvoyant à d'autres les armes et l'amour : la chevalerie a failli sur les champs de bataille, l'amour n'est plus magnifié comme à l'époque courtoise (on n'est pas loin du temps d'Alain Chartier et de sa « Belle Dame sans mercy »), la chasse est une nouvelle voie pour l'honneur et la vertu que les deux premières n'offrent plus[4].

A la fin de sa vie, le comte Fébus paraît amer et désabusé, comme Froissart, comme Bernat de So[5]. C'est en comparaison des chiens fidèles qu'il juge les hommes de son temps. Les chiens d'aujourd'hui sont aussi nobles que ceux d'autrefois : « Au lieu que toutes natures d'hommes et d'autres bêtes vont en descendant et en diminuant de vie, de bonté, de force et de toutes autres choses, si merveilleusement que, quand je vois les chiens qui chassent aujourd'hui, que je pense aux chiens que j'ai vus au temps passé, que je vois d'autre part la bonté et la loyauté qui régnaient jadis chez les seigneurs du monde et autres gens et que je vois ce qui se passe à présent, je dis bien qu'il n'y a aucune comparaison. » Après l'histoire du roi Clovis et du chien d'Apollon de Loonois, il précise : « J'ai cité cet exemple à cause de la noblesse des chiens et des seigneurs qui y paraissent, mais je crois qu'à présent on en trouverait peu qui fissent pareille justice. »

Regret certainement sincère des valeurs du temps passé, mais rejet aussi de ces valeurs qu'il n'a d'ailleurs pas mises lui-même en pratique, on est là dans une des contradictions du comte Fébus.

Le sentiment religieux

En matière religieuse, le comte de Foix apparaît comme un homme de son temps, en phase avec une nouvelle sensibilité qui donnait plus de prix à une vie spirituelle intérieure et individuelle qu'aux manifestations extérieures et à une générosité ostentatoire.

On a beaucoup dit qu'il n'avait pas été généreux envers l'Eglise. Il ne pouvait guère en être autrement. L'époque n'était plus aux donations qui avaient fait la fortune ecclésiastique, une Eglise riche paraissait en contradiction avec l'esprit évangélique – les ordres mendiants étaient venus le confirmer – et, déconsidérée par cette richesse et par la puissance temporelle, elle ne semblait plus être le passage obligatoire pour trouver Dieu. A ce contexte général, il faut ajouter le caractère de Fébus – il ne fut généreux envers personne si cela ne devait rien lui rapporter en retour – et aussi son hérédité. La comtesse Marguerite manifestait encore ouvertement en 1319 son animosité envers l'Inquisition, douze ans seulement avant la naissance de Gaston ; même inconscient, l'anticléricalisme fuxéen devait bien habiter la famille comtale. Malgré cela, Gaston III eut des gestes importants en faveur des établissements religieux.

Il accompagna sa mère dans la fondation d'une abbaye cistercienne en pays de Foix, l'abbaye de l'Abondance-Dieu ou des Salenques. Ils accomplissaient ainsi une volonté de Gaston II, que le comte avait commencé à mettre en œuvre mais qu'il n'avait pu achever[6]. Le 1er septembre 1353, ils donnèrent un « édifice somptueux », avec église, cloître, réfectoire, dortoir, infirmerie, cellier et tous édifices, bâtiments et terres en suffisance et 550 livres de rente annuelle ; ils soumettaient la maison à la grande abbaye de Boulbonne mais s'en réservaient le patronat. Il devait y avoir là trente religieuses. C'était une grosse fondation. La cérémonie se fit en présence de commissaires pontificaux, de plusieurs évêques et de nombreux seigneurs du pays de Foix[7]. En 1365, Gaston Fébus donna son château des Salenques. L'abbaye fut toujours chère au cœur d'Aliénor de Comminges et elle choisit d'y être ensevelie. La comtesse mourut à la fin de l'année 1368 ou au début de 1369 ; elle fut enterrée à Orthez mais son fils la ramena lui-même aux Salenques en 1376, escortée de toute l'armée qu'il avait levée pour revendiquer la succession de Comminges : « Elle fut ensevelie avec honneurs dans ledit monastère des Salenques, lequel elle avait fait et fondé pour sa mémoire perpétuelle et qu'elle avait fait doter de rentes par son fils.[8] »

Le comte de Foix fonda un couvent de Carmes à Sauveterre-de-Béarn en 1363, pour son salut et celui de ses parents. Le pape l'autorisa à faire bâtir une habitation pour douze frères avec une église ou un oratoire, un campanile, une cloche, un cimetière et autres dépendances nécessaires, sous réserve de l'autorisation de l'évêque d'Oloron[9]. Ce couvent subsista jusqu'en 1569. Le comte fonda encore une rente perpétuelle de 10 livres au couvent des augustins de Saverdun pour faire dire des messes pour le repos de son âme et de celle de ses prédécesseurs et successeurs[10] ; en 1375, il donna 25 écus au couvent des cordeliers d'Oloron en exécution d'un legs de sa mère pour la célébration d'une messe annuelle d'anniversaire pour le repos de son âme ; il prit sous sa protection en 1350 les frères prêcheurs de Morlàas, il confirma en 1355 l'exemption de péages dans tout le Béarn aux moines de Roncevaux, il fit payer en 1361 aux franciscains de Mont-de-Marsan ce que ses prédécesseurs avaient l'habitude de donner[11]. On peut parler de relations ordinaires avec les maisons religieuses, certes sans excès !

Comme ses ancêtres de Foix, il s'attacha particulièrement à l'abbaye de Boulbonne, qui abritait les sépultures comtales. En 1358, il la prit sous sa protection et sauvegarde et ordonna à tous ses vassaux de restituer ce qu'ils avaient usurpé ; en 1359, il voulut faire réparer les cellules du monastère mais le pape ne l'autorisa qu'à construire un nouveau dortoir[12]. En février 1381, il exigea de l'abbé et des moines qu'ils fassent réparer avant Pâques la maison où il avait l'habitude de descendre sous peine d'une amende de 3 000 francs d'or ; par contre, il leur donna six tasses et six cuillères d'argent pesant cinq marcs et une once, pour faire une lampe d'argent comme celle qui était sur l'autel de saint Antoine à Lézat et il leur rendit la grange qu'il avait saisie pour se rembourser de certaines dettes ; il leur demanda aussi d'obéir à leur règle et de bien assurer le service divin[13].

Ce texte est révélateur de l'attitude religieuse de Fébus : des actes de piété, certes, mais aucune concession au clergé surtout pas quand ses droits de seigneur étaient en cause. C'est ainsi qu'il entra en conflit, comme d'ailleurs tous ses prédécesseurs, avec les évêques de Pamiers Raimond Dachon (1371-1380) et Bertrand d'Ornezan (1380-1424) sur l'exercice de la justice à Pamiers : quand le dernier apprit la mort du comte, il se trouvait à Avignon « car il ne se osait tenir sur son bénéfice, pour tant que le comte de Foix, quoiqu'ils fussent de lignage, l'avait accueilli en haine pour ce que cet évêque voulait trop exhausser ses juridictions et affaiblir celles du comte de Foix[14] ». C'est ainsi qu'il dut s'aliéner l'évêque de Lescar, Odon de Mendousse, qui alla jusqu'au complot contre lui. C'est un des principaux reproches qu'Aymeric de Peyrac fera au comte de Foix : « Il était le comte le plus riche du royaume [...] alors qu'il viola les droits des prélats, chargea son peuple d'impôts et tua son fils de sa propre main. »

Aucune complaisance envers le clergé ne veut pas dire absence de piété. Froissart décrit une vie religieuse conforme aux pratiques seigneuriales du temps : « Il disait en son retrait planté d'oraisons, tous les jours, une nocturne du psautier, heures de Notre-Dame, du Saint-Esprit, de la croix et vigiles des morts et tous les jours faisait donner cinq francs en petite monnaie pour l'amour de Dieu et l'aumône à sa porte à toutes gens » ; il aurait « amendé » la mort de Pierre de Béarn « par pénitences privées, par messes ou par oraisons » ; il commençait sa journée par une messe[15]. Il avait un chapelain et le dernier, Nicole de Lescar, jouissait d'une confiance inouïe de sa part : il « savait tous les secrets du comte de Foix car le comte l'avait bien aimé et les jours où il était allé à son trésor, il y avait amené son chapelain et non autrui » et lui seul put indiquer les moyens d'accéder à ce trésor[16].

Le comte de Foix n'était sans doute pas porté vers les manifestations extérieures du culte, sauf quand il les liait à l'affirmation de son pouvoir. Ainsi la célébration de l'anniversaire de Launac auquel Froissart assista en 1388 : « Tout le clergé de la ville d'Orthez et toutes les gens, hommes, femmes et enfants en procession allèrent quérir le comte au château ;

lequel tout à pied, avec le clergé et les processions, partit du château. Et vinrent à l'église Saint-Nicolas et là chantaient un psaume du psaultier David qui dit ainsi « Benedictus Dominus meus, qui docet manus meas ad proelium et digitos meos ad bellum ». Et quand ce psaume était fini, ils recommençaient toujours. Et ainsi fut amené jusqu'à l'église, et là fut fait le divin office... » aussi beau que chez le roi ou le pape[17].

Sa foi profonde et l'angoisse du péché, donc du salut, ressortent avec force du *Livre des oraisons*, quelle que soit la part personnelle qu'il prit à son élaboration ; elles ressortent aussi de la dédicace du *Livre de chasse* à Philippe de Bourgogne : « Je lui envoie aussi une oraison que je fis jadis, quand Notre-Seigneur fut irrité contre moi. Et je le supplie et prie qu'une fois chaque jour il veuille bien reconnaître Dieu et fasse tous les biens et aumônes qu'il pourra car c'est le mieux qu'on puisse faire et Notre-Seigneur accomplira ses besoins mieux qu'il ne pourrait souhaiter. »

En tout cela, l'attitude de Gaston Fébus face à Dieu ou face au clergé ne paraît pas en contradiction avec son époque. Mais un point nous paraît étonnant. Le comte de Foix n'a pas fait de testament, ni lorsqu'il partit pour sa « croisade de Prusse » et qu'il n'avait pas d'enfant, ni à la fin de sa vie, alors qu'il était âgé ; cela dénote une absence de sentiment de sa « mortalité » peu commune. En conséquence, il n'a pas fait élection de sépulture, alors que le sanctuaire dynastique était un élément de prestige de toute lignée, ni legs pieux et fondations de messes, pratique alors généralisée chez tous les chrétiens et qu'on s'attendrait à trouver multipliée chez quelqu'un qui avait tant conscience du péché. C'est faute de ce choix qu'il dut être enterré à Orthez alors que tous les comtes de Foix avant lui et après lui furent enterrés à Boulbonne et que lui-même, on le verra, ressentait la prééminence symbolique du pays de Foix dans l'histoire de sa famille. Il avait enterré son fils à Orthez et aussi sa mère. Ces sépultures étaient-elles hâtives et provisoires ? Pourquoi le prince héritier ne fut-il pas porté à Boulbonne ? Pourquoi Fébus attendit-il sept ans pour respecter les dernières volontés de celle qu'il avait aimée et estimée ? On avait bien ramené son père de Séville et son grand-père de Paris pour la sépulture qu'ils avaient choisie. La cérémonie des Salenques fut-elle geste de piété filiale ou seulement acte politique, dans le contexte de la succession du Comminges ? Touche-t-on là du doigt une curieuse approche de la mort ? une volonté de la nier en éludant les sépultures ? un mépris du rite ?

DES PERSONNES AIMÉES ?

On a du mal à discerner les sentiments du comte Fébus. Qui a-t-il aimé, a-t-il même estimé ? Certainement pas sa femme, certainement pas, ou si mal, son fils Gaston. Les historiens s'accordent à dire que celle qui a eu le plus de place dans sa vie a été sa mère. C'est très vraisemblable. Elle fut très présente dans sa jeunesse et aucun conflit, aucune mésentente n'est discernable à la suite de l'émancipation du jeune comte comme c'était pourtant fréquent en de telles circonstances, y compris dans la famille de Foix-Béarn[18]. C'est ensemble qu'en 1353 ils fondèrent l'abbaye des Salenques et elle restera à ses côtés jusqu'à sa mort, après avoir beaucoup œuvré, en vain, au retour d'Agnès de Navarre.

L'entourage de Fébus ne prend chair pour nous que sous la plume de Froissart, c'est-à-dire à la fin de sa vie. On ne sait donc pas quelle était la place, au quotidien, d'Aliénor de Comminges ou d'Agnès de Navarre. On ne sait pas non plus quelle fut la place de Bernard, le premier bâtard du comte.

En 1388, les proches de Fébus, ce sont ses deux fils bâtards Yvain et Gratien et ses deux frères eux aussi bâtards Pierre de Béarn et surtout Arnaud Guilhem, seigneur de Morlanne. Tous les quatre servaient à la table du comte le jour de la Noël 1388, tous les quatre chevauchaient à ses côtés lors de la rencontre toulousaine avec le roi Charles VI. Lieutenant général de son frère, homme des missions difficiles tel le renvoi d'Agnès de Navarre, Arnaud Guilhem était sans doute le confident, le fidèle, le conseiller privilégié, le plus proche dans la pensée, celui qui devait le mieux savoir composer avec le caractère difficile du prince. Lorsque Fébus « pressentit » le désastre d'Aljubarrota, il fit venir Arnaud Guilhem et se confia à lui : « Messire Arnaut Guillaume, qui est un chevalier très sage et très avisé et qui connaissait bien la manière et le caractère de son frère le comte, garda un peu le silence[19]... »

Fébus eut trois fils bâtards au moins[20]. Bernard, né vers 1350[21], auquel avait été donné le prénom traditionnel de la lignée de Foix, fut brillamment établi en Castille grâce à la protection d'Henri de Trastamare ; comte de Medinaceli dès 1368, on ne le trouve aux côtés de son père qu'en 1376, lors de la guerre de Comminges. Yvain dut naître un peu avant le prince héritier, vers 1360-1361, Gratien plus tard. Froissart a vu tous les jours auprès de leur père ces « deux beaux jeunes chevaliers bâtards qu'il aime autant que lui-même [22] ». La formule ne doit pas être prise au pied de la lettre car le chroniqueur dit à peu près la même chose du fils légitime, mais il souligne à plusieurs reprises le souci du comte de Foix de bien établir ses fils[23]. Auprès de Fébus, Yvain apparaît en premier plan, peut-être parce que Gratien était encore très jeune. Le prénom d'Yvain témoigne, nous semble-t-il, d'un amour paternel touchant chez ce grand seigneur : quand cet enfant est né, il l'a désigné comme l'héritier de ses rêves chevaleresques, il n'était pas le bâtard subi dont on assumait la charge parce qu'il le fallait bien. Yvain répondit aux attentes de son père ; il était déjà dans sa garde personnelle en 1376[24] ; c'est lui qui en 1381, à la tête des troupes béarnaises, remporta la victoire de Rabastens. C'est aussi lui qui dénonça son frère lors du complot d'Orthez : faut-il voir dans cet acte le résultat d'une mésentente ou seulement la réaction normale d'un fils qui ne peut laisser tuer son père ? On imagine mal qu'il ait pu se taire, sauf à être complice. Les liens entre Fébus et son fils semblent avoir été très étroits et la tradition qui désigne Yvain comme le fils préféré correspond certainement à la réalité. Froissart les montre inséparables. Yvain était auprès de son père à l'heure de sa mort : « Les chevaliers qui étaient là regardèrent vers Yvain, son fils, qui pleurait et se lamentait et tordait les poings ; ils lui dirent : Yvain, c'est fait. Vous avez perdu votre seigneur de père, nous savons bien qu'il vous aimait sur tous » ; à leur demande, il revint à Orthez pour mettre la main sur le trésor avant que la nouvelle soit connue, mais le fait qu'il rentre seul fut une des raisons de l'ébruitement : certains habitants dirent « Nous avons vu venir et passer parmi la ville et aller vers le château messire Yvain, et montrait bien à son semblant qu'il était courroucé [25] », d'autres répondirent : « Sans faute, il est advenu quelque chose car il n'avait point d'usage de chevaucher devant sans son père[26]. » On peut s'interroger sur cette remarque rapportée par Froissart ; si elle est bien exacte, si Yvain ne chevauchait jamais sans son père, quels étaient donc les liens qui les unissaient tous deux ? Yvain n'existait-il que par son père et dans son ombre ? D'autant qu'en 1391, Yvain avait bien trente ans, il n'était pas marié et ne semble pas avoir eu des revenus autonomes... Nous avons déjà dit quel fut le chagrin de Froissart quand il apprit la mort d'Yvain et qu'il pensa à ce qu'aurait été la douleur de Fébus s'il avait été encore en vie.

Parmi les proches de Fébus au temps de Froissart, deux chevaliers ressortent avec force : Espan du Lion et Arnauton d'Espagne. Espan, chevalier béarnais, seigneur de Leu, abbé laïque d'Orthez, était presque toujours présent aux côtés de son maître ; il sera là à l'heure de sa mort et il sera un des deux envoyés de Mathieu de Castelbon auprès du roi dans les difficiles négociations de la succession. Arnauton d'Espagne, cousin germain de Roger d'Espagne, seigneur de Montespan, lui-même cousin du comte, ne résidait pas à Orthez, mais il y venait régulièrement : « Le comte de Foix l'aime bien car c'est son compagnon en armes » ; « en toute Gascogne, on ne trouverait point son pareil de force de membres ; et pour ce tient le comte de Foix à compagnon » ; il est le héros de l'anecdote de l'âne et des bûches [27]. Espan semble avoir été l'homme de confiance de chaque jour et Arnauton le gai compagnon des jours de fête.

Au milieu de la « grand'foison » de chevaliers et écuyers qui l'entouraient en sa cour, Fébus avait donc autour de lui un cercle très réduit de familiers, auxquels devaient l'unir des liens de confiance, de fidélité et sans doute d'affection, et dans cette affection Yvain avait certainement la première place.

Et pourtant, même envers ces quelques personnes, même envers Yvain, le comte de Foix gardait méfiance et secret. Yvain n'avait pas accès au « château » d'Orthez (il devait s'agir de la tour Moncade, là où était le trésor comtal) et quand il voulut s'y rendre dans l'heure qui suivit la mort de son père, il dut se munir de l'anneau et du couteau du comte qui étaient les signes sans lesquels le portier n'aurait jamais ouvert, même à lui ; la première parole du portier avait d'ailleurs été : « Que vous plaît, monseigneur Yvain ? Où est monseigneur ? » Cela ne suffit pas parce qu'il manquait la petite clef qui ouvrait un coffret dans lequel étaient les grosses clefs qui fermaient la salle au trésor. Entretemps, les chevaliers qui étaient restés auprès du corps du comte découvraient cette petite clef sous ses vêtements et ne savaient à quoi elle pouvait bien servir ; c'est le chapelain, le seul dans la confidence, qui le leur dit. Cela, le fils ne le savait pas.

Le comte, si généreux aux étrangers chargés involontairement de diffuser sa gloire, ne semble pas avoir exercé la moindre générosité envers ses proches. Quand Espan du Lion demanda une avance de 60 florins, il dut consentir une hypothèque sur tous ses biens ; le geste le plus généreux fut un don de 750 florins à son frère Arnaud Guilhem à l'occasion de son mariage[28].

Au milieu d'une cour nombreuse, toujours accompagné d'une poignée d'hommes fidèles et sûrs, la plupart de son sang et qui ne lui firent jamais défaut, le comte Fébus semble s'être bâti un rempart de solitude.

Avait-il toujours été ainsi ? Sans doute, car cela correspond à de profonds traits de caractère. Mais on ne peut s'empêcher de penser que, à la fin de sa vie, planait l'ombre du jeune Gaston et de son poison...

UNE COUR SANS FEMMES

La réputation amoureuse de Fébus a traversé les siècles. Mais que sait-on de sa vie intime à part qu'il eut plusieurs bâtards ?

Ce grand seigneur guerrier et poète, qu'on a toujours dit beau et séduisant, ne peut s'imaginer qu'en homme de conquêtes. C'est une image convenue de tous temps et cette image, Fébus l'a appuyée dans la première phrase de son *Livre de chasse*, restée célèbre : « Tout mon temps me suis délecté spécialement de trois choses : les armes, l'amour et la chasse. »

L'originalité, dans cette phrase, vient de la chasse, que Fébus associe aux deux premiers thèmes, élargissant ainsi l'idéal aristocratique de son temps. Les armes et l'amour, par contre, sont une constante de la littérature médiévale et cette profession de foi d'un grand noble n'est que stéréotype.

Dans *Le Livre de chasse*, Fébus revient immédiatement sur son affirmation : « Et comme pour les deux premières, il y a eu bien meilleurs maîtres que moi, car de bien meilleurs chevaliers ont été que je ne suis et bien des gens ont eu de plus belles aventures d'amour que je n'en eus, ce serait pour moi sottise d'en parler. Je néglige donc ces deux offices d'armes et d'amours, car ceux qui les voudront suivre comme il faut y apprendront mieux de fait que je ne le pourrais dire en paroles. » On a vu là fausse modestie, procédé littéraire destiné à mettre en valeur sa science, incomparable, elle, de chasseur. Mais si c'était vrai ? Et si, contrairement à une légende bien établie, Fébus n'avait jamais connu de véritable relation amoureuse, au sens sentimental du terme ? Ce que l'on peut deviner de ses relations avec les femmes incline à le penser.

Il a chassé son épouse d'une manière indigne. Une fois père d'un héritier, il n'a plus voulu d'elle. Agnès de son côté ne semble avoir jamais manifesté le souhait de revenir ; sa peur transparaît dans sa déclaration de 1391 comme dans le récit de Froissart. Un tel rejet, si lourd de conséquences, est inexplicable autrement que par un comportement obsessionnel. Fébus n'a pas cherché à faire annuler son union pour pouvoir se remarier ; bien sûr, la procédure aurait eu peu de chances d'aboutir mais d'autres puissants ont essayé en leur temps et le comte de Foix n'était pas de ceux qui reculaient devant une action jugée par d'autres impossible.

Des mères de ses bâtards, on ne sait rien, ni leur prénom, ni leur condition sociale. On n'est pas encore au temps des maîtresses princières officielles, mais on connaît le nom des mères des frères et sœurs bâtards de Fébus, que Gaston II mentionna dans son testament, on connaît aussi le nom des mères des bâtards de Charles II de Navarre, auxquelles Charles III consentit des rentes après la mort de son père. Fébus, lui, n'a rien prévu pour les femmes qui lui donnèrent des fils, du moins aucune trace n'en est restée. Deux garçons naquirent au temps du mariage avec Agnès, Bernard vers 1250, Yvain un peu avant le prince héritier, vers 1260. Le troisième, Gratien, dut naître après le départ de la comtesse. En l'absence devenue définitive de l'épouse, la mère de Gratien, ou une autre, aurait pu tenir un rôle officieux mais connu auprès du comte. Il n'en fut rien.

La vie quotidienne de Fébus, l'atmosphère de la cour d'Orthez ne nous sont connues que par le récit de Froissart, c'est-à-dire en un temps où le comte de Foix était déjà relativement âgé – il avait 57 ans ; on aimerait bien savoir ce qui se passait là vingt ou trente ans plus tôt... Froissart est pourtant loin de trouver un homme vieillissant ; au plus haut de ses capacités intellectuelles, Fébus est toujours un grand chasseur, un homme qui veille, qui aime manger et boire, bref, un homme débordant de vie qui impressionne toujours autant ceux qui l'abordent. Mais, dans cette cour brillante, ouverte, accueillante, toujours en mouvement, il n'y a aucune femme.

Lors du souper que tenait le comte à la mi-nuit, seuls chevaliers et écuyers montaient de la ville vers le château ; pas une femme à la table du grand repas de la Noël 1388 dont Froissart énumère tous les convives avec leur place ; pas une femme lors du dîner qui précéda le départ des chevaliers béarnais pour la campagne d'Espagne qui leur sera fatale, pas une femme dans l'impressionnante escorte qui entourait le comte lors de son entrée à Toulouse. Aucune femme n'est présente pour adoucir l'heure des drames. Aucune n'est là pour s'attendrir sur le sort du jeune Gaston, calmer le père, secourir l'enfant, pas une nourrice, une fidèle servante pour le nourrir dans son cachot, pas même sa jeune épouse. Aucune ne sera là à l'heure de la mort du comte : c'était au soir d'une partie de chasse, dans une compagnie exclusivement masculine, mais aucune femme ne fut appelée, aucune n'accourut d'Orthez à son chevet, aucune n'accueillit sa dépouille, aucune n'est mentionnée lors de la cérémonie funèbre, sauf celles de la foule du peuple d'Orthez.

Après le départ d'Agnès, fin 1362, et après la mort d'Aliénor, fin 1368 ou début 1369, il n'y a plus de femme noble à la cour d'Orthez. La petite Béatrix d'Armagnac n'eut pas le temps d'y trouver sa place ; elle ne semble pas avoir été présente à Orthez au moment de la mort de son jeune mari et on n'entend plus parler d'elle[29]. Froissart ne semble même pas avoir su qu'elle avait existé. Le surnom de *Gaya Armanhaguesa* rapporté par Michel du Bernis aurait pu faire augurer de temps plus riants ; mais même si son mariage ne s'était pas brisé aussi dramatiquement, on a du mal à imaginer quelle aurait pu être sa vie auprès de Fébus en tant qu'épouse du fils mal aimé ; on ne la voit certainement pas en maîtresse de maison, même au sens le plus domestique du terme, rôle qu'en l'absence de la comtesse en titre, elle aurait pu jouer en une autre cour.

Deux femmes seulement apparaissent dans la chronique de Froissart, deux femmes qui viennent implorer le secours du comte. L'une est Aliénor de Comminges, sa cousine, qui venait de quitter son mari, Jean de Boulogne, qu'elle accusait de ne pas défendre son héritage de Comminges ; sur le point de partir en Aragon, elle lui confia sa fille Jeanne, âgée de trois ans, car elle avait peur que le comte d'Armagnac s'en empare. Fébus accepta, pour des raisons très intéressées, on l'a dit. Comment cette petite fille fut-elle élevée ? Dans le château d'Orthez par des servantes et gouvernantes ? Ou fut-elle confiée à une dame de la noblesse béarnaise ? On penche pour la seconde hypothèse car c'est ce qui fut décidé dans le second cas rapporté par Froissart. Cette seconde femme venue demander aide à Fébus est la jeune Florence de Biscaye, cousine du roi de Castille Pierre le Cruel qui venait de faire tuer son père et de saisir tous ses biens et voulait s'emparer d'elle. Fébus l'accueillit et la confia à la dame de Coarraze, « une haute baronnesse en ce pays » ; plus tard, il la maria à son frère Pierre de Béarn[30]. Jeanne de Boulogne quitta Orthez à l'âge de douze ans pour épouser le duc de Berry ; elle n'avait été qu'un instrument dans la main de Fébus. Florence de Biscaye, elle, resta dans l'entourage du comte puisqu'elle devint sa belle-sœur. Ce ne fut pas pour longtemps. Elle eut deux enfants avec Pierre de Béarn mais, à la suite d'une histoire étrange de somnambulisme et d'ours maléfique[31], elle s'enfuit en Castille avec ses enfants, son or, son argent et ses bijoux, et ne voulut plus jamais revenir ni renvoyer les enfants. On ne peut s'empêcher de penser qu'instruite du sort d'Agnès de Navarre, elle a peut-être pris les devants...

Etrange atmosphère à la cour d'Orthez : les deux frères de Béarn mariés mais sans femme à leur côté, l'une chassée et n'envisageant pas de retour par peur de son mari, l'autre partie d'elle-même par suite d'une terreur insurmontable, des maîtresses sans doute puisqu'il y eut des bâtards[32], mais jamais mises en lumière, des sœurs ignorées[33], aucune femme présente dans les repas de cour...

Il est difficile de suivre Froissart quand il écrit : « d'armes et d'amours volontiers se déduisait », « on voyait en la salle et ès chambres et en la cour chevaliers et écuyers d'honneur aller et marcher, et d'armes et d'amour les oyait-on parler[34] » ou, à propos de l'accueil fait à Florence de Biscaye, « le comte qui est à toutes dames et damoiselles doux et amoureux[35] ». Il ne peut s'agir que de phrases convenues de la part d'un poète féru de chevalerie, qui associait forcément les valeurs courtoises d'armes et d'amour à celui qui représentait à ses yeux le prince idéal. Elles sont en contradiction avec ce qu'il dit lui-même du comportement de ce prince. Malgré son admiration, il n'a pas hésité à rapporter des témoignages de la duplicité du comte, de son âpreté au gain, de sa cruauté et surtout de sa violence, mais il n'a rien dit de cette absence de femmes. Pourtant, il dut bien s'en étonner, lui qui s'étendit sur la « grand foison de jeunes dames et damoiselles » et « de dames belles et fraîches et bien arréées » à chaque étape du voyage de Charles VI en Languedoc, de Dijon à Toulouse, et même en Avignon, la ville du pape, sur les grandes fêtes de Londres où chaque soir dames et chevaliers dînaient ensemble, sur les nobles dames de France présentes à Paris en août 1389 pour l'entrée d'Isabeau de Bavière et convives de fastueux banquets, ou sur le tragique « bal des Ardents » auquel participaient les dames de la cour[36] ; lui aussi qui rapporta l'affirmation du duc de Berry : « Hôtel de seigneur ne vaut rien sans dame ni homme sans femme ».

Si Froissart n'a rien dit sur ce qui était pourtant une réalité flagrante, n'est-ce pas parce qu'il ne comprenait pas et ne pouvait rien expliquer, que cela ne cadrait pas avec l'image du prince idéal, alors que duplicité, violence et cruauté pouvaient se justifier chez un grand seigneur qui devait faire respecter pouvoir et puissance ? Et peut-être aussi parce que c'était un sujet tellement tabou à la cour de Fébus que nul, même un chroniqueur étranger, n'aurait osé le relever...

Pour nous aussi, le mystère demeure. Le drame de la vie de Fébus, le meurtre de son fils, son absence d'héritier, découle de l'attitude qu'il eut d'abord envers son épouse. Son attitude envers les femmes venait-elle de très loin, de telle sorte qu'il se serait conduit de la même façon envers n'importe quelle autre épouse ? Ou y eut-il entre Agnès de Navarre et lui quelque chose de si grave que son comportement en découla pour le reste de ses jours ? La première hypothèse semble la plus vraisemblable. Peut-on suggérer, en une lecture contemporaine influencée par les thèses psychanalytiques, l'influence d'une mère à la forte personnalité, seule présence affective dans une enfance à peu près privée de père, une mère à la hauteur de laquelle aucune femme ne serait jamais arrivée ? Mais même envers sa mère, son attitude semble avoir changé ; après une curatelle dont il n'eut jamais à se plaindre, Aliénor n'eut plus de responsabilités ; elle aurait pu en avoir au moins au temps du voyage de Prusse, elle avait largement fait ses preuves comme régente. Cela tranche dans la société noble de l'époque où on voit très régulièrement les femmes en charge des affaires pendant les absences du seigneur[37].

Et d'ailleurs, cette attitude envers les femmes, quelle était-elle vraiment ? On ne le sait pas, le comte de Foix n'en a jamais rien dit, rien écrit, on ne peut que constater leur absence. Il ne s'agit pas que de mépris : mépriser les femmes n'a jamais empêché un homme de vivre avec elles. Il y a autre chose chez Fébus, ce n'est pas une détestation physique, puisqu'il en eut plusieurs enfants, mais un rejet psychologique : il ne les voulait pas à son côté, même pas une femme légitime, capable d'assurer sa lignée et de l'aider à tenir son rang social ; celle qu'il eut, il ne l'a supportée que jusqu'à ce qu'elle ait rempli un rôle minimum de génitrice, même pas de mère puisqu'il ne l'a pas laissé élever leur enfant. Mais constater cela ne suffit pas à comprendre. On aimerait vraiment savoir qui furent les mères de ses enfants naturels : n'eut-il avec elles que satisfaction de ce désir de chair qui le submergeait ? étaient-elles des paysannes ou des servantes rejetées après usage ? ou connut-il des amours passagères sans doute, mais bien réelles ? Et le secret du *Livre des oraisons* est-il lié à tout cela ?

LE MYSTÈRE DU *LIVRE DES ORAISONS*

Froissart indique que, à l'annonce de la mort de son fils, le comte de Foix se fit raser tout ras, qu'il se vêtit de noir et fit vêtir ainsi son entourage. Les archives révèlent qu'il quitta Orthez et qu'il n'y revint que quatre ans plus tard[38]. Sans doute le lieu lui faisait-il horreur.

La tradition veut que *Le Livre des oraisons* soit né de cette blessure. Le lien paraît logique entre un crime dont on connaît la réalité et un livre de prières implorant Dieu d'éviter au pécheur la damnation éternelle. Fébus joignit ce texte à l'exemplaire du *Livre de chasse* qu'il offrit à Philippe de Bourgogne, en 1387 ou 1388 : « Je lui envoie aussi une oraison que je fis jadis quand Notre-Seigneur fut irrité contre moi. » Dans la troisième oraison, il parle d' « un grave état de péché » et il demande la miséricorde divine pour lui et pour un autre homme, tous les deux coupables ; dans la 26e, il évoque « le cas dont tu me peux damner », dans la 34e, il dit : « Je descendis jusqu'aux portes de l'enfer et tu me retins en arrière. » On a conclu que ces quelques allusions, très voilées, se rapportaient au meurtre de son fils[39].

Il ne peut en être ainsi. Qu'un événement grave, digne d'« irriter » Dieu et de « damner » le pécheur, soit à l'origine de la rédaction est la seule certitude. Mais quel est ce péché majeur ?

Le Livre des oraisons est presque tout entier un emprunt à des écrivains chrétiens, mais cela n'empêche pas, nous l'avons dit[40], de voir dans sa composition la main de Gaston Fébus. Si les mots, les phrases sont ceux d'un autre, leur sélection, leur réunion, leur agencement ont sans doute été voulus par lui et ne doivent pas au hasard. Un certain hasard aurait pu présider à la composition d'un recueil de prières ordinaire ; mais les *Oraisons* ont été composées dans un contexte précis, Fébus l'affirme, et on imagine mal qu'elles ne soient pas en rapport avec ce contexte. Le comte de Foix a choisi dans les écrits qu'il avait sous la main ceux qui correspondaient à son état d'âme, et il y a inséré quelques passages personnels. Or rien, au fil des pages de ce livre n'est en rapport avec le meurtre de son fils.

Des trois oraisons citées, la 26e et la 34e ne sont pas des textes de Fébus, la 3e oui. On a dit que Fébus s'y associait à son fils coupable lui aussi puisque ayant voulu tuer son père. « Seigneur, s'il te plaît, que nous ne soyons pas tous deux au nombre des damnés [...] Je te supplie d'avoir charitablement pitié de moi et de lui avec ta grande miséricorde car si tu regardes *facta nostra* (nos actions ? notre méfait ?), nos âmes seront damnées. Seigneur, tourne tes yeux vers nous deux, tes serviteurs, écoute d'une oreille favorable nos prières [...] Aide-nous, moi et lui, garde-nous, moi et lui en ce monde et toujours [...] Sauve-nous moi et lui, dirige-moi et dirige-le, maintenant et toujours [...]. » Or, il n'est pas possible que « lui » soit une personne morte ; on ne demande pas à Dieu d'écouter les prières d'un mort, de le « garder en ce monde et toujours », de le « diriger ». Les deux personnes en cause sont bien vivantes et ont apparemment commis ensemble une faute grave (*facta nostra*). Le second ne peut être le jeune prince Gaston. Pourrait-il s'agir d'Yvain, coupable d'avoir dénoncé son frère ? C'est peu probable. Même si cette dénonciation avait été motivée par des sentiments de jalousie et de détestation entre frères, elle avait sauvé la vie du père : nul et surtout pas le père en question ne pouvait la considérer comme un crime et la mettre au même rang que la tentative de meurtre et le meurtre.

Fébus a bien caché la faute qui l'amené « aux portes de l'enfer ». Il l'a noyée au milieu d'un océan de péchés : « Seigneur, j'ai péché devant toi mille millions de fois » (34e oraison) ; « j'ai fait toutes sortes de péchés depuis l'heure où j'ai eu pour la première fois la connaissance » (11e oraison) ; « depuis que je sais ce qu'est le péché, je n'ai cessé de pécher, j'ai toujours accumulé péché sur péché et les péchés que je ne pouvais commettre de fait, je les faisais par mauvaise pensée » (12e oraison) ; « mes péchés horribles et sans nombre » (21e oraison) ; « j'ai plus durement péché que Sodome et j'ai failli plus que Gomorrhe » (6e oraison). Ces péchés sont énumérés dans les 11e, 14e et 15e oraisons ; ce sont les péchés classiques de tous les textes chrétiens. La « fureur de la colère » y figure, mais elle n'est pas particulièrement mise en avant. Ce qui ressort, et avec force, c'est le péché de chair. « J'ai un mal, Seigneur, qui sur tous les autres maux l'emporte depuis que je suis sorti du berceau et tous les jours il s'est accru en moi, en enfance, en adolescence, pendant ma jeunesse et s'est multiplié en moi tous les jours et encore ne veut pas m'abandonner ; ce mal, Seigneur, c'est la débauche de la chair, tempête de luxure [...] Encore, par des pensées immondes, j'ai enflammé et souillé des ardeurs très grandes et malhonnêtes et pas seulement en moi mais aussi chez les autres » (11e oraison) ; « Roi glorieux, apaise en moi le désir de chair » (supplication qui vient en tête d'une longue énumération, 14e oraison) ; « la luxure me salit » (15e oraison) ; « je te prie humblement d'arracher de mon corps le désir de la chair, Seigneur, que mon âme soit souveraine de ma chair » (18e oraison). L'allusion à une faute digne de la damnation souvent relevée dans la 26e oraison apparaît elle aussi liée à la luxure : « Si j'ai enlevé en moi-même la chasteté, je n'ai pu tuer ta très grande pitié, Seigneur. Seigneur, si j'ai commis l'acte pour lequel tu peux me damner, tu n'as pas perdu pour cela, Seigneur, le désir de me sauver ». Plus explicite encore, cette prière : « Je lutte contre ma chair et ma pensée pour que ni par le cœur, ni par la langue ni par l'action, je ne provoque plus jamais ta colère ; mais Seigneur, ma résistance est si faible que je me retrouve tout le temps à terre. Qu'il te plaise qu'un combat perpétuel se livre dans ma disposition d'âme et que je n'aie aucun amour illicite » (23e oraison). Ces lignes confirment par ailleurs que l'angoisse de Fébus porte sur un péché récurrent, qu'il voudrait ne plus jamais commettre mais qu'il craint de commettre encore, ce qui ne peut s'appliquer au meurtre d'Orthez.

On ne saura sans doute jamais ce que Fébus a dissimulé dans ses oraisons. Ceux qui y ont cherché les allusions au meurtre de son fils ont eu beaucoup de mal à trouver quelques indices dont aucun ne paraît convaincant. La piste d'une affaire de mœurs paraît bien plus évidente. Dans une œuvre religieuse destinée à obtenir le pardon divin pour un meurtre, pourquoi le comte de Foix aurait-il jugé bon d'affirmer – même à travers le texte d'un autre – que la « débauche de chair » l'emportait chez lui sur tous les autres maux et pourquoi cette obsession de la chair serait-elle si présente ?

Par le pouvoir et la crainte qu'il exerçait sur son entourage, Fébus a réussi à laisser le mystère envelopper la mort de son fils et héritier alors que cet événement a dû « défrayer la chronique », qu'il touchait un milieu dont les successions avaient une dimension publique, qu'il faisait basculer le destin du peuple de Foix et de Béarn et qu'il a certainement suscité beaucoup d'intérêt et d'interrogations en son temps. Dans ces conditions, il tout à fait possible qu'il ait pu occulter complètement une autre affaire, plus privée, un pan resté inconnu de sa personnalité, qu'il n'aurait laissé qu'affleurer dans *Le Livre des oraisons*...

Une affaire qu'il aurait considérée comme plus grave pour le salut de son âme que la mort de son fils. La mort de son fils eut pour lui des conséquences dramatiques. Mais elle ne suscita peut-être pas un sentiment de culpabilité aussi fort que celui qu'on imagine si on pense que *Le Livre des oraisons* en découle. L'histoire du roi Clovis, insérée dans *Le Livre de chasse*, témoigne d'une certaine autojustification. Le fils convaincu d'avoir préparé l'assassinat de son père aurait bien pu être condamné à mort s'il était passé en jugement devant un tribunal royal. C'est peut-être cette interprétation, autant que la puissance de Fébus et le désir de ne pas le voir passer dans un camp adverse, qui fait que le comte ne fut jamais poursuivi pour meurtre. Et n'avons-nous pas une vision anachronique du « drame d'Orthez » ? « Nos concepts contemporains reposent sur un postulat selon lequel la vie humaine doit être sauvegardée à tout prix ; or, la société médiévale ne place pas là ses valeurs. Pour elle, la violence est un enchaînement de faits nécessaires au maintien de l'honneur ou de la renommée [...]. L'homicide n'est finalement entré que tardivement dans le champ du pénal. Ce n'est pas le signe que la vie humaine n'a pas de prix, mais que la vie humaine n'est rien si l'honneur est bafoué[41]. » Cela dit sans minimiser à l'excès la répercussion sur le père de l'acte commis de sa main : le silence qu'il imposa autour de lui sur ce sujet témoigne que la blessure fut profonde.

La composition du *Livre des oraisons*, l'agencement de ces prières empruntées autour de quelques lignes personnelles, semble n'avoir eu pour but que de noyer un aveu. Un aveu que le pécheur se devait de faire pour échapper à l'angoisse de la damnation mais qu'il ne pouvait faire ouvertement, un aveu qui n'est pas celui du meurtre de son fils, qui est certainement celui d'un péché de chair, mais un péché peu banal. Quel est ce péché ? Qui est cet homme complice qui pourrait partager sa damnation ? Pourquoi cet envoi à Philippe, duc de Bourgogne ? Et qui sont « les religieux, les prélats et ceux qui ont des vêtements sacrés [qui] sont pires que les autres » ou « les plus savants [qui] sont les plus stupides[42] » ? Que s'est-il donc passé autour de ce grand seigneur ardent, sombre, sûr de lui et de sa puissance ?

17

Visions et démons : la légende en marche

Il n'est pas rare de voir un personnage historique paré des couleurs de la légende, mais c'est généralement après sa mort et c'est en bien ou c'est en mal. Avec Fébus, on est dans un registre hors normes. Deux cycles de légende entourent le comte de Foix, l'un est né avec Honoré Bovet et a été véhiculé par Michel du Bernis et Arnaud Esquerrier ; l'autre est sorti de la plume de Jean Froissart. Ils ne se croiseront que tardivement, au XVIe siècle. L'un met en scène le jeune comte flamboyant, de l'enfant à la gloire annoncée à l'apparition de saint Volusien, en une vision chrétienne et lumineuse. L'autre révèle le comte à la fin de sa vie, sombre et violent même s'il est toujours magnifique ; ce n'est plus l'intervention divine mais l'ombre du démon qui plane sur Fébus. Ce n'est plus la séduction, c'est la fascination.

Et le plus fascinant, justement, c'est que, dans les deux cycles, c'est la main de Fébus qui dessine. Toute sa vie, le comte de Foix a forgé sa légende.

FOIX AVANT BÉARN : L'ANCRAGE DYNASTIQUE ET RELIGIEUX

A partir des années 1290 peut-être, de 1302 à coup sûr, les comtes de Foix, devenus vicomtes de Béarn ont résidé principalement en Béarn ; dès les années 1280[1], ils ont donné à leur héritier le prénom de Gaston, traditionnel de la famille de Béarn. Gaston VII avait imposé que Foix et Béarn ne soient jamais séparés ; il avait imposé le prénom de tous les futurs héritiers[2]. A-t-il aussi imposé cette résidence ? C'est possible. Si c'était le prix à payer pour être maître du Béarn, Roger Bernard de Foix a dû s'incliner. La succession était délicate, la maison d'Armagnac était toute prête à prendre la place ; Gaston VII a pu profiter de cette vulnérabilité de son gendre pour imposer la priorité du Béarn sur le pays de Foix. A moins que cet état de choses ait été le fait de la comtesse Marguerite : depuis 1290 elle gouvernait le Béarn, elle y résidait donc et elle y élevait son fils tandis que son mari guerroyait sur la frontière catalane ; à la mort de son père, Gaston Ier, encore sous tutelle, ne pouvait que rester auprès de sa mère, donc en Béarn. Les deux raisons ont pu s'ajouter, mais le prénom béarnais, lui, fut bien donné du temps de Gaston VII.

Le transfert en Béarn ne se justifiait pas par la géopolitique : les comtes de Foix s'éloignaient de la Catalogne, qui avait été leur champ d'expansion privilégié depuis plus d'un siècle, et de Toulouse, la grande ville royale. Ou alors peut-on imaginer que Roger Bernard III, qui avait passé sa vie à utiliser sa double vassalité dans un jeu dangereux mais efficace entre les rois de France et d'Aragon, avait déjà vu ce qu'il pourrait tirer du même jeu entre rois de France et d'Angleterre à partir du Béarn ?

La primauté du Béarn ne se justifiait pas non plus par des atouts économiques : si les marchands du Béarn valaient sans doute ceux du pays de Foix, l'exploitation minière, l'industrie du fer, la production textile, les tuileries et briqueteries du second généraient une activité et des revenus qui étaient sans commune mesure avec ceux du Béarn. La vie urbaine y était beaucoup plus importante : alors qu'Orthez, Oloron, Morlàas comptaient en 1385 436, 368 et 304 feux, Pamiers en avait 2 388 en 1399[3], Foix 832 et Mazères 497 en 1390[4].

Quoi qu'il en soit, les comtes de Foix s'installèrent en Béarn. Ce n'était pas chose « normale ». Dans toutes les familles, la branche paternelle primait. De plus, la branche de Foix portait un titre de comte, celle de Béarn de vicomte seulement, les Foix-Béarn continuèrent donc de s'appeler de Foix en premier, Fébus dans les chroniques ne sera jamais appelé autrement que « comte de Foix ».

L'ancrage sacré à Foix

Ils ne revinrent jamais sur cette résidence principale en Béarn. Mais il est indéniable que, pour eux c'est de Foix que venait le prestige de la lignée et Fébus contribua grandement non seulement à conserver cette mémoire dynastique mais encore à la rehausser.

Il est très probable que c'est lui qui commanda la chronique d'Honoré

Bovet[5]. Cette chronique est la chronique des comtes de Foix, pas celle des vicomtes de Béarn ni même des deux. Et, après elle, toutes les chroniques commandées par la famille de Foix-Béarn ou écrites à sa gloire seront bien les chroniques des comtes de Foix. A peine parle-t-on des origines de la famille de Béarn et de Gaston VII quand on en arrive à Roger Bernard III. D'ailleurs le numéro d'ordre donné aux comtes par les chroniqueurs ne prend pas en compte les vicomtes de Béarn. Le fils de Roger Bernard III est Gaston Ier et non Gaston VIII. Le dernier historien de la dynastie, Pierre Olhagaray, pourtant Béarnais, a intitulé son ouvrage *Histoire de Foix, Béarn et Navarre*, et il a jugé nécessaire de s'en expliquer : « on pourrait trouver étranger au titre de ce livre de ce que je fais aller le Foix devant le Béarn et la Navarre qui est un royaume. Ma raison est d'autant que la maison de Foix est la source d'où les souverains de Béarn sont descendus depuis l'an 1291. » Il aurait pu dire que les souverains de Béarn descendaient de la maison de Béarn, et depuis bien avant 1291... Trois siècles après l'union, cette primauté de Foix était toujours vivante, et passait même avant le prestige de la couronne de Navarre.

Pourquoi cela ? La primauté de la ligne paternelle et la supériorité du titre de comte semblent être les raisons premières. Jusqu'à Fébus, il n'y avait eu aucun problème de succession et les comtes de Foix s'étaient perpétués de père en fils sans interruption ; la lignée de Béarn, elle, était éteinte pour les hommes ; de toute façon, elle n'avait pas connu cette remarquable continuité patrilinéaire, il y avait eu plusieurs de ces « bifurcations » qui nuisent à l'élaboration d'une généalogie quelque peu mythique.

On notera toutefois que le nom de Foix restait attaché à la personne du comte ; les autres membres de sa famille, et notamment les bâtards, sont tous qualifiés « de Béarn », sauf les vicomtes de Castelbon, qui devaient perpétuer au-delà des Pyrénées le nom de la dynastie d'origine.

Mais si on se penche sur l'histoire des Foix-Béarn, et particulièrement sur celle de Gaston Fébus, d'autres éléments apparaissent, aussi importants sinon plus : les comtes avaient avec le pays de Foix des liens religieux qu'ils n'avaient pas avec le Béarn.

Les comtes de Foix, depuis le XIIe siècle, étaient enterrés dans l'abbaye de Boulbonne et les sépultures ont continué après leur départ pour le Béarn jusqu'à ce que l'accession à la couronne de Navarre fasse choisir la cathédrale de Lescar. C'était un choix hautement symbolique : les comtes et leur famille étaient enterrés dans la sépulture de leurs pères. Seul Fébus a été enterré à Orthez, faute sans doute d'avoir dit sa volonté[6]. La seule grande fondation religieuse des Foix-Béarn, l'abbaye des Salenques, a été faite en pays de Foix : pourquoi Aliénor l'a-t-elle faite là, pourquoi pas en Béarn où elle vivait ou à la rigueur en Comminges où elle était née ?

Les cérémonies solennelles qui touchent l'essence même du pouvoir comtal se tinrent dans des lieux religieux. La première connue est celle qui suivit la mort de Gaston Ier au cours de laquelle les nobles du pays de Foix rassemblés désignèrent certains d'entre eux comme tuteurs du jeune héritier. Elle se tint en l'abbaye de Boulbonne. Les suivantes furent les deux cérémonies d'hommages au jeune Gaston III : elles se déroulèrent en 1344 et 1345 en l'abbaye Saint-Volusien de Foix. Le point commun est le choix d'un lieu donnant un caractère sacré à l'acte passé. La différence tient à l'ancrage symbolique qu'on voulut leur donner et qui correspondait aux circonstances : la première se tint auprès du tombeau du défunt comte et de ses ancêtres ; les secondes se tinrent au pied du château qui concrétisait la domination comtale.

L'église abbatiale Saint-Volusien était l'église de la capitale du comté. Avec la création de son évêché en 1295, Pamiers était devenu le siège du pouvoir de l'Eglise. C'est certainement en opposition que l'abbatiale de Foix devint le lieu où la puissance des comtes de Foix s'ancrait religieusement. En opposition à un évêque en conflit perpétuel avec le comte, en opposition sans doute aussi à une Eglise héritière de la Croisade et de l'Inquisition. La maison de Foix montrait ainsi que la dimension religieuse qui cautionnait sa puissance pouvait exister en dehors de l'Eglise du pape et du roi et que le comte, ajoutant cette dimension au pouvoir temporel, l'emportait sur l'évêque. Quand cela se fit-il ? Du temps déjà de Roger Bernard III ? ou entre la cérémonie de Boulbonne, en 1316, et l'hommage de 1344 ? C'était de toute façon en germe avant l'avènement de Gaston III puisque cet avènement déjà fut célébré en l'abbatiale. Mais il est certain que c'est le comte Fébus qui donna toute sa force aux liens qui unirent le comte de Foix et le saint patron de la ville comtale.

Gaston Fébus et saint Volusien

C'est en l'église Saint-Volusien que se tissèrent les premiers liens entre le jeune comte et le pays de ses ancêtres. C'est presque vingt ans plus tard qu'il connut en ses murs sa plus grande heure de gloire avec la cérémonie officielle de la paix avec l'Armagnac qui suivit la victoire de Launac. Que cette cérémonie se soit tenue à Foix peut paraître normal :

Launac était plus près de Foix que d'Orthez, la victoire avait été remportée par les hommes du pays de Foix, c'est dans le comté que Fébus tint prisonniers ceux qu'il avait vaincus et qui devaient figurer dans cette cérémonie. Mais cela consacrait aussi la place de Foix dans l'histoire mythique de la dynastie.

Quand Fébus lia-t-il la célébration de Launac et sa propre gloire au personnage de saint Volusien ? Tout de suite, parce que l'abbatiale était déjà liée à la grandeur de sa famille ? Ou après réflexion sur la mise en scène de sa propre légende ?

« Le comte Fébus était en son logis, avec tous ses gens, la nuit avant la bataille [de Launac]. Il était endormi et il vit en songe un homme blanc qui lui faisait belle et riante figure et qui lui dit qu'il était saint Volusien de Foix [...] Il lui sembla qu'Armagnac venait par-derrière[7] ; mais l'homme blanc lui tourna le dos et ne voulut pas l'entendre mais il parla à Fébus : "Fils, levez-vous, car il est temps que vous gagniez le grand honneur ; aucun homme vivant au monde ne pourrait en avoir plus grand, armez-vous, ne doutez de rien, portez-vous en avant à leur rencontre car d'Armagnac et de ses gens, aujourd'hui je vous ferai seigneur." Après ce songe, le comte Fébus se réveilla et mena grande rigueur, criant fort et admonestant ses gens pour qu'ils soient armés et à cheval [...] Avec l'aide de Dieu et de l'homme blanc, que le comte de Foix avait vu, par le bon droit qu'il avait et la bonne querelle, le comte de Foix gagna la bataille et vainquit son ennemi. » C'est le récit de Michel du Bernis, largement emprunté à la chronique d'Honoré Bovet. Le chroniqueur ajoute qu'« en mémoire de ce songe et de cette vision, pour la dévotion du saint, il ordonna que chaque année, la nuit de sa fête, ses reliques fussent illuminées en l'église de Foix avec une torche de trois livres ; et ainsi fut fait et est observé tous les ans, comme le comte Fébus l'ordonna ».

Arnaud Esquerrier passe cette vision sous silence mais il commence sa chronique par le récit de la vie de saint Volusien « lequel saint glorieux est le patron de l'église et de la ville de Foix qui est *cap* [chef] et titre principal de la seigneurie de messeigneurs les comtes de Foix, passés, présents et à venir ». Après lui, tous les chroniqueurs de Foix en feront autant. C'est sous le règne de Fébus que la légende de saint Volusien fut mise par écrit ; elle fut authentifiée par l'abbé Hugues en 1384. Après lui, les grandes cérémonies continuèrent à se tenir dans l'abbatiale, ce fut le cas de la première tenue des « Etats » de Foix en 1391.

Gaston Fébus a trouvé avec saint Volusien l'occasion de relier le pouvoir comtal au sacré. A-t-il inventé ce lien ? C'est probable, on n'en trouve aucune trace auparavant. S'il a commandé l'histoire de ses ancêtres à Honoré Bovet, il a pu vouloir y ajouter cette dimension fondatrice.

L'aspect religieux est certainement un élément essentiel dans la primauté du pays de Foix. On ne trouve rien de tel en Béarn, pas de cérémonie solennelle, pas de « liturgie du pouvoir » associée à un lieu sacré. Mais il n'est pas le seul. La mémoire dynastique, le « nom » avaient aussi leur place : lors de l'affaire de l'Herm, en 1367, Fébus trancha en faveur des consuls de Foix, notamment parce qu'il ne voulait pas que « la ville d'où il tirait son nom » soit ruinée par une longue procédure. Cela explique peut-être, autant que l'éloignement, la situation relativement privilégiée dont jouit le pays de Foix au sein de ses Etats[8].

Fébus hérita de l'attachement que les comtes de Foix avaient gardé pour leur terre d'origine, concrétisé par le nom qu'ils continuaient de porter. Il y trouva un ancrage religieux, dont témoignaient les sépultures de Boulbonne ou la fondation des Salenques. Il s'en servit, en le haussant au niveau du merveilleux, pour enrichir la légende qu'il était en train de se forger.

La légende dorée des chroniqueurs de Foix[9]

Les chroniques de du Bernis et d'Esquerrier nous livrent une série de « mots » ou d'histoires à caractère légendaire qui seront répétées de génération en génération. On sait que les deux auteurs, et surtout le premier, ont largement emprunté à la chronique d'Honoré Bovet pour la partie de la vie de Fébus qui court jusqu'à la bataille de Launac comprise. Or les histoires en question appartiennent à cette partie. Comme on n'en retrouve pas d'autres dans les textes postérieurs, il est vraisemblable que ces histoires, ces mots viennent de Bovet. On ne voit pas pourquoi les deux Fuxéens auraient émaillé une partie de leur récit de ce genre d'anecdotes et pas le reste, qu'ils en aient été les auteurs ou les simples rapporteurs d'une tradition orale.

Il n'est pas possible que Bovet, lui, ait recueilli une tradition orale. On ne sait pas s'il séjourna jamais à Foix ; s'il le fit, ce ne fut pas longtemps ; d'autre part, il écrivit tôt dans la vie de Fébus, à une époque où ce genre d'histoires ne devait pas encore circuler. Les éléments légendaires sont forcément de son invention ou ils lui ont été soufflés par Fébus lui-même, dont on sait qu'il le connaissait, ou par son entourage. Bovet dit qu'il a écrit sa chronique d'après des anciens livres ; peut-être a-t-il consulté les archives de Foix. Mais ni dans les uns ni dans les autres il n'a pu trouver ces récits.

Certains relèvent de thèmes littéraires à la mode et sont certainement dus à Bovet. Le départ du père valeureux à la guerre, les nobles adieux, l'enfant confié à sa mère avec des conseils d'éducation dans la pensée et dans la vertu, l'annonce d'un glorieux destin, le combat entre le preux et le lâche (à Launac) sont caractéristiques de la littérature épique, tout comme la qualification de *gobernador*, « mentor », donnée à Corbeyran de Foix. L'enfant égaré par ses grands défauts[10] qui retrouve le droit chemin sous l'influence de sa mère et par la grâce de Dieu peut être un procédé littéraire pour rehausser les qualités futures mais évoque aussi les *Confessions* de saint Augustin qu'un clerc comme Bovet devait bien connaître.

Les autres ne peuvent venir que de Fébus ou d'un proche. La mise en écriture par Bovet leur a donné la dimension de la légende mais, à la base, il y a des faits réels qui ne pouvaient être consignés ni dans des livres ni dans des archives. La différence d'âge entre les parents du comte tourne à la gloire des comtes de Foix : « Si je savais que le comte de Foix devait être mon mari, j'attendrais qu'il naisse », dit Aliénor. La devise *Febus avan !* devient l'arme de la délivrance de nobles dames assiégées par les jacques, et on sait que le surnom de Fébus date bien de cette époque. Que dire en revanche du dessin représentant trois figues que Fébus aurait fait envoyer au Prince Noir en signe de mépris, « pour lui faire comprendre quelle petite peur il avait de lui », au moment où il lui refusait l'hommage du Béarn[11] ? Fébus à cette époque pratiquait l'esquive et n'aurait certainement pas commis une telle provocation. Cette anecdote semble être une plaisanterie racontée à Bovet.

Le combat de Launac est l'apothéose de la chronique et l'intervention de saint Volusien la touche de génie. Qui en a eu l'idée ? On imagine bien la part de Bovet, connaisseur des procédés littéraires et de l'utilisation des songes dans la littérature religieuse, dans la Bible même, et dans la littérature didactique dont il était un spécialiste. Mais l'idée de saint Volusien vient certainement de Fébus ; on voit mal l'étranger qu'était Bovet créer le lien entre la bataille de Launac, près de Toulouse, et le saint de Foix, d'autant qu'il ne parle pas de la cérémonie qui eut lieu en l'abbatiale. Fébus, lui, dut trouver en Bovet celui qui pouvait mettre en images la dimension religieuse de son pouvoir. Un autre fait religieux se rattache au combat de Launac : Hans, un chevalier allemand pèlerin de Saint-Jacques, fut détroussé par les hommes du comte d'Armagnac, qui ne voulut pas prendre en compte sa qualité de pèlerin ; il avait entendu parler de la noblesse du comte de Foix, aussi se tourna-t-il vers lui. Fébus l'accueillit, lui donna de l'or, de l'argent et un équipage pour continuer son voyage. De retour de Compostelle, Hans entendit parler de la bataille qui se préparait, il vint et c'est lui qui rattrapa le comte d'Armagnac qui fuyait. Fébus était le chevalier chrétien face à l'Armagnac, impie et lâche. Y a-t-il une part de vérité là-dedans ? Pourquoi pas ? Fébus avait bien pu secourir un homme victime de son plus grand ennemi ; c'est ainsi qu'il se fit souvent des alliés ou des redevables.

Ces éléments se retrouvent dans les chroniques de du Bernis ou d'Esquerrier et ils seront repris par tous leurs successeurs[12]. Ils sont tous à la gloire du comte de Foix et y voir le résultat d'une collaboration entre le panégyriste et le héros célébré n'a rien d'étonnant. Ils représentent la face épique et lumineuse de la légende fébusienne.

La légende noire de Froissart[13]

La part de Froissart dans la légende fébusienne est plus grande que celle des chroniqueurs de Foix, parce que son œuvre eut une plus grande diffusion, c'est évident, mais aussi parce que ses récits, loin d'être l'exaltation convenue de la valeur du héros, sont pleins d'une violence et d'un fantastique qui les rend fascinants.

Une connaissance des choses surnaturelle

Le comte de Foix savait tout ce qui se passait dans le monde et cela faisait se poser beaucoup de questions. « C'est bien la vérité que le lendemain de la bataille d'Aljubarrota, le comte de Foix en connaissait l'issue. On s'étonna beaucoup que ce fût possible. Le dimanche toute la journée, le lundi et le mardi suivants, il fit à Orthez en son château si triste et si petite mine qu'on ne pouvait tirer un mot de lui. Pendant ces trois jours, il ne voulut jamais sortir de sa chambre ni parler à chevalier ni à écuyer, aussi intime fût-il, à moins qu'il le fît venir. Encore advint-il qu'il en manda bien un à qui il ne dit pas un mot en trois jours. Quand vint le soir, il appela son frère messire Arnaud Guillaume et lui dit tout bas : Nos gens ont eu à faire et j'en suis attristé car l'expédition a tourné pour eux presque comme je le leur ai dit au départ [...] Il en est ainsi que je vous dis et bientôt nous entendrons des nouvelles ; mais jamais le pays de Béarn ne perdit tant depuis cent ans en un seul jour comme il a perdu cette fois-ci au Portugal. Plusieurs chevaliers qui étaient là alentour ouïrent et entendirent le comte ; ils racontèrent et interprétèrent ses paroles. Dix jours après, on sut la vérité [...]. » Froissart s'étonna, bien sûr : « Sainte Marie, comment le comte de Foix put-il tout savoir et supposer si tôt, du jour au lendemain ? j'aimerais bien le savoir [...] Il est donc devin ou bien il a des messagers qui chevauchent de nuit avec le vent. Ne faut-il pas qu'il ait un art ? L'écuyer se mit alors à rire et dit : en vérité, il faut qu'il le sache par une voie de nécromancie. Nous ne savons pas en ce pays, à vrai dire, comment il fait, sauf par imagination. » Et l'écuyer raconta l'histoire du démon Harton, en faisant promettre le secret : il ne voulait pas qu'on sache ce qu'il avait dit, mais « certains en parlent bien en secret quand ils sont entre amis[14] ».

Environ vingt ans auparavant, Raimond, sire de Coarraze, avait eu un procès sur des dîmes en cour d'Avignon avec un clerc de Catalogne. Le clerc gagna et vint présenter ses bulles au seigneur, lequel refusa de lui donner ses droits. Le clerc dit alors : « Je ne suis pas aussi fort que vous dans ce pays, mais dès que je pourrai, je vous enverrai un champion que vous redouterez plus que moi. » Quelque temps plus tard, alors que le seigneur dormait avec sa femme, des messagers invisibles commencèrent à cogner et à tempêter dans tout le château, comme s'ils devaient tout renverser, la dame en fut effrayée et tous les vassaux qui avaient entendu aussi. Le lendemain, même chose ; le seigneur demanda qui cognait ; l'esprit lui répondit qu'il était envoyé par le clerc de Catalogne et qu'on ne le laisserait pas en paix tant qu'il ne lui aurait pas fait bon compte ; il finit par dire qu'il s'appelait Harton. Le sire de Coarraze lui dit que le service d'un clerc ne valait rien et qu'il ferait mieux de le servir à lui. Ce que fit Harton pendant cinq à six ans : il venait la nuit réveiller le seigneur, la dame se cachait sous les couvertures, terrorisée, le « démon » donnait des nouvelles de partout et le seigneur savait ainsi tout ce qu'il advenait de par le monde. Le sire de Coarraze ne fut pas assez discret. Il donna au comte de Foix des nouvelles d'Angleterre ou de Flandre ou d'Allemagne ; le comte de Foix s'en émerveilla et il le pressa tellement de questions que le sire finit par tout lui révéler. Le comte de Foix « en éprouva une très grande joie » et lui dit de garder les faveurs d'Harton, « je voudrais bien avoir un tel messager ». Et pendant longtemps, chaque fois qu'il était « informé », le sire de Coarraze écrivait au comte de Foix. Un jour, ils plaisantèrent ensemble au sujet de Harton. Le comte lui demanda s'il l'avait jamais vu, le sire répondit que non, le comte dit que, à sa place, il l'aurait demandé et lui conseilla de le faire. Une nuit, Harton lui dit qu'il arrivait de Prague, en Bohême, et que l'empereur était mort avant-hier ; il y avait 60 jours de voyage mais il allait « aussi vite que le vent ». Le seigneur lui demanda s'il avait des ailes et dit qu'il voudrait bien le voir. Harton répondit que la première chose qu'il verrait le lendemain au saut du lit, ce serait lui. Le lendemain, le sire ne vit rien, la nuit suivante, il le dit à Harton qui lui demanda s'il n'avait vraiment rien vu, il se rappella alors avoir vu deux fétus sur le pavement qui s'ébattaient ensemble. C'était lui. Mais ça ne suffit pas au sire qui demanda à voir une forme plus reconnaissable. Le lendemain, dans la cour, il y avait une truie efflanquée, le sire demanda à ses gens de lancer les chiens sur elle, elle poussa un grand cri, regarda vers la fenêtre puis on ne la vit plus. Le sire réalisa que c'était Harton et qu'il ne le reverrait jamais. Harton ne revint plus et le sire de Coarraze mourut dans l'année.

« Le comte de Foix est-il servi par un tel messager ? En vérité, c'est l'idée de plusieurs en Béarn[15]. »

La chasse à l'ours maudite de Pierre de Béarn

Pierre de Béarn était le frère bâtard de Fébus. La nuit, en dormant, il se relevait, il s'armait, il tirait son épée et combattait « et ne sait à qui » ; les chambellans et valets qui dormaient dans sa chambre le réveillaient, lui disaient ce qu'il avait fait et il les traitait de menteurs. On enleva les armes de sa chambre mais quand il se relevait et n'en trouvait aucune, « il menait un tel brouillis qu'il semblait que tous les diables d'enfer dussent tout emporter et fussent là-dedans avec lui ». La première crise de ce somnambulisme violent s'était produite après une chasse à l'ours en Biscaye, pays de sa femme. L'ours, « merveilleusement grand », avait tué quatre chiens et en avait blessé d'autres. Pierre prit une épée « et s'en vint avec colère à cause de ses chiens morts assaillir le dit ours et là se combattit à lui longuement et fut en grand péril de son corps [...] finalement, il le mit à mort ». Il rapporta la dépouille en son château. Tout le monde s'émerveilla de la taille de l'ours et de la vaillance du chevalier. Mais quand sa femme le vit, elle s'évanouit et ne put rien dire pendant trois jours. Puis elle affirma qu'elle n'aurait plus jamais la santé tant qu'elle ne serait pas allée en pèlerinage à Saint-Jacques. Son mari la laissa partir avec leurs deux enfants, elle prit son or, son argent et ses joyaux parce qu'elle savait qu'elle ne reviendrait plus mais « on n'y prit garde ». Elle ne revint jamais, ni ses enfants. Depuis la Castille où elle résidait, elle dit que les crises de Pierre de Béarn avaient commencé la nuit où il avait tué l'ours, elle s'était souvenue que son père avait déjà chassé cet ours qui lui avait dit : « Tu me chasses alors que je ne te veux aucun mal, mais tu mourras de malemort » ; et le père avait été décapité sur ordre du roi, sans motif. Pour cette raison, elle n'aimerait jamais plus son mari et ce qui lui arrivait maintenant n'était rien à côté de ce qui lui arriverait[16].

Les crimes de la cour d'Orthez

Pierre Arnaud de Béarn, cousin bâtard de Fébus, tenait le château de Lourdes pour le roi d'Angleterre. Fébus avait passé des accords secrets avec le duc d'Anjou qui voulait que le château de Lourdes lui soit livré. Il invita son cousin, le reçut chaleureusement, « lui montra tous les beaux semblants d'amour qu'il put » et lui demanda de rendre le château. Pierre Arnaud protesta de sa loyauté envers le roi d'Angleterre. Fébus entra dans une colère terrible : « Si lui mua le sang en félonie et dit, tirant hors une dague : "Ho ! faux traître, as-tu dit ce mot de non faire ? Par cette tête, tu ne l'as pas dit pour néant." Adonc férit-il de sa dague sur le chevalier, par telle manière qu'il le navra moult vilainement en cinq lieux, ni il n'y avait là baron ni chevalier qui osât aller au-devant. Le chevalier disait bien : "Ha ! monseigneur, vous ne faites pas gentillesse. Vous m'avez mandé et si m'occiez." Toutefois point il n'arrêta jusques à tant qu'il lui eût donné cinq coups d'une dague ; et puis après le ordonna qu'il fût mis dans la fosse et il le fut et là il mourut car il fut pauvrement soigné de ses plaies [17]. » Espan rajouta : « en son courroux, il n'a nul pardon ».

D'autres témoignages de la cruauté du comte de Foix reviennent comme un leitmotiv au fil des pages[18]. Froissart s'étendit surtout très longuement sur la mort du prince héritier, dont il fit le temps fort de son « Voyage en Béarn ».

Froissart et Gaston Fébus, mensonges et manipulations

On a beaucoup étudié le « Voyage en Béarn », le sommet sans doute de l'œuvre de Froissart, son art de la narration liant les événements décrits aux lieux traversés, amenant son lecteur à glisser insensiblement du récit des événements politiques sur lesquels il était venu s'informer à la figure brillante mais de plus en plus inquiétante du comte de Foix, ménageant un remarquable suspense jusqu'à l'explication tant attendue et si terrible de l'absence d'héritier[19]. Le personnage de Gaston Fébus a été mis en scène avec un grand talent.

On s'est beaucoup interrogé aussi sur les récits que nous venons de citer, ceux qui, justement, ont alimenté la légende fébusienne. Froissart a-t-il seulement retranscrit ce qu'on lui a dit ou a-t-il arrangé ; a-t-il même inventé ?

Le chroniqueur paraît très proche de la réalité dans sa description du comte de Foix, de sa cour, de sa vie et de ses actions. L'administration du comte, ses rapports avec son entourage, sa justice, ses finances, ses ressources, son jeu de balance entre France et Angleterre, ses manœuvres politiques, sa force de dissuasion, ses contacts avec le monde, son goût pour la musique, tout cela est confirmé par d'autres sources ; des choses dont on pourrait douter, tels le faste de ses réceptions contrastant avec son avarice, ou sa vie nocturne sont attestées par ailleurs. Même s'il emploie de jolies périphrases, Froissart a vu cette avarice, il a vu le cynisme (par exemple avec la petite Jeanne de Boulogne) et il ne les cache pas. Il y a bien sûr des exagérations sur l'argent de Fébus, le nombre de ses soldats, l'amour de son peuple... mais elles sont attendues dans ce portrait flatteur. Dans ce contexte affiché d'une information sérieuse, on voit mal le chroniqueur entremêler des histoires fantastiques ou des récits violents qu'il aurait inventés. Ces récits, on les lui a faits à Orthez.

Une petite histoire semble laisser penser qu'il était bien porté à croire ce qu'on lui disait. Un jour de Noël, Fébus trouvait qu'il faisait bien froid dans son château et que le feu de la cheminée était bien petit. Arnauton d'Espagne vit alors par la fenêtre qu'il y avait dans la cour quantité d'ânes chargés de bûches, il descendit, prit le plus grand des ânes avec son chargement de bûches, le chargea sur son cou « moult légèrement », monta l'escalier, se fraya un passage à travers la foule des chevaliers et écuyers et renversa l'âne et ses bûches dans la cheminée. Ce dont le comte de Foix « eut grand'joie ». S'il ne s'agit pas d'une histoire totalement inventée, au mieux « le plus grand âne » devait être un ânon et les bûches un fagot[20]...

Les autres récits révèlent une face inquiétante du comte de Foix ou de son entourage proche. Certains lui donnent une aura surnaturelle dont on imagine facilement qu'elle pouvait le servir (la prescience de la bataille d'Aljubarrota, voire le démon « informateur » du sire de Coarraze). D'autres sont plus sombres telle l'histoire de l'ours démoniaque et du somnambulisme violent de Pierre de Béarn, qui donne de ce personnage, frère du comte, une image des plus inquiétantes. Ces récits sont certainement tirés de contes et de légendes qu'on se racontait en Béarn. L'ours démoniaque fait partie des croyances médiévales, c'est l'animal majeur du folklore pyrénéen et sa chasse était l'exploit par excellence. Le somnambulisme de Pierre de Béarn était-il réel, ou l'a-t-on raconté pour étonner et inquiéter ? Froissart l'adopta dans son roman *Méliador* : le chevalier Camel de Camois est somnambule et pour cela, il est refusé par la princesse Hermondine ; c'est son seul défaut, mais il le met irrémédiablement hors du monde. On s'est beaucoup interrogé sur cet entrelacement de chronique et de roman. Lequel a précédé l'autre ? On voit mal pourquoi le chroniqueur aurait mis dans un texte qui se voulait historique une histoire inventée tellement invraisemblable ; il est bien plus probable que cette histoire invraisemblable, il l'a entendue à Orthez et que, en romancier, il s'en est servi pour ajouter à son Méliador une dimension fantastique[21]. Quant à la « prescience » du comte de Foix et le recours au surnaturel, ils devaient être une explication populaire à l'extraordinaire réseau d'information qu'entretenait le comte.

Ce qu'a écrit Froissart sur « le drame d'Orthez », qui est d'ailleurs la description la plus précise qu'on ait de cet événement, est très sujet à caution. Il y a un grand nombre d'invraisemblances qui toutes tendent sinon à innocenter du moins à exonérer de toute intention criminelle le père et le fils[22]. Froissart avait beaucoup insisté pour connaître les circonstances de la mort du jeune Gaston. Espan du Lion, pourtant si prolixe, s'était refusé à en parler ; l'enquêteur finit par trouver « un écuyer ancien et moult notable homme » pour dire ce qui en avait été. Il est évident que la version donnée est une version officielle, peut-être une version forgée lors de la visite de Froissart, qui avait manifesté une insistance telle que la réponse ne pouvait plus être éludée. Ce qui expliquerait le silence d'Espan du Lion qui n'aurait pas eu de réponse prête avant d'arriver à Orthez. La crainte que Fébus inspirait autour de lui rend possible l'idée que personne jusqu'à Froissart n'ait osé demander des explications sur cette affaire ; on sait d'ailleurs qu'un silence total a régné, dont témoignent les chroniques de Foix. Ce qui n'exclut pas que Froissart en ait rajouté de son propre chef[23]. Le travestissement de la vérité, quel qu'il soit et quelle que soit son origine, est toutefois ici compréhensible : il est en faveur du comte de Foix.

Ce n'est pas le cas du meurtre de Pierre Arnaud de Béarn. Ce récit est le plus le plus étonnant de tous, parce qu'il est entièrement faux. Pierre Arnaud de Béarn, châtelain de Lourdes, était bien vivant le jour des funérailles de Fébus auxquelles il participait en bonne place, c'est Froissart, inconscient de la contradiction, qui le dit lui-même. On ne peut même pas imaginer une scène où le capitaine n'aurait été que blessé, ou seulement emprisonné... : les documents d'archives permettent de le suivre dans sa carrière de chef de routiers jusque loin dans la vie de Fébus et rien ne vient confirmer la possibilité d'une telle altercation.

Nous avons dit plus haut que la description que Froissart fait du comte de Foix dans sa vie privée comme dans ses actes politiques est très crédible. Il y a deux exceptions à cette crédibilité : le silence que nous avons relevé sur l'absence de femmes[24] et ces terribles scènes de colère et de cruauté. Ces scènes tranchent avec tout ce que nous savons de l'administration du comte Fébus, de ses réactions mesurées, de ses calculs diplomatiques, de sa capacité à renoncer au profit immédiat pour avoir mieux plus tard, de son souci de la justice, de ses sanctions sévères mais jamais « définitives », jamais prises sous le coup de la colère même quand Orthez s'était rebellé contre son autorité, même quand les hommes de Foix s'en étaient pris à un château mis sous sa sauvegarde. La mention de l'exécution de quinze jeunes gens « horriblement », donc après tortures, sans jugement, pour le seul soupçon qu'ils « devaient » être au courant du complot d'Orthez et qu'ils auraient dû le dire est particulièrement invraisemblable. Il est intéressant de noter que de ces scènes, Froissart n'a jamais été le témoin.

On a pu dire que Froissart a écrit le récit du meurtre de Pierre Arnaud pour atténuer le meurtre de Gaston de Béarn en montrant que le second n'était dû qu'à un accès d'une colère irraisonnée dont Fébus aurait montré d'autres exemples. Ce n'est pas possible car le crime d'Orthez, d'après Froissart, ne fut pas le résultat d'un coup de colère (le coup de colère avait eu lieu, mais le comte s'était calmé avant l'irréparable) mais un malheureux accident. Et le récit du meurtre de Pierre Arnaud, lui, dépasse l'accès de colère ; le comte de Foix y est montré sous le jour le plus noir qui soit puisque non seulement il porte lui-même à son cousin des coups de couteau, mais encore il fait jeter celui qui n'est que blessé dans une fosse et le laisse mourir sans soins.

Froissart n'a pu inventer toutes ces histoires. Elles couraient à Orthez (les histoires fantastiques) ou on les lui a racontées volontairement (les récits de crimes), peut-être parce qu'il était un bon auditeur, en tant que romancier et en tant qu' « enquêteur ». Mais on savait qu'il les écrirait et qu'il les diffuserait, et Fébus qui savait tout était bien le dernier à l'ignorer.

LA GLOIRE PAR LA FASCINATION

Un halo mystérieux entourait le comte de Foix. Froissart rapporte des rumeurs de « nécromancie ». Aymeric de Peyrac dit qu'il « se livrait à l'hydromancie ». Ils étaient tous deux contemporains de Fébus, ce qui atteste que les bruits couraient de son vivant. Ils continuèrent de courir. Bertrand Hélie, en 1540, les répéta, même si c'était pour les réfuter : « Qui pourrait dire beaucoup d'autres choses de Gaston Phoebus que je pense vaines, "merveilleuses" et à réfuter. Qui pourrait croire qu'il n'avait pas d'ombre ? et que c'était parce qu'elle lui avait été prise par un démon de Tolède ? Qui, doté de son sens, affirmerait que, sur un appel de sa trompe à travers les Monts Pyrénées, il avait rassemblé en un instant 50 000 hommes ? Ces choses et bien d'autres ne me paraissent pas vraies ni relever de la condition humaine. Il ne faut pas croire non plus que cet homme si sage et si courageux ait jamais attaché son esprit aux arts de l'illusion et de la magie, alors qu'il a accompli sans eux beaucoup de choses dans sa vie. » Gaston Fébus sorcier, magicien, ayant vendu son âme au diable... Cela expliquait son trésor, sa capacité à lever des milliers d'hommes, sa connaissance de toutes choses.

Gaston Fébus était aussi l'homme de la nuit. Il vivait la nuit et dormait le jour. L'imaginaire médiéval rapprochait ce rythme inquiétant du monde surnaturel, tel Tydorel, héros d'un lai du XIIIe siècle, fils d'une mortelle et d'un ondin dont l'origine fut trahie par le fait qu'il ne connaissait pas le sommeil et qu'il imposait de lui trouver toutes les nuits un conteur pour le distraire. On pense à Fébus se faisant lire *Méliador* en pleine nuit... Les chroniqueurs d'Henri II Plantagenêt ont laissé la même image d'un homme confondant le jour et la nuit, qui semblait lié à un univers maléfique et qui avait certainement encouragé la légende[25].

Fébus aussi a encouragé la légende et il l'a même sans doute parfois créée. Il savait imposer le silence quand il le voulait et les récits violents et sombres racontés à Froissart ne peuvent pas l'avoir été sans son accord. Nul n'aurait osé en sa cour dire sur lui sans son aval des choses si noires devant un chroniqueur dont on savait qu'il les répandrait. Il a dû jouer des histoires de démons et de chasseurs maudits, il a laissé courir les rumeurs de sorcellerie, il a laissé se répandre les récits de colères mortelles.

La « légende noire » de Fébus dont il est le principal rapporteur n'a pas atténué l'attrait de Froissart pour le personnage ; peut-être même l'a-t-elle accrue. Si tel était le cas, cela prouverait, s'il en était besoin, que Fébus connaissait très bien l'âme de ses contemporains et qu'il savait qu'en mêlant de si sombres histoires à l'image brillante qu'il créait par ailleurs, non seulement il inspirerait la crainte à ceux qui voudraient le trahir mais encore il ajouterait à sa gloire par la fascination.

« Alors viendra une grue à la tête vermeille... »

Dès les années 1378 sans doute et jusqu'en 1386, Constance de Rabastens eut des « révélations[26] ». D'autres femmes furent ainsi « visionnaires de Dieu » en ce temps où le Grand Schisme amenait le trouble dans les esprits chrétiens. Mais celle-ci vivait en Albigeois, dans un Languedoc objet des rivalités entre Foix et Armagnac. On ne connaît rien d'elle, sauf qu'elle était veuve et qu'elle avait un fils bénédictin. Un confesseur vint vivre auprès d'elle pour recueillir les prophéties qu'elle prononçait dans ses moments d'extase. C'est ce prêtre donc, Raimond de Sabanac, qui les rédigea. Alors que la France était ralliée au pape d'Avignon Clément VII, la « voix de Constance », qui était pourtant toute dévouée au roi de France, voulait faire triompher Urbain VI, le vrai pape, celui de Rome. Le roi était très jeune, le comte d'Armagnac était un traître qui complotait avec les Anglais. Alors, qui allait être le restaurateur de la chrétienté ? Le comte de Foix, bien sûr ! D'où vient cette certitude ? Quelles influences s'exerçaient sur cette femme illettrée ? La conviction de Constance devait reposer d'abord sur l'aura dont jouissait Gaston Fébus dans ce Languedoc qui avait voulu se donner à lui ; elle avait dû voir les troupes de Foix victorieuses des routiers à Rabastens, justement dans sa ville. Mais ses affirmations politiques devaient aussi être inspirées par d'autres, par l'épiscopat local sans doute, qui mettait ses espoirs dans le comte de Foix. On sait que le comte ne prit parti ni pour un pape ni pour l'autre. Mais se voir en sauveur dans les prophéties d'une femme de Dieu, et en opposition au traître Armagnac, ne dut pas être pour lui déplaire. Ne fit-il que profiter de cette concrétisation inattendue de sa popularité ? Ou joua-t-il un rôle plus actif ? On a pu se demander si Raimond de Sabanac n'était pas originaire du pays de Foix[27] et même s'il ne fut pas un chapelain du comte de Foix en mission à Rabastens, et donc si Constance de Rabastens fut « une mystique de Dieu ou de Gaston Fébus ? »[28]. L'hypothèse pourrait paraître exagérée. Mais, par l'intermédiaire de Raimond de Sabanac ou non, la main de Gaston Fébus se dessine dans l'ombre de Constance. D'où cette veuve qui ne savait pas lire pouvait-elle tirer des qualificatifs qui semblent venir tout droit des motets précieux de la cour de Fébus : « Alors viendra *une grue à la tête vermeille*[29] qui détruira ce prince [d'Armagnac] ainsi que Vespasien a détruit Pilate. Alors il y aura si grande ligue autour du roi de France et de la grue qu'en partie le roi sera régi par celle-ci. Et bientôt *la vache sera à l'ombre de la fleur*[30] et elle mettra le juste pape sur son siège[31]. »

Gaston Fébus aura eu toutes les gloires de son vivant : celle du prince, celle du chef de guerre, celle du seigneur justicier, la gloire chantée des musiciens et des poètes, la gloire écrite des chroniqueurs, la gloire des légendes lumineuses célébrées dans les églises et celle des légendes noires « dont certains parlent en secret », la gloire même d'une voix de Dieu. Et pourquoi ne pas y ajouter la gloire étrange du pécheur en prière car dans ce registre-là aussi Fébus semble avoir trouvé sa grandeur...

SIXIÈME PARTIE

« TERRE DÉSOLÉE ET DÉCONFORTÉE DE NOBLE HÉRITIER »

18

Gaston Fébus, le duc de Berry et le roi de France

1380-1391

L'année 1380 fut pour Gaston Fébus une année grande et terrible à la fois. Il tenait le Midi de Foix à Orthez. Nul ne pouvait aller de Méditerranée en Atlantique ni franchir les Pyrénées sans lui demander droit de passage. Ce n'était pas une possession territoriale pleine et entière, bien sûr, mais une accumulation de positions, d'alliances, de clientèles qui le lui permettaient. Les communautés qui n'étaient pas encore de sa mouvance regardaient ses terres avec envie. Il apparaissait à tous, même au roi qui s'était pourtant si longtemps méfié de lui, comme le seul recours au milieu de la violence qui submergeait le Languedoc, non seulement par sa force de dissuasion, mais aussi par sa capacité à organiser et à administrer. C'est au moment où le comte de Foix était arrivé au sommet de sa puissance que le destin le frappa avec force par le crime qu'il commit lui-même. Le grand seigneur ne montra rien, il ne faiblit pas et son activité diplomatique redoubla d'intensité. Les Toulousains qui se donnèrent à lui ne se rendirent sans doute pas compte que c'était un homme blessé qui s'imposait à eux avec plus de force que jamais.

TOUS LES ESPOIRS DU LANGUEDOC[1]

Le duc d'Anjou avait été retiré du Languedoc en raison de son impopularité, Du Guesclin nommé à sa place fut presque aussitôt tué en campagne. Il semble que Charles V ait songé à confier la lieutenance générale de Languedoc au comte de Foix. Le Religieux de Saint-Denis dit qu'il le fit, contre l'avis des princes du sang, Michel du Bernis aussi.

Gaston Fébus à ce moment était en plein drame puisque c'est au début août qu'il tua son fils. De toute façon, si la nomination eut lieu, elle n'eut pas d'effet car le roi mourut le 18 septembre 1380. Le nouveau roi, Charles VI, n'avait que 12 ans. Il s'entoura des « princes des fleurs de lys », ses oncles d'Anjou, Bourgogne, Berry et Bourbon qui prirent aussitôt le pouvoir.

Jean de Berry réclama la lieutenance générale de Languedoc et de Guyenne ; cette province, la plus grande et la plus riche du pays ne pouvait aller qu'à un prince du sang. Elle s'ajouterait à son apanage de Berry et Poitou et à sa terre d'Auvergne, ce qui représenterait à peu près la moitié sud du royaume. Il fut nommé le 19 novembre 1380.

Depuis la chevauchée du Prince Noir de 1355 que le comte d'Armagnac alors lieutenant général n'avait pas été capable d'arrêter, le Languedoc était régulièrement parcouru par des bandes de routiers. En 1380, certaines avaient pris pour base la région de Béziers, d'autres l'Auvergne ou le haut Quercy. De là, elles menaient des razzias loin dans les terres voisines. Les plus proches de Toulouse étaient les routiers de Bertucat d'Albret et du bâtard de Savoie qui, depuis Thuriès, près de Cordes, dévastaient l'Albigeois, le Lauragais et le Rouergue. Les officiers royaux étaient impuissants à protéger le pays et les impôts levés par le duc d'Anjou apparaissaient d'autant plus insupportables que les populations n'en voyaient aucune retombée quelque peu positive. Les consuls des trois sénéchaussées avaient fini par obtenir son rappel mais la nomination du duc de Berry aussi connu que son frère pour sa rapacité faisait augurer des mêmes misères.

Dès 1378, des paysans s'étaient révoltés, on les appela les Tuchins ; la révolte avait gagné les villes du bas Languedoc, où le peuple se levait contre les nobles qui arguaient de leurs privilèges pour ne pas contribuer aux frais de la défense commune. L'agitation grandit encore à la nouvelle que, sur son lit de mort, Charles V avait aboli le fouage. A côté, les Etats du comte de Foix devaient paraître un paradis de paix et de prospérité et surtout de sécurité. Gaston Fébus jouissait d'une grande popularité qu'il fit tout pour alimenter.

Le duc de Berry ne se mit pas en route immédiatement puis il ne le fit qu'avec lenteur, s'arrêtant dans ses terres de Bourges puis d'Auvergne. Gaston Fébus mit à profit cette période de vide royal en Languedoc. Le bruit courut que c'était lui qui avait été nommé lieutenant général en Languedoc. En décembre 1380, les consuls d'Albi demandèrent à ceux de Toulouse s'il était vrai, comme on le disait, que le comte de Foix avait été nommé lieutenant du roi et régent du pays. La plupart des communautés voulaient bien rester fidèles au roi mais on ne savait qui représentait vraiment le roi.

En janvier 1381, les capitouls et les représentants des trois sénéchaussées de Languedoc se réunirent à Toulouse pour décider des mesures à prendre contre les routiers. Là, Migo de Roquefort, un seigneur du Lauragais appartenant à la clientèle de Fébus et certainement envoyé par lui, exposa que Gaston Fébus était prêt à défendre le pays, à lutter contre Dieu et Diable et à faire en sorte que pas une poule ne puisse être volée dans la province[2] ; il s'engageait à protéger les Toulousains de toute attaque avec son armée de 1 000 hommes et à rembourser au quadruple toute prise qui serait faite sur eux dans le pays ; en échange, il recevrait 100 000 francs et une troupe de 400 hommes entretenus à leurs frais. Les Toulousains se laissèrent convaincre. Ils députèrent vers le roi pour demander l'annulation de la nomination du duc de Berry, ce que le roi refusa, et ils appelèrent le comte de Foix.

Considérant que le roi était bien jeune et « embesogné » dans les affaires de Flandre de son oncle duc de Bourgogne tandis que eux « étaient pillés et travaillés de Bretons et de pillards », « ceux de Toulouse qui sont grands et puissants [...] envoyèrent et traitèrent devers le comte de Foix, en lui priant, parmi une somme de florins que tous les mois ils lui délivreraient, qu'il voulût prendre le gouvernement et la garde de leur cité de Toulouse et du pays toulousain et aussi des autres villes s'il en était prié et requis. Si le priaient ainsi pour tant qu'ils le sentaient juste homme, droiturier et fort justicier et moult redouté de ses ennemis et bien fortuné en ses besognes. Et aussi ceux de Toulouse l'ont toujours grandement aimé car il leur a été moult propice et bon voisin ». Et quand il eut délivré le pays des pillards et des larrons, « pourquoi il acquit tellement et si grandement la grâce et l'amour de ceux de Toulouse, de Carcassonne, de Béziers, de Montpellier et des autres bonnes villes là environ que renommée courut en France que ceux de Languedoc s'étaient tournés et que ils avaient pris à seigneur le comte de Foix »[3].

A la mi-janvier 1381, Fébus entra à Toulouse et prit ses quartiers dans le faubourg Saint-Cyprien. De là, il installa des hommes aux points importants du pays. Une fois ce contrôle du Toulousain mis en place, Fébus s'établit à Mazères, sa ville du comté de Foix la plus proche. Il y resta de janvier 1381 à septembre 1382. Charles VI lui écrivit pour lui notifier la nomination du duc de Berry et lui demander de lui porter aide ; il écrivit aussi aux prélats, barons et villes de la province. Fébus répondit que celui qui lui avait conseillé de faire de Jean de Berry son lieutenant général l'avait mal conseillé et que, pour sa part, tant qu'il aurait vie au corps, il ne souffrirait de seigneur en Languedoc qui lui soit opposé (le duc de Berry, on le rappelle, était le beau-frère du comte d'Armagnac auquel il avait toujours accordé un appui inconditionnel). Fébus revint à Toulouse à la fin février ; en y plaçant des hommes à lui il conforta ses positions à Montauban, à Gaillac, en Lautrécois. A Giroussens, une délégation des consuls d'Albi vint placer leur ville sous sa protection. Et, en rentrant à Mazères, il ravagea les terres de ceux qui contestaient son autorité. Sûr de sa situation, il convoqua une assemblée d'Etats à Mazères pour le 24 avril. « Et renhec governador per tot aquel an », dit du Bernis[4].

Le conseil de régence annonça une expédition militaire contre le comte Fébus. Mais une révolte éclata en Flandre et l'armée royale partit vers le nord. Alors, il fallut bien négocier avec l'orgueilleux comte de Foix. L'évêque de Langres et Jean de La Rue furent envoyés à Mazères via Avignon. Entre-temps, Fébus avait présidé l'assemblée des Etats de Languedoc : les communautés de la sénéchaussée de Carcassonne qui, avec l'accord de leur sénéchal, avaient accepté l'invitation, votèrent un subside de 4 000 francs mensuels et l'autorisation d'installer des garnisons, ce qui était une acceptation tacite de l'autorité du comte de Foix. La pression royale dut être assez forte sur Toulouse pour que les délégués de la sénéchaussée s'abstiennent, mais, comme la Bigorre, le haut Languedoc était passé sous étroit contrôle fuxéen : de l'Albigeois au Béarn, de Montauban aux Pyrénées, tout était sous la main du comte Fébus.

Le duc de Berry arriva à Albi au mois de juin. Le comte d'Armagnac, furieux de la position prise par le comte de Foix, l'avait pressé mais le duc pensait que celui-ci n'oserait pas pousser trop loin. Il avait tout de même pris ses précautions et il arrivait accompagné de troupes qu'il avait recrutées en chemin. C'étaient des routiers, avec plusieurs chefs célèbres à leur tête, Benoît Chaparel, le « Nègre de Valence », le Bâtard d'Andorre, le Bâtard de Savoie, Bénazet...

Le duc de Berry ne souhaitait pas de confrontation et semblait désireux de ne plus se lier au clan armagnac comme il l'avait fait dans le passé. En avril déjà il avait écrit au comte de Foix qu'il n'avait pas l'intention de lui faire la guerre, s'il restait fidèle au roi. Il envoya l'évêque de Langres et Ysalguier, bourgeois de Toulouse, pour proposer un accord à Gaston Fébus. Ils s'entendirent à Pamiers, le 11 juillet. Le comte renonçait à ses prétentions à la lieutenance générale de Languedoc contre 65 000 francs comptant plus une rente annuelle de 40 000 francs prise sur les revenus de cette lieutenance et, surtout, le duc de Berry promettait de ne « donner aucune faveur au comte d'Armagnac supérieure à celle du comte de Foix ». Les deux seigneurs étaient d'accord pour se rencontrer à Carcassonne.

Le duc de Berry se rendit à Castres où, semble-t-il, il tint une assemblée des communes du pays, puis à Revel. Là, il congédia les troupes que le comte d'Armagnac et lui avait emmenées en descendant vers le Midi. Fébus et le roi d'Aragon veillaient à garder la frontière du sud pour éviter que les routiers ne se rabattent sur le Roussillon. Les troupes refluèrent alors vers le Rouergue ; il devait y avoir là 2 000 à 2 500 hommes, avec toujours les bannières du duc de Berry. Ils arrivèrent dans les terres d'Albigeois appartenant à Gaston Fébus. Ils n'avaient pas demandé le sauf-conduit sans lequel nul ne pouvait traverser les terres du comte de Foix. Plus, il s'y fit quelque massacre de paysans et quelque incendie de récoltes. L'occasion fut belle pour Fébus de montrer sa force et sa capacité de réaction. Les routiers campèrent dans la nuit du 20 au 21 juillet 1381 entre Rabastens et Coufouleux. Une armée avait été rassemblée là sous la conduite d'Yvain de Béarn. Au petit matin, l'armée de Foix lança l'attaque et mit les Compagnons en déroute : « Devant le bourg de Rabastens, à l'heure du soleil levant, ils les ajustèrent, ils en firent un grand combat et il y eut beaucoup de morts. Ainsi furent vaincus les gens du duc de Berry et y périrent des siens 700 hommes d'armes et 2 000 pillards. Furent pris sept porteurs de bannière du duc de Berry ; ils furent menés avec d'autres prisonniers à Mazères au comte de Foix Fébus, jusqu'à dix capitaines. » Le Bâtard d'Andorre fut tué, les autres furent mis aux fers dans les châteaux de Foix, de Varilhes, de Pamiers et de Mazères[5].

Fébus considéra que le duc de Berry n'était pour rien dans l'action de ses ex-routiers : ces hommes étaient des pillards qui avaient tué et volé sur ses terres. C'est ce qu'il dit à l'évêque de Langres revenu pour négocier l'entrevue entre le comte de Foix et le duc de Berry (c'est à Mazères que l'évêque dut attendre la nuit que Fébus se lève pour le recevoir...)[6]. Le 4 août, le comte et le duc se rencontrèrent comme prévu, non à Carcassonne mais à Limoux, ils firent la paix, ils entendirent la messe ensemble dans la petite église de Notre-Dame de Marceille et ils convinrent d'un autre rendez-vous. Ce fut à Mazères, au début du mois de septembre. Fébus s'avança pour accueillir son hôte et ils entrèrent ensemble dans Mazères ; le prince logea au château tandis que le comte se retirait dans la « Grange » (la maison qu'il possédait à côté du monastère de Boulbonne). « Et le comte fit grande fête et grand honneur au duc et ils se séparèrent amis et en bon accord[7]. »

Apparemment, Fébus accepta de se faire le médiateur entre le duc de Berry et les Languedociens en révolte. Les bourgeois de Béziers et de Narbonne refusaient d'accueillir le duc qui s'installa à Capestang. Le 16 septembre, le comte de Foix convoqua dans son château de Mazères les délégués des trois sénéchaussées ; il les reçut le 22. Il leur exposa qu'il ne s'occuperait plus des routiers mais il leur proposa une organisation générale de la défense du Languedoc, avec des taxes affectées à l'équipement et à la solde d'hommes d'armes et l'institution de capitaines et d'un capitaine général qui aurait seul pouvoir de traiter avec les routiers ; ainsi protégés, ils reconnaîtraient l'autorité du duc de Berry. Les députés revinrent dans leurs cités pour consulter leurs mandants ; en novembre, ils acceptèrent de reconnaître le duc sous condition d'une amnistie générale et d'une restitution des biens saisis. Le duc refusa. Et on se tourna à nouveau vers Fébus. Le cardinal de la Grange fut envoyé comme médiateur. Le duc, le comte et le cardinal se rencontrèrent à Capestang le 28 décembre 1381. Fébus renonça à toute action en faveur des communautés languedociennes, à toute médiation et même à toute intervention si le duc de Berry devait employer la force. Mais il obtenait une amnistie générale pour tous ceux qui l'avaient soutenu et la promesse des compensations prévues en juillet. Et le duc de Berry promit de ne plus faire cause commune avec le comte d'Armagnac, alors que la guerre avait repris entre les deux ennemis.

Gaston Fébus avait renoncé au Languedoc. C'était une proie trop grosse ; il ne pouvait entrer en rébellion contre le roi de France. Mais, du côté royal, on lâchait tout le reste : on ne lui demandait plus d'hommage, même pour Foix, sa mainmise sur la Bigorre était reconnue de fait et le duc de Berry retirait l'appui inconditionnel qu'il avait si longtemps donné au comte d'Armagnac. L'affrontement entre le duc de Berry et le comte de Foix n'avait jamais dépassé le stade diplomatique. Désormais chacun laissait l'autre libre de ses affaires. Le duc de Berry s'imposa brutalement en Languedoc, réprima les révoltes urbaines, massacra les Tuchins et recommença à lever de lourdes taxes ; les plaintes du peuple s'amplifièrent. Le comte de Foix, lui, pouvait reprendre la guerre avec l'Armagnac.

Fébus ne fut pas le défenseur du Languedoc opprimé : tout cela avait servi ses finances et il en sortait grandi. Il laissait l'image d'un prince sage qui s'était effacé pour le bien du peuple. « Ledit comte de Foix, considérant la dévastation et destruction du pays qui se faisait sous ombre de cette guerre [entre le duc de Berry et lui], voulut préférer le bien de la chose publique à son fait particulier [...], envoya vers lui et firent paix et alliance et lui laissa tout le gouvernement du pays paisiblement[8]. » Même si ce ne fut pas pour le bien du peuple mais pour son bien à lui, il fut sage en effet. A-t-il été tenté par un coup de force ? A-t-il pensé profiter de son extraordinaire popularité pour s'imposer en Languedoc ? Comme en tant d'autres occasions de sa vie, il est allé aux limites de l'inacceptable par son adversaire, mais il s'est arrêté à temps pour ne pas déchaîner des forces qui le dépassaient et pour se retirer avec le maximum de profits bien tenus. Il n'a jamais lâché la proie pour l'ombre.

Foix et Armagnac, toujours

Le mariage de Gaston de Foix et de Béatrix d'Armagnac avait scellé la paix d'Orthez. Entre autres clauses, il avait été dit que la châtellenie de Saint-Julien allait au comte de Foix à titre viager, mais qu'elle serait rendue par Gaston après la mort de son père. Mais Gaston était mort. Jean d'Armagnac expliqua devant le duc de Berry qu'il n'avait donc pas à rendre la châtellenie et réclama la restitution de la dot de sa fille Fébus déclara vouloir observer la paix conclue, que ses héritiers ne pourraient rien prétendre sur Saint-Julien et qu'il était prêt à rendre la partie de la dot qu'il avait déjà touchée.

A l'occasion des troubles, la guerre avait déjà repris entre Foix et Armagnac. Le duc de Berry s'entremit activement pour faire la paix ; en septembre 1381, il y eut des échanges de lettres entre les trois seigneurs[9], les parties convinrent vers septembre 1381 d'une entrevue à Prouille mais, en novembre, les hostilités s'étaient rallumées.

La guerre se déchaîna en Albigeois et en Toulousain ; des bandes armées des deux partis, les Béarnais sous la conduite d'Yvain de Béarn, ravagèrent le pays jusqu'au milieu de l'année 1382. A l'ouest, Pierre Arnaud de Béarn, après avoir quitté le château de Lourdes, s'était installé à Captieux, au nord du Marsan. De là, il attaquait toute la châtellenie de Casteljaloux, dépendant de la famille d'Albret ; il y fut aidé par son frère Jean et quelques-uns des Compagnons de Lourdes. Officiellement, il agissait pour son propre compte ; en fait, bien sûr, il n'attaquait que les gens ou les biens du clan armagnac. Et pour s'en garder, comme naguère en Bigorre, seigneurs et communautés devaient se mettre sous la protection du comte de Foix. En l'absence de Fébus résidant à Mazères et occupé en Toulousain, Jean II d'Armagnac attaqua le Béarn et détruisit quelques villages du Vic Bilh : c'est la seule fois de toute la guerre de Cent Ans où des troupes ennemies entrèrent dans le pays.

Le duc de Berry parvint enfin à imposer sa médiation et la trêve intervint dans l'été 1382. Gaston Fébus rentra à Pau au début de l'automne 1382. Il renforça ses positions en Bigorre en renouvelant les accords avec les communautés et en concluant des contrats de fiefs-rentes. En 1383-1384, la rivalité Foix-Armagnac resta en veilleuse. Le comte d'Armagnac fut soupçonné de tractations avec Richard II d'Angleterre. C'est ce que Constance, la visionnaire de Rabastens dénonça avec tant de vigueur[10]. On lui reprocha « de vouloir être anglais », d'avoir fait alliance avec les compagnies pour chasser les gens du roi et même d'avoir passé en 1378 un accord secret avec Gaston Fébus pour se partager le gouvernement du Languedoc[11] ! On ne sait d'où vint ce retournement de situation qui succédait à de longues décennies de faveurs royales. Le comte fut rappelé à l'ordre par le Conseil de régence et suivit le duc de Berry en Avignon. Il y mourut le 25 mai 1384. Son fils, Jean III lui succéda, la guerre ne reprit pas et on en est presque étonné...

Le Grand Schisme

Le siège de la papauté en Avignon avait toujours été considéré comme provisoire. Grégoire XI revint à Rome quand on pensa les conditions politiques rétablies. Il y mourut, en mars 1378. Des troubles graves éclatèrent, la population romaine voulait un pape romain ou au moins italien, on finit par élire l'archevêque de Bari sous le nom d'Urbain VI. Le nouveau pape se montra violent et brutal et s'en prit à ses cardinaux. Ceux-ci, qui étaient déjà divisés, se laissèrent persuader par Jean de la Grange, le cardinal d'Amiens, que, faite sous la pression de la rue, l'élection était illégitime. Seuls les Italiens restèrent à Rome, les autres se réunirent à Anagni et déclarèrent nulle l'élection. Puis, rejoints par les Italiens sur les terres de la reine de Naples, ils élirent le « Français » Robert de Genève qui devint Clément VII. Les deux papes s'excommunièrent mutuellement et nommèrent chacun des cardinaux. L'affaire prit un tour très politique avec la reconnaissance de l'un ou de l'autre par les souverains. La France de Charles V et les Etats francophiles (tous les Etats ibériques, la Savoie, l'Ecosse) reconnurent Clément VII ; par hostilité à la France, l'Angleterre reconnut Urbain VI, suivie par l'Empereur, la Hongrie et les Etats scandinaves. La Chrétienté était divisée entre Clémentins et Urbanistes. Il y eut à Rome des affrontements qui aboutirent au départ de Clément VII pour Avignon en juin 1379.

Le Grand Schisme d'Occident se répercutait localement puisque chaque pape nommait ses cardinaux et ses évêques. L'Aquitaine anglaise était urbaniste, le Languedoc français était clémentin. Le comte d'Armagnac fut tout de suite un tenant du pape d'Avignon. On ne s'étonnera pas de voir le comte de Foix beaucoup plus circonspect. Ses domaines étaient à cheval sur les deux obédiences et on a beaucoup de mal à discerner son parti s'il en eut un. Les obédiences étaient localement très dépendantes du pouvoir politique : la Soule, anglaise, avait un clergé urbaniste alors qu'elle relevait du diocèse d'Oloron dont l'évêque, Guillaume d'Assat, le conseiller de Fébus, était clémentin ; le clergé de l'archiprêtré d'Orthez dépendant de l'évêché urbaniste de Dax était clémentin ; la reconnaissance de l'évêque clémentin de Bigorre dans le Lavedan anglais s'explique par l'appui de Jean de Béarn, l'ancien châtelain de Lourdes, sénéchal du roi d'Angleterre, certes, mais cousin de Fébus. Cela laisse à penser que Fébus était clémentin, comme tous les seigneurs du Midi français[12]. Par contre, la correspondance de la chancellerie pontificale d'Avignon ignore le comte de Foix alors que les suppliques du comte d'Armagnac abondent ainsi que les réponses favorables qui lui furent faites[13]. Quant aux livres avignonnais des taxes pontificales, ils distinguent soigneusement dans les paroisses du diocèse de Tarbes celles qui dépendent du comte d'Armagnac et celles qui dépendent du comte de Foix. De celles-ci, même quand elles sont « de bon revenu », il n'y avait rien à attendre. En 1382-1385, le scribe signalait que des taxes n'avaient pu être levées, soit parce que le lieu était au pouvoir des Anglais, soit parce qu'il était désert, soit parce qu'il dépendait du comte de Foix[14]. Dans ces années-là, pourtant, Gaston Fébus semble avoir eu de bonnes relations avec Avignon ; Clément VII s'était entremis en 1381 pour la paix avec l'Armagnac, en 1383, le comte laissa les représentants de la curie d'Avignon administrer les églises de ses domaines, en 1384, il accepta la levée en Béarn d'une décime exceptionnelle et prit les mesures nécessaires pour qu'elle soit bien payée. Richard II lui demanda de se déclara en faveur d'Urbain VI mais sans résultat. Ralliement discret, sans plus, à la cause de Clément VII, en un moment de rapprochement personnel avec le royaume de France : dans le contexte politico-religieux du Grand Schisme, le comte de Foix fut égal à lui-même et se tint dans une prudente réserve, sans rompre avec personne.

Froissart s'est peut-être trompé sur le parti, ou sur le siège, des évêques qui dînèrent à Orthez à la Noël 1388[15], mais quand il s'émerveillait de voir à la table du comte de Foix deux évêques clémentins et deux évêques urbanistes, il se faisait l'écho de ce qui devait se dire dans le pays et au-delà : le comte de Foix était en bonnes relations avec les uns et avec les autres et on ne pouvait savoir s'il penchait d'un côté.

Les affaires d'Espagne et du Portugal

Fébus ne se détourna jamais vraiment de la péninsule ibérique, tout en évitant toute sa vie d'y intervenir. En juin 1381, il chargea Pierre Arnaud de Béarn d'aller en son nom faire hommage au roi d'Aragon[16]. Sans doute voulait-il ménager son alliance en cas de besoin contre Berry et Armagnac. Le roi de son côté avait besoin de l'appui de Fébus pour éviter que les routiers ne descendent vers le sud. Pierre Arnaud rentra par l'Andorre, il y eut un « bruit » (?) et comme rien ne restait étranger au comte de Foix, douze habitants d'Andorre, représentant toutes les paroisses, furent convoqués à Mazères au mois de décembre 1381 pour en répondre, sous la caution de la cour des Vallées[17]. Que s'est-il donc passé dans ces vallées qui ne furent jamais réputées pour leur agitation ? Les liens avec la cour d'Aragon restaient étroits et Fébus entretenait déjà alors une correspondance régulière avec l'infant Jean et sa femme Violante de Bar ; la princesse était la nièce de Jean de Berry et ses relations avec Fébus s'étaient encore resserrées quand les deux princes avaient conclu leur paix[18].

La guerre sévissait toujours dans la péninsule ibérique. Dès l'assassinat de Pierre Ier de Castille, le Portugal avait déclaré la guerre à Henri de Trastamare, en accord avec l'Aragon. Le mariage de l'infant Jean de Castille avec Béatrice de Portugal n'empêcha pas une nouvelle guerre en 1372 puis encore en 1382-1383. Le Portugal reçut l'appui de l'Angleterre (on rappellera que le duc de Lancastre avait épousé une fille du roi assassiné et que, en son nom, il revendiquait la Castille). Ferdinand Ier, roi du Portugal, mourut en 1383. En l'absence d'héritier mâle légitime, le royaume revenait au gendre du roi, Jean Ier, roi de Castille, le fils du Trastamare. Une bonne partie des Portugais ne voulait pas de cet héritage qui aurait mis fin à leur indépendance. Ils se levèrent sous la conduite de Jean, frère bâtard du roi Ferdinand, maître de l'ordre d'Aviz, proclamé « gouverneur et défenseur du royaume » en 1383, puis roi du Portugal en avril 1385. L'armée castillane vint mettre le siège devant Lisbonne puis se retira devant la résistance portugaise et victime aussi d'une épidémie. Jean d'Aviz avait l'appui de Richard II d'Angleterre ; le sénéchal d'Aquitaine envoya trois navires chargés d'hommes d'armes. Jean de Castille se tourna vers Fébus qui avait été allié de son père, Henri de Trastamare. Fébus refusa de s'engager. Mais à ce moment-là, la paix régnait autour du Béarn ; un grand nombre de chevaliers béarnais, toujours plus ou moins nécessiteux, cédèrent à l'attrait de l'aventure et surtout des soldes promises par les émissaires castillans. Fébus essaya de les en dissuader ; il les invita à Orthez. « Ceux qui les virent partir me dirent que c'étaient les plus beaux, les mieux armés et les mieux ordonnés qu'on ait vu depuis longtemps sortir du pays de Béarn. Quand le comte de Foix vit qu'il était certain qu'ils partiraient et qu'ils iraient en Espagne, quoique au début il ait assez approuvé qu'ils reçoivent des soldes du roi de Castille, il devint tout pensif et fut irrité de leur départ car il lui semblait, et c'était vrai, que son pays perdait des forces. » Il leur offrit un repas, puis il insista, leur reprochant de l'abandonner face au comte d'Armagnac : « J'ai grande pitié de vous car vous êtes toute la fleur de la chevalerie de mon pays de Béarn. Vous allez en lointaine contrée et en pays étranger faire la guerre ; je vous conseille de renoncer à ce voyage et de laisser le roi d'Espagne et le roi de Portugal faire leur guerre ensemble car elle ne vous regarde en rien. » Les chevaliers se déclarèrent trop engagés et de toute façon, la guerre serait courte. Fébus persista : « Je vais vous dire ce qu'il vous arrivera de cette expédition : ou bien vous reviendrez si pauvres et si nus que les poux vous étrangleront et que vous les croquerez entre vos ongles ou bien vous serez tous morts ou faits prisonniers[19]. » Le comte ne put les convaincre ; Froissart le montre habité d'un pressentiment qui devait beaucoup au fait sans doute qu'il estimait à leur juste mesure les troupes redoutables du duc de Lancastre. Il le montrera un peu plus tard accablé par la « prescience » du désastre arrivé[20]. La bataille d'Aljubarrota fut une des plus grandes batailles de la Guerre de Cent Ans ; l'armée castillane fut écrasée et les chevaliers béarnais, comme l'avait prédit Fébus, y périrent à peu près tous, soit au combat, soit massacrés après avoir été faits prisonniers.

Jean d'Aviz, roi du Portugal, épousa une fille du duc de Lancastre. Le duc, fort de sa victoire, ne renonçait pas à s'établir dans la péninsule. En 1386, il débarqua en Galice. Le roi de Castille demanda l'aide du roi de France, allié de sa dynastie depuis 1366. Les oncles du roi acceptèrent et confièrent la conduite des opérations au duc de Bourbon. Gauthier de Passac, son capitaine, fut chargé de préparer le passage en Espagne. Il n'y avait d'autre alternative que de passer par Roncevaux ou par l'Andorre, sur les terres du comte de Foix. Le Conseil royal avait enregistré de fait la neutralité des Etats de Fébus et pas seulement du Béarn : il ordonna de payer toute fourniture nécessaire sur ses terres et de s'abstenir de tout pillage. Dès qu'il eut vent du projet, Fébus mit immédiatement le Béarn et le pays de Foix en état d'alerte. Gauthier de Passac vint à Orthez, ; comme l'évêque de Langres en son temps, il dut attendre pour être reçu que Fébus se lève ; le comte lui fit beaucoup d'amabilités, il se promena avec lui dans les galeries du château puis le fit dîner à sa table. Gauthier de Passac dit au comte qu'il était chargé de conduire les troupes royales en Espagne mais qu'on disait qu'il voulait leur fermer le passage. Fébus dit qu'il ne fermait le passage à personne si on s'engageait à payer ce dont on aurait besoin « au gré du petit peuple que j'ai juré de garder et tenir en droit et en justice ». Gauthier assura vivement qu'il en serait ainsi. Fébus lui accorda alors le passage, mais il le mit en garde sur le danger qui les attendait, en lui rappelant ce qui était arrivé à ses chevaliers.

En avril 1387, Gauthier de Passac mena une partie des troupes royales à travers le Béarn tandis que le duc de Bourbon conduisait l'autre par l'Andorre. Le roi de Castille avait négocié avec le roi Charles le passage des Français par la Navarre ; mais avant d'atteindre Roncevaux, ils devaient traverser la Soule, contrôlée par les Anglais. Là, c'est l'aubergiste de l'hôtel de la Lune, à Orthez, un agent de Fébus, qui organisa la rencontre entre Gauthier de Passac, quatre Basques et un représentant du comte ; moyennant 2 000 francs, il fut promis que la Soule ne serait pas pillée car sous la protection du comte de Foix. Au retour d'une campagne d'Espagne décevante, le duc de Bourbon voulut passer par le Béarn avec son épouse et toute sa maison ; il est vrai qu'il avait bien l'intention d'emprunter à Fébus l'argent nécessaire pour payer ses troupes et faire en sorte qu'elles ne l'abandonnent pas car il voulait continuer en Bordelais la guerre contre Lancastre. Fébus envoya trois de ses proches dès l'entrée du duc en Béarn, avec des chevaux en cadeau, il l'accueillit lui-même à Sauveterre puis il le fit escorter sous la bannière comtale jusqu'à Orthez où il le reçut princièrement pendant plusieurs jours. Le comte de Foix démontra une fois de plus comment il savait manipuler les hommes, même un « prince aux fleurs de lys ». Les routiers qui suivaient le duc de Bourbon avaient traversé le col de Roncevaux et s'apprêtaient à piller la Soule et Mauléon ; Fébus obtint du duc un ordre de passer plus à l'ouest et de respecter la sauvegarde comtale ; mais, il lui conseilla d'aller défouler ses troupes en Bordelais et lui indiqua quelques terres à piller, celles bien sûr de seigneurs qui lui étaient hostiles, y compris les terres de l'évêque de Lectoure en Armagnac. Ce que le duc fit[21]...

C'est à ce moment que les liens se renouèrent entre Gaston Fébus et Charles II de Navarre. En 1386 et 1387, de nombreux émissaires partirent de Pampelune vers Orthez, porteurs de messages et de cadeaux tels que coursiers et mulets. En 1386, le roi envoya un de ses *ricombres* accompagné de plusieurs écuyers, sans doute pour rétablir des relations normales, s'entendre sur les protections mutuelles accordées aux marchands, sur le passage de la frontière... En 1388, à l'avènement de Charles III, les relations devinrent tout à fait cordiales ; c'est le porte-étendard du roi qui vint en personne et à deux reprises Fébus reçut en cadeau six lévriers[22].

Le comte de Foix n'avait plus la seigneurie directe des domaines catalans de la famille ; ils étaient aux mains des Castelbon, mais il avait toujours celle de l'Andorre, du Donnezan et de lieux en Cerdagne. Maître des passages frontaliers, héritier d'une longue tradition de relations transpyrénéennes qui faisaient la fortune des marchands béarnais et fuxéens, vassal pour les possessions catalanes et allié, même si militairement peu ardent, du roi d'Aragon et en relations régulières avec sa cour, Gaston Fébus a toujours vécu dans la proximité géographique, politique et sociale des royaumes hispaniques. On ne peut que s'étonner de ses jugements péremptoires sur les Espagnols. Aux chevaliers béarnais partant en Castille, « il leur expliqua en parlant la manière et la nature des Espagnols, comment ils sont mauvais, pouilleux et très envieux du bien d'autrui, pour qu'ils aient là-dessus un bon avis et un bon conseil[23]. » Il le redira dans *Le Livre de chasse* : Les chiens « ont autant de vilains défauts que le pays d'où ils proviennent, car le pays influe sur les trois natures d'hommes, de bêtes et d'oiseaux.[...] Les chiens d'oiseaux viennent d'Espagne et leur nature est déterminée par leur mauvaise origine. Les chiens d'oiseaux sont querelleurs et grands aboyeurs [...] Les chiens d'oiseaux ont tant d'autres défauts que, si je n'avais l'autour au poing, le faucon ou l'épervier, je n'en voudrais jamais avoir ». Etait-ce une opinion généralisée ou eut-il une raison particulière de dénigrer les Espagnols ? Les seuls rapports conflictuels qu'il semble avoir eu avec ses voisins du sud furent ceux entretenus non avec les Navarrais mais avec la famille de Navarre, qui était une famille française. Ce n'est qu'une interrogation de plus...

Le mariage du duc de Berry

L'accueil fait au duc de Bourbon, et le prêt consenti, auguraient d'un rapprochement avec le roi de France. A Paris, la situation avait changé. Charles VI, renvoyant ses oncles, prit le pouvoir en novembre 1388. Il s'entoura des anciens conseillers de son père, ceux qu'on affublait du nom de « Marmousets », et entreprit une réorganisation du royaume. Le Languedoc était un des problèmes posés : les exactions du duc d'Anjou puis du duc de Berry y avaient provoqué de graves troubles et une dégradation évidente de l'image royale. Le duc de Berry perdit de fait la lieutenance générale de la province dont l'administration fut confiée à des commissaires désignés par le roi.

Rien ne pouvait se conclure en Languedoc sans passer par Gaston Fébus. Dès décembre 1388, le maréchal de Sancerre, nouveau capitaine général de Languedoc, vint à Orthez avec deux missions : obtenir le mariage de Jeanne de Boulogne avec le duc de Berry et préparer une rencontre entre le comte de Foix et le roi.

Louis de Sancerre eut de longs entretiens avec Gaston Fébus. Il durent parler de l'application du traité de Limoux. La paix alors conclue avait connu quelques entorses. Des vassaux de Fébus prêtaient main-forte aux bandes anglaises, dans la région d'Albi ou de Limoux. En Bigorre, le roi de France, reprenant les prétentions de Philippe le Bel, considérait toujours qu'il devait administrer directement le comté. De fait, seule Tarbes s'était dégagée de l'emprise de Fébus et avait toujours un sénéchal français ; depuis, elle était menacée par les routiers, avec la complicité certaine des garnisons béarnaises postées dans les autres bourgs « protégés » par le comte. Le sénéchal avait demandé au roi les moyens de se protéger, faute de quoi il serait obligé de retourner vers le comte de Foix. Il y avait aussi des points de friction, encore et toujours entre Foix et Armagnac, qui empêchaient la paix de s'installer véritablement en Languedoc. Le maréchal et le comte durent aborder aussi le problème de la succession de Foix-Béarn qui sera l'objet principal du traité de Toulouse.

L'objet officiel de la venue de Louis de Sancerre était toutefois le mariage de Jeanne de Boulogne. On se rappelle que Fébus avait pris en garde la fille de sa cousine Aliénor de Comminges. La petite fille avait été élevée à Orthez. Fébus l'avait gardée comme une future monnaie d'échange. L'heure était venue ; la fillette n'avait que douze ans, mais elle ne manquait pas de prétendants. Par son père, elle était héritière du comté de Boulogne et du comté d'Auvergne. Le comté d'Auvergne intéressait au plus haut point le duc de Berry déjà possessionné dans la région et qui pourrait compléter sa mainmise. Par sa mère, elle pouvait prétendre au Comminges. Jean III d'Armagnac, qui avait épousé la comtesse Marguerite, n'avait pas eu d'enfant. La petite Jeanne, nièce de Marguerite, était la plus proche parente. Le clan Armagnac lorgnait donc sur elle pour garder le Comminges dans sa mouvance ; il était évident qu'un mariage avec un armagnac aurait été le bienvenu, mais il était tout aussi évident que le comte de Foix ne le laisserait jamais faire. Et le comte, autoproclamé tuteur de l'enfant, avait son mot à dire bien plus que les parents.

Le duc de Berry était veuf depuis très peu de temps : Jeanne d'Armagnac était morte en janvier 1388. Il manifesta le désir de se remarier très vite (« Hôtel de seigneur ne vaut rien sans dame ») et il jeta son dévolu sur la petite Jeanne. Etait-ce l'envie de l'Auvergne, ou connaissait-il Jeanne ? On l'a toujours dit très épris d'elle. Il en parla au roi « qui en rit un bon coup » à cause de la différence d'âge – il avait presque 50 ans, elle en avait douze – mais qui accepta l'idée. Il obtint l'accord du père et de la mère, qui n'étaient guère en mesure de refuser – pourquoi d'ailleurs l'auraient-ils fait, l'alliance était prestigieuse. Mais, en la matière, ça ne suffisait pas et on pouvait craindre le tuteur bien plus coriace. En effet, Fébus commença par refuser ; il tenait encore le duc de Berry pour trop proche des Armagnacs et il reprit son jeu traditionnel : il allait marier Jeanne à Henri de Lancastre ! Puis, la situation changea ; Berry n'était plus en Languedoc, il s'était désolidarisé des Armagnacs et les rois de France et d'Angleterre étaient en bons termes, la menace ne pouvait plus jouer. Le pape Clément VII appuyait le mariage : il était cousin du père de Jeanne et il souhaitait amener le duc de Berry dans le parti avignonnais.

Gaston Fébus trouva assez vite intérêt à ce mariage. Il dut en discuter avec Louis de Sancerre, mais il fit traîner les choses et il fit monter les enchères. Le duc et ses frères étaient prêts à donner beaucoup, d'une part pour que le mariage se fasse et d'autre part pour que le comte de Foix renonce à toute prétention sur le Comminges. Ils décidèrent jusqu'où ils pourraient aller et, en janvier 1389, une grande ambassade royale se mit en route, avec à sa tête Bureau de La Rivière, premier chambellan du roi, et des proches des ducs de Bourgogne et de Berry. Leurs instructions étaient fermes : on y rappelait l'infidélité et les fausses promesses du comte de Foix et on insistait sur le fait que le duc de Berry avait les moyens s'il le voulait d'acheter le comté d'Auvergne au comte de Boulogne et qu'alors la petite Jeanne, ruinée, resterait sur les bras du comte de Foix. Tout le passé serait oublié si le mariage se faisait. Et comme à ces arguments on joignit de grosses compensations matérielles, l'affaire fut vite conclue. Les envoyés des ducs s'installèrent à Toulouse et envoyèrent des négociateurs à Orthez. Dès le 9 mars, deux accords étaient signés. L'un était un traité d'alliance entre le comte de Foix et les ducs de Berry et de Bourgogne. L'autre était l'accord sur le mariage Berry-Boulogne : le comte de Foix livrerait Jeanne pour le 25 avril, il abandonnait toute revendication sur le Comminges ; il rendrait au duc de Berry des bijoux qui servaient de caution à la rente promise à Limoux et le château de Saint-Sulpice-sur-Lèze. Le duc rendrait le château d'Alzen. Et le comte de Foix recevrait 30 000 livres, pour compensation des frais de l'entretien de la petite fille pendant neuf ans... plus deux très belles têtes de cerf et des chiens de chasse !

Le comte exigea que l'argent soit là avant de donner la fille et toute une caravane transporta les pièces d'or de Toulouse à Morlàas au milieu d'un pays en armes. Puis Fébus laissa partir Jeanne, il ne l'accompagna pas, il la confia à Arnaud Guilhem et à Yvain. Un mariage par procuration eut lieu à Morlàas et la jeune épousée repartit couverte des cadeaux de son amoureux mari qu'elle retrouva à Riom où le véritable mariage fut célébré. On sait que Froissart, qui était à Orthez au moment des tractations, quitta le pays dans le cortège nuptial.

Jeanne n'avait bien sûr pas eu son mot à dire, le marchandage avait été plutôt sordide, la petite fille avait été vendue à un vieux mari... Le destin n'étant jamais là où on l'attend, ce mariage-là fut heureux[24].

Foix et Armagnac, l'ultime paix

La paix s'installait sur tous les fronts. Elle régnait entre France et Angleterre. Elle était signée entre comte de Foix et ducs de Berry et de Bourgogne. Elle se fit aussi entre Foix et Armagnac, avec la médiation du sénéchal d'Aquitaine, Thomas Percy, mandaté par le duc de Lancastre. Les deux comtes, accompagnés de leurs barons, se rencontrèrent d'abord en juillet 1389, dans une « loge », entre Aire et Barcelone, comme il en avait été dix ans auparavant entre Fébus et Jean II. Il fut entendu qu'on échangerait des prisonniers : Fébus détenait le fils du comte de l'Isle-Jourdain en otage pour une dette non soldée de son père et, suite à cette même dette, il avait mis la main sur la forêt de Mondonville. Jean d'Armagnac détenait trois noble béarnais. Le comte d'Armagnac retirerait la garnison qu'il avait établie à Coufouleux et renoncerait à toutes prétention sur les Terres Basses d'Albigeois ; Fébus rendrait Gensac en Lomagne dont ils s'était emparé. Quelques jours plus tard, chaque comte ratifia l'accord. Mais tout n'était pas réglé et ils s'étaient engagés à respecter l'arbitrage du duc de Lancastre. Ce qui restait en suspens était la suite à donner à la mort qui venait de survenir du jeune fils de l'Isle-Jourdain ; le père demandait compensation, Fébus disait que, au contraire, n'ayant plus d'otage, il devait y avoir un paiement immédiat de la dette. Le duc de Lancastre lui donna raison.

Fébus était désormais libre pour la dernière grande négociation : celle qu'il allait mener avec le roi de France.

Le traité de Toulouse et Charles VI à Mazères

En septembre 1389, le jeune roi entreprit un voyage triomphal dans le Midi, il rencontra le pape Clément VII à Avignon, puis atteignit le Languedoc où il séjourna dans chaque ville : aux populations qui s'étaient révoltées, il apportait la grâce du roi mais aussi sa justice. Les scribes royaux enquêtèrent, vérifièrent les comptes, tinrent audiences. On fit un exemple avec Bétizac, viguier de Béziers et secrétaire du duc de Berry, qui avait forcément touché à toutes ses affaires : il fut brûlé vif à Toulouse au mois de décembre.

Charles VI s'installa à Toulouse et il attendit avec impatience la venue du célèbre comte de Foix. Celui-ci arriva en décembre en son château de Mazères, aux portes du Toulousain. C'est là que Louis de Sancerre et Bureau de la Rivière vinrent le trouver. D'après Froissart, les envoyés du roi lui auraient demandé de répondre clairement pour qui, entre Français et Anglais, il voulait prendre parti, car il n'avait jamais voulu prendre les armes quand on le lui avait demandé ; et Fébus aurait répondu que s'il avait en effet toujours refusé de prendre les armes, c'était parce que « la guerre du roi de France et du roi d'Angleterre ne me regarde en rien. Je tiens mon pays de Béarn de Dieu, de mon épée et de mon lignage et je n'ai que faire de me mettre en servitude ni de provoquer la rancune d'un roi ou d'un autre ». On aurait proposé une visite du roi à Mazères, mais il aurait refusé : « Je ne veux pas que le roi ait cette peine pour moi ; il vaut mieux que je l'aie à sa place. »

Et le comte de Foix s'en vint à Toulouse. Le séjour qu'il y fit, au mois de janvier 1390, a été immortalisé par Froissart : l'entrée solennelle à plus de 600 chevaux, de 200 chevaliers et de 200 hommes d'armes, la traversée de la ville au milieu des acclamations, l'attente impatiente du roi et l'entrée du comte, impressionnant de présence, les banquets, les jeux de cour... ce fut un des très grands moments de la vie de Gaston Fébus[25]. Le niveau d'honneurs et de respect auquel il fut traité laisse mesurer le degré de sa puissance. Et il retrouva le peuple toulousain : « Les bourgeois de Toulouse lui firent grand'fête et moult l'aimaient, car toujours il leur avait été bon voisin, courtois et traitable ; ni oncques ne souffrit que nul de sa terre ne leur fît guerre ni violence, et pour tant l'aimaient-ils mieux ; et lui firent les bourgeois de Toulouse à sa bien venue grands présents de bons vins et d'autres choses, tant que moult s'en contenta[26]. » Mais entre banquets et cortèges, on discutait très sérieusement. C'est quand le traité fut conclu que Gaston Fébus invita le roi à Mazères. La réception grandiose et originale qui fut offerte au roi, les jeux sportifs auxquels le jeune monarque participa avec une joie évidente alimentèrent toutes les chroniques du temps et des décennies suivantes[27]. Plus encore que les fastes de Toulouse, la réception de Mazères marque l'apogée de la gloire du comte de Foix : le roi était venu le visiter chez lui et il était arrivé à l'étonner.

Michel du Bernis dit que le comte « se représenta comme le lévrier blanc du roi de France, car le lévrier est fidèle et noble » et qu'« en plusieurs points du château de Mazères et en d'autres lieux, il fit peindre la fleur de lys surmontée de la couronne royale, avec un lévrier blanc de chaque côté de la couronne, couché les pieds devant face à la couronne, en signe d'humilité et d'obéissance à la Couronne de France ; et les lévriers blancs signifiaient un véritable et pur amour. Et il fit mettre la même figure à la porte de Foix par où on va à Notre-Dame de Montgauzy, en quoi il se montrait véritable sujet du roi de France ; il le mit ainsi au principal lieu du comté de Foix, là d'où il tire son nom, c'est-à-dire à Foix ».

Le résultat politique des négociations de Toulouse était stupéfiant ; il l'était tellement qu'il dut rester secret. Froissart, qui fit pourtant beaucoup d'efforts pour s'informer, en donna une version inexacte : le roi aurait accepté qu'Yvain soit héritier du comté de Foix, que Gratien ait les terres d'Aire et de Mont-de-Marsan et que toutes les autres terres, dont le Béarn, aillent à l'héritier légitime Mathieu de Castelbon. La réalité était tout autre : le roi reconnaissait la Bigorre à titre viager au comte de Foix et il lui octroyait 100 000 francs. En échange, le comte faisait de lui son héritier universel. L'acte fut signé par tous les grands personnages présents aux côtés du roi ; il devait être juré solennellement sur les Evangiles par Arnaud Guilhem de Morlanne, par Yvain et par les chevaliers de Béarn et de Foix et par les notables de toutes les villes des Etats de Fébus. La seule clause d'annulation prévue était la naissance d'un prince héritier légitime, en cas de veuvage de Fébus[28].

Sûr de la Bigorre, Fébus promit au roi, à Mazères, de ne plus entrer en guerre contre Jean III d'Armagnac.

Pour le roi et pour les Marmousets, le traité de Toulouse était une grande victoire : l'ordre royal était rétabli en Languedoc et le plus grand Etat féodal du Midi passerait à court terme dans le domaine royal. Mais pour Fébus ?

Les dernières manœuvres

Rentré à Orthez, Fébus reprit des manœuvres diplomatiques qui donnent à réfléchir sur la solidité de ses engagements de Toulouse et Mazères.

Jean III d'Armagnac et son frère Bernard étaient en train d'élargir les horizons de leur famille. Leur sœur Béatrix, jeune veuve de Gaston de Béarn, avait épousé Charles Visconti, seigneur de Parme. Celui-ci était en difficulté dans la région du Pô, au cœur de rivalités internes à la famille milanaise ; Béatrix chercha secours auprès de ses frères qui décidèrent de se porter en Italie où ils trouvèrent l'alliance florentine contre les Milanais. Bernard, de son côté, voulant se débarrasser des routiers qui pillaient le Rouergue, avait jugé opportun de les amener en Aragon pour soutenir le roi Pierre IV contre son fils le futur Jean Ier. Une fois celui-ci devenu roi, il chassa Bernard d'Armagnac. Bernard se vengea en rachetant à Isabelle de Majorque, l'ancienne fiancée de Fébus devenue marquise de Montferrat, en Italie, les droits qu'elle avait à la succession de Majorque.

Devant cet élargissement des ambitions des Armagnacs, Fébus voulut se prémunir. En avril 1390, il conclut une alliance avec le duc de Lancastre en cas de conflit de l'un ou de l'autre avec le clan armagnac : en temps de guerre comme en temps de paix entre France et Angleterre, ils s'engageaient à se fournir mutuellement des hommes d'armes et à empêcher leurs vassaux de se mettre au service du clan ennemi. Fébus promit de se conduire bien et loyalement envers la couronne d'Angleterre. Les deux princes s'entendirent aussi sur un différend financier datant du temps du Prince Noir et Fébus reçut un premier versement.

En mai et juin, le comte de Foix signa une autre alliance contre la maison d'Armagnac, cette fois avec Jean Ier, roi d'Aragon, directement concerné par les entreprises des frères d'Armagnac.

Ces alliances semblent ignorer le traité de Toulouse ; Fébus reprenait son jeu d'équilibre avec l'Angleterre, il envisageait cette guerre avec l'Armagnac qu'il s'était engagé à ne pas mener. L'alliance entre le comte de Foix et le roi d'Aragon devait être valable pour « leur premier héritier ou successeur universel » : on imagine mal que sous la plume de Fébus l'héritier ainsi engagé dans une lutte avec l'Armagnac ait pu être le roi de France[29].

Quelles étaient les intentions de Fébus ? Est-ce que seul lui importait le gain présent, c'est-à-dire cette Bigorre qu'il avait voulue toute sa vie et une belle somme de florins et pour le reste, on verrait bien plus tard ? Il n'était pas à un engagement non tenu près. Pensait-il ne jamais avoir à tenir ses promesses de Toulouse et pouvoir laisser son héritage à Yvain ? Yvain qui aurait en main un énorme trésor, et Fébus avait bien su montrer qu'avec l'argent, on pouvait tout. Ou préféra-t-il vraiment que ses Etats se fondent dans le domaine royal plutôt que de les voir entre les mains des Castelbon haïs[30] ?

Ce qu'on peut deviner du comte Fébus laisse supposer en tout cas qu'il pensait avoir le temps pour lui...

19

« L'an 1391 trépassa de la vie le comte de Foix Fébus, sans aucun héritier légitime... »

C'était une chaude journée du mois d'août. Toute la matinée on avait poursuivi un ours dans les forêts de Sauveterre. Quand l'ours fut pris, c'était déjà basse none. Le comte demanda à ceux qui étaient à côté de lui où on avait préparé le dîner : « A l'Hôpital d'Orion, à deux petites lieues d'Orthez. "Bien, dit-il, allons-y dîner, et puis, le soir, à la fraîcheur, nous chevaucherons vers Orthez." Tout ainsi comme il fut dit il fut fait. Ils s'en vinrent tout le pas chevauchant au village dessus nommé. Le comte de Foix descendit à l'hôtel ainsi que ses gens. Il entra dans la chambre et la trouva toute jonchée de verdure fraîche et nouvelle et les parois tout autour couvertes de verts rameaux pour faire plus frais et plus odorant, car le temps et l'air au dehors était malement chaud, ainsi comme il est au mois d'hermi. Quand il se sentit dans cette chambre fraîche et nouvelle, il dit : "Cette verdure me fait grand bien, car ce jour a été âprement chaud." Et là s'assit sur un siège et bavarda un peu avec messire Espan du Lion ; il devisait des chiens, lesquels avaient le mieux couru. Ainsi comme il parlait et devisait, entra dans la chambre messire Yvain, son fils bâtard, et messire Pierre de Cabestain et jà étaient les tables couvertes en la chambre même. Adonc demanda-t-il l'eau pour laver ; deux écuyers s'élancèrent, Raymonet Lane et Raymonet de Caupène ; Arnauton d'Espagne prit le bassin d'argent et un autre chevalier, qui se nommait messire Thibaut, prit la serviette. Il se leva du siège et tendit les mains en avant pour se laver. Aussitôt que l'eau froide descendit sur ses doigts, qu'il avait beaux, longs et droits, le visage lui pâlit, le cœur lui tressaillit, les pieds lui faillirent et il tomba là, sur le siège renversé en disant : "Je suis mort ! Sire vrai Dieu, pitié."

Oncques puis ne parla, mais il ne mourut pas si très tôt, il entra en peines et en transes.

« Les chevaliers qui étaient là tous ébahis et son fils le prirent et le portèrent sur un lit entre leurs bras moult doucement et le couchèrent et couvrirent[...] On lui mit en la bouche pain, eau et épices et toutes choses confortatives ; et tout ce rien ne lui valut car en moins de demie heure il fut mort et rendit son âme moult doucement. Dieu par sa grâce lui soit miséricordieux[1] ! »

La mort subite

La seule mention « officielle » de la mort de Gaston Fébus tient en quelques lignes rédigées par un notaire de Navarrenx : « L'an 1391, mardi premier jour du mois d'août, à Sauveterre-de-Béarn, mourut le très noble et puissant seigneur monseigneur le comte de Foix, seigneur de Béarn, vicomte de Marsan et de Gabardan ; et le lendemain mercredi il fut porté et enseveli dans le couvent des Frères Prêcheurs d'Orthez[2]. »

Michel du Bernis note seulement que « l'an 1391 trépassa de la vie le comte de Foix Fébus, sans aucun héritier légitime ». Arnaud Esquerrier dit qu'il « mourut subitement, intestat, à Sauveterre[3] ». Le Religieux de Saint-Denis, suivi par Juvénal des Ursins, dit que ce fut « le jour même où l'hiver avec ses frimas succédait à l'automne » : « Au moment où il allait se mettre à table et où il se disposait à essuyer ses mains, qu'il venait de laver, il fut frappé subitement d'apoplexie, perdit connaissance et tomba raide mort. » C'est Froissart, comme à son habitude, qui nous donne le récit le plus précis et le plus vivant. Ce récit, il le tint sans doute d'Espan du Lion, son compagnon de chevauchée de 1388, qu'il dut retrouver à Paris où il fut un des négociateurs du règlement de la succession ; Espan du Lion était un des très proches du comte et il est tout à fait vraisemblable qu'il ait été le témoin direct de sa mort.

Tout concorde pour attester que Gaston Fébus mourut subitement au moment où il se lavait les mains avant de se mettre à table. Le contexte qui ne nous est connu que par Froissart – la partie de chasse – est tout à fait crédible. La chasse était l'occupation favorite de Fébus au quotidien et un exercice violent par un temps de grande chaleur peut bien être un élément favorable à un malaise. La mention de Sauveterre par le notaire de Navarrenx n'est pas contradictoire avec la version de Froissart : l'Hôpital d'Orion est proche, on a pu parler de Sauveterre parce que c'était le bourg le plus important des environs, ou peut-être parce que les compagnons de Fébus, hésitant sur la façon dont il fallait annoncer l'événement, ont d'abord transporté le comte à Sauveterre, dans un château digne de sa personne, en attendant de l'amener à Orthez... A moins qu'il ne faille voir dans la mention de l'Hôpital d'Orion, une localité qui existe bien et qui se trouve entre Orthez et Sauveterre, une inexactitude volontaire du chroniqueur lettré. On sait que Froissart connaissait bien Ovide ; au chevalier qui lui avait révélé la chasse à l'ours diabolique de Pierre de Béarn, il avait raconté l'histoire d'Actéon. Alors, à quelques lieues près, n'était-il pas tentant de faire mourir un des plus grands chasseurs de son temps en un endroit qui évoquait Orion, le chasseur mythique qui devint étoiles ? On a pu noter une autre inexactitude probable du récit de Froissart – ou d'Espan du Lion – à rapporter au même souci de grandir l'histoire : il est peu probable qu'on ait chassé l'ours, animal de haute montagne, à Sauveterre ; et d'ailleurs on parle de « curée », or, la curée est un terme réservé à la chasse au cerf[4]. Il est fort probable qu'on a chassé le cerf ce jour-là, mais l'ours est l'animal mythique qui convenait aux derniers instants du grand comte de Foix...

La mort naturelle subite frappait les esprits. Celle de Fébus ne passa pas inaperçue. Elle était un exemple de la fragilité et de la vanité humaines et de la nécessité pour l'homme d'être toujours prêt à paraître devant Dieu. Un religieux comme Aymeric de Peyrac ne manqua pas l'occasion d'en faire un usage moral : « Il trépassa soudainement, surpris par la mort. Ses richesses furent dispersées et attribuées à tous ceux à qui il les avait arrachées, et ils étaient nombreux. Tant il est vrai que les hauts faits des seigneurs et des princes s'évanouissent parfois dans l'oubli comme une fumée et que la mort les surprend en pleine prospérité. Les plus avisés doivent donc prendre garde aux coups que l'avenir peut leur réserver et prêter attention aux derniers événements survenus afin de se prémunir à temps. »

IGNORER LA MORT

Gaston III avait 60 ans. C'était un âge avancé. La plupart de ceux qu'il avait affrontés ou défiés étaient déjà morts, plus jeunes que lui, le roi Philippe VI à 57 ans, le roi Charles V à 42, Charles II de Navarre à 55, le Prince Noir à 46, le duc d'Anjou à 45, et il avait « usé » trois comtes d'Armagnac... Et, si on regarde en arrière, son père et son grand-père avaient disparu très jeunes. Loin des Pyrénées, on le pensait vieux, il y avait si longtemps qu'il faisait partie du paysage... C'est ce qui explique l'erreur du Religieux de Saint-Denis et de Juvénal des Ursins qui dirent qu'il avait 80 ans.

Ce qui frappe, par contre, c'est que sur place, autour de lui, il ne devait pas donner l'impression d'un homme âgé. Froissart qui le vit tous les jours pendant plusieurs semaines ne fait aucune remarque qui puisse révéler un homme vieillissant. Au contraire, c'est juste après avoir précisé qu'il avait « environ cinquante neuf ans », qu'il dit que jamais il ne vit plus bel homme. Les lamentations du peuple d'Orthez vont dans ce sens ; qu'elles soient véridiques ou qu'elles doivent plus ou moins à la plume du chroniqueur, elle révèlent au moins l'impression qu'il avait eue, lui : invoquant Gaston, le fils mort, les gens disaient : « Nous vous avons perdu trop jeune et votre père nous a trop petit duré. Il était encore un homme de 63 ans [*sic*] et ce n'était pas grand âge pour un tel prince qui était de bon corps et de grand' volonté et qui avait toutes ses aises et souhaits[5]. » Le comte de Foix devait présenter une telle force, une telle prestance, une telle vitalité que l'image de la mort ne se dessinait pas autour de lui. Elle ne se dessinait pas non plus parce qu'il la rejetait lui-même.

On a déjà souligné l'absence de sentiment de sa « mortalité » perceptible dans le domaine religieux[6] et c'est vrai dans tous les autres domaines. Gaston Fébus n'a pas fait de testament, donc il n'y eut ni choix de sépulture, ni offrande à un sanctuaire, ni legs pieux, ni fondation de messes anniversaires ; il n'y eut non plus aucun legs à des proches, ni à ses fils bâtards, encore moins à leurs mères, ni à ses frères et sœurs bâtards, ni à de fidèles compagnons ou serviteurs.

Cette absence de dispositions testamentaires est encore plus étonnante sur le plan politique. Mettre en place un dispositif de succession était le souci de tout prince ou seigneur de quelque rang, surtout quand la succession s'annonçait difficile. On a vu ainsi Gaston VII de Béarn ou Pierre Raimond II de Comminges régler l'avenir avec beaucoup de détails. Même jeune, on pensait à cette éventualité, en particulier avant un départ en voyage ou, plus encore, au combat, tel Gaston II partant en Espagne, ou même seulement tant qu'il n'y avait pas d'héritier évident : c'est ainsi que Roger Bernard III de Foix, encore jeune mais parce qu'il n'avait que des filles, fit un testament pour régler une éventuelle succession, testament qui devint caduc à la naissance de son fils.

L'avenir n'était pas oblitéré puisque, jusqu'à sa mort, on pouvait toujours changer ses dispositions. C'était préserver la paix dans la famille et aussi le sort des sujets en leur évitant des périodes difficiles de compétitions armées, voire des guerres civiles. Gaston Fébus ne le fit pas lorsqu'il partit en Prusse. Il ne le fit pas non plus l'âge venu ; un autre l'aurait fait dès la mort de son fils.

Bien sûr, il y eut le traité de Toulouse. La succession de Foix-Béarn y était réglée et Fébus y énonça bien les arguments du seigneur soucieux de son peuple : « Ayant regard à ce que nous n'avons de présent aucun hoir procréé de notre corps par loyal mariage, par quoi grandes dissensions et débats pourraient survenir et nos dites terres et pays être divisés et séparés en plusieurs parties et nos sujets encourir et souffrir par ce plusieurs oppressions, maux et dommages si nous ne les mettions et laissions en mains de personne qui les pût garder et défendre après notre trépas, ne pouvons supposer seigneur aucun être plus propice et convenable comme le roi notre dit seigneur. » Mais on a dit qu'on pouvait douter que le comte de Foix se soit vraiment considéré comme tenu et que plusieurs manœuvres politiques postérieures semblent témoigner du contraire.

Une autre raison en fait douter. Si le comte de Foix pensait qu'il avait fait là son testament politique, pourquoi ne l'a-t-il pas complété au plus vite par un testament privé ? Comment n'a-t-il rien prévu pour ses proches et surtout pour ses fils ? Rien n'en est dit dans le traité de Toulouse, qui n'est qu'un traité. Yvain et Gratien se retrouvèrent de fait deux ans plus tard « pauvres chevaliers bâtards » à la merci de la générosité des Etats de Béarn.

A 60 ans, après avoir vu disparaître beaucoup de ses contemporains, Gaston Fébus n'envisageait toujours pas sa mort.

On ne s'étonnera pas qu'il y ait eu un grand moment de flottement dans les heures qui suivirent ce trépas soudain. Qui allait succéder ? Dans l'immédiat, qui devait exercer l'autorité ? Dans ce vide institutionnel, comment annoncer la nouvelle au peuple béarnais, quelle serait sa réaction ? Où allait-on enterrer le comte, qui allait organiser la cérémonie, qui allait-on inviter ? Et le trésor, le fameux trésor d'Orthez, comment le protéger et à qui devait-il aller ? Et d'ailleurs, comment pouvait-on rentrer dans la tour ? Personne ne le savait...

Effervescence à Orthez

De ce qui se passa à Orthez au jour et aux lendemains de la mort du comte Fébus, nous n'avons que le récit de Froissart, témoignage probable d'Espan du Lion. Les familiers du comte présents lors de sa mort souhaitèrent qu'Yvain prenne sa chance et qu'il mette la main sur le trésor dont tous se doutaient qu'il serait la clef de la succession. Yvain prit les signes de reconnaissance de son père, un anneau et un couteau, sans lesquels il n'aurait pu, même lui, rentrer dans le château, et chevaucha jusqu'à Orthez. Le portier lui ouvrit ; une fois dedans, Yvain prit les clefs en expliquant ce qui venait de se passer. Le portier laissa faire « car cela lui convenait ». Le jeune homme savait où était le trésor, mais il ne put trouver la petite clef qui ouvrait le coffret dans lequel il y avait les grosse clefs des portes. Au même moment, à l'Hôpital d'Orion, on trouvait cette clef sous les vêtements du comte ; c'est le chapelain, le seul au courant, qui expliqua à quoi elle servait et il partit la porter à Yvain. Entre-temps, les bruits commençaient à courir dans la ville. La nuit tombait ; les hommes commençaient à être « en grand soupçon » : aucune nouvelle du comte, ni du maître d'hôtel, ni des clercs, on avait juste vu passer Yvain et le chapelain. Ils savaient bien que le trésor était au château et ils décidèrent de garder le château pendant la nuit : « S'il était dérobé ou ôté par quelque fraude, nous en serions tous coupables et en recevrions blâmes et dommages. » Ils mirent des gardes à toutes les portes. C'est donc la ville d'Orthez qui, d'elle-même, se mit en alerte et en défense. Le lendemain, « alors la vérité toute claire fut sue, que le comte de Foix leur seigneur était mort ». Au milieu des pleurs, des cris et des plaintes, on renforça les guets et les hommes en armes se postèrent devant le château. Yvain se rendit compte qu'il avait échoué dans son entreprise et qu'il ne pourrait jamais sortir du château sans être vu. Le chapelain lui conseilla de parler à la foule. Yvain s'avança alors devant la porte et il s'adressa aux bonnes gens d'Orthez : « Vous savez que monseigneur mon père m'aimait souverainement et eût volontiers vu qu'il me pût avoir fait son héritier. Or est advenu que par le plaisir de Dieu il est trépassé de ce siècle sans accomplir ni faire nulle ordonnance, et m'a laissé entre vous, pauvre chevalier bâtard. » Il leur faisait confiance pour lui remettre une part des biens de son père ; il était venu rapidement pour éviter un pillage et il était tout disposé à leur remettre le château.

Les jurats de la ville acceptèrent de prendre le trésor sous leur sauvegarde, ils mirent des gardes partout, ils envoyèrent avertir Roger d'Espagne dont ils savaient qu'il avait contresigné le traité de Toulouse, ce traité dont on connaissait l'existence mais pas le contenu. L'ordre régna.

Ce même jour, on rapporta le corps du comte et on le mit dans un cercueil. « Tous, hommes, femmes et enfants pleuraient amèrement à la rencontre du corps quand on l'amena en ville [...] Au milieu de ces lamentations et de ces pleurs fut apporté le corps du gentil comte au long de la ville, escorté par sept chevaliers. » Derrière venaient plus de 60 chevaliers qui étaient accourus dès la nouvelle connue. « Et fut apporté à visage découvert à l'église des Cordeliers et là fut vidé et embaumé et mis en un cercueil de plomb et laissé en cet état et bonnes gardes près de lui jusques au jour de ses obsèques. Et brûlaient nuit et jour sans cesse autour du corps 24 gros cierges tenus de 48 valets, les 24 par jour et autres 24 de nuit. »

Les États de Béarn[7]

Le trésor était sous la garde des bourgeois d'Orthez et d'Yvain de Béarn. Le 8 août, la Cour Majour des barons et la Cour des Communautés, plus ou moins en sommeil depuis longtemps, se réunirent et siégèrent ensemble. Qui en furent les instigateurs ? Les jurats d'Orthez ? En tout cas, cette réunion constitue l'acte de naissance des Etats de Béarn, désormais composés du « grand corps » des barons et des ecclésiastiques et du « second corps » des communautés. Les délégués s'organisèrent sans conflit et prirent les choses en main. Une commission fut chargée d'inventorier le trésor, on décida de négocier avec Yvain et Gratien pour leur donner de quoi vivre et d'envoyer un messager auprès de Mathieu de Castelbon, l'héritier légitime. L'inventaire fut vite fait, car la comptabilité était parfaitement tenue, on ne s'en étonnera pas : il y avait 737 550 florins, auxquels il faudrait rajouter les meubles des châteaux et de nombreuses créances. Le jour même, le trésor fut partagé : 100 000 florins et le « meuble » du château iraient à Yvain et à Gratien, qui y prendraient dessus de quoi remercier ceux qui avaient monté la garde dans la nuit du 1er au 2 août. Les délégués des bourgs et des campagnes auraient 200 000 florins, le « grand corps » en aurait 140 000, les membres de l'hôtel du comte 25 000. La délégation permanente garderait le reste pour faire face aux « nécessités ». Le partage se fit entre représentants du Béarn, du Marsan et du

Gabardan ; aucune mention ne fut faite du pays de Foix, du Nébouzan ni des terres d'Albigeois.

La générosité des Etats envers les deux fils bâtards montre leur popularité ; elle est confirmée par la condition qu'ils mirent à la reconnaissance de Mathieu de Castelbon : il devrait reconnaître qu'Yvain n'avait eu d'autre intention que de protéger le trésor quand il s'était introduit ans le château Moncade.

Les Etats décidèrent que la succession serait faite selon les modalités prévues par le testament de Gaston Ier : Mathieu de Castelbon était l'héritier légitime, mais il ne serait reconnu qu'après avoir juré de respecter le « pacte d'union » qui soudait les délégués des Etats ainsi que les libertés et franchises du pays. Le pouvoir vicomtal exercé de façon si personnelle par Fébus en sortait très affaibli. La neutralité du Béarn par contre, à laquelle il avait œuvré toute sa vie, était reprise par les Etats à leur compte : les délégués affirmèrent qu' « ils n'avaient rien à faire avec le roi de France » et qu'ils étaient en cela très différents de ceux du pays de Foix qui « ont le cœur tout français ». Ils étaient prêts à une partition. L'union fut sauvée par les Castelbon appuyés par ceux qui avaient été les plus proches de Fébus.

UNE SUCCESSION DIFFICILE[8]

Mathieu de Castelbon, le nouveau comte, n'avait que 14 ans ; il était sorti de tutelle mais gardait auprès de lui sa mère Géraude de Navailles comme curatrice. Il venait de recevoir un appui précieux avec la conclusion de ses fiançailles avec Jeanne, fille du roi d'Aragon. Venant de Catalogne, Mathieu et Géraude arrivèrent à Foix le 17 août 1391. Là, Mathieu reçut l'hommage des principaux nobles du pays de Foix, puis il se rendit dans les villes de Varilhes, Pamiers et Mazères avant de revenir à Foix où il jura devant une délégation de nobles de respecter les libertés et franchises du pays. De là, le comte et sa mère partirent pour Saint-Gaudens où ils retrouvèrent Roger d'Espagne et Espan du Lion, envoyés du Béarn.

Entre-temps, les Marmousets prenaient leurs dispositions pour faire appliquer le traité de Toulouse. Bureau de la Rivière, Jean d'Estouteville et l'évêque de Noyon reçurent pour mission de partir pour le Languedoc en passant par Avignon, tandis que le maréchal de Sancerre rassemblait ses troupes aux confins du pays de Foix et du Nébouzan.

Le roi d'Angleterre fut aussi rapide : il chargea le sénéchal d'Aquitaine de réclamer à Mathieu l'hommage pour le Béarn, le Marsan et le Gabardan, que Fébus avait toujours refusé[9], et de lui proposer une alliance ; en échange de quoi il le reconnaîtrait pour héritier légitime.

Escorté par Espan du Lion et Roger d'Espagne, Mathieu était arrivé à Orthez. Il s'engagea sur les préalables mis par les Etats et fut reconnu par eux comme héritier ; il ne serait reconnu vicomte que le jour où il prouverait que le roi de France avait renoncé au traité de Toulouse. Les Etats promirent de lui donner l'argent nécessaire pour mener à bien la négociation qui s'annonçait. Puis il rencontra Bureau de la Rivière à Toulouse et lui demanda de surseoir à toute action, qui pourrait provoquer un soulèvement ainsi que le mécontentement du roi d'Aragon, et de lui donner le temps d'aller défendre sa cause devant le roi.

Le 2 octobre, deux mois après son décès, eurent lieu les obsèques grandioses du comte Fébus. Ceux de Foix, d'abord réticents à laisser leur pays en danger d'être pris par les hommes du roi, puis rassurés par la tournure des négociations, étaient là et c'est l'évêque de Pamiers qui officia, assisté par les évêques d'Aire et d'Oloron. Froissart en a laissé une description très précise, avec mention de la place de chacun. « Le jour de l'obsèque, après la messe dite, le comte de Foix fut ôté du cercueil de plomb et son corps fut enveloppé dans une belle toile neuve cirée et enseveli dans l'église des Cordeliers, devant le grand autel du [chœur]. De lui n'y a plus, Dieu lui fasse pardon ! »

Mathieu et Roger d'Espagne reprirent le chemin de Toulouse à la rencontre de Bureau de la Rivière et de l'évêque de Noyon. Roger aurait conseillé que le roi reprenne les 100 000 francs et la Bigorre, et qu'il laisse « le droit héritier recevoir son héritage ». Le traité n'avait pas été honorable en droit féodal parce qu'il privait la branche cadette des Foix-Béarn ; le roi retrouverait son honneur en y renonçant. Il fit état aussi du problème que poserait une mainmise royale sur le pays de Foix : les populations seraient hostiles ; quant au Béarn souverain, il n'en était pas question ! Et il serait dangereux de dresser contre le roi l'héritier appuyé par l'Aragon et qui pourrait aussi s'appuyer sur l'Angleterre.

Roger d'Espagne et Espan du Lion partirent pour Tours où se trouvait le roi. Là on discuta et les Béarnais l'emportèrent. Le roi accepta de renoncer au traité de Toulouse moyennant une compensation de 40 000 francs, plus le remboursement des 100 000 francs qu'il avait alors versés, plus la restitution au duc de Berry des 30 000 francs

« extorqués » pour son mariage. Le trésor d'Orthez avait sauvé la dynastie de Foix-Béarn. D'après Froissart, c'est le duc de Berry qui fit pression sur le roi pour avoir ses florins. Il est sûr que l'entourage du roi avait aussi mesuré les inconvénients de la captation de l'héritage de Fébus. Le roi d'Angleterre ne laisserait pas le Béarn, ses routes et ses cols, passer aux mains du roi de France. Le roi d'Aragon pourrait aussi intervenir. Et l'administration royale aurait-elle été en mesure de s'assurer un ensemble territorial vaste et hostile ?

On a l'impression que le traité de Toulouse n'avait été que partie d'ombres. Fébus n'avait pas eu l'intention de laisser ses Etats au roi de France ; et le roi avait-il vraiment envisagé de les accepter ? Ç'aurait été un grand pas vers l'unité du royaume mais le pouvoir royal n'était sans doute pas encore en état de l'assurer. En tout cas, le roi, ses oncles et les Marmousets y renoncèrent bien facilement...

Par lettres patentes du 20 décembre 1391, le roi annula le traité de Toulouse et reconnut Mathieu comme seul héritier. Mathieu vint lui prêter hommage pour le pays de Foix, le Nébouzan, le Lautrécois et les Terres basses d'Albigeois.

Prince catalan, Mathieu de Castelbon regardait plus vers la Méditerranée que vers les Pyrénées. Il se joignit à l'expédition que le duc de Bourbon mena pour soutenir les Gênois à Tunis. Il ne revint à Orthez qu'en juillet 1393. Pendant ce temps, les Etats avaient gouverné le pays. Ils étaient en position de force. Ils reconnurent le jeune vicomte mais en lui imposant leur protocole : ils représentaient tout le pays, il n'y avait plus besoin de tournée d'hommages, il suffisait que le vicomte se présente devant eux. En pays de Foix, il n'était pas encore question d'Etats, mais on n'en était pas loin[10]. Dans l'été 1391, les nobles réunis dans l'abbaye Saint-Volusien avaient exigé la reconnaissance des privilèges de leur corps : ils ne devaient plus être exposés à l'arbitraire du comte, aucun de leurs hommes ne pourrait être requis en quoi que ce soit sans leur assentiment ; eux-mêmes ne marcheraient avec le comte que pour un motif légitime et à ses frais « comme les hommes d'armes du roi de France dans la sénéchaussée de Toulouse » ; le fouage ni tout autre impôt ne pourrait être levé sans leur accord. Les nobles du pays de Foix demandaient le maintien de leurs privilèges mais ils prenaient aussi la défense de leurs vassaux. Privilège de justice, exemption de corvées et de guet, exemption de tout nouvel impôt, d'ost, de logement de troupes, de leude et de péage, plus une amnistie générale... au mois d'août 1391, Mazères obtint tout du nouveau comte. En fut-il de même à Foix, à Pamiers, à Varilhes ? A ce moment, Mathieu devait craindre beaucoup pour son héritage contesté et il voulait s'allier les populations[11].

Mathieu de Castelbon avait sauvé l'unité des Etats de Foix-Béarn, il avait sauvé l'indépendance du Béarn, mais partout, pour assurer une autorité fragile, il avait dû céder sur le pouvoir que son cousin avait exercé sans partage. Ce fut là la réussite et l'échec du comte Fébus.

BERNARD, YVAIN ET GRATIEN

Yvain de Béarn s'installa à la cour de France. Sans doute Jeanne de Boulogne, la jeune duchesse de Berry, lui en facilita-t-elle l'entrée. Il devint le spécialiste des fêtes de l'hôtel Saint-Pol, l'hôtel du roi ; il avait été à bonne école à Orthez ou à Mazères, mais là, l'échelle était autre, d'autant plus que Charles VI était très friand de tout divertissement. Le 28 janvier 1393, la fête devait être particulièrement réussie : un bal costumé célébrait le mariage d'une dame d'honneur de la reine, une sorte de charivari car elle était deux fois veuve. Le roi lui même et cinq compagnons, dont Yvain, se déguisèrent en « sauvages » ; leurs vêtements avaient été enduits de poix sur laquelle on avait collé des poils hirsutes. Yvain avait bien prévenu le roi qu'il ne fallait qu'aucune torche ne s'approche. Et le roi avait donné des ordres en ce sens. Mais au milieu de la fête, tandis que les « sauvages » dansaient et se contorsionnaient au milieu des éclats de rire, le duc d'Orléans, qui n'était pas au courant, entra avec des porteurs de torches. Voulant reconnaître qui était le roi parmi ces hommes des bois, le duc approcha une flamme. Les « sauvages », attachés entre eux, se transformèrent en torches vivantes. La duchesse de Berry sauva le plus proche d'elle en le recou vrant de sa robe : c'était le roi. L'un se précipita dans un baquet. Les autres ne purent échapper au feu qui les dévorait. « Le bâtard de Foix qui brûlait entièrement criait : "Sauvez le roi" [...] Le bâtard de Foix et le comte de Joigny furent portés à leurs hôtels et moururent deux jours plus tard à grande peine et martyre. » On appela la fête « le bal des Ardents ». « Ah, comte Gaston, si de ton vivant tu eusses eu de telles nouvelles de ton fils, tu eusses été affligé outre mesure. Et moult l'aimais. Je ne sais comment on t'en eut apaisé.[12] »

Gratien était allé vivre à la cour de Navarre. Se joignit-il, comme Mathieu de Castelbon et d'autres chevaliers de Béarn, à l'expédition du duc de Bourbon sur Tunis ? Après leur échec, le duc et ses troupes furent rapatriés sur la Sicile. Le 6 septembre 1394, en l'église Sainte-Agathe de Catane, frère François, augustin du couvent de Béarn, ensevelit un Gratien de Béarn[13]. Etait-ce le fils de Fébus ? La rareté du prénom permet de le croire.

Des fils de Gaston Fébus, seul Bernard, comte de Medinaceli, perpétua son sang. Il avait appelé son fils aîné Gaston et, comme en septembre 1381 le pape lui avait accordé une lettre de légitimation, ce fils aurait pu prendre le nom de Foix ; il préféra La Cerda, qui était branche royale. Devenus ducs en 1479, les descendants de Bernard de Béarn se continuèrent en ligne directe jusqu'en 1711.

Les héritiers de Foix-Béarn n'étaient pas les descendants de Gaston Fébus. Mais tinrent-ils compte des lignes géométriques d'un arbre généalogique ? Fébus était leur ancêtre le plus grand, le plus brillant, le plus puissant. Les « chroniqueurs de Foix » le leur rappelèrent à chaque génération. Alors, laissons un peu le rêve courir et imaginons, cent cinquante ans plus tard, le petit Henri de Navarre se faufilant dans les couloirs du château de Pau et s'arrêtant un moment pour rêver de gloire devant l'inscription « Febus me fe ».

Conclusion

Gaston Fébus fut un des grands personnages de l'Europe de son temps. Ses ancêtres s'étaient imposés des deux côtés des Pyrénées ; lui invita les rois à sa table. La visite de Charles VI, le jeune souverain impatient de voir enfin ce comte de Foix si célèbre et qui ne résista pas à l'envie de venir jusqu'à lui en sa résidence toulousaine puis en son château de Mazères, illustre le niveau de puissance auquel il avait accédé.

Il a tracé son destin au cœur de la guerre de Cent Ans, mêlant sa guerre propre, avec l'Armagnac, à la grande guerre entre les royaumes. Il a profité des désordres, des faiblesses des uns, de la force des autres pour obtenir toujours et toujours plus.

Il avait toutes les qualités nécessaires à ses ambitions. Il fut un grand capitaine, sachant user de la stratégie contre la force. Fin connaisseur des hommes, il prit les décisions les plus téméraires, il alla jusqu'au bout de ses défis sans jamais franchir le seuil de l'irréparable, sans jamais pousser l'adversaire dans des retranchements tels qu'il n'aurait pu que répondre par la force, lui laissant toujours une porte de sortie possible qui faisait qu'il pouvait céder sans perdre la face. Il proclama le Béarn souverain – et il n'avait que 16 ans ! – face au roi de France mais en l'assurant de sa fidélité pour le pays de Foix ; il refusa l'hommage au Prince Noir mais en affirmant qu'il le prêterait si on trouvait la preuve qu'il devait le prêter ; il avait quasiment mis la main sur le Languedoc, mais il sut se retirer devant le duc de Berry en négociant ses compensations : la royauté française n'aurait pas toléré ce qui apparaissait comme une rébellion...

Il sut se donner les outils de la puissance, et il les chercha là où les autres ne le faisaient pas, ne savaient pas le faire. Il fut un très grand administrateur et cela lui permit de gagner beaucoup d'argent et de lever de ses propres Etats une armée efficace, bien équipée, consacrée toute à la défense de son pays, alors que ses adversaires devaient faire appel à des bandes de routiers pillards qui se retournaient à la moindre occasion. En matière financière, il fut un virtuose, faisant argent de tout, ce qui lui vaut une réputation de rapace mais qui lui permit d'accumuler le fameux « trésor d'Orthez », outil de force (financement des châteaux et des armées), de stratégie (alliances, retournements de liens féodaux, mainmise sur des seigneuries créancières) et de séduction (faste et largesses).

Tout cela fut mis en œuvre pour aboutir à ce qui fut le miracle de Fébus : une neutralité au cœur de la plus généralisée des guerres médiévales et des Etats devenus un havre de paix au milieu de terres pillées, incendiées, dévastées.

Froissart, toujours lui, l'a bien vu. Evoquant les rois de France et d'Angleterre : « Trop bien de leur guerre il s'est su tenir à l'écart jusqu'à ce jour ; car jamais il ne s'arma de l'une partie ni de l'autre et est bien de l'un et de l'autre. [...] Il est aujourd'hui le plus sage prince qui vive et nul autre haut seigneur, tel que le roi de France ou le roi d'Angleterre, ne le courroucerait volontiers. De ses autres voisins, du roi d'Aragon ni du roi de Navarre ne fait-il compte ; car il se procurerait plus de gens d'armes, tant a-t-il acquis d'amis par ses dons et tant en peut-il avoir par ses deniers, que ces deux rois ne feraient à une fois ou deux[1]. »

Bien sûr, la médaille a son revers et on a pu dire sa rapacité, son cynisme, ses calculs sordides. Mais il y a une chose qu'il faut souligner avec force, c'est son rapport à son peuple. Lorsqu'il parlait à Gauthier de Passac de ce « petit peuple que j'ai juré de garder et tenir en droit et en justice », ce n'étaient pas paroles de vent. Si on put lui reprocher à juste titre la terrible pression fiscale qu'il exerça, nul ne lui reprocha jamais arbitraire ou injustice ; il n'y avait pas de privilégié sur les terres de Fébus, cela lui valut d'ailleurs les rancœurs de prélats et de barons, celles qui aboutirent sans doute au complot d'Orthez. Le moindre paysan avait sa place dans une reculhide, chacun contribuait à hauteur de ses possibilités à l'effort de guerre, chacun pouvait venir réclamer justice au comte même contre un plus puissant ou plus riche que lui et un garçon d'origine modeste pouvait faire carrière auprès du seigneur. Cela resta dans le souvenir et au XVIe siècle encore on le disait : « Il se tourna vers ses sujets et il est manifeste qu'il projetait sur eux la grande lumière de sa vertu et certains d'entre eux, bien que sortis d'une maison pauvre, de parents de naissance obscure et de peu d'importance, furent élevés à une dignité telle qu'il ne peut y en avoir de plus grande » (Bertrand Hélie) ; « Il se plaisait d'avancer ses domestiques, ayant soin de leur donner des moyens en secret et sans bruit pour instruire leurs fils et loger leurs filles » (Pierre Olhagaray). Les louanges et le chagrin que Froissart mit dans la bouche des Béarnais ne doivent pas être rejetés en bloc comme artifice de panégyriste ; le sort fait par les Etats de Béarn aux fils bâtards de Fébus témoigne d'une affection certaine, et comme on sait que ces fils vivaient dans l'ombre du père et non en opposition avec lui, cette affection ne pouvait que découler des sentiments éprouvés envers le comte.

La réussite diplomatique et le sort de ses terres pendant la guerre de Cent Ans appartiennent à la « grande histoire » ; c'est la part de Fébus qui retient le plus l'attention des historiens. Mais Fébus est grand aussi par la place qu'il tint dans les lettres et dans les arts. En tant que mécène, sa part est exceptionnelle dans l'histoire de la musique. Son rôle fut essentiel dans l'élargissement de la culture à la société laïque par les traductions occitanes qu'il fit faire d'ouvrages de savoir. Surtout, il fut un prince écrivain, le seul de son temps. Il fut au rang des troubadours, et cela, la tradition populaire l'a retenu. La composition du *Livre des oraisons*, même avec les obscurités qui demeurent, montre qu'il connaissait la littérature religieuse et qu'il était capable de l'utiliser, en l'adaptant à son contexte personnel ; elle montre surtout que, dans un moment difficile, dans un état de profonde interrogation morale, c'est vers l'écriture qu'il se tourna. *Le Livre de chasse* enfin est l'œuvre majeure de sa vie, celle qui lui assura la plus grande renommée à travers les siècles ; d'une mode littéraire, il sut faire une œuvre originale et personnelle, très claire et pleine de vie, très lisible aujourd'hui encore, ce qui n'est pas le cas des autres livres de chasse de son temps. Il témoigne particulièrement de son goût du savoir, et du savoir scientifique, qu'on retrouve dans ce qu'on connaît de sa bibliothèque et des échanges qu'il avait avec les autres princes cultivés de son temps, tels les rois d'Aragon.

Action politique, faits militaires, éventuellement mécénat, pour la plupart des acteurs de l'histoire médiévale, la connaissance s'arrête là. Pour Fébus, on va plus loin, beaucoup plus loin et c'est là ce qui rend le personnage exceptionnel. Sa personnalité a tellement frappé les chroniqueurs qu'ils ont jugé utile de donner sur lui des informations très personnelles ou de rapporter les rumeurs qui couraient à son sujet, plusieurs siècles après sa mort. A quoi il faut ajouter ce que le comte de Foix a écrit lui-même. D'où une connaissance de l'homme peu banale mais aussi une double frustration. Celle d'abord que le portrait si vivant de Froissart soit celui d'un homme âgé, qui amène le regret lancinant de ne pas voir vivre Gaston Fébus à vingt ans, à trente ans... Quelle flamboyance devait être alors la sienne quand il paraît encore si grand et si puissant à soixante ans ! L'autre frustration porte sur le moi profond du comte de Foix : on en sait trop pour ne pas regretter de ne pas en savoir davantage. On trouve des indices, on suit des pistes mais à chaque avancée ou presque naît une nouvelle interrogation ; plus on creuse, plus le puits est profond et plus on est fasciné.

L'homme tout entier est contradictions. Contradiction évidente entre avarice et largesses : c'est celle qui se comprend le mieux, les largesses étant pour le comte un investissement politique et non une inclination naturelle. Contradiction apparente entre le seigneur mangeant seul à sa table, auquel nul n'osait adresser la parole, et le compagnon plaisantant et partageant son vin « en ses galeries » : il y avait l'heure familière et l'heure de la mise en scène du pouvoir. Contradiction entre le maître écrasant ses sujets sous une terrible fiscalité et le juge attentif à quiconque en appelait à lui, fût-il le plus humble. Contradiction entre le rêve chevaleresque et une diplomatie calculatrice. Contradiction surtout, fondamentale et inexpliquée, entre la mesure en politique, la sagesse même dans le défi, la maîtrise de soi dans la sanction infligée quand elle se révélait nécessaire et la violence dans la vie personnelle, entre la rigueur de l'administrateur et du juge, le calcul, la ruse, la duplicité de l'homme politique et l'irrationalité du mari et du père.

Du personnage de Gaston Fébus, il ressort l'évidence qu'il est responsable de toute sa vie. Ses réussites, il ne les doit pas à la chance mais à son intelligence et à sa capacité à se servir des circonstances et des faiblesses, même provisoires, de ses adversaires. Ses échecs, son échec plutôt car il n'en eut qu'un seul, celui de son héritage, n'est pas malchance ou coup funeste du Destin mais relève de sa totale responsabilité. Le « drame d'Orthez » était depuis longtemps en germe dans l'attitude du père envers le fils. Ses conséquences n'auraient pas été si dramatiques, politiquement parlant, s'il y avait eu d'autres enfants légitimes mais le comte s'était lui-même privé de la possibilité d'en avoir. Elles ne l'auraient pas été non plus s'il avait « accepté » Mathieu de Castelbon comme héritier, s'il l'avait « intronisé » face à son peuple ; il n'y aurait pas eu l'effondrement du pouvoir vicomtal provoqué par les concessions auxquelles Mathieu dut se plier pour assurer une succession contestée.

On peut aller plus loin encore. La vie de Gaston Fébus fut extraordinairement brillante mais elle semble se terminer dans ce que nous appelons un échec. Sa succession ne fut pas réglée selon sa volonté, nobles et communautés de Béarn se partagèrent le trésor d'Orthez (même s'ils en utilisèrent une bonne partie à assurer la survie de la principauté de Foix-Béarn), le pouvoir vicomtal fut considérablement amoindri et la continuité territoriale établie entre Orthez et Foix ne survécut pas. De l'œuvre politique de Fébus, seule fut pérennisée la « souveraineté » du Béarn. Mais y a-t-il eu échec ? L'échec est la non-réalisation d'un projet. Fébus a-t-il eu le projet d'œuvrer pour sa postérité, même quand il en avait une ? Il est étonnant de le voir négocier des possessions viagères comme celle de la châtellenie de Saint-Julien en 1379 ou de la Bigorre en 1390. On imaginerait plutôt ce grand seigneur s'efforçant d'assurer à sa maison des gains territoriaux solides et définitifs, notamment pour surpasser en puissance la maison d'Armagnac. La réussite du grand dessein de domination complète au nord des Pyrénées ne reposait que sur une clientèle, des liens féodaux « forcés », des compromis qui n'étaient que des « contrats » personnels. Etait-ce là fragilité et faiblesse ? Ou pari risqué qu'une possession provisoire pourrait se transformer en acquis définitif ?

Peut-on oser une autre explication ? On a suggéré plus haut que les rapports entre Fébus et son fils légitime pourraient révéler l'attitude bien connue des psychiatres d'aujourd'hui d'un père voyant dans son fils un rival potentiel, celui qui pourrait le détruire. Et si tout successeur avait été son rival ? Si le comte Fébus avait œuvré pour lui et pour lui seul, pour une gloire propre que la réussite d'un successeur aurait amoindrie, un successeur auquel évidemment il ne voulait pas donner les outils de la réussite ? S'il en était ainsi, il serait parvenu à ses fins car la postérité a bien retenu la gloire de Fébus et a oublié que ce qu'il a construit politiquement ne lui a pas survécu.

Que l'on prenne ou non en compte cette hypothèse, on ne peut nier qu'on se trouve avec Fébus face à un personnage extrêmement complexe et que l'histoire de sa vie ne peut se limiter à une analyse politique et à un constat culturel. Son comportement envers sa femme, envers les femmes, envers son fils légitime, la négation de l'idée de sa mort, l'absence extraordinaire de testament, qui, entre autres choses, laissait le fils aimé sans argent, ni terre, ni titre, le péché du *Livre des oraisons*, avoué et caché à la fois, la légende noire qu'il a laissé propager ou qu'il a même suscitée nous plongent dans des profondeurs d'âme insondables.

La gloire de Fébus s'entrelace de cette noirceur autant que de la brillance qu'il a donnée à sa cour. Un autre homme fut-il en son temps plus célébré que le comte Fébus ? Ce n'est pas sûr. Parce que, à la louange convenue envers un prince mécène, s'ajoutait une fascination qui lui était propre. Fascination du nom choisi, fascination de la légende forgée, cette légende qui suivit le cheminement de l'homme, de la lumière de la jeunesse au soleil noir de l'âge mûr.

Notes

1. L'HÉRITAGE

1. C'est l'acte de sortie de curatelle établi le 14 juin 1345 qui précise que le comte a atteint sa majorité légale de 14 ans le 30 avril de cette année ; il était donc né le 30 avril 1331 (P. Tucoo-Chala, *Gaston Fébus, prince des Pyrénées*, 1991, p. 16). Bien qu'on n'en ait aucune preuve, il est très vraisemblable que la naissance eut lieu à Orthez, lieu de résidence habituel de la famille comtale.

2. Fondation d'une messe à leur mémoire en 1342 dans le couvent des dominicains d'Orthez (P. Tucoo-Chala, *Gaston Fébus et la vicomté de Béarn*, 1959, p. 38).

3. Chronique de Michel du Bernis, à la notice de Gaston Ier : « Le onzième comte de Foix fut le premier nommé Gaston, car ainsi ordonna messire Roger Bernard son père, par la volonté de messire Gaston, seigneur de Béarn, son beau-père, que son dit fils ait nom Gaston comme son aïeul car ledit seigneur de Béarn voulait qu'après sa mort la terre de Béarn fût unie au comté de Foix et il ordonna que les comtes qui naîtraient en Béarn auraient pour nom Gaston. »

4. Esclarmonde et Philippa, sœur et femme de Raimond Roger étaient « parfaites », Ermessinde de Castelbon, femme de Roger Bernard II, et son père furent condamnés en 1269, *post mortem*, par l'Inquisition d'Aragon, Roger Bernard II comparut lui-même devant l'Inquisition en 1237 et 1241 ; Roger IV fut sérieusement inquiété en 1264 ; Roger Bernard III fut certainement « consolé » sur son lit de mort.

5. Raimond Roger (1188-1223), Roger Bernard II (1223-1241), Roger IV (1241-1265), Roger Bernard III (1265-1302).

6. Elle était la cadette. Son aînée, Constance, devait déjà être mariée à Alphonse, infant d'Aragon, dont elle restera veuve sans enfant. Comme son second mariage avec Henri d'Allemagne, neveu du roi d'Angleterre, fut aussi stérile, on peut se poser la question de savoir si, pour une raison ou pour une autre, sa stérilité était déjà manifeste, et si on pensait déjà que Marguerite serait l'héritière. Cela change considérablement la portée du mariage décidé en 1252 : l'alliance Foix-Béarn fut-elle programmée ou fut-elle le fruit du hasard ? Aucun document n'indique que Marguerite fut considérée comme héritière avant le second veuvage de sa sœur. Le contrat de mariage de Constance prévoyait qu'en cas d'absence d'héritier mâle, le Béarn irait au mari, donc à un prince

anglais, ce qui peut suggérer qu'on pensait qu'il n'y aurait pas d'enfant ; ce contrat avait été passé sous la pression anglaise, en un temps où Gaston VII, après sa révolte, devait se montrer conciliant mais le vicomte devait préférer un héritier de son sang.

7. Depuis 1209, le Volvestre était tenu par le comte de Comminges qui en faisait hommage au comte de Foix.

8. C'est-à-dire la châtellenie de Saint-Plancard et Saint-Gaudens, gagés par Gaston VII en 1258 puis donnés par sa femme en 1270 (voir ci-dessous) et Aulon, Cassagnabère, Séglan et Peyrouzet, que le comte de Foix dénombrait déjà au roi en 1263, sans qu'on sache comment il les avait obtenus.

2. L'ENFANCE ET LA JEUNESSE

1. *Histoire générale de Languedoc*, t. IX.

2. Peut-être que cette sentence ne doit pas plus à son inconduite qu'au danger que représentait aux yeux du roi la sœur de Robert d'Artois dont le procès se déroulait alors dans une sombre atmosphère de faux, d'assassinats et de magie.

3. La Chesnaye Dubois (*Dictionnaire de la noblesse*, 1757) cite Béarnèse, épouse d'Aner de Gersereste, Raimond Arnaud et Loubat. Il ne cite pas Bernard l'Aspois, pourtant bien présent auprès de son neveu (P. Tucoo-Chala, *Gaston Fébus et la vicomté de Béarn*, 1959, voir index).

4. La Chesnaye Dubois, *cit.*

5. Terres autour de Giroussens et de Rabastens que les comtes de Comminges avaient hérité de leur aïeule Laure de Montfort.

6. Voir H. Biu, *Du panégyrique à l'histoire...*, 2003. Voir chapitres 11 et 17.

7. Voir chapitre 17.

8. G. Doublet, *Les Origines légendaires de la maison de Foix-Rabat. Les origines probables de la maison de Foix-Rabat*, 1897-1898.

9. Voir chapitre 13.

10. La Chanson de la Croisade albigeoise.

11. Registre de Jacques Fournier. Voir Anne Brenon, *Paratge et hérésie. Filles et comtesses de Foix...*, 2006.

12. Voir chapitre13.

13. A.-J.Greimas, *Dictionnaire de l'ancien français*, 1968 : vair : 1/ variable, mobile ; 2/ changeant ; 3/ de différentes couleurs ; 4/ brillant ; 5/ gris-bleu, clair (en parlant des yeux), gris pommelé (en parlant d'un cheval). G.Brunel (*Le voyage en Béarn, cit.*) traduit par brillant. D'autres ont traduit par vert. Puisqu'il était blond, on peut penser à des yeux clairs.

14. Froissart, éd. Pauphilet, p. 836.

15. Motet du manuscrit de Chantilly, Révélations de Constance de Rabastens.

16. Froissart, *cit.*, p. 659-660 ; Juvénal des Ursins.

17. Froissart, *cit.*, p. 502, 517-518.

18. P. Tucoo-Chala, *Gaston Fébus, prince des Pyrénées, cit.*, p. 28-31.

19. Le chroniqueur Esquerrier dit que Gaston « fut fait comte l'an 1344, le sept juin », ce qui doit signifier qu'il fut solennellement reconnu par les représentants du pays de Foix.

20. *Histoire générale de Languedoc*, X, c.936-940.

21. ADA, 1 EDT AA 1, Cartulaire de Foix, f° 92-99.

22. A l'occasion de l'hommage du seigneur d'Audaux. Voir P. Tucoo-Chala, *cit.*, p. 44.

23. *Id.*, p. 47-48 (transcription et traduction).

24. *Id.*, p. 49.

25. Ce texte (Archives nationales d'Andorre) a été récemment mis en lumière par R. Viader, *L'Andorre, du IXe au XIVe siècle*, 2003. Par la même occasion, Gaston III « oubliait » que, selon les paréages de 1278 et 1288, le comte de Foix devait hommage à l'évêque d'Urgel et se déclarait coseigneur à part égale.

26. J.-A. Brutails, *Documents des archives de la Chambre des Comptes de Navarre*, 1890, n° 36-40.

27. P. Tucoo-Chala, *Gaston Fébus, prince des Pyrénées*, *cit.*, p. 53-54, d'après l'inventaire dressé en 1391 après la mort du comte.

28. Il faillit l'être aussi du roi d'Aragon : Pierre IV avait épousé en 1342 Marie, la sœur aînée d'Agnès, mais elle mourut en 1347.

29. J. Deviosse, *Jean le Bon*, 1985, p. 154. F. Autrand, *Charles V*, 1994, p. 102.

3. Des complots navarrais à la chevauchée de Prusse

1. Il avait 18 ans à son avènement, en 1349. Sur Charles de Navarre, voir B. Leroy., *La Navarre au Moyen Age*, 1984, p. 127-149 ; et V. Lamazou-Duplan, *Duo politique : Charles II de Navarre et Gaston Fébus (1349-1364)*, 2006.

2. P. Tucoo-Chala, *Gaston Fébus, prince des Pyrénées, cit.*, p. 59.

3. *Histoire générale de Languedoc*, t. IX.

4. Sur toute cette affaire, voir V. Lamazou-Duplan, *cit.*

5. V. Lamazou-Duplan, *cit.* ; P. Tucoo-Chala, *Gaston Fébus, prince des Pyrénées, cit.*, p. 67.

6. Ce surnom lui fut donné à partir du XVIe siècle.

7. P. Tucoo-Chala, *cit.*, p. 61-63.

8. *Id.*, p. 64 ; J. Favier, *La Guerre de Cent Ans*, 1980, p. 154.

9. Chronique de Geoffroy le Baker.

10. ADA, E 7, caisse 36.

11. P. Tucoo-Chala, *cit.,* p. 68-69.

12. Ph. Contamine, *La Noblesse au royaume de France*, 1997.

13. Son père l'avait fait avant de partir en Espagne. Voir chapitre 16, « Le sentiment religieux ».

14. BNF, Doat, 102, f° 326-331. F. Pasquier. – *Gaston Phoebus en Prusse*, 1891-1894.

15. Le chroniqueur Geoffroy le Baker dit qu'il ne l'était pas encore en 1355.

16. Froissart, éd. Pauphilet, p. 396-397.

17. Voir chapitre 10.

4. L'ennemi Armagnac

1. Sur l'ensemble des événements de ce chapitre, voir *Histoire générale de Languedoc*, t. IX ; F. Autrand, *Charles V*, 1994 ; F. Autrand, *Jean de Berry*, 2000 ; P. Tucoo-Chala. – *Gaston Fébus, prince des Pyrénées, cit.*

2. En octobre 1359. On fut tellement pressé de conclure ce mariage qu'on ne prit pas le temps de demander les dispenses de parenté qui s'imposaient. Il fut régularisé, avec la bénédiction du pape cette fois et en grande pompe, en juin 1360 (F. Autrand, *Jean de Berry, cit.*, p. 247-251).

3. *Histoire générale de Languedoc*, t. X, c.1152.

4. F. Pasquier et S. Olive, *Les Archives du château de Léran*, 1909, t. III, p. 96-98.

5. *Histoire générale de Languedoc*, IX, p. 713.

6. F. Pasquier et S. Olive, *Les Archives du château de Léran*, *cit.*, t. III, p. 107-119.

7. Ils descendaient de Mathe et de Marguerite, sœurs de Gaston Ier.

8. Chroniques de du Bernis et d'Esquerrier.

9. Cinq membres de la famille d'Albret, les seigneurs de Castel et de Montaut, étaient à Mazères ; le vicomte de Fezensaguet, les seigneurs de Labarthe, de Pardaillan, de Montesquiou et de la Lège étaient à Pamiers.

10. *Histoire générale de Languedoc*, IX, p. 748-749 ; X, c. 1281-1283.

11. Voir chapitre 10, « la liturgie du pouvoir ».

12. Pour donner une idée de ce que cela pouvait représenter, on peut se référer au calcul de Pierre Tucoo-Chala qui estime que la totalité des revenus du Béarn, fouage compris, tirés avec l'efficacité maximum qui était celle de l'administration de Gaston Fébus, devait être de l'ordre de 30 000 florins par an.

13. Froissart raconte que, lorsque le prince de Galles vint recevoir l'hommage de ses vassaux de Bigorre et que Fébus vient le voir à Tarbes, le comte d'Armagnac et le sire d'Albret lui suggérèrent de demander à Fébus l'annulation de leurs rançons ; le prince refusa parce qu'elles étaient dues après un combat loyal. Ils essayèrent alors de faire intervenir la princesse ; Fébus, par galanterie, accepta de remettre 50 000 francs de la rançon d'Armagnac (Froissart, p. 486-488). Le prince de Galles fit sa tournée d'hommages en 1363 et le comte d'Armagnac était alors prisonnier, mais Fébus accepta de le libérer quelques jours afin qu'il puisse prêter lui aussi hommage, la scène a pu se passer à ce moment-là... si elle s'est passée.

14. *Histoire générale de Languedoc*, IX, p. 749-759, 771-772 ; Ch. Higounet, *Le Comté de Comminges*, *cit.*, p. 533 ; P. Tucoo-Chala, *Gaston Fébus, prince des Pyrénées*, *cit.*, p. 110-112.

15. P. Tucoo-Chala, *Gaston Fébus et la vicomté de Béarn*, *cit.*, p. 91.

16. Voir chapitre 10, « La liturgie du pouvoir ».

17. Voir chapitre 17.

18. Voir chapitre 9.

19. Voir chapitre 15.

5. Gaston Fébus et le Prince Noir

1. Londres, Public Records Office. Publié par P. Tucoo-Chala, *La Vicomté de Béarn et le problème de sa souveraineté*, 1961, p. 161-164.

2. P. Tucoo-Chala, *id.*, p. 164-165.

3. V. Lamazou-Duplan, *Un duo politique*, *cit.* Voir aussi ci-après.

4. P. Tucoo-Chala, *Gaston Fébus, prince des Pyrénées*, *cit.*, p. 125.

5. *Id.*, p. 124-128.

6. La partie de cette famille restée en Espagne l'autre était venue se réfugier en France et c'est à elle qu'appartenait Charles d'Espagne, le favori du roi Jean le Bon.

7. P. Tucoo-Chala, *cit.,* p. 128-130.

8. F. Autrand, *Charles V, cit.*, p. 544-575.

9. *Id.*, p. 547-548 ; V. Lamazou-Duplan, *Un duo politique*, *cit.* D'après les archives anglaises, l'entrevue est bien confirmée par la série des Comptes de Navarre.

10. P. Tucoo-Chala, *Gaston Fébus et la vicomté de Béarn*, *cit.*, p. 110.

6. Gaston Fébus et le duc d'Anjou

1. Sur l'ensemble des événements de ce chapitre, voir *Histoire générale de Languedoc*, t. IX ; Ch. Higounet, *Le comté de Comminges, de ses origines à son annexion à la Couronne*, p. 537-562 ; P. Tucoo-Chala, *Gaston Fébus, prince des Pyrénées, cit.*, et *Gaston Fébus et la principauté de Béarn*, *cit.*

2. Tuzaguet était une dépendance de la terre de Lannemezan, appartenant au comte de Foix, à la limite de la seigneurie de Labarthe dépendant d'un membre du clan Armagnac.

3. Froissart, éd. Pauphilet p. 489-490.

4. *Id.*, p. 492-494.

5. P. Tucoo-Chala, *Gaston Fébus et la vicomté de Béarn*, *cit.*, p. 252-253.

6. *Id.*, p. 307.

7. Voir chapitre 3, « Par-delà les Pyrénées ».

8. *Histoire générale de Languedoc*, IX, p. 781.

9. ADA, E 7, caisse 36, n° 83.

10. Le sire de l'Isle-Jourdain avait été capturé par Ramonet d'Aspet et Sansonet de Balhencx qui tenaient le château de Mauvezin pour Roger Bernard de Castelbon. Les deux soldats et leur seigneur étaient en conflit sur le partage de la rançon ; Fébus arbitra et attribua un quart de la somme au vicomte de Castelbon (P. Tucoo-Chala et J. Staes. *Notaire de prince*, 1996, textes n° 1-4). Le vicomte en profita pour obtenir une copie authentique de l'hommage qu'il avait prêté en 1352.

11. ADA, E 7, caisse 36.

12. ADA, *id.* et E 8, p. 24, 112.

13. ADA, E 7, caisse 36, n° 110.

14. Voir chapitre 15, « Un prince sans héritier ».

15. Montesquieu n'appartenait pas au Volvestre mouvant du comte de Foix, mais le roi Philippe VI avait concédé au comte des droits sur la ville.

16. Froissart, p. 500-501.

17. F. Pasquier et S. Olive, *Les archives du château de Léran*, t. III, p. 107-119

18. Froissart dit qu'il s'agit de Cazères-sur-Garonne ; la plupart des historiens penchent plutôt pour Cazères-de-Marsan, sur l'Adour (voir P. Tucoo-Chala, *Gaston Fébus et la principauté de Béarn,* p. 309-310).

19. Froissart, *cit.,* p. 496-498.

20. P. Tucoo-Chala, *Gaston Fébus et la vicomté de Béarn, cit.*, p. 312 ; V. Lamazou-Duplan, *Froissart et le drame d'Orthez*, 2006.

21. Voir chapitre 15, « Un fils mal aimé ».

22. *Histoire générale de Languedoc*, X, c.1619-1624.

7. Les États de Fébus

1. Voir P. Tucoo-Chala, *Gaston Fébus et la vicomté de Béarn*, *cit.*, p. 115-260 ; et *La Principauté de Béarn*, *cit.*, p. 399-625.

2. Du latin *forum*, place publique, lieu où on rend la justice ; par extension, loi selon laquelle cette justice est rendue. Voir P. Tucoo-Chala, *La Principauté de Béarn*, *cit.*, p. 50-52, P. Ourliac-M. Gilles, *Les Fors anciens de Béarn*, 1990.

3. Cela existait aussi en Bigorre, Lavedan et vallée de Barèges.

4. C. Pailhès, *Le Comté de Foix : un pays et des hommes*, 2007 ; *Au temps de Gaston Fébus, chroniques d'Ariège*, 1991.

5. P. Tucoo-Chala, *Gaston Fébus et la vicomté de Béarn*, *cit.*

6. P. Tucoo-Chala, *Gaston Fébus et la vicomté de Béarn*, *cit.*, p. 131.

4. Voir chapitre 16, « Dans mes montagnes ».

8. Voir chapitre 8, « L'argent à tout prix ».

9. ADA, E 6 et E 8 (inventaires des archives du château de Foix), 1 EDT AA 1 (cartulaire de Foix) ; G. de Llobet, *Foix médiéval*, 1975 ; H. Marcailhou d'Aymeric., *Monographie de la ville d'Ax*, 1886 ; F. Baby, *Pamiers, ville occitane*, 1981 ; C. Barrière-Flavy, *La Baronnie de Miglos*, 1894 ; F. Pasquier, *Coutumes municipales de Foix sous Gaston Phoebus*, 1906 ; *Charte romane de Gaston Phoebus sur l'exercice de la justice et l'exemption des péages à Foix*, 1888 ; *Episodes de la vie municipale à Foix sous Gaston Phoebus*, 1888.

10. ADA, 1 EDT AA 1 (cartulaire de Foix) et AA 3.

11. C. Barrière-Flavy, *La Baronnie de Miglos*, *cit.*, p. 60-64.

12. Voir chapitre 8.

13. Froissart, p. 534-535.

14. P. Tucoo-Chala, *Une charte sur le marché de Morlàas en 1352*, 1957.

15. P. Tucoo-Chala, *Gaston Fébus et la vicomté de Béarn*, *cit.*, catalogue des actes. *Gaston Fébus, prince des Pyrénées*, *cit.*, p. 258-259, 262-263.

16. Esprit d'entreprise.

17. Figures grotesques ornant les chenets de cheminée ; c'est le surnom dont les princes affublèrent les conseillers de Charles V que Charles VI reprit à ses côtés. Cela veut dire que Gaston Fébus gouvernait seul.

18. Froissart, p. 511, 527, 534-535.

8. L'argent à tout prix

1. Froissart, p. 510.

2. *Id.*, p. 497 et 498.

3. P. Tucoo-Chala, *Gaston Fébus, prince des Pyrénées*, *cit.*, p. 198.

4. Pour le Béarn : P. Tucoo-Chala, *Gaston Fébus et la vicomté de Béarn, cit.*, p. 135-148. Pour le pays de Foix, ADA, E 6 (inventaire des archives du château de Foix).

5. Le baile était l'officier seigneurial ; les bailes comtaux levaient les droits domaniaux dans le domaine direct du comte ; dans les seigneuries hautes justicières, il y avait des bailes seigneuriaux qui levaient ces droits pour le compte de leur seigneur et ces droits ne revenaient pas au comte de Foix.

6. Voir chapitre 7, « Le gouvernement personnel de Gaston Fébus ».

7. Froissart, p. 511.

8. Exercé d'une façon tout à fait officielle en Béarn, alors qu'il était interdit par l'Eglise et qu'on avait recours ailleurs à des artifices pour contourner l'interdiction. Le comte donnait lui-même l'exemple en exigeant des intérêts pour tout retard de paiement.

9. Froissart, p. 534.

10. P. Tucoo-Chala, *Gaston Fébus et la vicomté de Béarn*, *cit.*, particulièrement catalogue des actes, p. 372-436 ; P. Tucoo-Chala et J. Staes, *Notaire de prince*, *cit.*

11. Froissart, p. 500-501.

12. P. Tucoo-Chala, *Gaston Fébus et la principauté de Béarn, cit.*, p. 186-189, 284-294.

13. Voir chapitre 3 : « le voyage de Prusse ».

14. ADA, E 8, p. 26 et 40. Voir chapitre 16 : « le sentiment religieux ».

15. Quand le duc d'Anjou mit le siège devant Lourdes, le comte de Foix se méfia, il mit en défense ses villes et ses châteaux « et il se tint à Orthez de lez ses florins » (auprès de ses florins), Froissart, p. 510.

16. *Id.*, p. 534.

17. *Id.*, p. 838.

18. *Id.*, p. 518.

19. P. Tucoo-Chala propose le chiffre de 30 000 florins annuels pour le Béarn ; le pays de Foix, avec ses revenus industriels et ses péages, devait en rapporter davantage.

20. Froissart, p. 534.

9. La force de la dissuasion

1. Froissart, p. 527. Le duc de Berry était très mécontent de voir la popularité du comte de Foix en Languedoc, mais il n'osait l'attaquer.

2. Ce chapitre est très largement emprunté à la thèse de F. Galès, *Des fortifications et des hommes : l'œuvre des Foix-Béarn au* XIV*e* *siècle*, 2000.

3. F. Baby, *Pamiers, ville occitane*, 1981, p. 119-120.

4. ADA, 1 EDT, AA (cartulaire et chartes). BNF, Doat, 96, f° 146.

5. R. Ritter pensait que Sicard de Lordat était l'architecte de Fébus ; rien en fait ne vient le confirmer. Il apparaît comme un intendant et non comme un technicien spécialisé (voir F. Galès, *cit.*, et Ph. Aragas, 1987).

6. Voir chapitre 14, « Fébus en ses châteaux » ; et F. Galès, *Les Résidences de Gaston Fébus en Béarn*, 2006.

7. Voir chapitre 13, « La bibliothèque du comte ».

8. Hypothèse émise, avec un grand point d'interrogation, par F. Galès, *cit.*, et à laquelle je suis très tentée d'adhérer.

9. Manuscrit de Chantilly, voir chapitre 12, « Le nom du prince en musique ».

10. BNF, Doat, 96, f° 140 ; ADA, E 6, XIX-49.

11. P. Raymond, *Rôles de l'armée de Gaston Fébus (1376-1378)*, 1872.

12. On estime que dans la bataille de Poitiers le roi d'Angleterre avait engagé 7 000 à 10 000 hommes et le roi de France le double.

13. Deux archers anglais en 1379, deux soldats anglais en 1380 (P. Tucoo-Chala, *Gaston Fébus et la vicomté de Béarn*, *cit.*, n° 470, 485).

14. Les habitants de Pamiers le rappelèrent en 1352, ils acceptèrent quand même

d'envoyer des renforts sur Toulouse. La même année, les consuls de Foix consentirent à donner un dixième de la vendange et du blé moissonné de l'année, mais le comte dut reconnaître que c'était là un don « gracieux » et qu'il ne pourrait s'en réclamer plus tard comme d'une coutume.

15. *Id.*, p. 246 ; et *Notaire de prince, cit.*, n° 207, 209.

16. Froissart, p. 496-501.

17. *Id.*, p. 528-529. Voir chapitre 15 : « une attitude inexplicable ».

18. *Id.*, p. 813.

19. Froissart, éd. G. Brunel, p. 159.

20. Voir chapitre 14, « Au carrefour de l'Occident ».

21. Voir chapitre 17.

22. Froissart, éd. G. Brunel, p. 162.

23. P. Tucoo-Chala, *Gaston Fébus et la vicomté de Béarn*, *cit.*, catalogue, n° 528.

24. Froissart, p. 524, et éd. G. Brunel, p. 179.

25. Voir chapitre 6, « Les Compagnons de Lourdes ».

26. P. Tucoo-Chala, *Gaston Fébus, prince des Pyrénées, cit.,* p. 143-145.

27. ADA, 1 EDT AA 3.

28. La ville de Pamiers par exemple dut donner en 1383 1081 livres de fouage, 876 livres pour l'achat de chevaux, 263 livres pour l'entretien d'une compagnie au siège de Mondonville, qui venaient s'ajouter à un impôt exceptionnel pour solder des hommes stationnés à Saint-Sulpice-sur-Lèze. (F. Baby, *Pamiers, ville occitane*, *cit.*).

29. AC Mazères, Vidimat, n° 21, f° 122-126.

30. Froissart, *cit.*, p. 511.

31. Froissart, *cit.*, p. 842.

10. La gloire programmée

1. *Livre des oraisons*, 2e oraison.

2. La graphie Febus est la graphie occitane ; c'est celle que le comte utilisait sur ses actes, dans sa devise, dans la pierre de ses châteaux, c'est celle qu'utilisèrent les chroniqueurs de Foix. L'occitan ne connaît pas la graphie *ph* ; le français oui, ce qui explique qu'on trouve Phébus dans les textes français. C'est la redécouverte du grec à la Renaissance qui transforma le nom du comte de Foix en Phoebus, graphie savante qui lui restera attachée jusqu'à ce que, dans les années 1950, Pierre Tucoo-Chala vienne, à très juste titre, remettre en usage la graphie qui fut celle du comte Fébus.

3. P. Tucoo-Chala, *Origine et signification du surnom de Gaston III de Foix, dit Fébus*, 1954..

4. A. Moreau, *Apollon*, *le soleil antique : ombre et lumière*, 1988. Voir aussi F. Graziani, *Apollon mythique*, 1988 ; et S. Viarre, *Ovide au Moyen Age*, DLF, 1992.

5. Voir chapitre 12.

6. Froissart par exemple cite trois fois le dieu Phébus dans ses *Ballades et rondeaux ;* deux fois il s'agit du Soleil, une fois en revanche de « Phebus le bon archer ».

7. BNF, ms. 616. Ces titres ont certainement été rajoutés ; ils n'appartiennent pas au texte originel de Fébus qui, lui, a écrit à la première personne.

8. La devise *Febus avan* est mentionnée par le chroniqueur Michel du Bernis dans son récit de l'affaire de Meaux et son usage confirmé par sa présence sur le manuscrit

de l'Albucassis. Les autres chroniqueurs n'en parlent pas. Olhagaray, lui, au début du XVIIe siècle, parle d'une autre devise, « *toques y se gauses* » (touches-y si tu oses), mais il ne cite pas la première. Fébus a-t-il eu deux devises (ce n'était pas chose commune puisque justement ces quelques mots étaient un élément identitaire) ou y a-t-il eu glissement de l'une vers l'autre dans la tradition populaire, la seconde étant inspirée par la réputation d'invincibilité de Fébus qui prit de l'ampleur au cours des siècles. C'est la seconde, en fait, qui est restée la plus vivante dans la mémoire populaire.

9. Froissart, *Poésies*, éd. A. Scheler, 1871 « Pastourelle » n° IX.

10. Voir chapitre17.

11. Froissart, p. 487.

12. *Id.*, p. 657.

13. *Id.*, p. 510.

14. *Id.*, p. 521. Les « allants » étaient de gros chiens de chasse.

15. *Id.*, p. 565.

16. Cabaret d'Orville, p. 167-169.

17. Froissart, p. 660.

18. *Id.*, p. 661.

19. Juvénal des Ursins, *cit.*, p. 369.

20. Le Religieux de Saint-Denis, *cit.*, t. I, p. 631-635.

21. Voir chapitre 13, « *Le Livre de chasse* ».

22. Voir chapitre 12, « Le nom du comte en musique ».

23. P. Raymond, *Les Rôles de l'armée de Gaston Phoebus*, 1872, p. 152.

24. HGL, X, c.1285-1291.

25. La bataille de Launac eut lieu le 5 décembre 1362 ; la célébration avait lieu de nuit, ce qui fait dire à Froissart qu'il s'agissait de la « nuit de la Saint-Nicolas », la Saint-Nicolas étant le 6 décembre. La coïncidence avec la fête de ce grand saint a sans doute fait commettre une erreur à Froissart qui rapporte que l'office fut célébré dans une église Saint-Nicolas qui n'a jamais existé à Orthez.

26. Froissart, p. 547-548.

27. Livre XII (éd. 1994), t. I, p. 719-721).

11. La gloire relayée

1. Peut-être les *Flores chronicorum* de Bernard Gui, mais peut-être aussi le titre déformé d'une autre œuvre historique. Voir H. Biu, *Du panégyrique à l'histoire, l'archiviste Michel de Bernis*, 2002.

2. Peut-être le *Chronicon pontificum et imperatorum* de Martin le Polonais, dont Bovet a traduit des passages entiers dans *L'Arbre des batailles*, ou le libelle de Telesphore de Cosenza, source qu'il a utilisée dans son œuvre sans la nommer ouvertement. Voir H. Biu, *cit.*

3. « Tout ce que je dis du roi, je le dis de tout autre qui soit prince en son pays, ainsi comme est monseigneur de Foix en la terre de Béarn, en laquelle il est empereur, car il ne la tient sinon de Dieu et de l'épée. C'est pourquoi, s'il faisait la guerre en terre de Béarn à un baron d'icelle, les hommes du baron ne seraient pas tenus d'aider leur seigneur à l'encontre de monseigneur de Foix » (Livre IV, chapitre 16). Dans une interpo-

lation figurant dans cinq des manuscrits connus, Bovet évoque un trésorier du comte de Foix jeté en prison en sa présence. Coïncidence troublante enfin : Bovet fait commencer une histoire des pontificats en 1062, c'est à la même date qu'il fait commencer l'histoire des comtes de Foix. Eléments relevés dans : M. Hanly et H. Millet, « Les batailles d'Honoré Bovet », *Romania*, 1996, p. 135-181. Voir aussi H. Biu, *cit.*

4. H. Biu, *cit.*

5. Voir la remarquable étude d'Hélène Biu, *cit.*

6. Sur tous ces récits, voir chapitre 17.

7. L. Harf-Lancner, *Les Chroniques de Froissart : du bon usage du merveilleux*, 1991. On notera que ce *Voyage en Béarn* a été choisi par Georges Duby pour figurer dans la collection « Les 40 grands textes de l'histoire », « quarante œuvres que je dirais prophétiques tant, par leur modernité, elles se portent au-devant des curiosités des historiens et des lecteurs de notre temps ».

8. D. Poirion, *Le Poète et le prince*, 1965.

9. Début du livre III des *Chroniques*.

10. L. Harf-Lancner, *Les Chroniques de Froissart : du bon usage du merveilleux*, 1991.

11. Livre I des *Chroniques*.

12. Froissart, p. 872.

13. Froissart, éd. Mirot, t. XII, p. 234.

14. On place la rédaction du troisième livre entre 1390 et 1392.

15. *Dit du Florin*. Voir J. Cerquiglini-Toulet, colloque de Pau-Orthez, 2006.

16. Voir chapitre 17.

17. B. Guenée, *Michel Pintoin, sa vie, son œuvre*, cit.

18. G. Tyl-Labory, *Jean Juvénal des Ursins*, DLF, 1992.

19. P. Mironneau, *cit.*

20. Lettre de la comtesse Eléonore portée dans le prologue de la *Chronique*, 1445.

21. Honoré Bovet a écrit en latin et en français ; s'il avait écrit sa chronique de Foix en langue d'oc, ç'aurait été en dialecte provençal et certes pas fuxéen.

22. Voir H. Biu, *cit.*, 2002.

23. Lettre dédicatoire dans la chronique de Pierre Olhagaray, 1609.

12. La gloire chantée

1. Ce chapitre est très largement emprunté aux deux études de fond que sont celles d'Etienne Anheim, *Diffusion et usages de la musique polyphonique mesurée*, 2000 ; et Jean-Jacques Casteret, *Les Musiciens de Gaston Fébus*, 1996.

2. E. Anheim, *cit.*

3. J.-J. Casteret, *cit.*

4. M. de Riquer, *Le Troubadour Peyre de Rius et Gaston Fébus*, 1954.

5. Son nom indique qu'il devait être aussi jongleur de couteaux.

6. Froissart, p. 535.

7. Le héraut était à mi-chemin du musicien et du militaire ; il jouait d'une petite trompette.

8. Froissart, p. 565.

9. Les instruments de « bas métier » étaient ceux qui avaient un son feutré : flûte, vielle, harpe et tous les instruments à cordes ; ceux du « haut métier » étaient les plus bruyants : trompette, cornemuse ou chalemie. La chalemie était un instrument à vent et à anche utilisé lors des joutes et des banquets, avec une sonorité forte et pénétrante au point qu'elle pouvait servir d'instrument d'alarme ; la bombarde était une chalemie basse. Bombarde, chalemie et cornemuse pouvaient être utilisées en même temps.

10. Froissart, p. 659-660.

11. *Id.*, p. 548.

12. Etudiée par J.-J. Casteret dans sa remarquable étude historique et technique, *cit.*, et par Cl. Ponsich, *cit.*

13. P. Tucoo-Chala, *Gaston Fébus, prince des Pyrénées*, *cit.*, p. 290.

14. J.-J. Casteret, *cit.*

15. Titre emprunté à G. Dulong, *Fébus avant ! La musique au nom du prince et le nom du prince en musique*, 2006.

16. Publiés dans F. L. Harrisson, *Polyphonic Music of the Fourteenth Century*, 1968 : pièces n° 3, 4, 5, 6, 7, 40, 41. G. Dulong émet l'hypothèse qu'il ait existé un livre de chansons dédiées à Fébus, qui serait une des sources du manuscrit de Chantilly.

17. Traduction Pierre Tucoo-Chala, *Gaston Fébus, prince des Pyrénées, cit.*, p. 295-296.

18. *Id.*, p. 294-295.

19. Textes tirés de G. Dulong, *Fébus avant !, cit.* ; et Y. Plumley, *Gaston Fébus-Jean de Berry : alliance politique et intertextualités musicales*, 2006.

20. Allusion au *Cantique des cantiques*.

21. Y. Plumley, *cit.*

22. P. Tucoo-Chala, *Gaston Fébus et la vicomté de Béarn*, *cit.*, p. 273 (d'après A. Jeanroy, 1941).

23. M. Zinck, article « *Poésie lyrique* », DLF, *cit.*

24. C'est la description des armes de Foix (avec une confusion peut-être voulue avec celles d'Aragon) et de Béarn : voir chapitre 10, « Armoiries et devises ».

25. Froissart, *Poésies*, *cit.*, Pastourelles n° VIII, IX et XIV.

26. Ed. A. Fourrier, 1979.

27. Cl. Delpla, *Un regard sur l'Europe du XIVe siècle*, 1999.

28. William Askin, *The Historical Setting of the Manciple Tale* ; P. Tucoo-Chala (*Gaston Fébus, prince des Pyrénées, cit.*, p. 308) cite cette hypothèse en précisant qu'elle demande une vérification approfondie.

29. Le conte de Chaucer est emprunté aux *Métamorphoses* d'Ovide (II, 530-640) mais il fait l'objet de beaucoup plus amples développements. La description du seigneur Phébus est celle d'un chevalier musicien, paré de toutes les qualités physiques et morales. Il aimait sa femme plus que sa vie, mais il la tenait enfermée par jalousie ; ce qui devait arriver arriva quand même, elle le trompa ; le corbeau blanc, fidèle du chevalier, lui révéla son infortune et, dans un violent accès de colère, Phébus tua sa femme, avant de se repentir d'avoir écouté si facilement ce qu'il pensait désormais être un mensonge et de s'en prendre au corbeau qu'il condamna à être noir désormais. Il brisa arc et luth et il ne chanta plus. Si Chaucer, ce qui est très possible, a entendu parler du drame d'Orthez, il a pu avoir l'image du comte de Foix en tête en écrivant cette adaptation

d'une histoire antique : il ne s'agirait pas alors de l'épouse mais du fils, maltraité par son père, le trompant (le complot), dénoncé par un fidèle du père (Yvain) et tué par ce père fou de colère et qui s'aperçoit trop tard qu'il n'a pas réfléchi aux conséquences de son acte : le comte de Foix, arc et luth brisés, reste seul sans fils, donc sans héritier.

13. Le savant et le poète

1. Voir chapitre 12 « La gloire chantée ».
2. Le terme de « gascon », qui nous est livré par Froissart, était couramment utilisé par les Français du nord pour qualifier la langue d'oc. De toute façon, le béarnais est très proche du gascon.
3. Froissart, p. 540.
4. D. Trotter, *Per fort desir de saber* : la Cyrurgia d'Albucassis, *Gaston Fébus et la science en occitan*, 2006.
5. Froissart, p. 533-534.
6. Paris, Bibliothèque Sainte-Geneviève, ms. 1029 ; Bibliothèque universitaire de Montpellier, section de médecine.
7. BNF, ms. 619 ; Bibliothèque municipale de Troyes, ms. 261 ; BNF, ms. frs. 23082.
8. Foulques de Marseille, troubadour avant de devenir évêque de Toulouse.
9. Peter Ricketts, *La Traduction du* De proprietatibus rerum *en occitan*, 2006.
10. Simone Ventura, *Autour de la version occitane du* De proprietatibus rerum *de Barthélemy l'Anglais*, 2004.
11. Peter Ricketts, *cit.*
12. David Trotter, *Per fort desir de saber…*, *cit.*
13. Claire Ponsich, *La Lettre, le Livre et les Arts dans les relations de Violante de Bar et de Gaston Fébus*, 2006.
14. A. Strubel et Ch. de Saulnier, *La Poétique de la chasse*,1994, notamment p. 85-86.
15. « Du fort désir de savoir il brûlait » (f° 4 de l'*Elucidari*).
16. Bibliothèque provinciale de Barcelone. Publié par A. Jeanroy, *Poésies provençales inédites du* XIVe *siècle*, 1940.
17. Maintenant, quand je vois feuillir les branches de la forêt/ qu'ici m'étreint, me prend, me lie,/ l'amour qui antan enleva mon âme/ et me fait vouloir celle qui s'arme de fin mérite/ si bien qu'en moi il brûle mon cœur et l'enflamme/ et que, sans ma dame, nulle arme ne me peut protéger/ du pénible tourment qui me dépouille de « joie »,/ dont je souffre pis que celui qui en enfer brûle./ Et de cela Mon Chaperon ne se fait aucun souci,/ qui me laisse aimer, car je ne crois pas qu'il ait été/ d'homme tourmenté de crainte, qui se réjouisse davantage d'aimer/ que moi qui l'aimerai jusqu'à ce que ma vie prenne fin./ Tel le marinier qui rame/ contre le mauvais temps, cherchant un port qui le protège,/ je cherche, afin de me réjouir,/ Ma Dame, car elle est Mérite à un point élevé. (P. Tucoo-Chala, *Gaston Fébus, prince des Pyrénées*, *cit.*, p. 299.)
18. Ces montagnes qui sont si hautes m'empêchent de voir où sont mes amours. Si [l'oiseau] chante, que chante-t-il ? Il ne chante pas pour moi, il chante pour ma mie qui est loin de moi.
19. Voir en particulier A. Straubel et Ch. de Saulnier, *La Poétique de la chasse au Moyen Age*, 1994 ; B. Van den Abeele, *La Littérature cynégétique*, 1996 ; A. Straubel,

Ecrire la chasse : le prologue du Livre de chasse *de Gaston Fébus*, 1989 ; P. Tucoo-Chala, « *Le Livre de chasse* » *de Gaston Fébus*, 1987.

20. Les citations du *Livre de chasse* sont tirées de l'édition et de la traduction de Robert et André Bossuat,1986.

21. Quarante-quatre manuscrits sont connus, avant l'arrivée de l'imprimerie qui décupla la diffusion de l'œuvre.

22. Le ms. 616 de la BNF, le plus beau et le plus célèbre, porte Phebus (c'est la graphie du copiste) ; mais le ms. 619, le plus ancien, porte bien Febus.

23. B. Van den Abeele, *cit.*

24. Cl. Ponsich, *cit.*

25. Marcel Thomas, dans son introduction au *Livre de la chasse cit.* ; d'après les études de Carl Nordenfalk et de François Avril.

26. Geneviève Hasenohr, *Le Livre des oraisons et ses sources*, 2006.

27. « Seigneur Dieu, Juge équitable et fort, qui juge et acquitte qui te plaît [...] Tout le monde te sert avec une grande terreur, car tout homme ignore qu'il est l'objet de ton amour ou de ta colère » (oraison n° 36).

28. Oraisons n°s 2 et 3.

29. Voir ci-dessus : « La bibliothèque du comte ».

30. La notion de « propriété littéraire » est totalement étrangère au Moyen Age ; imiter, c'est transmettre un savoir hérité. « Le savoir, les idées, les thèmes philosophiques, tout est inlassablement repris et utilisé à nouveau dans la science médiévale. Les intellectuels du Moyen Age ont pleine conscience d'emprunter et d'imiter ; ils savent aussi qu'ils prolongent et développent la pensée reçue » (J. Paul, *Histoire intellectuelle de l'Occident médiéval*, 1973).

31. Oraisons n°s 37 et 33.

32. Chapitre 16, « Le mystère du *Livre des oraisons* ».

33. Oraisons n°s 32 et 35.

14. Le comte de Foix en sa cour

1. V. Lamazou-Duplan, *Duo politique : Charles II de Navarre et Gaston Fébus*, 2006.

2. Cl. Ponsich, *cit.*

3. Il voulait emprunter de l'argent au comte de Foix, il est vrai : chronique de Cabaret d'Orville, *cit.*, p. 167-169.

4. Froissart, éd. G. Brunel, p. 16.

5. Froissart, p. 533.

6. *Id.*, p. 535.

7. Confusion entre Oloron (pour le nom) et Dax (pour la situation géographique, aux limites du Bordelais et de Bayonne).

8. Froissart, p. 548-549, 564-565.

9. *Id.*, p. 518.

10. *Id.*, p. 541. Acesmé : gracieux. Mesnée : ensemble des personnes qui habitent la maison, famille, suite. Frisque : gaillard, vif, gai.

11. Froissart, éd. G. Brunel, p. 16.

12. Froissart, p. 533.

13. *Id.*, p. 535.

14. *Id.*, p. 656.

15. ADA, E 6, I-27 : mention de l'« inventaire des meubles du château de Foix qui furent transportés à Mazères. Inventaire des meubles de la chambre de la comtesse » (les textes eux-mêmes ont disparu). La « comtesse » doit être Aliénor de Comminges qui avait fait elle-même réaménager le château ancestral de la famille de Foix ; Agnès de Navarre ne semble être jamais venue à Foix.

16. F. Galès, *Des fortifications et des hommes*, 2000 ; *Les Résidences de Gaston Fébus en Béarn*, 2006.

17. Inventaire dressé en 1391, voir P. Tucoo-Chala, *Gaston Fébus, prince des Pyrénées, cit.*, p. 53-54.

18. *Voyage d'oultremer en Jhérusalem par le seigneur de Caumont, l'an M CCC XVIII*, publié par le marquis de Lagrange, Paris, Aubry, 1858.

19. Son matelas et son oreiller suivaient, dans une grande malle, le comte en campagne (P. Raymond, *Rôles de l'armée de Gaston Phœbus*, 1872, p. 132).

20. Froissart, p. 836.

21. Froissart, p. 836 et le « Dit du Florin ».

22. Registre de Bernard de Luntz, n° 212 (éd. P. Tucoo-Chala-J. Staes, 1996).

23. Froissart, p. 518.

24. *Voyage d'Outremer, cit.* : « Au pied dudit château, il y a une grande prairie et une forêt entourée d'une belle palissade et par dedans demeurent cerfs et daims.. »

25. Mais il ne dut pas l'entendre lui-même car le brame a lieu en octobre et Froissart était à Orthez en décembre-janvier. Peut-être quelqu'un lui a-t-il dit, alors qu'il se plaignait de la rude montée dans le vent et la pluie, que l'épreuve était plus impressionnante encore lorsqu'on entendait les cerfs bramer ?

26. P. Raymond, *cit.*, p. 3.

27. P. Tucoo-Chala, *Gaston Fébus et la vicomté de Béarn*, *cit.*, p. 278-279.

28. *Id.*

29. P. Tucoo-Chala avance le chiffre d'une cinquantaine pour les seuls services de l'hôtel (sans compter certainement le service de la chasse ni celui des chantiers). A titre de comparaison, l'hôtel du duc de Berry, au plus haut niveau de l'échelle sociale, comptait 250 officiers et nécessitait une administration financière particulière.

30. Froissart, p. 535.

31. Froissart, éd. G. Brunel, p. 117-118.

32. Froissart, p. 534 et 836.

33. Aymeric de Peyrac.

34. Les représentants du duc de Berry s'engagèrent à lui remettre, entre autres choses, « deux têtes de cerf, les plus belles et les plus grandes que Monsire de Berry ait, et six chiens courants pour le cerf, les meilleurs et les plus royales qu'il ait, au choix du comte de Sancerre » ; et le comte de Sancerre jure qu'il choisira les meilleurs chiens et les plus belles têtes ; si cette clause n'était pas respectée, certains bijoux du duc de Berry que détenait le comte de Foix et qu'il devait rendre lui resteraient (ADPA, E 412).

35. P. Tucoo-Chala, *Gaston Fébus et la vicomté de Béarn*, *cit.*, p. 269.

36. ADPA, E 300, f° 23.

37. ADPA, E 365, f° 10 v°, et P. Tucoo-Chala, *id.*

38. P. Raymond, *Rôles de l'armée de Gaston Phœbus*, *cit.*, p. 132, 152.

39. P. Tucoo-Chala, *id.*, p. 268-269, et *Le Livre de la chasse*, 1987 (d'après des actes notariés).

40. *Id.,* p. 533.

41. HGL, X, c.1653.

42. « Haute » ou « basse » indiquent le début ou la fin de l'heure de none.

43. Froissart, p. 547.

44. *Id.,* p. 549 et 564 et le « Dit du florin ».

45. Froissart insiste là-dessus dans le « Dit du florin » : « En la salle avait telle lumière ou en sa chambre à son souper qu'on y voyait aussi clair que nulle clarté peut être : certes à paradis terrestre la comparais moult souvent. »

46. Plats destinés à susciter l'émerveillement, entre les services, véritables décors de tables.

47. Froissart, p. 535.

48. Peut-être Froissart a-t-il mis quelque exagération dans son récit ; ce souper princier n'était peut-être pas de mise tous les soirs... Mais il ne faut pas oublier que Fébus avait des ménestrels à son service, auxquels il pouvait donc demander de chanter chaque fois qu'il le voulait.

49. Le comte « le reçut liement et le fit asseoir à sa table et lui montra tous les beaux semblants d'amour qu'il put », Froissart, p. 522.

50. *Id.*, p. 564-565, 659.

51. *Id.,* p. 539.

52. *Id.,* p. 533.

53. *Id.*, p. 659-660.

54. Juvénal des Ursins.

55. Le « Dit du florin ».

56. Froissart, p. 540.

57. *Id.*, p. 523 et 848.

58. *Id.*, p. 519-520.

15. La famille : mystères et tragédies

1. En 1849, Prosper Tarbé crut reconnaître Agnès de Navarre dans l'héroïne du *Voir dit*, de Guillaume de Machaut ; les poésies de la dame étaient insérées dans cette œuvre et en 1856 Tarbé les publia sous le nom de la comtesse de Foix. Il a été démontré depuis que ces vers devaient être attribués à une dame champenoise, à moins que la dame de Machaut n'ait jamais existé (J. Balteau, *cit.*).

2. Charles de Navarre donna le 5 mai une gratification à un messager du comte de Foix venu lui apporter la nouvelle (cité par P. Tucoo-Chala, *Gaston Fébus et la vicomté de Béarn*, *cit.*, p. 85, d'après les comptes de Navarre).

3. Charles de Navarre fut le parrain et il envoya des jongleurs au château d'Orthez (*id.*, p. 85).

4. P. Lorber, *op. cit.* ; P. Tucoo-Chala, *Gaston Fébus, prince des Pyrénées*, *cit.*, p. 206-208.

5. Voir chapitre 2.

6. Les trésoriers de Navarre avaient même reçu l'ordre de lever une imposition pour

le paiement de la dot augmentée des intérêts (P. Tucoo-Chala, *Gaston Fébus, prince des Pyrénées*, *cit.*, p. 208).

7. A la fin de 1368 ou au début de 1369.

8. P. Lorber, *cit.*, d'après les archives de Pampelune.

9. Froissart, éd. Pauphilet, p. 523.

10. *Id*, p. 536 et suiv.

11. Biens assignés par un mari à sa femme pour en jouir si elle lui survivait.

12. P. Tucoo-Chala, *Gaston Fébus, prince des Pyrénées*, *cit.*, p. 209.

13. *Id.*

14. C'est un remariage, strictement interdit par l'Eglise, qui l'aurait été.

15. *Cit.,* p. 528-529.

16. Voir chapitre 2, « Le mariage ».

17. Froissart, p. 523.

18. P. Tucoo-Chala, *Gaston Fébus et la principauté de Béarn, cit.*, p. 306.

19. P. Raymond, *Rôles de l'armée de Gaston Phoebus..., cit.*, p. 150.

20. 1379 nouveau style.

21. La joyeuse d'Armagnac.

22. Manciet, canton de Nogaro, Gers.

23. Gaston avait 16 ans, Béatrix n'était pas nubile.

24. *Comptos, cit.*, t. IX, n° 831, 858 et t. XI, n° 277, 364, 365. Voir V. Lamazou-Duplan, *Froissart et le drame d'Orthez. Chronique ou roman ?*, 2006, et P. Tucoo-Chala, *Gaston Fébus et la vicomté de Béarn, cit.*, p. 319.

25. Pour aller plus loin dans ce sens, on peut dire qu'il aurait considéré que son fils pouvait présenter pour lui le même danger que celui qu'il avait lui-même représenté pour son père, « tué » symboliquement par son changement de nom.

26. V. Lamazou-Duplan, *cit.*

27. B. Leroy, *cit.*, p. 83 et 135.

28. *Comptos*, *cit.*, t. XIII, n° 258, 277, 269, 317. P. Tucoo-Chala, *Gaston Fébus et la principauté de Béarn*, *cit.*, p. 316, 319 et *Gaston Fébus, prince des Pyrénées*, *cit.*, p. 209-211.

29. Le Religieux, comme Froissart, dit que c'est un chien qui servit de malheureux goûteur.

30. Froissart, p. 536-543.

31. Le Religieux de Saint-Denis dit la même chose (ce que n'a pas repris Juvénal des Ursins) : « Le jeune prince eût consommé ce crime atroce si son frère bâtard à qui il avait tout révélé ne l'eût accusé auprès de son père » (*cit.*, I, p. 635).

32. Même si l'information de Froissart est erronée : d'abord le pape n'était pas Grégoire XI mais Clément VII ; ensuite, le cardinal de Lagrange, envoyé par le pape ne s'arrêta pas à Béziers ; il arriva bien jusqu'à Orthez, mais trop tard (P. Douët d'Arcq, *Choix de pièces inédites relatives au règne de Charles VI*, Paris, Renouard, 1863, t. I, p. 5, cité par P. Tucoo-Chala, *Gaston Fébus et la vicomté de Béarn*, *cit.,* p. 316).

33. Froissart, p. 529.

34. Froissart, p. 523 et 848-849.

35. Le texte qui nous le fait connaître est inséré dans un registre de rôles militaires : P. Raymond, *Rôles de l'armée de Gaston Phoebus..., cit*, p. 142-144.

36. *Comptos*, *cit.*, n° 941 (P. Tucoo-Chala, *Gaston Fébus et la vicomté de Béarn*, *cit.* p. 312).

37. Froissart mélange père et fils ; le vicomte dont parle Espan du Lion en 1388 est Mathieu ; mais celui qui fut emprisonné était son père, Roger Bernard. Mathieu de Castelbon n'avait que 14 ans en 1391, quand il devint comte de Foix, en 1388, il en avait donc 11, et l'emprisonnement était antérieur.

Froissart laisse entendre que Fébus a emprisonné Roger Bernard parce qu'il le haïssait. Il faut probablement inverser les choses. On ne connaît pas les causes de l'emprisonnement de Roger Bernard de Castelbon ; jusqu'en 1374, les rapports semblent avoir été bons entre le comte de Foix et son cousin (voir chapitre 6). En juillet de cette année, le vicomte passa dans la mouvance du duc d'Anjou, mais entre 1374 et 1380, il n'y eut pas de combat opposant le comte de Foix et le duc d'Anjou qui aurait pu provoquer la capture et la mise à rançon du vicomte. Un texte du mois de mai 1380 fait état du financement par les habitants du Castelbon de la rançon de leur seigneur (connu par des mentions dans deux inventaires différents, ce qui exclut une erreur de date du rédacteur, ADA, E 7, caisse 36, n° 110 et E 8, p. 233). Au mois de mai, c'est avant la découverte du « complot d'Orthez ». Ce n'est donc pas une éventuelle participation au complot qui a pu justifier l'emprisonnement ; par contre le ressentiment de Roger Bernard aurait pu le faire adhérer à un complot. La haine de Fébus serait alors venue après.

38. Froissart, p. 529-530.

39. *Id.*

40. *Id.*, p. 540-541.

41. *Id.*, p. 543.

42. *Id.*, p. 843.

43. *Le Livre de chasse*, *cit.*, p. 72-73.

44. Je n'ai pas découvert l'origine de cette histoire. Il serait très intéressant d'en trouver une autre version, et de voir si elle existe telle quelle en dehors du *Livre de chasse* ou si Fébus en a modifié un élément, en particulier cette phrase sur la mise à mort de l'enfant unique. A moins qu'il ne l'ait créée lui-même en juxtaposant des morceau empruntés à divers récits (le chien qui enterre son maître assassiné et protège sa tombe se retrouve par exemple dans l'autre récit inséré dans *Le Livre de chasse*, celui, bien connu, du « chien de Macaire »).

45. En fait, 1002 pour la naissance de la maison de Foix et 1391 pour la mort de Fébus, ce qui donne 389 ans de lignée directe.

46. Froissart, p. 655-661.

47. Voir chapitre 9.

48. P. Tucoo-Chala, *Gaston Fébus, prince des Pyrénées*, *cit.*, p. 332-333.

49. Et c'est bien ce trésor qui permettra la non-application du traité de Toulouse, mais au profit de Mathieu de Castelbon...

16. Le seigneur en son privé

1. 19 occurrences sur 40 127 sceaux médiévaux français. Michel Pastoureau, *Jouer au roi Arthur. Anthroponymie littéraire et idéologie chevaleresque*, 2004.

2. Froissart, p. 511.

3. Le cœur content, « Le Dit du florin ».

4. Voir A. Strubel, *Ecrire la chasse : le prologue du « Livre de chasse » de Gaston Fébus*, 1989.

5. Voir chapitre 12, « Dits, pastourelles et autres contes ».

6. Mention dans les archives du château de Foix du « livre des dépenses faites par Jacques de Nugues, baile du comte de Foix, à l'occasion des ouvrages des Salenques et monastère de Saint-Félix » en 1342 (ADA, E 6, caisse 5, n° 6).

7. BNF, Doat, 97, f° 200-225.

8. Chronique de Michel du Bernis.

9. P. Tucoo-Chala, *Gaston Fébus, prince des Pyrénées, cit.*, p. 225, d'après les Archives vaticanes.

10. C. Barrière-Flavy, *Le Couvent des Augustins de Saverdun*, 1902.

11. Registre de Bernard de Luntz, n° 165 (éd. P. Tucoo-Chala et J. Staes, 1996).

12. BNF, Doat 86, f° 112 et 114.

13. ADPA, E 304, f° 34. Publ. par A. Dufau de Maluquer, *Rôle des feux du comté de Foix...*, 1901, p. 232-233.

14. Froissart, p. 844.

15. *Id.,* p. 534, 524 ; éd. G. Brunel, p. 117.

16. *Id.,* p. 838.

17. *Id.*, p. 548.

18. Gaston Ier fut en litige avec sa mère Marguerite de Moncade, Gaston II fit emprisonner sa mère Jeanne d'Artois, Roger Bernard II de Castelbon, cousin germain de Gaston III, eut un violent conflit avec sa mère Constance de Luna.

19. Froissart, éd. Brunel, p. 152.

20. Un quatrième, Perenaudet, est cité par La Chesnaye-Desbois, *Dictionnaire de la noblesse,* 1866, VIII, c. 151. La première édition, en 1757, ne mentionnait que le duc de Medinaceli. Perenaudet n'est pas connu par ailleurs.

21. Il fut armé chevalier par Henri de Trastamare en 1367 ; il devait avoir 16 ou 17 ans.

22. Froissart, p. 523.

23. *Id.*, p. 529-530.

24. P. Raymond, *cit.,* p. 28

25. Affligé.

26. Froissart, p. 837-840.

27. *Id.*, p. 502, 517, 518.

28. P. Tucoo-Chala, *Gaston Fébus et la principauté de Béarn, cit.*, p. 270.

29. En Béarn du moins. Elle épousa par la suite Charles Visconti.

30. Froissart, p. 545.

31. Voir chapitre 17.

32. Les trois ou quatre bâtards connus sont des garçons, auxquels il faut ajouter le fils légitime ; il se pourrait bien que Fébus ait eu aussi des filles, mais il ne les aurait pas reconnues ou du moins pas élevées auprès de lui, contrairement à son père et à son grand-père qui avaient élevé et établi noblement leurs filles naturelles. Ce n'est qu'une supposition, mais statistiquement, elle n'est pas absurde.

33. En novembre 1348, le comte dota de 1 000 livres sa sœur Béarnèse qui allait

épouse le vicomte d'Orthe (P. Tucoo-Chala, *Gaston Fébus et la vicomté de Béarn*, catalogue, n° 116). Mais ce n'était qu'exécution d'une clause du testament de leur père.

34. Froissart, p. 534-535.

35. *Id.*, p. 545.

36. *Id.*, p. 629-663,786-793, 608-619, 943.

37. Un exemple, proche, parmi des multitudes d'autres : Roger Bernard de Castelbon avait donné procuration à sa femme Géraude de Navailles pour l'administration générale de ses biens, et elle s'en servit (ADA, E 7, caisse 36).

38. D'après la datation des actes ; voir P. Tucoo-Chala, *Gaston Fébus et la vicomté de Béarn, cit.*, p. 417-428.

39. G. Tilander et P. Tucoo-Chala, *Le Livre des oraisons*, *cit.*, p. 19 ; N. Nabert, *Les voiles du crime*, *cit.* : « Sur les 37 pièces qui constituent *Le Livre des oraisons*, seulement trois font clairement référence au drame d'Orthez : les prières 3, 26 et 34. »

40. Chapitre 13.

41. Cl. Gauvard, *Violence et ordre public au Moyen Age*, 2005.

42. Ont-il été complices, ont-ils laissé faire, ont-ils encouragé ? Cette implication de religieux a été relevée par Geneviève Hasenohr, que je tiens à remercier ici de la gentillesse avec laquelle elle a bien voulu répondre à mes sollicitations.

17. Visions et démons : la légende en marche

1. Les auteurs de l'*Histoire de Languedoc* disent que Gaston Ier avait 13 ans à la mort de son père, en 1302. Il serait donc né en 1289. G. Doublet (*Les Origines de la famille de Foix-Rabat*, 1897-1898) place cette naissance plus tôt dans la décennie.

2. Chronique de Michel du Bernis.

3. F. Baby, *Pamiers, ville occitane*, 1981. D'après les archives de l'administration consulaire.

4. A. Dufau de Maluquer, *Rôle des feux du comté de Foix en 1390*, 1901.

5. Voir chapitre 11.

6. Voir chapitre 16, « Le sentiment religieux ».

7. *De tras* : par-derrière ou par côté.

8. De cette situation privilégiée, la place de l'évêque de Pamiers à la cour d'Orthez pourrait être un témoignage. C'est lui qui célébra la messe de la Saint-Nicolas en 1388, il siégeait en première place, mais à égalité avec l'évêque de Lescar, au repas de Noël. C'est lui surtout qui célébra l'office funèbre du comte, ce qui est bien étonnant puisque, en désaccord avec lui, il s'était exilé et qu'il ne revint qu'à l'annonce de sa mort. Mais il est difficile de dire si c'est en tant qu'évêque de Pamiers, donc du pays de Foix, ou en tant que parent : Froissart dit que pour la sépulture de Fébus, l'évêque fut requis « par lignage ».

9. Voir chapitre 11, « Honoré Bovet » et « Les chroniqueurs de Foix ».

10. Voir chapitre 2, « L'enfance et l'éducation ».

11. Chroniques d'Esquerrier et de ses successeurs. D'après le *Dictionnaire provençal* de F. Mistral : *figo*, figue, nez de chien, crottin ; « faire la figue », narguer quelqu'un en mettant le pouce entre l'index et le majeur (référence à Rabelais) ; « des figues pour ton nez », des nèfles, rien du tout.

12. On rappellera que certains traits relatifs à son enfance furent repris par Fébus lui-même déjà dans *Le Livre des oraisons* (voir chapitre 13, « *Le Livre des oraisons* »).

13. Voir chapitre 11.

14. Récit du « vieil écuyer », Froissart, éd. G. Brunel, p. 154-155.

15. *Id.*, p. 155-161.

16. Froissart, éd. Pauphilet, p. 543-547.

17. *Id.*, p. 522-523.

18. Voir chapitre 11, « Le drame d'Orthez » ; et chapitre 10, « La colère et la crainte ».

19. Voir bibliographie et notamment les communications du colloque « Froissart à la cour d'Orthez » tenu à Pau et à Orthez en octobre 2006.

20. Denis Lalande, *Un grand reporter médiéval dans le midi : Froissart en Béarn*, 1987.

21. On dit ajouté parce que *Méliador* était déjà écrit quand Froissart est venu à Orthez puisqu'il l'a lu à Fébus. Les termes du roman ne laissent planer aucun doute sur le lien qu'il faut faire entre les deux œuvres : « Il lui arrivait fréquemment de se relever tout en dormant, de demander son armure, son épée, sa lance et ses parures, tantôt blanches tantôt vermeilles ; il faisait alors tant de choses étonnantes que les compagnons qui veillaient sur lui en étaient stupéfaits. Au matin, on lui relatait son comportement afin qu'il ne s'y abandonnât plus. Mais lui ne changeait pas et recommençait toujours » (Méliador, éd. Fl. Bouchet, *Dans la légende arthurienne*,1989, p. 1050).

22. Voir chapitre 15.

23. V. Lamazou-Duplan (*cit.*) suggère qu'il faut peut-être s'interroger sur le rôle réel de Charles de Navarre, complice certainement puisque les comploteurs s'enfuirent chez lui, mais peut-être pas instigateur ; avec en particulier comme argument que le roi et le comte renouèrent des relations suivies dès 1386 et 1387. Les seuls qui parlent du complot navarrais sont les chroniqueurs du Nord, liés au parti royal donc antinavarrais, qui forgent déjà la légende noire de Charles de Navarre.

24. Voir chapitre 16, « Une cour sans femmes ».

25. L. Harf-Lancner, *Les Chroniques de Froissart. Du bon usage du merveilleux*, 1991.

26. R. Cabié, *Une mystique ? Réflexions sur Constance de Rabastens*, 1988 ; S. Barnay, *Le Grand Schisme en vision. Parole de Dieu et foi de visionnaires*, 2004 ; A. Pagès et N. Valois, *Les Révélations de Constance de Rabastens et le Schisme d'Occident*, 1896.

27. Savenac ou Sabenac était une communauté du Sabarthès, mais il existe ailleurs bien d'autres toponymes proches de « Sabanac ».

28. J.-P. Hiver-Berenguier, *Constance de Rabastens, mystique de Dieu ou de Gaston Fébus ?*, 1984.

29. « C'est-à-dire le comte de Foix », précision apportée dans une autre révélation. On peut rapprocher cette expression du « prince à la tête couronnée de flammes » du manuscrit de Chantilly. Dans les bestiaires médiévaux, les grues sont symbole de vigilance et de sagesse ; Bruneto Latini (auteur d'une encyclopédie dont Fébus possédait un exemplaire) dit qu'« elles volent en troupes ordonnées comme les chevaliers qui vont au combat » (X. R. Marino Ferro, *Symboles animaux*, 1996).

30. La vache de Béarn et la fleur de lys. Un des motets du manuscrit de Chantilly évoque « la vache qui pâture au milieu des lys ».

31. Sixième et dernière lettre à l'inquisiteur (éd. J. Hiver-Berenguier, *cit.*).

18. Gaston Fébus, le duc de Berry et le roi de France

1. *Histoire générale de Languedoc*, t. IX ; E. Cabié, *Evénements relatifs à l'Albigeois pendant la querelle du comte de Foix et du duc de Berry*, 1879 ; V. Challet, *Le Tuchinat en Toulousain et dans le Rouergue (1381-1393)*, 2006. Les événements de l'année 1381 sont très confus et les versions s'entrecroisent. Les auteurs de l'édition Privat de l'*Histoire générale de Languedoc* revinrent largement sur ce qu'avait écrit dom Vaissète, qui parlait de combats entre Fébus et le duc de Berry qui n'eurent certainement jamais lieu. Les chroniques de Michel du Bernis, du Religieux de Saint-Denis et de Froissart apportent beaucoup d'informations mais dans une chronologie assez floue. La situation était confuse en Languedoc ; elle l'était aussi à la cour où on changeait d'avis selon les rapports de forces, tantôt en se préparant à la guerre avec le comte de Foix tantôt en négociant avec lui. Les menées du comte d'Armagnac essayant de dresser le roi et le duc de Berry contre Fébus n'aident pas à clarifier.

2. C'était une formule chère à Fébus qui dut s'en servir souvent pour illustrer sa protection. Il le dit à propos du passage du Prince Noir en Béarn en 1367. Froissart emploie la formule à propos de l'attitude des Compagnons de Lourdes sur les terres du comte (citée par E. Cabié, p. 489). Les consuls d'Albi l'écrivaient déjà en 1379, quand ils pensèrent demander sa protection (délibération municipale d'Albi, 29 septembre 1379, cité par E. Cabié, *cit.*, p. 11).

3. Froissart, p. 526-527.

4. « Il régna comme gouverneur toute cette année-là. »

5. Chronique de Michel du Bernis.

6. Le rapport de l'évêque est connu par la copie d'une lettre datée du 14 juillet (*Histoire générale de Languedoc*, X, c. 1653-1654), la date ne peut qu'être erronée (voir E. Cabié, *Notes et documents sur les différends des comtes de Foix et d'Armagnac en 1381*, 1901).

7. Chronique de Michel du Bernis.

8. Juvénal des Ursins.

9. Avec, concernant le jeune Gaston, de curieuses formules sous la plume de son père : le comte d'Armagnac avait exposé ce qu'il pensait de la situation maintenant que Gaston, fils dudit comte, était allé de vie à trépas ; Fébus répondit sur ses intentions, « supposé qu'il fût mort », « au cas où ledit Gaston serait mort »... Mais il dit qu'à propos de son fils, il a « parlé tout clair » au duc de Berry. Quel étrange jeu jouait donc le comte Fébus ?

10. Voir chapitre 17, « Alors viendra une grue à la tête vermeille ».

11. *Histoire générale de Languedoc*, IX, p. 920.

12. H. Labarthe et L. Sevegnes, *Le Système d'information géographique pour la cartographie des obédiences en Gascogne*, 2004 ; P. Tucoo-Chala, *Gaston Fébus et la vicomté de Béarn, cit.*, p. 328-331.

13. Ph. Genequand, *Clément VII a-t-il eu une politique méridionale ?*, 2004.

14. L. Guérard, *La Désolation de l'abbaye de Saint-Pé de Bigorre*, 1902.

15. Froissart, p. 564. « L'évêque de Pamiers et l'évêque de Lescar étaient clémentins » : le siège de Lescar était vacant depuis la fuite d'Odon de Mendousse en 1380. « L'évêque d'Aire et l'évêque de Roy (ou Oren) sur les frontières de Bordelais et de Bayonne, ceux étaient urbanistes » : il y avait théoriquement un évêque d'Aire urba-

niste, mais il n'avait jamais pu occuper son siège, l'évêque en poste était Garcie Arnaud de Navailles, d'une famille béarnaise et clémentin. Si « Roy » ou « Oren » est une déformation de Oloron, l'évêque en était clémentin ; si c'est une erreur pour Dax, évêché sur les frontières de Bordelais et de Bayonne, l'évêque était en effet urbaniste. (P. Tucoo-Chala, *Gaston Fébus et la vicomté de Béarn*, *cit.*).

16. *Id.*, catalogue, n° 530.

17. I. J. Baiges et M. Fages, *Diplomatari de la vall d'Andorra, segle XIV*, 1993, n° 72-74.

18. Cl. Ponsich, *La Lettre, le livre et les arts dans les relations de Violante de Bar et de Gaston Fébus*, 2006.

19. Froissart, éd. G. Brunel, p. 116-119.

20. Voir chapitre 17, « La légende noire de Froissart ».

21. J. Cabarret d'Orronville, *cit.*, p. 167-169. P. Tucoo-Chala, *Gaston Fébus, prince des Pyrénées, cit.*, p. 268-273.

22. V. Lamazou-Duplan, *Froissart et le drame d'Orthez*, 2004, B. Leroy, *Neutralité ou double jeu ? Le rôle du royaume de Navarre dans les relations internationales*, 1992.

23. Froissart, éd. G. Brunel, p. 118.

24. F. Autrand, *Jean de Berry*, 2000, p. 261-268.

25. Voir chapitre 2 « Le comte de Foix qui était beau prince… » et chapitre 10, « Le faste et la munificence ».

26. Froissart, p. 657.

27. Voir chapitre 10 « Le faste et la munificence » et chapitre 14 « Des soupers à la mi-nuit ».

28. AN, J 294. Voir P. Tucoo-Chala, *La Vicomté de Béarn et le problème de sa souveraineté*, 1961, p. 89-91 et acte n° 30.

29. P. Tucoo-Chala, *Gaston Fébus, prince des Pyrénées*, *cit.*, p. 329-333.

30. Voir chapitre 15, « Un prince sans héritier ».

19. « L'AN 1391 TRÉPASSA DE LA VIE LE COMTE DE FOIX FÉBUS, SANS AUCUN HÉRITIER LÉGITIME… »

1. Froissart, p. 836-837.

2. ADPA, E 1596, f° 35. Voir P. Tucoo-Chala, *Gaston Fébus, prince des Pyrénées*, *cit.*, p. 335-339.

3. La copie par laquelle cette chronique nous est connue porte « en jouant de la flûte ». C'est une interpolation du copiste : c'est François Fébus qui, en 1483, mourut en jouant de la flûte.

4. P. Tucoo-Chala, *Gaston Fébus, prince des Pyrénées*, *cit.*, p. 338.

5. Froissart, p. 843.

6. Voir chapitre 16, « Le sentiment religieux ».

7. P. Tucoo-Chala, *Gaston Fébus et la vicomté de Béarn*, *cit.*, p. 339-340 ; *Gaston Fébus, prince des Pyrénées*, *cit.*, p. 367-376.

8. *Id.*

9. Il ne l'avait pas refusé pour le Marsan et le Gabardan, mais il ne l'avait plus prêté depuis 1364.

10. Il faudra la prochaine crise de succession, en 1398.

11. F. Pasquier, « Privilèges et libertés des trois Etats du comté de Foix à la fin du XIVe et au commencement du XVe siècle », *Bulletin de la Société ariégeoise des Sciences, lettre et arts*, 1903-1904, p. 231-239 ; P. Duffaut, *Histoire de Mazères*, 1988.
12. Froissart, p. 943-948.
13. P. Tucoo-Chala, *Gaston Fébus, prince des Pyrénées, cit.*, p. 379.

CONCLUSION

1. Froissart, p. 510-511.

Bibliographie

GASTON FÉBUS

Les chroniques

BERNIS (Michel du), [Chronique des comtes de Foix], éd. par J.-A.-C. BUCHON, Dans *Choix de chroniques et mémoires sur l'histoire de France*, Paris, Desrez, 1839, p. 575-600.

BERNIS (Michel du), éd. par H. BIU, Du panégyrique à l'histoire : l'archiviste Michel de Bernis, chroniqueur des comtes de Foix (1445) [édition de la chronique accompagnée d'une étude historique, littéraire et linguistique, d'un glossaire et un index] *Bibliothèque de l'Ecole des chartes*, 2002, p. 385-473.

BOUCHET (F.), Froissart à la cour de Fébus : lire et être lu, Dans *Froissart à la cour de Béarn*, colloque de Pau-Orthez, 2006 (non encore publié).

BROWNLEE (K.), *Mimesis* et poétique du mécène chez Jean Froissart, Dans *Froissart à la cour de Béarn*, colloque de Pau-Orthez, 1996 (non encore publié).

CABARET D'ORVILLE (Jean), éd. par J.-A.-C. BUCHON, Histoire de la vie de Louis, duc troisième de Bourbon, dans *Choix de chroniques et mémoires sur l'histoire de France*, Paris, Desrez, 1839, p. 103-209.

BOSSUAT (R.), PICHARD (L.), RAYNAUD DE LAGE (G.), HASENOHR (G.), ZINK (M.), dir., *Dictionnaire des lettres françaises. Le Moyen Age*, Paris, Fayard, 1992, 1506 p. [articles « Honoré Bovet », « Jean Cabaret d'Orville », « Jean Froissart », « Jean Juvénal des Ursins », « Religieux de Saint-Denis »].

COURTEAULT (H.), Une chronique béarnaise inédite du XIVe siècle, Dans *Mélanges Léonce Couture*, Toulouse, Privat, 1902, p. 127-135.

COURTEAULT (H.), Un archiviste des comtes de Foix au XVe siècle. Le chroniqueur Michel du Bernis, *Annales du Midi*, 1894, p. 272-300.

DENJEAN (Cl.), Chroniques des comtes de Foix aux XVe et XVIe siècles (1445-1609), *Dans Pyrénées ariégeoises*, Foix, Société ariégeoise des Sciences, lettres et arts, 1983, p. 101-108.

DUFAU DE MALUQUER (A.), « Le chroniqueur Michel du Bernis et sa famille » et « Le chroniqueur Arnaud Esquerrier et sa famille », dans *Rôle des feux du comté de Foix en 1390*, Foix, Gadrat, 1901, p. 207-228.

ESQUERRIER (Arnaud) et MIÉGEVILLE, éd. par PASQUIER (F.) et COURTEAULT (H.), *Chroniques romanes des comtes de Foix, composées au XVe siècle par Arnaud Esquerrier et Miégeville* [édition des deux chroniques ainsi que d'un fragment d'une chronique anonyme, avec étude historique et linguistique et notices biographiques sur les auteurs], Foix, Gadrat, Toulouse, Privat, Paris, Picard, Pau, Ribaut, 1895, 192 p.

FROISSART (Jean), Les chroniques de Sire Jean Froissart [Extraits, dont Livre III : « Voyage de Froissart en Béarn » et Livre IV], Dans *Historiens et chroniqueurs du Moyen Age*, éd. établie et annotée par A. PAUPHILET, textes nouveaux commentés par E. POGNON, Paris, Gallimard, Bibliothèque de la Pléiade, 1952, p. 373-948.

FROISSART (Jean), *Voyage en Béarn*, éd. par G. BRUNEL-LOBRICHON, préface de M. AUGÉ, Paris, éd. Olivier Orban, 1987, 227 p.

GUENÉE (B.), Michel Pintoin, sa vie, son œuvre, Introduction à la *Chronique du Religieux de Saint-Denys*, *op. cit.*, 1994, p. I-LXXXV.

HÉLIE (Bertrand), *Historia Fuxensium comitum*, Toulouse, Nicolas Vieillard, 1540.

JUVÉNAL DES URSINS (Jean), éd. par J.-A.-C. BUCHON, Histoire de Charles VI, roi de France, Dans *Choix de chroniques et mémoires sur l'histoire de France*, Paris, Desrez, 1839, p. 323-573.

LALANDE (D.), Un grand reporter médiéval dans le Midi : Froissart en Béarn, *Midi*, mars 1987, p. 39-47.

LAMAZOU-DUPLAN (V.), Froissart à Orthez : la réécriture de l'histoire, Dans *Froissart à la cour de Béarn*, colloque de Pau-Orthez, 2006 (non encore publié).

LA PERRIÈRE (ou LAPEYRIÈRE), *Annales de Foix*, Toulouse, Nicolas Vieillard, 1539, 82 f°.

MIRONNEAU (P.), Gaston Fébus : un triste sire, d'après l'un de ses contemporains, *Revue des Sciences, lettres et arts de Pau*, 1992, n°19.

MIRONNEAU (P.), Pour une réplique méridionale de Froissart : Gaston Fébus et quelques évènements vus par un abbé de Moissac, dans *Froissart à la cour de Béarn*, colloque de Pau-Orthez, 2006 (non encore publié).

OLHAGARAY (Pierre), *Histoire de Foix, Béarn et Navarre*, Paris, Douceur, 1609, [24]-797 p.

PINTOIN (Michel), éd. par M. L. BELLAGUET, *Chronique du Religieux de Saint-Denys*, 1842, rééd. Paris, C.T.H.S., 1994, 3 vol.

SCHWARZE (M.), Froissart sous l'empreinte du pouvoir, dans *Froissart à la cour de Béarn*, colloque de Pau-Orthez, 2006 (non encore publié).

ZINK (M.), *Froissart et le temps*, Paris, PUF, 1998, 224 p.

Les études biographiques

BALTEAU (J.), Agnès de Navarre, Dans *Dictionnaire de biographie française*, t. I, 1933, c. 754-755.

CASTERAS (P. de), Une page de l'histoire du Château narbonnais : entrevue du roi Charles VI et du comte de Foix Gaston Phoebus, *Revue des Pyrénées*, 1893, p. 465-499.

LA CHENAYE-DESBOIS-BADIER, *Dictionnaire de la noblesse*, 1re édition, Paris, Duchesne, 1757 ; 3e édition, Paris, Schlesinger, 1866.

LAMAZOU-DUPLAN (V.), Le drame d'Orthez (1380) ou les stratégies du silence, dans *Printemps d'histoire. La khâgne et le métier d'historien*, Paris, Perrin, p. 275-286.

LAMAZOU-DUPLAN (V.), Duo politique : Charles II de Navarre et Gaston Fébus (1349-1364), dans *Minorités juives, pouvoirs, littérature politique en péninsule ibérique, France et Italie au Moyen Age*, Biarritz, Atlantica, 2006, p. 81-98.

LAMAZOU-DUPLAN (V.), Froissart et le drame d'Orthez : chronique ou roman ?, dans *Perspectives médiévales*, colloque Jehan Froissart, Lille-Valenciennes, 2004, Société de langues et de littératures médiévales, p. 111-141.

LORBER (P.), Comment Gaston Phoebus répudia son épouse, Agnès de Navarre, *Bulletin de la Société des Sciences, lettes et arts de Pau*,1932, p. 229-232.

MASSIE (J.-F.), A l'ombre de Fébus : Arnaud-Guilhem de Béarn, seigneur de Morlanne, *Annales du Midi*, 1986, p. 469-483.

PASQUIER (F.), Gaston Phoebus en Prusse, 1357-1358. Étude d'après des documents inédits, *Bulletin de la Société ariégeoise des Sciences, lettres et arts*, 1891-1894, p. 166-177.

TUCOO-CHALA (P.), Gaston Fébus, entre papes et rois, *Notre histoire*, mars 1992, p. 6-10.

TUCOO-CHALA (P.), *Gaston Fébus, prince des Pyrénées (1331-1391)*, Pau, J & D éd., 1991, 413 p.

TUCOO-CHALA (P.), Gaston Fébus, le prince soleil, *Historia*, n° 533, mai 1991, p. 20-29.

TUCOO-CHALA (P.), *Gaston Fébus, un grand prince d'occident au XIVe siècle*, Pau, 1976, 230 p.

TUCOO-CHALA (P.), Le vrai visage de Gaston Fébus, le comte soleil, *Historama*, n° 12, février 1985, p. 84-91.

Politique et administration

ARAGAS (Ph.), A propos des constructions militaires de Gaston Fébus : Sicard de Lordat, *Revue de Pau et du Béarn*, 1986, p. 5-30.

CABIÉ (E.), *Évènements relatifs à l'Albigeois pendant la querelle du comte de Foix et du duc de Berry, de 1360 à 1382*, Albi, 1879, 40 p.

CABIÉ (R.), Notes et documents sur les différends des comtes de Foix et d'Armagnac en 1381, *Annales du Midi*, 1901, p. 500-529.

DUFAU DE MALUQUER (A.), *Rôle des feux du comté de Foix en 1390*, Foix, Gadrat, 1901, 280 p.

GALÈS (F.), *Des fortifications et des hommes : l'œuvre des Foix-Béarn au XIVe siècle*, thèse de l'université de Toulouse, 2000, 4 vol. dactyl.

GALÈS (F.), Les résidences de Gaston Fébus en Béarn, dans *Résidences aristocratiques, résidences du pouvoir entre Loire et Pyrénées, X^e^-XVe siècles*, Centre d'archéologie médiévale du Languedoc, 2006, p. 151-164.

Gallia regia *ou état des officiers royaux des bailliages et des sénéchaussées, de 1328 à 1515*, vol. III, Paris, 1942-1958, 617 p.

PASQUIER (F.), Charte romane de Gaston Phoebus sur l'exercice de la justice et l'exemption des péages à Foix, *Bulletin de la Société ariégeoise des Sciences, lettres et arts*, 1886-1888, p. 258-260.

PASQUIER (F.), Coutumes municipales de Foix sous Gaston Phoebus, *Bulletin de la Société ariégeoise des Sciences, lettres et arts*, 1905-1906, p. 131-145, 177-200.

PASQUIER (F.), Épisodes de la vie municipale à Foix sous Gaston Phoebus, *Bulletin de la Société ariégeoise des Sciences, lettres et arts*, 1886-1888, p. 252-258.

RAYMOND (P.), Rôles de l'armée de Gaston Phoebus (1376-1378), Bordeaux, 1872, XX-184 p.

TAILLEFER (F.), Les chantiers de Gaston Fébus, *Bulletin de la Société ariégeoise des Sciences, lettres et arts*, 1992, p. 159-184.

TUCOO-CHALA (P.), Une charte sur le marché de Morlàas en 1352, *Revue régionaliste des Pyrénées*, n°135-136, juillet-décembre 1957, 7 p.

TUCOO-CHALA (P.), *Forteresses pyrénéennes de Gaston Fébus*, Loubatières, 1988, 32 p.

TUCOO-CHALA (P.), *Gaston Fébus et la vicomté de Béarn (1343-1391)*, Bordeaux, 1959, 471 p.

TUCOO-CHALA (P.), *Le livre des hommages de Gaston Fébus (1343-1391)*, Saragosse, 1976, 223 p.

TUCOO-CHALA (P.), STAES (J.), *Notaire de prince : le registre de Bernard de Luntz, notaire de Béarn sous Gaston Fébus*, Pau, 1996, 198 p.

Littérature et mécénat

CASTERET (J.-J.), Les musiciens de Gaston Fébus, dans *Pyrénées, terres frontières*, Paris, C.T.H.S., 1996, p. 165-173.

COUDERC (C.) / Bibliothèque nationale, département des manuscrits, *Livre de la chasse de Gaston Phébus, comte de Foix*, Paris, Catala frères, s.d., 35 p. + 90 planches.

DELPLA (C.), Un regard sur l'Europe du XIVe siècle : la « Vesio » du troubadour ariégeois Bernat de So (1315-1385), *Bulletin de la Société ariégeoise des Sciences, lettres et arts*, 1999, p. 99-109.

DULONG (G.), Fébus avant ! La musique au nom du prince et le nom du prince en musique, dans *Froissart à la cour de Béarn*, colloque de Pau-Orthez, 2006 (non encore publié).

FÉRY-HUE (F.), Article « Gaston Phébus », *Dictionnaire des lettres françaises. Le Moyen Age, op. cit.*, p. 482-483.

FROISSART (Jean), *Ballades et rondeaux*, éd. par R.S. Baudouin, Paris-Genève, Droz, 1978,178 p.

FROISSART (Jean), *« Dits » et « Débats »*, éd. par A. Fourrier, Genève, Droz, 1979, 340 p.

FROISSART (Jean), *Poésies*, éd. par A. Scheler, Bruxelles, Devaux, 1871 ; reprint Genève, Slatkine, 1977, 3 vol.

FROISSART (Jean), *Méliador* [extraits traduits et présentés par F. BOUCHET], dans *La légende arthurienne*, sous la dir. de D. RÉGNIER-BOHLER, Paris, R. Lafont, coll. Bouquins, 1989, p. 1039-1978.

GASTON FÉBUS, *Le livre de chasse*, texte intégral traduit en français moderne par R. et A. BOSSUAT, présentation et commentaire de M. THOMAS, Paris, éd. Philippe Lebaud, 1986, 179 p.

GASTON FÉBUS, *Le livre des oraisons*, édition critique avec traduction par G. TILANDER et P. TUCOO-CHALA, Pau, Marrimpouey, 1974, 137 p.

GRIMAUD (J.)-LAFONT (R.), La Chirurgie *d'Albucasis, texte occitan du* XIVe *siècle*, Montpellier, Centre d'Etudes occitanes, 1985, 284 p.

HARRISON (F.L.), *Polyphonic music of the fourteenth century*. Vol. V : *Motets of French provenance*, Monaco, L'Oiseau-Lyre, 1968, 217 p. + suppl. 32 p.

HASENOHR (G.), Le *Livre des oraisons* et ses sources, Dans *Froissart à la cour de Béarn*, colloque de Pau-Orthez, 2006 (non encore publié).

JEANROY (A.), Poésies provençales inédites du XIVe siècle d'après le manuscrit de Barcelone, *Annales du Midi*, 1940, p. 241-279.

NABERT (N.), Les voiles du crime, dans *Le Livre des oraisons* de Gaston Febus, Dans *Le mal et le diable. Leurs figures à la fin du Moyen Age* Paris, Beauchesne, 1996, p. 227-243.

PAGÈS (A.), *La « Vesio » de Bernat de So et le « Débat entre honor et delit » de Jacme March*, Toulouse, Privat-Paris, Didier, 1945, 156 p

PEROT (J.), Un manuscrit du Livre de la Chasse de Gaston Fébus au château de Pau, *Bulletin des Amis de la Société des Amis du Château de Pau*, n° 108, 1987, p. 29-48.

PLUMLEY (Y.), Gaston Fébus-Jean de Berry : alliance politique et intertextualités musicales, dans *Froissart à la cour de Béarn*, colloque de Pau-Orthez, 2006 (non encore publié)

PONSICH (C.), La lettre, le livre et les arts dans les relations de Violante de Bar et de Gaston Fébus, à partir de 1380, Dans *Froissart à la cour de Béarn*, colloque de Pau-Orthez, 2006 (non encore publié).

RAYNAUD DE LAGE (G.), Le *Livre de la Chasse* et l'*Elucidari*, *Annales du Midi*, 1952, p. 349-356.

RICKETTS (P.), La traduction du *De proprietatibus rerum*, de Bartolome l'Anglais, en occitan, dans *Froissart à la cour de Béarn*, colloque de Pau-Orthez, 2006 (non encore publié).

RIQUER (M. de), Le troubadour Peyre de Rius et Gaston Fébus, comte de Foix, *Annales du Midi*, 1954, p. 269-273.

SOULICE (L.), *Catalogue de la bibliothèque de Pau*, Pau, 1886, p. 1-11.

STRUBEL (A.), Écrire la chasse : le prologue du *Livre de chasse* de Gaston Fébus, *Le Moyen Age*, 1989, p. 491-502.

STRUBEL (A.), Enseigner par l'image : le Livre de chasse de Gaston Fébus, dans *Froissart à la cour de Béarn*, colloque de Pau-Orthez, 2006 (non encore publié).

STRUBEL (A.), SAULNIER (Ch. de), *La poétique de la chasse au Moyen Age*, Paris, PUF, 1994, 264 p.

SULTAN (A.), La culture musicale de Froissart, dans *Froissart à la cour de Béarn*, colloque de Pau-Orthez, 2006 (non encore publié).

TROTTER (D.), Fonction des gloses dans les textes latin, occitan et français de la *Chirurgia* d'Albucassis, dans *Textes et cultures : réception, modèles, interférences*, Presses universitaires de Franche-Comté, 2004, II, p. 23-46.

TROTTER (D.), *Per fort desir de saber* : la *Cyrurgia* d'Albucassis, Gaston Fébus et la science en occitan, dans *Froissart à la cour de Béarn*, colloque de Pau-Orthez, 2006 (non encore publié).

TUCOO-CHALA (P.), La bibliothèque et le Livre de Chasse de Gaston Fébus de Foix-

Béarn, dans *Le livre et l'imprimerie dans les Pyrénées françaises*, Musée pyrénéen, Lourdes, 1976, p. 13- 18.

TUCOO-CHALA (P.), Fébus, ou l'éthique de la chasse, dans *La chasse en Béarn*, Pau, Association Béarn Culture, 1986, p. 15-20.

TUCOO-CHALA (P.), Le Livre de la Chasse, *Bulletin de la Société des Amis du Château de Pau*, n°108,1987, p. 2-28.

VAN DEN ABEELE (B.), *La littérature cynégétique*, Turnhout, Brepols, 1996, 89 p. + pl.

VENTURA (S.), Autour de la version occitane du *De proprietatibus rerum* de Barthélemy l'Anglais, dans *Textes et cultures : réception, modèles, interférences*, Presses universitaires de Franche-Comté, 2004, II, p. 47-62.

Fantastique, symbolique et psychanalyse

BERLIOZ (J.), POLO DE BEAULIEU (M.-A.), dir., *L'animal exemplaire au Moyen Age, Ve-XVe siècles*, Presses universitaires de Rennes,1999, 329 p.

BOUTET (D.), *Charlemagne et Arthur ou le roi imaginaire*, Paris, Champion, 1992, 656 p.

CERQUIGLINI-TOULET (J.), Jean Froissart, le prince et le livre, dans *Froissart à la cour de Béarn*, colloque de Pau-Orthez, 2006 (non encore publié).

CHEVALIER (J.), GHEERBRANT (A.), *Dictionnaire des symboles*, Paris, Robert Laffont, coll. Bouquins, 1982,1060 p.

DUFOURNET (J.), DUBOST (F.), Pour entrer dans la nuit médiévale... dans *L'imaginaire de la nuit au Moyen Age* , *Revue des Langues romanes*, t. CVI, 2002, p. 221-226.

GRAZIANI (F.), Apollon, le soleil mythique, dans *Dictionnaire des mythes littéraires*, sous la direction de P. Brunel, Editions du Rocher,1988, p. 128-136.

HARF-LANCNER (L.), Chronique et roman : les contes fantastiques de Froissart, dans *Autour du roman, études présentées à Nicole Cazauran*, Paris, Presses de l'Ecole normale supérieure, 1990, p. 49-65.

HARF-LANCNER (L.), Les Chroniques de Froissart : du bon usage du merveilleux, *L'Histoire*, n° 142, mars 1991, p. 16-22.

HARF-LANCNER (L.), La merveille donnée à voir : la chasse fantastique et son illustration dans le livre III des *Chroniques* de Froissart, *Revue des Langues romanes*, 1996, 2, p. 91-11.

KELLY (D.), La mort et l'imagination en Béarn : un aspect original du style poétique de Jean Froissart, dans *Froissart à la cour de Béarn*, colloque de Pau-Orthez, 2006 (non encore publié).

MARCUZZI (G.), Les relations mythologiques symboliques entre l'homme et les animaux pendant la préhistoire et dans l'histoire en Europe, dans *Histoire et animal*, Institut politique de Toulouse, 1989, t. II, p. 179-194.

MARINO FERRO (X.-R.), *Symboles animaux*, Paris, Desclée de Brouwer, 1996, 484 p.

MOREAU (A.), Apollon antique : ombre et lumière, dans *Dictionnaire des mythes littéraires*, sous la direction de P. Brunel, Editions du Rocher, 1988, p. 137-147.

MOZZANI (E.), *Le livre des superstitions. Mythes, croyances et légendes*, Paris, Robert Laffont, coll. Bouquins, 1995,¨1822 p.

PASTOUREAU (M.), *L'ours. Histoire d'un roi déchu*, Paris, Seuil, 2007, 423 p.

PASTOUREAU (M.), *Une histoire symbolique du Moyen Age occidental*, Paris, Seuil, 2004,

444 p. [particulièrement Le sacre du lion et Chasser le sanglier, p. 49-77 ; Jouer au roi Arthur, anthroponymie littéraire et idéologie chevaleresque, p. 293-305].

ROSOLATO (G.), *Le sacrifice. Repères psychanalytiques*, Paris, PUF, 1987, 195 p.

SAINTYVES (P.), *En marge de la Légende Dorée. Songes, miracles et survivances* (1931), Paris, R. Lafont, coll. Bouquins, 1987, p. 494-896.

SAUDERS (N.-J.), *Les animaux et le sacré*, Paris, Albin Michel, 1995, 184 p.

TUCOO-CHALA (P.), Origine et signification du surnom de Gaston III de Foix, dit « Fébus », *Annales du Midi*, 1954, p. 61-69.

LE MIDI DE LA FRANCE AU TEMPS DE GASTON FÉBUS

Le pays de Foix

ARMENGAUD (R.), *Boulbonne. Le Saint-Denis des comtes de Foix*, Mairie de Mazères, 1993, 328 p.

BABY (F.), et FAGES (M.) Pamiers, ville occitane, dans *Histoire de Pamiers*, S.I. de Pamiers et de la basse Ariège, 1981, p. 115-231.

BAIGES (I. J.), *Diplomatari de la vall d'Andorra, segle XIV*, Andorra, Govern d'Andorra, 1993, 309 p.

BARRIÈRE-FLAVY (C.), *La baronnie de Miglos*, Toulouse, Chauvin, 1894, 237 p.

BARRIÈRE-FLAVY (C.), Le couvent des Augustins à Saverdun, *Semaine catholique du diocèse de Pamiers*, 1902, p. 1118-1122.

BRENON (A.), *Paratge* et hérésie : filles et comtesses de Foix, un engagement en catharisme, dans *Le choix hérétique*, Cahors, La Louve, 2006, p. 193-205.

DOUBLET (G.), Les origines légendaires de la maison de Foix-Rabat. Les origines probables de la maison de Foix-Rabat, *Bulletin de la Société ariégeoise des Sciences, lettres et arts*, 1897-1898, p. 1-56, 65-87.

DUFFAUT (P.), *Histoire de Mazères*, Mairie de Mazères, 1988, 802 p.

LACOUDRE (Père de), *La vie de saint Volusien, évêque de Tours et martyr, patron de la ville de Foix*, Limoges, Meilhac, 1722, 142 p.

LLOBET (G. de), *Foix médiéval*, Foix, Société ariégeoise des Sciences, lettres et arts, 1975, 256 p.

MARCHAILHOU D'AYMERIC (H.), *Monographie de la ville d'Ax*, Toulouse, Vialelle, 1886, 346 p.

MARTIN-CHABOT (E.), La vie au XIVe siècle dans le nord du comté de Foix, *Bulletin de la Société ariégeoise des Sciences, lettres et arts*, 1969, p. 127-160.

PAILHÈS (Cl.), *L'Ariège des comtes et des cathares*, Toulouse, Milan, 1992, 303 p.

PAILHÈS (Cl.), *Au temps de Gaston Fébus. Chroniques d'Ariège*, Foix, Archives départementales de l'Ariège, 1991, 144 p.

PAILHÈS (Cl.), *Du Carlit au Crabère. Terres et hommes de frontière*, Foix, Archives départementales de l'Ariège, 2001, 623 p.

PAILHÈS (Cl.), *Le comté de Foix, un pays et des hommes*, Cahors, la Louve, 2006, 463 p.

PASQUIER (F.), Sceaux des comtes de Foix au Moyen Age [d'après *Les Sceaux gascons du*

Moyen Age, publié par la Société des Archives historiques de Gascogne], *Bulletin de la Société ariégeoise des Sciences, lettres et arts*, 1886-1888, p. 273-292.

PETROWICE (J.), Transit et redistribution : l'organisation des échanges marchands dans le comté de Foix à la fin du Moyen Age (XIIIe-XVe siècle), dans *Circulation des marchandises et réseaux commerciaux dans les Pyrénées (XIIIe-XIXe siècles)*, Toulouse, Université de Toulouse-Le Mirail, 2005, t. II, p. 415-435.

VALLS TABERNER (F.), *Privilegis i ordinacions de les valls pirinenques.* T. III : *Vall d'Andorra*, Barcelona, 1920, p. 377-551.

VIADER (R.), *L'Andorre du IXe au XIVe siècle. Montagne, féodalité et communautés*, Toulouse, PUM, 2003, 440 p.

VIDAL (J.-M.), *Histoire des évêques de Pamiers, t. II : Quatorzième et quinzième siècles*, Castillon, Bulletin historique du diocèse de Pamiers, 1932, 155 p.

Le Béarn

BARRAQUÉ (J.-P.), Les marchands béarnais à Saragosse au début du XIVe siècle, dans *Terres et hommes du sud, op. cit.*, p. 449-463.

BRISSAUD (J.), ROGÉ (P.), *Textes additionnels aux anciens fors de Béarn*, Toulouse, Privat, 1905,157 p.

CADIER (L.), *Les États de Béarn, depuis leurs origines jusqu'au commencement du XVIe siècle*, Paris, Imp. nationale, 1888, 483 p.

DARRIGAND (Y.), *Orthez médiéval, des Moncade à Fébus*, Pau, J&D éditions,1992, 268 p.

DELMAS (P.), *Du Parlement de Navarre et de ses origines*, Pau, Dupuy, 1898, 169 p.

LAMBERT (E.), Les relations entre la France et l'Espagne par les routes des Pyrénées occidentales au Moyen Age, dans *France méridionale et pays ibériques*, Mélanges Daniel Faucher, Toulouse, éd. toulousaines de l'Ingénieur, 1948, p. I, p. 319-328.

OURLIAC (P.), GILLES (M.), *Les fors anciens de Béarn*, Paris, CNRS, 1990, 739 p.

ROGÉ (P.), *Les anciens fors de Béarn. Études sur l'histoire du droit béarnais au Moyen Age*, Toulouse, Privat, 1907, 456 p.

TUCOO-CHALA (P.), dir., *Histoire de Pau*, Toulouse, Privat, 1989,317 p.

TUCOO-CHALA (P.), Les relations économiques entre le Béarn et les pays de la Couronne d'Aragon, du milieu du XIIIe siècle au milieu du XVe, *Bulletin philologique et historique*, 1957, p. 115-136.

TUCOO-CHALA (P.), DESPLAT (C.), *La principauté de Béarn*, Pau, SNERD, 1980, 647 p.

TUCOO-CHALA (P.), *La vicomté de Béarn et le problème de sa souveraineté des origines à 1620*, Bordeaux, Bière, 1961, 213 p.

Languedoc, Gascogne et Pyrénées

BENNASSAR (B.), dir., *Histoire des Espagnols*, Paris, R. Laffont, coll. Bouquins, 1992, 1132 p.

BERTHE (M.), *Le comté de Bigorre. Un milieu rural au bas Moyen Age*, Paris, SEVEN, 1976, 283 p.

BOURRET (C.*), Un royaume « transpyrénéen » ? La tentative de la maison de Foix- Béarn-Albret à la fin du Moyen Age*, Aspet, Pyrégraph, 1998,125 p.

BRUTAILS (J.-A.), *Documents des archives de la Chambre des Comptes de Navarre (1196-1384), publiés et annotés par*, Paris, Bouillon, 1890, 194 p.

CABIE (R.), Une mystique ? Réflexions sur Constance de Rabastens, dans *La femme dans la vie religieuse du Languedoc (XIIIe-XIVe s.)*, Cahiers de Fanjeaux, n° 23, 1988, p. 37-53.

CAPRA (P.), Le conseil du Roi d'Angleterre à Bordeaux, dans *Terres et hommes du sud, op. cit.*, p. 107-134.

CAPRA (P.), BERIAC (F.), La Bigorre en 1361-1362, dans *Terres et hommes du sud, op. cit.*, p. 135-157.

CHALLET (V.), Le Tuchinat en Toulousain et dans le Rouergue (1381-1393), *Annales du Midi*, 2006, p. 513-525.

CLAVERIE (A.), Au château de Mauvezin en Bigorre, *Revue de Gascogne*, 1914, p. 73-81.

CLERGEAC (A.), Jean 1er d'Armagnac et les papes d'Avignon, Innocent VI et Urbain V, *Revue de Gascogne*, 1905, p. 97-112.

CONTRASTY (J.), *Rieux-Volvestre et ses évêques*, Toulouse, Sistac, 1936 ; Lafitte reprints, 1985, 501 p.

COURTEAULT (P.), *Histoire de Gascogne et de Béarn*, Paris, Boivin, 1938, 364 p.

CURSENTE (B.), *Des maisons et des hommes. La Gascogne médiévale (XIe-XVe s.)*, Toulouse, PUM,1998, 605 p.

CURSENTE (B.), Les destinées politiques de la Gascogne médiévale, dans *Histoire de la Gascogne, des origines à nos jours,* Roanne, Horvath, 1977, p. 55-82.

DESPLAT (C.), dir., *Terres et hommes du sud. Hommage à Pierre Tucoo-Chala*, Pau, J & D éd., 1992, 611 p.

DEVIC (dom), VAISSETTE (dom), *Histoire générale de Languedoc*, t. IX et X, Toulouse, Privat, 1885-1886.

DUFOURCQ (Ch.-E.), Le temps du rayonnement et des crises (1276-1472), dans *Histoire de la Catalogne,* Toulouse, Privat, 1982, p. 315-345.

GALABERT (F.), La vie toulousaine au XIVe siècle, *Mémoires de l'Académie des Sciences, inscriptions et belles lettres de Toulouse*, 1918, p. 323-338.

GERBET (M.-Cl.), *Les noblesses espagnoles au Moyen Age (XIe-XVe siècle)*, Paris, A. Colin, 1994, 298 p.

GUERARD (L.), La désolation de l'abbaye de Saint-Pé de Bigorre à la fin du Moyen Age, *Revue de Gascogne,* 1902, p. 128-144.

HIGOUNET (Ch.), *Le comté de Comminges, de ses origines à son annexion à la Couronne*, Toulouse, Privat, 1949, 715 p.

HIVER-BERENGUIER (J.-P.), *Constance de Rabastens, mystique de Dieu ou de Gaston Fébus ?,* Toulouse, Privat, 1984, 210 p.

LEROY (B.), *Hommes et milieux en Espagne médiévale. Navarrais et Castillans du XIIIe au XVe siècle*, Biarritz, Atlantica, 2000, 307 p.

LEROY (B.), *La Navarre au Moyen Age*, Paris, Albin Michel, 1984, 200 p.

LEROY (B.), La Navarre au XIVe siècle sous la dynastie d'Évreux (1328-1387), dans *Les communications dans la péninsule ibérique au Moyen Age*, colloque de Pau, 1980, Paris, 1981, p. 103-104.

LEROY (B.), Neutralité ou double jeu ? Le rôle du royaume de Navarre dans les relations internationales de la fin du XIVe siècle et du début du XVe siècle, dans *Terres et hommes du sud, op. cit.*, p. 487-500.

Le Midi et le Grand Schisme d'Occident, Cahiers de Fanjeaux n° 39, 2004, 683 p.

LOUBÈS (G.), La Gascogne au Moyen Age. Aspects économiques et sociaux, dans *Histoire de la Gascogne, des origines à nos jours*, Roanne, Horvath, 1977, p. 83-121.

PAGÈS (A.), VALOIS (N.), Les révélations de Constance de Rabastens et le Schisme d'Occident (1384-1386) [édition et commentaires], *Annales du Midi*, 1896, p. 241-278.

PASQUIER (F.), OLIVE (S.), *Archives du château de Léran. Inventaire historique et généalogique*, Toulouse, Privat, 1909, 660 p.

PORTAL (Ch.), Les insurrections de Tuchins dans les pays de langue d'oc, vers 1382-1384, *Annales du Midi*, 1892, p. 433-474.

RENAUX (C.), Carcassonne et le pays carcassonnais pendant la première guerre de Cent Ans (1336-1391), *Mémoires de la Société des Arts et Sciences de Carcassonne*, 1919, p. 32-79.

RUCQUOI (A.), *Histoire médiévale de la péninsule ibérique*, Paris, Seuil, 1993, 445 p.

SAMARAN (Ch.), *La maison d'Armagnac au XVe siècle et les dernières lutte de la féodalité dans le midi de la France*, Paris, Picard, 1907, 516 p.

VAN ELSUWE (M.), Géographie des jugeries royales de Gascogne aux XIVe et XVe siècles, *Annales du Midi*, 1969, p. 141-161.

WOLFF (Ph.), *Commerce et marchands de Toulouse (v. 1350- v. 1450)*, Paris, Plon, 1954, 710 p.

WOLFF (Ph.), L'épreuve des temps. dans *Histoire du Languedoc*, Toulouse, Privat, 1974, p. 235-263.

Culture et spiritualité méridionales

ANHEIM (E.), Diffusion et usages de la musique polyphonique mesurée (*ars nova*) (France du Midi, nord de l'Espagne et de l'Italie, 1340-1430), dans *Église et culture en France méridionale, XIIe-XIVe siècle*, Cahiers de Fanjeaux n° 35, Toulouse, Privat, 200, p. 287-323.

BEC (P.), *La langue occitane*, Paris, PUF, 1967,128 p. (coll. Que sais-je ?).

BIGET (J.-L.), L'évolution des noms de baptême en Languedoc au Moyen Age (IXe-XIVe s.), dans *Liturgie et musique*, Cahiers de Fanjeaux n° 17, 1982, p. 297-341.

BRENON (A.), *Le petit livre aventureux des prénoms occitans au temps du catharisme*, Toulouse, Loubatières, 1992, 134 p.

CAMPROUX (Ch.), BRUNEL-LOBRICHON (G.), Article « Roger Bernart, comte de Foix », dans *Dictionnaire des Lettres françaises. Le Moyen Age, op. cit.*, p. 1296-1297.

CARBASSÉ (J.-M.), La condition de la femme mariée en Languedoc (XIIIe-XIVe siècles), dans *La femme dans la vie religieuse du Languedoc (XIIIe-XIVe siècles)*, Cahiers de Fanjeaux, n° 23, 1988, p. 109-112.

CARRERAS I ARTAU (J.), Arnau de Vilanova et les mouvements mystiques du Midi de la France, *Revue de Synthèse*, 1948, p. 21-26

CAZAUBON (L.), *De l'origine des noms patronymiques gascons*, Auch, G. Foix, 1885, 22 p.

DOSSAT (Y.), Les noms de baptême en Toulousain et en Albigeois (1272-1273), dans *Liturgie et musique*, Cahiers de Fanjeaux n° 17, 1982, p. 343-358.

DUVERNOY (J.), *Le registre d'inquisition de Jacques Fournier*, Paris, La Haye, Mouton, 1978, 1346 p.

Écrivains anticonformistes du Moyen Age occitan. Hérétiques et politiques. Anthologie bilingue par R. Nelli, Paris, Phébus, 1977, 411 p.

Église et culture dans la France méridionale (XIIe-XIVe siècle), Cahiers de Fanjeaux, n° 35, Toulouse, Privat, 2000, 554 p.

Fin du monde et signes des temps. Visionnaires et prophètes en France méridionale (fin XIIIe-début XVe siècle), Cahiers de Fanjeaux, n° 27, Toulouse, Privat, 1992, 396 p.

GILLES (H.), Le statut de la femme en droit toulousain, dans *La femme dans la vie religieuse du Languedoc (XIIIe-XIVe s.)*, Cahiers de Fanjeaux, n°23, 1988, p. 79-97.

LAFONT (R.), ANATOLE (C.), *Nouvelle histoire de la littérature occitane*, t. I, Paris, PUF, 1970, 407 p.

Livres et bibliothèques (XIIIe-XVe siècle), Cahiers de Fanjeaux, n° 31, Toulouse, Privat, 1996, 565 p.

MARANDET (M.- Cl.), La mort en Toulousain d'après les testaments des XIVe et XVe siècles, dans *Visages de la mort dans l'histoire du Midi toulousain, IVe-XIXe siècles*, Aspet, Pyregraph, 1999, p. 25-52.

MARANDET (M.-Cl.), *Le souci de l'au-delà : la pratique testamentaire dans la région toulousaine (1300-1450)*, Presses universitaires de Perpignan, 1998, 701 p.

La mort et l'au-delà en France méridionale (XIIe-XVe siècle), Cahiers de Fanjeaux n° 33, Toulouse, Privat, 1998, 546 p.

PASSERAT (G.), L'Église et la poésie : les débuts du *Consistori del Gay Saber*, Dans *Église et culture en France méridionale (XIIe-XIVe siècle)*, Cahiers de Fanjeaux n° 35, Toulouse, Privat, 2000, p. 4443-473.

PAUL (J.), Le contraste culturel entre le Nord et le Midi dans la France médiévale, dans *Église et culture en France méridionale (XIIe-XIVe siècle)*, Cahiers de Fanjeaux, n° 35, Toulouse, Privat, 2000, p. 19-48.

SALVAT (J.), BRUNEL-LOBRICHON (G.), Article « Bible occitane », Dans *Dictionnaire des Lettres françaises. Le Moyen Age, op. cit.*, p. 196-197.

Les troubadours. Le trésor poétique de l'Occitanie, texte et traduction de René Nelli et René Lavaud, Desclée de Brouwer, 1966, 1084 p.

LA FRANCE DU XIVe SIÈCLE

Les royaumes, le schisme et la guerre

AUTRAND (F.), *Charles V*, Paris, Fayard, 1994, 903 p.

AUTRAND (F.), *Charles VI*, Paris, Fayard, 1986, 647 p.

AUTRAND (F.), *Jean de Berry*, Paris, Fayard, 2000, 552 p.

BEFFEYTE (R.), *L'art de la guerre au Moyen Age*, Rennes, Ouest-France, 2005, 127 p.

CONTAMINE (Ph.), *La guerre au Moyen Age*, Paris, PUF, 1980, 516 p.

CONTAMINE (Ph.), *Guerre, état et société à la fin du Moyen Age. Études sur les armées des rois de France, 1337-1494*, Paris, EHESS, 2004, 2 vol. 450 + 757 p.
DEVIOSSE (J.), *Jean le Bon*, Paris, Fayard, 1985, 552 p.
FAVIER (J.), *La guerre de Cent Ans*, Paris, Fayard, 1980, 678 p.
HIGOUNET (Ch.), Les relations franco-ibériques au Moyen Age, *Bulletin philologique et historique*, 1969, p. 3-16.
LUSIGNAN (S.), *La langue des rois au Moyen Age. Le français en France et en Angleterre*, Paris, PUF, 2004, 296 p.
MILLET (H.), Le Grand Schisme d'Occident (1378-1417). La France et le Grand Schisme d'Occident : chronologie, dans *Le Midi et le Grand Schisme d'Occident*, Cahiers de Fanjeaux, n° 39, 2004, p. 21-46.
MIROT (L.), MIROT (A.), *Manuel de géographie historique de la France,* t. I : *L'unité française*, Paris, Picard, 1948, 304 p.
VONE-LIEBENSTEIN (U.), Une femme gardienne du royaume ? Régentes en temps de guerre (France-Castille, XIIIe s.), dans *La guerre, la violence et les gens au Moyen Age*, Paris, CTHS, 1996, t. II, p. 9-22.

Comportements et société

L'amour et la sexualité, Les collections de l'Histoire, juin 1999, 114 p.
ARIÈS (Ph.), *Essais sur l'histoire de la mort en Occident, du Moyen Age à nos jours*, Paris, Seuil, 1975, 225 p.
BERIOU (N.), BERLIOZ (J.), LONGÈRE (J.), Prier au Moyen Age. Pratiques et expériences (V[e]- XVe siècles), Brepols, 1999, 149 p.
BRESC (H.), L'Europe des villes et des campagnes (XIIIe-XVe siècle), dans *La famille occidentale au Moyen Age*, Paris, éd. Complexe, 2005, p. 211-269.
CARDINI (F.), Le guerrier et le chevalier, dans *L'homme médiéval*, sous la direction de J. LE GOFF, Paris, Seuil, 1989, p. 87-128.
CHIFFOLEAU (J.), La religion flamboyante (v. 1320-v. 1520), dans *Histoire de la France religieuse*, t. II, Paris, Seuil, 1988, p. 11-183.
COLLARD (F.), Le banquet fatal : la table et le poison dans l'Occident médiéval, dans *La sociabilité à table. Commensalité et convivialité à travers les âges*, Université de Rouen, 1992, p. 335-342.
CONTAMINE (Ph.), *La noblesse au royaume de France, de Philippe le Bel à Louis XII*, Paris, PUF, 1997, 386 p.
DELORT (R.), *Les animaux ont une histoire*, Paris, Seuil, 1984, 508 p.
DELUMEAU (J.), *Le péché et la peur. La culpabilisation en Occident, XIIIe-XVIIIe siècles,* Paris, Fayard, 1983, 741 p.
DELUMEAU (J.), *La peur en occident*, Fayard, Le Livre de poche, 1980, 607 p.
DUBY (G.), La chevalerie, dans *Miroir du Moyen Age. Institutions, figures, savoirs, op. cit.*
DUBY (G.), *Histoire de la vie privée.* Tome II : *De l'Europe féodale à la Renaissance*, Paris, Seuil, 1985, 638 p.
DUBY (G.), *Le temps des cathédrales*, Paris, Gallimard, 1976, 446 p.
Famille et société, *Annales Economie, Sociétés, Civilisations*, numéro spécial, juillet-octobre 1972, p. 799-1234.

FLANDRIN (J.-L.), *Le sexe et l'Occident. Évolution des attitudes et des comportements*, Points histoire, Seuil, 1981, 380 p.

FOSSIER (R.), *La société médiévale*, Parıs, A. Colin, collection U, 1991, 464 p.

GAUVARD (Cl.), Cuisine et paix en France à la fin du Moyen Age, dans *La sociabilité à table. Commensalité et convivialité à travers les âges* Université de Rouen, 1992, p. 332-334.

GAUVARD (Cl.), *Violence et ordre public au Moyen Age*, Paris, Picard, 2005, 288 p.

HEERS (J.), *Le clan familial au Moyen Age*, Paris, Quadrige / PUF, 1993, 279 p.

HUIZINGA (J.), *Le déclin du Moyen Age*, Paris, Payot, 1967, 345 p.

KLAPISCH-ZUBER (C.), Les femmes et la famille, dans *L'homme médiéval*, sous la direction de J. LE GOFF, Paris, Seuil, 1989, p. 315-343.

KNIBIEHLER (Y.), FOUQUET (C.), *L'histoire des mères, du Moyen Age à nos jours*, Editions Montalba, 1980, 367 p.

LAURIOUX (B.), *Manger au Moyen Age*, Paris, Hachette, 2002, 301 p.

LE GOFF (J.), *Le Dieu du Moyen Age*, Paris, Bayard, 2003,102 p.

LE GOFF (J.), *L'Europe est-elle née au Moyen Age ?*, Paris, Seuil, 2003, 347 p.

LE GOFF (J.), *Héros du Moyen Age, le Saint et le Roi*, Paris, Gallimard, 2004, 1336 p.

LE GOFF (J.), dir, *L'homme médiéval*, Paris, Seuil, 1989, 340 p.

LE GOFF (J.), SCHMITT (J.-Cl.), dir., *Dictionnaire raisonné de l'Occident médiéval*, Paris, Fayard, 1236 p.

LE GOFF (J.), TRUONG (N.), *Une histoire du corps*, Editions Liana Levi, 2003, 223 p.

LETT (D.), *Famille et parenté dans l'Occident médiéval, V^e^-XVe siècles*, Paris, Hachette, 2000, 255 p.

L'HERMITE-LECLERCQ (P.), *L'Eglise et les femmes dans l'occident chrétien, des origines à la fin du Moyen Age*, Brepols, 1997, 440 p.

MILHAU (D.), Les arts figuratifs et la table aux XIVe et XVe siècles, dans *Plaisirs et manières de table aux XIVe et XVe siècles*, Toulouse, Musée des Augustins 1992 p. 267-275.

Miroir du Moyen Age. Institutions, figures, savoirs, Encyclopoedia universalis, 1999, 383 p.

MOLLAT (M.), *Genèse médiévale de la France moderne, XIVe-XVe siècles*, Paris, Arthaud, coll. Points Histoire, 1977, 307 p.

OPITZ (C.), Contraintes et libertés (1250-1500), dans *Histoire des femmes. Le Moyen Age*, sous la direction de C. Klapitsch- Zuber, Paris, Plon, 1991, p. 277-335.

ROSSIAUD (J.), La sexualité de l'homme médiéval, *L'Histoire*, septembre 1994, p. 32-41.

ROUGEMONT (D. de), *L'amour et l'Occident*, Plon, 1972, 499 p.

VAUCHEZ (A.), dir., *Dictionnaire encyclopédique du Moyen Age*, Paris, éd. du Cerf, 1997, 1692 p.

VAUCHEZ (A.), *Saints, prophètes et visionnaires. Le pouvoir surnaturel au Moyen Age*, Paris, Albin Michel, 1999, 273 p.

VAUCHEZ (A.), *La spiritualité du Moyen Age occidental*, Paris, Seuil, 1994, 216 p.

VERDON (J.), *L'amour au Moyen Age. La chair, le sexe et le sentiment*, Paris, Perrin, 2006, 274 p.

VERDON (J.), *La nuit au Moyen Age*, Paris, Perrin, 1994, 286 p.

VERDON (J.), *Le plaisir au Moyen Age*, Perrin, coll. Pluriel, 1996, 200 p.

VINCENT-CASSY (M.), La *gula* curiale ou les débordements des banquets au début du règne de Charles VI, dans *La sociabilité à table. Commensalité et convivialité à travers les âges*, université de Rouen, 1992, p. 91-102.

La culture

COURY (Ch.), ALLAINES (Cl. d'), CLOTTEAU (J.-E.), La médecine et la chirurgie, dans *Miroir du Moyen Age. Institutions, figures, savoirs, op. cit.*

BOSSUAT (R.), PICHARD (L.), RAYNAUD DE LAGE (G.), HASENOHR (G.), ZINK (M.), dir., *Dictionnaire des lettres françaises. Le Moyen Age*, Paris, Fayard, 1992, 1506 p. [articles « Bible au Moyen Age », « Bible française », « Jean de Fécamp », « Ovide au Moyen Age », « La poésie lyrique »].

DEMAN (Th.), JUGIE (M.), Articles « Péché », « Péché originel », Dans *Dictionnaire de théologie catholique*, t. XII, Paris, Letouzey et Ané, 1933, c. 141-624.

LIBERA (A. de), *Penser au Moyen Age*, Paris, Seuil, 1991, 413 p.

LOBRICHON (G.), *La Bible au Moyen Age*, Paris, Picard, 2003, 247 p.

MARTIN (H.), L'histoire au Moyen Age (II) : les chroniqueurs des XIVe et XVe siècles, dans *Les écoles historiques*, dir. par G. Bourde et H. Martin, Paris, Seuil, 1983, p. 33-55.

PAUL (J.), *Histoire intellectuelle de l'occident médiéval*, Paris, A. Colin, coll. U, 1973, 518 p.

POIRION (D.), *Le poète et le prince*, Paris, PUF, 1965, 660 p.

REYNAL (G.), dir, *Dictionnaire des théologiens et de la théologie chrétienne*, Paris, Bayard, 1998, 507 p.

RICHARD (P.), Article « Anselme de Cantorbéry », dans *Dictionnaire d'histoire et de géographie ecclésiastiques*, Paris, Letouzey et Ané, t. III, 1924, c. 464-485.

MAISONS ROYALES DE FRANCE, NAVARRE, ANGLETERRE

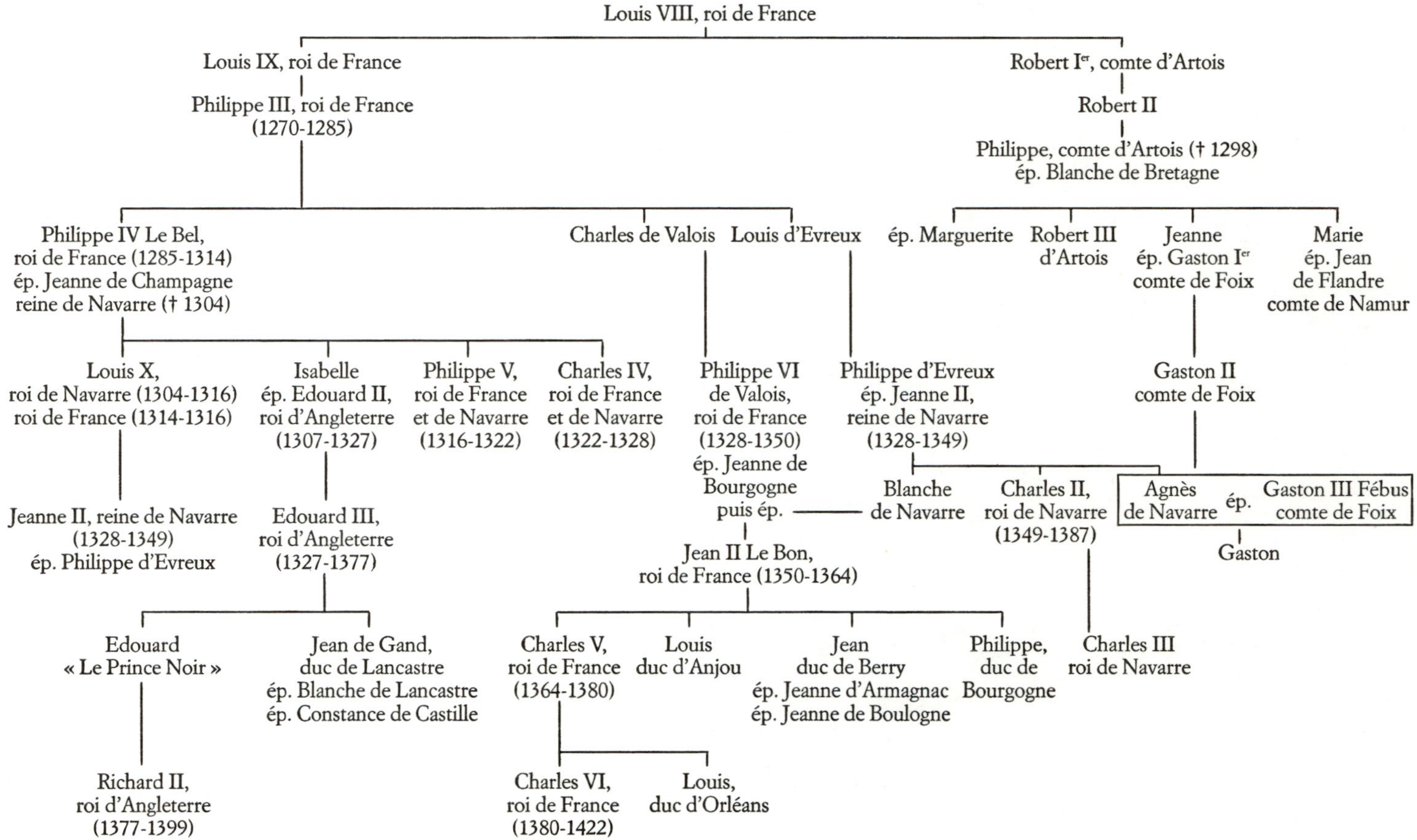

FAMILLE DE FOIX-BÉARN

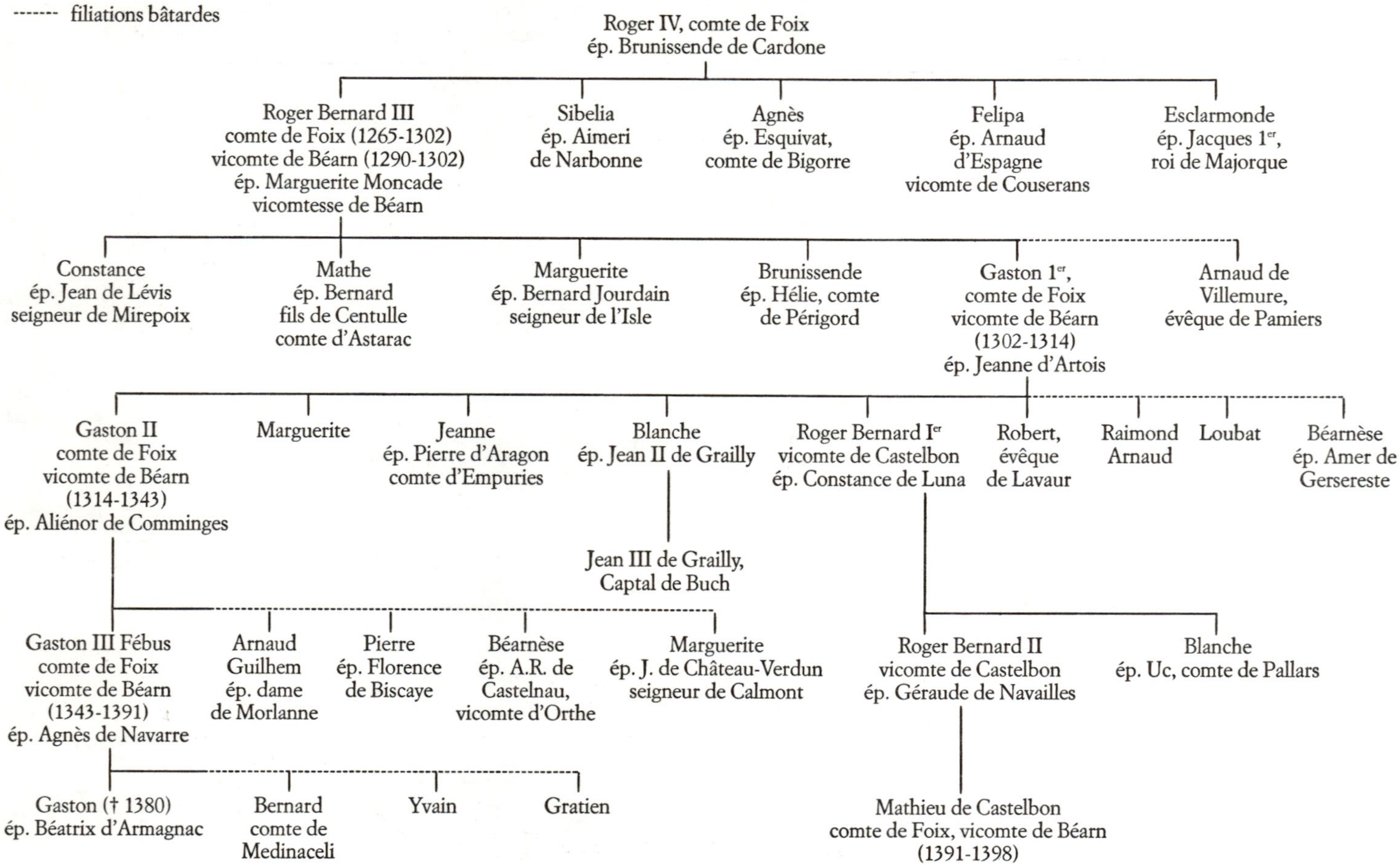

SUCCESSION MÉRIDIONALES

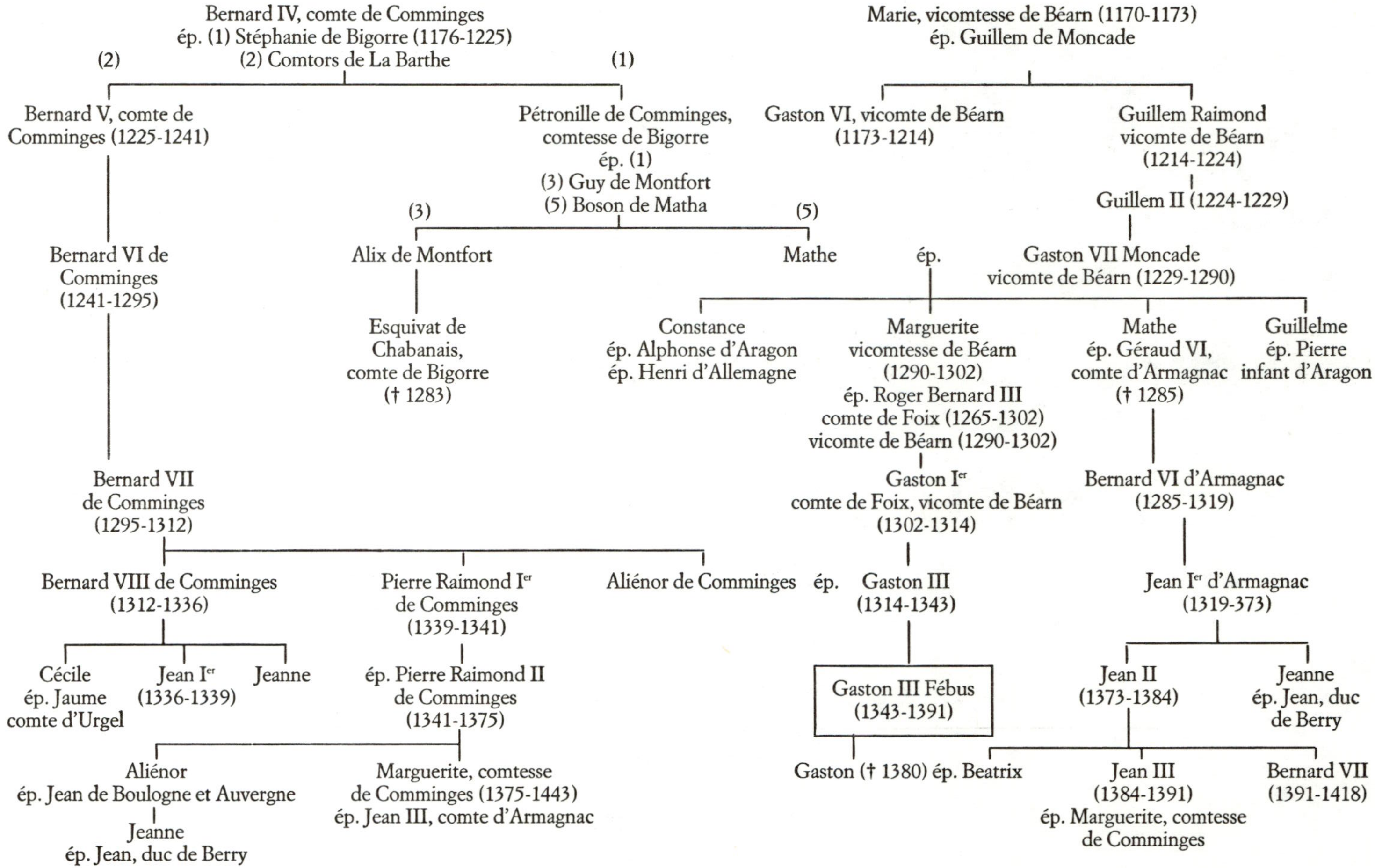

Index

Table

V. L'HOMME DE LA NUIT

VI. « TERRE DÉSOLÉE ET DÉCONFORTÉE DE NOBLE HÉRITIER »

La photocomposition de cet ouvrage
a été réalisée par
GRAPHIC HAINAUT
59163 Condé-sur-l'Escaut

Cet ouvrage a été composé et imprimé par la
SOCIÉTÉ NOUVELLE FIRMIN-DIDOT
Mesnil-sur-l'Estrée
pour le compte des Éditions Perrin
11, rue de Grenelle
Paris 7ᵉ
en mars 2007

Imprimé en France
Dépôt légal : avril 2007
N° d'édition : 2254 - N° d'impression : 84552